du même auteur

Passage d'un seuil. Thème et variations sur l'œuvre de Jean-Marc Bustamante, Eindhoven, Musée d'art contemporain, 1994

Des notations musicales – Frontières et singularité, Paris, Harmattan, 1996

Causeries sur la musique, Paris, Harmattan, 1998

Le présent de l'opéra au XXe siècle, Villeurbanne, Art édition 1994 ; 2e éd. augmentée, Paris, Kimé, 2000

Le style et l'idée. Arnold Schoenberg, texte établi, annoté et préfacé par Danielle Cohen-Levinas, Paris, Buchet-Chastel ; 2e éd. augmentée, 2002

La voix au-delà du chant, une fenêtre aux ombres, 1re édition, Paris, Michel de Maule, 1987 ; 2e éd. augmentée, Paris, Vrin, 2006

L'impatience des langues, co-écrit avec Gérard Bensussan, Paris, Hermann, 2010

Politique et méta-politique chez Emmanuel Levinas, L'énigme de l'humain – Entretiens avec Miguel Abensour, Paris, Hermann, 2012

direction d'ouvrages collectifs

Emmanuel Levinas. Pour une philosophie de l'hétéronomie, Paris, Bayard, 2006

Levinas et les théologies, co-dir. Shmuel Trigano, Paris, In Press, 2007

Emmanuel Levinas. Les territoires de la pensée, co-dir. Bruno Clément, Paris, PUF, collection Epiméthée, 2007

Les vocabulaires de la voix, co-dir. Barbara Cassin, ed. L'Harmattan, Paris, 2009

Le Siècle de Schoenberg, Paris, Hermann, 2010

Emmanuel Levinas et le souci de l'art, Paris, Manucius, 2010

Levinas et l'expérience de la captivité, Paris, Parole et Silence, 2011

Lire Totalité et Infini, Paris, Hermann, 2011

Numéro de la revue *Europe* sur Emmanuel Levinas, 2011

Figure du dehors – Sur Jean-Luc Nancy, co-dir. Gisèle Berkman, Paris, Cécile Defaut, 2012

Numéro de la revue *Europe* sur Walter Benjamin, 2013

Levinas-Derrida : lire ensemble, co-dir. Marc Crépon, Paris, Hermann, 2010

Sur Totalité et Infini d'Emmanuel Levinas, co-dir. Alexander Schnell, Paris, Vrin, 2013

poésie, littérature

Un bruit dans le bruit, suivi de *Le soleil et grammatical* et *La tristesse du Roi*, Paris, Mercure de France, 2004

Le pain des épices, co-écrit avec Ginette Michaud, Montréal, Le temps volé, 2010

Qui est comme Dieu, Paris, Belin, 2012

l'opéra
et son double

dans la même collection

Éric ALLIEZ, avec la collaboration de Jean-Clet MARTIN, *L'œil-cerveau. Nouvelles histoires de la peinture moderne*, 480 pages, 2007.

Laure BLANC-BENON, *La question du réalisme en peinture. Approches contemporaines*, 384 pages, 2009.

Alain BONFAND, *Histoire de l'art et phénoménologie. Recueil de textes 1984-2008*, 448 pages, 2009.

– *Le cinéma d'Akira Kurosawa*, 204 pages, 2011.

– *Le cinéma saturé. Essai sur les relations de la peinture et des images en mouvement*, 2e éd. revue et augmentée, Vrin, 300 pages, 2011.

Fabienne BRUGÈRE, *L'expérience de la beauté. Essai sur la banalisation du beau au* XVIIIe *siècle*, 208 pages, 2006.

Anne-Marie CHRISTIN, *Poétique du blanc. Vide et intervalle dans la civilisation de l'alphabet*, 208 pages, 2009.

Danielle COHEN-LEVINAS, *La voix au-delà du chant. Une fenêtre aux ombres*, 320 pages, 2006.

– *L'opéra et son double*, 452 pages, 2013.

Thomas DOMMANGE, *Instruments de résurrection. Étude philosophique de* La Passion selon saint Matthieu *de J.-S. Bach*, 384 pages, 2010.

Formalisme et esthétique. Prague, Vienne au XIXe *siècle*, texte réunis par C. Maigné, 288 pages, 2013.

Roman INGARDEN, *Esthétique et ontologie de l'œuvre d'art.* Choix de textes (1937-1969), présentation, traduction et notes de P. Limido-Heulot, 288 pages, 2011.

G.E. LESSING, *Traités sur la fable*, précédés de la *Soixante-dixième lettre*, suivis des *Fables*, édition bilingue, avant-propos de N. Rialland, postface de J.-Fr. Groulier, 224 pages, 2008.

Jacques MORIZOT, *Goodman : modèles de la symbolisation. Avant la philosophie de l'art*, 240 pages, 2012.

Frédéric POUILLAUDE, *Le désœuvrement chorégraphique. Étude sur la notion d'œuvre en danse*, 432 pages, 2009.

Roger POUIVET, *L'ontologie de l'œuvre d'art*, 272 pages, 2010.

Patricia TOUBOUL, *Instruire par l'image. Fénelon et les arts du dessin*, 336 pages, 2012.

Eugène VÉRON, *L'esthétique*, 448 pages, 2007.

Clélia ZERNIK, *L'œil et l'objectif. Psychologie de la perception à l'épreuve du style cinématographique*, 336 pages, 2012.

essais d'art et de philosophie

Danielle Cohen-Levinas

l'opéra et son double

Ouvrage publié avec le concours de l'E.A. 3552
« Métaphysique, histoire, transformations, actualité »
et l'E.D. V, « Concepts et langages » de l'Université Paris
Sorbonne (Paris IV)

« Le mode d'être artistique d'une œuvre peinte est celui qu'elle tient de l'artiste et de l'art auxquels elle doit d'exister.
Le mode d'être esthétique d'une peinture est celui qu'elle tient de l'expérience par laquelle et dans laquelle elle est appréhendée comme œuvre d'art ».

Étienne Gilson de l'Académie française
fondateur de la collection

directrice de collection :
Jacqueline Lichtenstein

6, place de la Sorbonne, Paris V[e]
ISSN 0249-7913
ISBN 978-2-7116-2493-5

Pour Michaël

[…] le souvenir, toujours si fragmentaire dans ses références au réel, suscite les ruines dont il s'entoure, lui-même ruine ensevelie parmi les ruines, principes d'une restauration désespérée au sein de l'oubli à illuminer.
Giuseppe Ungaretti, *Innocence et mémoire*

En d'autres termes c'est la remémoration *qui, en tant que muse du roman, s'ajoute à la mémoire, muse du récit, une fois qu'avec le déclin de l'épopée l'unité de leur origine dans le souvenir s'est rompue.*
Walter Benjamin, *Le conteur*

Mais, en fin de compte, dans quel but nous écoutons-nous ? Or bientôt nous vient une poussée de liberté. Car le son veut aussi se pousser dans l'action.
Ernst Bloch, *L'esprit de l'utopie*

introduction
métaphysique et *épokhè* lyrique

Comment rendre compte de l'extraordinaire utopie qui accompagne l'histoire de l'opéra depuis la création du genre ? Il existe dans l'opéra un implicite qui bouleverse les frontières du possible et de l'impossible ; un implicite capable de penser à la fois l'universel de la langue et le singulier du signe musical. Nous dirons de cet implicite qu'il définit le caractère métaphysique de l'opéra, se donnant dans un geste double : il critique le genre tout en le sauvant. À l'encontre d'une modernité contemporaine qui tend à raturer le privilège de cette entente entre critique et sauvetage, l'expérience lyrique s'emploie à faire émerger une forme originaire du musical, plus originaire que l'addition de toutes les formes et langages musicaux en vigueur dans l'histoire de la musique occidentale. Cette forme n'est autre que la tragédie dont nous savons qu'elle représenta dès la fin du XVIe siècle le modèle le plus puissant du renouvellement des lois de la langue musicale qui s'inventait alors, élaborant un nouveau rapport entre texte, musique et représentation. Cette invention, unique et irréductible n'est pas sans anticiper la crise de l'imitation entre voix et instrument, figures et affects, sons et signes, écriture dramatique et dramaturgie qui, loin de se limiter à des enjeux historiques, voire esthétiques, révèle une dimension métaphysique, politique et éthique de l'opéra. Dès son origine, le *dramma per musica*, dont le surgissement revient au génie italien, se présente come une création qui doit être *autrement* que la tragédie, autrement que tragique, c'est-à-dire, tournée vers l'avenir, sans chercher à imiter un modèle dont au demeurant on ne connaissait que très peu de choses. Toutefois, il s'agit de reproduire le modèle dont la puissance subjective se déploie à l'intérieur de codes et de catégories aristotéliciennes. Rien à faire : le son converti en signes ne se limite pas à une illustration du mot. Non seulement il exprime le mot, mais antérieurement à lui il libère également une sonorité primordiale (*Urlaut*) qui est plus que le mot lui-même, qui est l'essence de la dramaturgie et de la narrativité musicale. Ce n'est pas sans raison que Nietzsche s'interrogeait quant à la possibilité d'écouter le troisième acte de *Tristan et Isolde* de Wagner en supprimant au préalable le texte, en faisant abstraction de la représentation scénique. C'est aussi à la traversée de cette abstraction que ce livre est consacré. Une manière toute singulière de partir du *logos* grec en posant l'hypothèse que par-delà ce *logos* il existerait un hors *logos* qui donne autorité au *logos* lui-même. Ce serait l'identité narrative du son à l'intérieur du corpus lyrique qui prendrait en charge la parole parlante d'un *logos* absent, ou du moins d'un *logos* qui s'est dépris de la nostalgie de la Grèce et qui prend ses distances avec l'exclusivité ontologique.

Ce livre met en perspective l'histoire de cette puissance subjective qu'on appelle opéra. Il tente d'observer des pratiques compositionnelles qui d'*épokhè* en *épokhè* ont permis aux formes lyriques de se subsumer au travers les conventions et la radicalité de leur mutation. Né de la proximité avec les Grecs, l'opéra, loin d'être un projet qui abandonnerait le contenu de vérité métaphysique dont il est l'héritier, n'a fait au fil du temps que le relancer au point d'en faire le lieu d'un incessant renouveau particulièrement éloquent au XXe siècle. Ce livre met l'accent sur la nécessité d'un sauvetage de l'opéra qui en définitive pourrait bien être un quasi sauvetage de la métaphysique. Il ne s'agit pas de sauver une métaphysique défunte ou en deuil, ni de la restaurer, mais de montrer comment au travers les questions névralgiques que pose l'écriture d'un opéra se constitue une constellation critique du devenir de la métaphysique qui, au sein d'une œuvre lyrique, se fait réflexive, au bord parfois d'une position antimétaphysique, signalant un choc, une fulguration au sens où l'entend Walter Benjamin. Il existe en effet entre l'original et ce que nous considérons comme une forme de traduction (l'opéra), un écart irréductible, une parenté de langue, un mouvement transdisciplinaire dans lequel la *tâche* du texte consiste à être traduit dans une autre langue, musicale certes, mais opérant une percée au-delà du musical, explorant des zones d'intraduisibilité qui sont le propre de l'utopie lyrique. Une telle méditation n'oppose plus la plénitude de l'omniprésence du genre lyrique à ce qui fait rupture, interruption, ou encore, séparation. Elle les lie l'une à l'autre et il serait malaisé de fixer le point où s'opère le passage. Les deux moments – omniprésence et séparation – relèvent entièrement pour nous d'un double mouvement : philosophique et musical. Quoi de plus ajourné et de plus récurrent que l'opéra? Cette question se pose depuis la généalogie des sources ; depuis la composante nostalgique indéniable contenue dans le dispositif lyrique. L'opéra est allé jusqu'au bout de sa passion excessive pour le récit des temps anciens, des temps immémoriaux. Au fond, temps et opéra ne sont qu'une seule et même chose, si ce n'est que le sens de l'un se sépare du sens de l'autre pour acquérir sa propre temporalité. Tout l'opéra n'est que l'histoire d'une lutte effrénée contre la puissance du temps. C'est pourquoi le sens même de la vie est au centre des affects lyriques contenus dans les livrets comme autant d'indices de renouveau. Comment surmonter l'aporie initiale du vertige inexprimable de la remémoration qui oblige le compositeur à surmonter la disjonction entre l'unité de la vérité et ses multiplicités de représentation dévolues à l'œuvre? Le renouveau de l'opéra au XXe siècle, traversé de ceux que nous appelons l'*épokhè* lyrique, conduit à une réflexion sur l'historicité même du genre qui anticipe et porte l'utopie dont elle est le vecteur.

J'ai écrit un premier essai sur l'opéra[1] à une période où ce dernier était considéré comme un genre mourant ou déjà mort, pétrifié, icônique, archaïque, voire régressif dans sa forme traditionnelle. Et c'est pourquoi j'ai interrogé son phénomène de survivance au travers le paradigme du renouveau. Mais aujourd'hui, le paysage musical a ostensiblement bougé. Qui oserait remettre en cause le temps de l'opéra, cette esthétique qui n'en finit pas de s'auto-survivre, comme si en trépassant périodiquement, elle renaissait incessamment de ses cendres? Le simple rejet des conventions n'aura pas suffi à endiguer ce qu'il est convenu d'appeler un désir de représentation. Le *mythos* comme composition figurale et sonore devient une synthèse soudée à un événement sensible qui pérennise l'indélimitation du matériau sonore en présence. Partir en quête de la rémanence intelligible comme l'est l'opéra, c'était montrer comment le vouloir d'une époque relié à la quête d'une essence semble s'unir dans une entente transhistorique et secrète. Phénomène de rémanence qui a permis à l'opéra

1. *Le présent de l'opéra au XXe siècle. Chemin vers les nouvelles utopies*, 1re édition, Villeurbanne, Art Edition, 1994 ; 2e édition, Paris, Kimé, 2001.

de se construire une image dialectique comme lieu de rassemblement de tous les contraires et de toutes les contradictions esthétiques, en dépit des diatribes et déclarations intempestives proférées dans les années 1960 et 1970, époque où la volonté d'en finir avec ce « replâtrage des trous de mines de l'esprit », selon l'expression d'Adorno, se surajoutait aux prérogatives des générations de compositeurs nourris à l'école sérielle, au structuralisme, à la musique électroacoustique puis aux nouveaux environnements technologiques. Il s'agissait d'approcher au sens herméneutique du terme cette figure non terminale de la composition, sa manière de répondre autant à la violence qu'elle appelle, aux tensions irréconciliables qu'elle draine, qu'à sa vocation d'unir, de favoriser les circulations d'idées, de pratiques convergentes ou divergentes, comme la possibilité de ne pas céder à cette irréfutable alchimie de tous les sens qui n'est ni la correspondance baudelairienne des arts, ni leur différenciation au sein d'un même territoire, ni leur fusion. Or, le temps de l'opéra, avec son attelage d'exodes et de sédentarités successives, selon qu'il s'efface derrière d'autres engouements musicaux ou qu'il semble se fossiliser en étant renvoyé à un modèle originel, rejouant ainsi la plénitude de son renouvellement, coïncide comme nous l'avons dit avec celui du récit, remettant à l'honneur la réflexion sur les rapports entre texte et musique et plus spécifiquement entre musique et narrativité – relation nous parvenant d'aussi loin que les symboles et les mythes dont l'opéra est saturé.

narrativité musicale et dissonance temporelle

L'opéra, en sa dissonance temporelle, se situe au cœur d'une expérience narrative dévolue à l'expérience humaine. Une inquiétude philosophique qui atteste le déchirement des consciences et des pratiques esthétiques. Walter Benjamin le formula avec une vive acuité : « Il semble que nous ayons perdu une faculté que nous pouvions croire inaliénable, que nous considérions comme la moins menacée : celle d'échanger des expériences »[1]. Les compositeurs ressentent aujourd'hui ce danger d'aperception. Ils sont comme appelés par un ordre musical dont la caractéristique la plus immédiate est la répétition archétypale du mythe, du rite et du récit – trilogie insécable dans l'opéra. Comment en effet ne pas partager, quant au

1. W. Benjamin, *Der Erzähler*, *Le Narrateur*, traduit par Maurice de Gandillac (Denoël, 1971), in *Rastelli raconte et autres récits*, Paris, Le Seuil, 1987.

devenir de la création musicale contemporaine, la crainte de Benjamin, ne serait-ce que dans la confusion hâtive que les productions de théâtre lyrique entretiennent entre le nécessaire mouvement de retour à l'opéra et de retour de l'opéra. Le retour à l'opéra n'est pas dicté par un simple phénomène de restauration. La récurrence du genre n'a donc rien d'esthétisant. Encore faudrait-il s'entendre sur ce que l'on désigne par retour à l'opéra. Dans l'actuelle cacophonie qui sollicite ce terme à outrance, jusqu'à parfois la perte du référent lui-même, il faut tenter de déceler un aveu, une aspiration, comme une inscription fondamentalement moderne s'exprimant au-delà des modes. Aussi, doit-on saisir dans ce lieu abyssal qu'est l'opéra rompu à tant de métamorphoses, d'éclipses et d'éclaircies, qu'il ne s'agit pas seulement de musique, ni de littérature ou de théâtre, ni d'un assemblage de ces trois instances réclamant tour à tour la paternité du genre. L'opéra n'est pas le premier ni l'unique forme mixte à vocation spectaculaire. La Tragédie grecque ou les différentes représentations théâtrales d'Asie ont conquis cette dimension demeurant pour nous la marque de l'antique et du sacré, sans projection moderniste ni tentation de renouvellement. Ce qu'il faut saisir dans ce retour à l'opéra ressemble étrangement à ce que Ricœur écrit dans *Temps et récit* :

> Peut-être sommes-nous les témoins et les artisans d'une certaine mort, celle de l'art de conter, d'où procède celui de raconter [...]. Et pourtant ... Et pourtant. Peut-être faut-il, malgré tout, faire confiance à la demande de concordance qui structure aujourd'hui encore l'attente des lecteurs et croire que de nouvelles formes narratives, que nous ne savons pas encore nommer, sont déjà en train de naître, qui attesteront que la fonction narrative peut se métamorphoser, mais non pas mourir. Car nous n'avons aucune idée de ce que serait une culture ou l'on ne saurait plus ce que signifie raconter [1].

L'opéra serait alors la réplique la plus efficace aux apories du temps et de l'histoire. Une fiction exploratoire qui oppose au temps calendaire une riposte inattendue, une manière de reprendre les propos de Benjamin : « l'histoire de la souffrance crie vengeance et appelle le récit » [2].

L'opéra n'existerait donc pas sans les résistances qu'il oppose aux affects d'un temps chronologique. Le temps de l'opéra est quant à lui fondamentalement diachronique. Il ne marche pas conjointement à l'histoire dont il est pourtant le dépositaire. Il s'éprouve dans deux directions que nous tentons

1. P. Ricœur, *Temps et récit*, t. II, Paris, Le Seuil, p. 48.
2. P. Ricœur, *Temps et Récit*, t. I, Paris, Le Seuil, 1983.

ici d'élucider. Du côté du « pas gagné » selon la formule de Rimbaud – métaphore du franchissement qui s'effectue au prix d'une amnésie créatrice – et du pas à rebours, celui qui s'assigne comme place la référence au passé, comme possibilité même du nouveau. D'où l'idée, largement commentée dans ce livre, que l'opéra marche à reculons vers son avenir. Ni révocation, ni oubli du passé, mais principe de remémoration, un processus de surgissement strictement interne à l'instant, marchant d'un pas décidé à gagner l'utopie des utopies, comme une pensée messianique qui ne laisserait pas le récit musical à lui-même. Paradoxe absolu d'une coalescence entre deux mouvements opposés et qui sans doute, dans leur affrontement divergeant, donnent naissance à une esthétique qui vient, cette esthétique d'un temps d'avant le temps : récit d'une fable simultanément utopique et présente à l'appel de sa propre histoire. Le présent de l'opéra, tel qu'il se configure dans sa répétition, comme un temps qui ni ne passe (Kant), ni ne coule et s'écoule (Bergson), ni ne survient (Heidegger), ne se dit que dans la langue de ce qui revient, le passé d'un modèle immémorial et l'avenir d'une utopie en perpetuelle mutation chutant en permanence l'un dans l'autre et l'un sur l'autre. L'opéra se caractérise donc par une déréliction temporelle comme contrepoint à ses innovations et à sa capacité de se séculariser. D'où la référence explicite dans ce livre à Benjamin qui représente l'autre versant analogique de ma réflexion, non loin de Kafka et de la métaphore de la sentinelle qui veille sur la Loi dans le *Procès*, dont nous proposons ici à dessein une brève interprétation éloignée du récit. Pour le dire métaphoriquement, si l'opéra s'ouvre sur une porte toujours gardée par un veilleur qui serait le garant de la tradition, nous pouvons alors dire, en paraphrasant les propos de Benjamin, qu'à chaque seconde, un compositeur est susceptible d'y entrer, de transgresser la Loi, de séduire la sentinelle, de la convaincre que la porte en question n'est que le prétexte à s'emparer de ce qu'elle abrite si jalousement. Pourquoi rentrerait-il? Pourquoi ne rentrerait-il pas? L'opéra n'exige rien et n'annonce pas les temps à venir, cependant qu'il est au cœur des anticipations les plus extrêmes de la modernité musicale, et à ce titre, il défend une vision/audition eschatologique de la musique. Il lutte pour se délivrer d'un temps pétrifié, pour prendre ses distances avec la tentation nihiliste. Comme la figure de Don Juan dans l'opéra de Mozart, il sait attendre pour mieux séduire et se saisir de ce qu'il a déjà. Il sait faire se joindre le trop tôt et le trop tard, deux temporalités renversées qui sont comme la trace d'un bonheur perdu, celui-là même que Kafka décrit dans son récit « Joséphine la cantatrice ou le peuple des souris » :

> Il y a dans la musique quelque chose de notre pauvre et courte enfance, quelque chose du bonheur perdu qu'on ne retrouvera jamais et quelque chose aussi de notre vie présente, de notre activité du jour, leur petite gailliardise inexplicable et qui est réel cependant et qui résiste à tous les maux. Et tout cela s'exprime vraiment sans grands accents, mais légèrement, dans un murmure en confidence, avec un peu d'enrouement même quelquefois. C'est un sifflement bien sûr, comment n'en serait-ce pas un ? [1]

C'est bien dans cet entre deux que vient se loger la force de survivance du théâtre lyrique. Si une porte s'ouvre, c'est pour nous permettre d'accéder à une révélation ou à une épiphanie esthétique dont notre présent est déjà porteur. C'est pourquoi, plus que jamais, Walter Benjamin hante nos craintes et utopies du passage au XXIe siècle. Il existe très peu de passages qui ne soient teintés d'illusions auratiques. Benjamin développe cette idée dans *Passagen Werk* en commentant le concept d'éternel retour. Commentaire inattendu, car la figure de Nietzsche est entièrement prise dans celle d'Auguste Blanqui. La vision du temps qui sous-tend l'idée nietzschéenne d'éternel retour se confond étrangement avec la vision cyclique du devenir que Blanqui développe à la fin de *L'Éternité par les Astres*. Benjamin cite à plusieurs reprises un extrait de ce texte qui semble l'éclairer quant à sa propre vision de l'histoire et la mise en échec irréversible du symptôme de déterminisme mécaniste :

> [...] Toujours et partout dans le camp terrestre, le même drame, le même décor, sur la même scène étroite, une humanité bruyante, infatuée de sa grandeur, se croyant l'univers et vivant dans sa prison comme dans une immensité, pour sombrer bientôt avec le globe qui a porté dans le plus profond dédain le fardeau de son orgueil. Même monotonie, même immobilisme dans les astres étrangers. L'univers se répète sans fin et piaffe sur place. L'éternité joue imperturbablement dans l'infini les mêmes représentations [2].

Nouvelle version du mythe archaïque de l'éternel retour auquel nous sommes confrontés dès lors que nous franchissons la porte de l'opéra. Il se pourrait en effet que l'éternel retour du même inscrive ses nombreuses *épokhè* dans la figure du retournement dans une perspective de ritualisation de régénération du temps dont la condition d'émergence serait la répétition. Retourner le retournement : telle serait désormais la *tâche* de l'opéra. Cette

1. F. Kafka, *La Colonie pénitentiaire et autres récits*, trad. fr. A. Vialatte, Paris, Gallimard, 1984, p. 103.
2. A. Blanqui, *L'Éternité par les Astres. Hypothèse astronomique*, Paris, 1872, p. 73.

idée de recommencement perpétuel d'un même cycle trouve ici sa légitimité dans l'observation des rythmes cosmiques et naturels, s'imposant à nous sous forme de récurrence d'une même conjoncture, telle l'alternance du jour et de la nuit, ou encore le retour périodique des saisons. Mais il se pourrait aussi, selon l'interprétation de Nietzsche que confirment les lectures de *Zarathoustra*, *Ecce Homo* et le *Gai Savoir*, que l'emploi de l'éternel retour comme paradigme temporel affecte la répétition infinie de chaque instant du temps. Tout événement serait alors perçu comme un particularisme, une particule d'instant au regard d'une unicité irréductible. Le glissement d'une conception vers l'autre rend compte d'une perception du temps qui passe absolument différente. Dans le premier cas, l'existence des lois universelles projette ordre et stabilité dans un monde en perpétuel changement et devenir ; dans le deuxième, les lois qui régissent l'attente et l'irruption du retour du même sont le lieu de la fragmentation du temps en un nombre irreprésentable et sans doute incalculable d'unités discrètes, de sorte que chaque événement demeure singulièrement irremplaçable. Chaque nouvel opéra serait comme la pierre de touche d'un ancien dont il serait à la fois le même et le différent. *Orfeo* dans *Wozzeck*, ou encore *Moïse et Aaron* dans *Prometeo.* C'est dire jusqu'où pour y parvenir, l'utopie apparaît sous une forme inaccomplie, inachevée, dirait Benjamin.

Reste à saisir si la souveraineté de l'utopie ne réside pas dans le présent en l'accomplissant ou en le transfigurant. Paradoxe du passage : il met en jeu la figure de l'effacement, celle d'un présent que l'utopie accomplit et celle d'un présent que l'éternel retour rend irréversible, renforçant la projection dans l'absolu, autrement dit, dans l'utopie. « Ce qui a été, c'est ce qui sera ; ce qui s'est fait, c'est ce qui se fera : il n'y a rien de nouveau sous le soleil »[1]. L'Ecclésiaste a parlé.

La réapparition déclinée au présent du *très ancien* sous un mode *très nouveau* est déjà en soi un phénomène utopique. Nous pourrions pousser l'équivoque jusqu'à dire que n'est éternel que le retour ; n'est utopique que le présent. Benjamin actualise cette sensibilité ambivalente au sens où il la rend active. Il la met en demeure d'agir et de rendre des comptes à l'histoire. La double signification du leitmotiv de l'éternel retour que Benjamin rattache d'un côté à Nietzsche et de l'autre à Blanqui est comme indexée. À quelle constellation sociale et historique renvoie l'éternel retour

1. *Ecclésiaste*, I, 9.

de l'opéra qui sert de substrat à l'imagerie du présent et qui donne à l'utopie une envergure critique? Benjamin semble utiliser ce thème à l'envers, comme antithèse et repoussoir à sa vision de l'histoire. Fonction négative d'un présent otage de l'éternel retour : il entérine la « mauvaise » philosophie de l'histoire, celle qui accorde aux fonctions récurrentes le primat sur la vie, résignée devant les formes de restauration, préfiguration de tous les académismes et inerties institutionnels dont est affecté l'opéra. Benjamin reproche explicitement à *cet* éternel retour là de fabriquer et de codifier de la fantasmagorie. « Dans le cercle magique de l'éternel retour, la vie ne sort pas du domaine de l'auratique » (Benjamin). Force utopique ou force auratique du passage? Là encore, il faut souligner l'équivoque. En creux du passage à la modernité (XIXe-XXe siècle), l'aura de l'opéra est bien ce paradis perdu que les compositeurs ont tant chahuté. En creux du passage (XXe-XXIe siècle), cette même aura accèderait à un stade utopique. Sous les traits archaïques du mythe de l'éternel retour, l'œuvre de Benjamin nous permet d'entrevoir cet horizon messianique auquel il aspirait. Analogie de sa pensée : la figure de l'Ange dans le tableau de Paul Klee, *Angelus novus*, renforce l'illusion d'un réel présent. Ailes déployées, l'ange s'éloigne d'un lieu d'origine dont on soupçonne naïvement qu'il est un ici et maintenant irréductible au passé, au présent et à l'utopie. Ange comme métaphore du présent ou comme soulignement du passage? Tout comme l'Ange loge dans les choses que nous n'avons plus, l'opéra loge dans celles qu'il n'a jamais connues. C'est pourquoi aucun genre ne peut le surpasser et c'est pourquoi aussi il ne peut scruter ailleurs que sur le chemin du retour.

l'affect conteur

Il existe une mythologie de la narrativité en musique. Tout compositeur engagé dans sa quête sait que les paroles circulant à son propos sont comme éclatées en de multiples considérations qui convergent vers une même idée : la musique travaille la question de la narrativité avant les mots. Elle frotte les catégories du langage en instaurant une forme de philologie du son proprement intraduisible. S'il arrive que la confusion des langues se produise, l'on oublie momentanément que la musique n'est pas le langage et inversement, l'ambiguïté demeure. La musique dit des choses sur les mots que les mots ne soupçonnent pas. Elle les dit dans le retrait de la parole. Autrement dit, elle agit plus qu'elle ne raconte. La musique serait ainsi une forme d'action, détachée de toute mimique ou de toute gestuelle. Elle n'est pas la simple convoyeuse de récits ou d'expression des affects tels qu'ils sont figurés dans certains répertoires lyriques. Selon des principes quasi performatifs, elle raconte ce qu'elle est censée produire par le fait qu'elle agit, portée par un caractère indiscutable, entre affect et narrativité. Entre ces deux polarités que sont l'affect et la narrativité, le sujet est affecté. Comment entendre cette affectation dont on ne peut retrouver la trace qu'en empruntant la voie de la fiction musicale? Cette fiction décèle dans l'Autre la figure du Même, un moment de la répétition ou encore de la préfiguration. Il nous semble que l'opéra rejoue les trois grands genres du *Sophiste* de Platon. Le Même, l'Autre et l'Analogue se voient investis d'une puissance de représentation qui les plonge dans un passé lointain synonyme d'altérité. Il s'agit de penser ce qui demeure à tout jamais énigmatique, comme une réplique aux apories de la temporalité dont Ricœur aura montré qu'elles se situent à un autre niveau que celui du cercel de la *mimesis* [1].

Quel est le sens musical de ces apories temporelles? Nous savons qu'en changeant la place d'une note dans une phrase mélodique un compositeur peut à tout moment provoquer un bouleversement du sens même de cette phrase. Le principe de permutation et de déplacement est en quelque sorte inscrit dans la construction et l'articulation sémantique de la musique, comme s'il existait une topique du son qui, de par sa fonction nomade, emportait avec elle ce que l'on pourrait appeler l'affect conteur. Le son raconte, tantôt une histoire qui l'excède, tantôt son propre parcours. L'inscrire sur une portée musicale, c'est déjà en soi vocaliser et instrumentaliser un signe qui abrite d'innombrables récits, qui les appelle, les suscite et les fantasme. D'aucuns assimilent ce code à une parole abstraite, une rhétorique musicale subordonnée à une forme d'éloquence qui n'est ni complètement une pensée discursive, ni complètement une grammaire compositionnelle. Dans cet ordre d'idées, ce n'est pas ce qui est prétendument dit ou suggéré qui instaure une narrativité exclusivement musicale, c'est la musique elle-même qui s'érige tout entière en narrativité. Elle explicite un récit qui peut se déprendre du réel, qui peut dire le monde sans le décrire, déployant des modalités de représentation sans faire référence à ce qui est représenté. La musique inverse les rôles. C'est pourquoi elle est autant le destinateur que le destinataire. Elle est fondamentalement démiurgique, faisant advenir en elle tous les temps du monde. Revenir à cette Odyssée, revenir au temps de

1. P. Ricœur, *Temps et Récit*, t. III, Paris, Le Seuil, 1985.

la narrativité auquel la musique est promue, c'est en effet présupposer que l'identité de l'œuvre musicale, avec ou sans narration, avec ou sans dehors, est la manifestation d'une essence ou d'un effet de langue qui en dit plus long que la langue elle-même. Poursuivre narrativement la musique, c'est accepter de ne jamais rattraper l'histoire qu'elle nous raconte. C'est faire l'expérience d'un hiatus profondément poétique, un moment d'inconfort pour l'oreille grâce auquel on entre dans le *tempo* du récit, sans chercher à capter la cohérence de chacun des moments qui passe. La musique n'existe pas sans les résistances qu'elle supporte ou apporte. Elle s'éprouve dans deux directions : du côté de l'énergie ou de la force vitale du son et du côté de la nostalgie. L'oreille perçoit les deux versants d'un même affect et plonge dans un ravissement illimité, autrement dit, sans entrave à la pure affectivité.

Le bord comme tel. C'est peut-être là que se situe l'histoire de la narrativité musicale. Lorsque Adorno dit à propos de l'opéra que la « musique transcende le genre auquel elle condescend », il ne fait rien d'autre que mettre l'accent sur ce dispositif mystérieux que le compositeur convoque dans sa partition, dispositif qui consiste à fabriquer des syncopes de temps en dehors du temps vécu de la conscience. Syncopes qui peuvent parfois se trans-former en une infinité de temps dans lesquels le passage d'un récit continu à un récit discontinu est à peine repérable. Berg n'achevant pas *Lulu*, ou Schœnberg n'achevant pas *Moïse et Aaron* : il y a là l'aveu d'un débordement, une tension extrême entre une histoire close et une musique qui puise sa force et sa jouissance narrative dans une autre histoire. Histoire de l'inachèvement par exemple, d'une désadhérence à ce qui est prononcé. Dans la première scène de l'acte I de *Moïse et Aaron*, Moïse objecte que ce qui fait figure de don de parole, la parole donnée, lui fait cruellement défaut. Il prononce un manque : celui d'un récit sans voix, ou du moins d'une voix qui ne pourra pas porter le récit. Le temps de la narrativité musicale est ici sans retour possible, plus exactement sans condition de retour. Il est à la fois le manque et la parole manquante ; manquante à sa propre fin. Pour rendre tangible le conflit latent entre ce qui se raconte avec le texte et ce qui se raconte sans lui, Schœnberg oppose plusieurs natures de débits vocaux. La parole de Moïse demeure rivée à une voix qui parle. Privée des ressources du chant, elle ne peut ni se lamenter ni espérer. *Sprechgesang* brut qui jamais ne déleste la mobilité du verbe. La parole d'Aaron est un effet de chant, une vocalité médiatrice qui absorbe ce que la voix de Moïse ne parvient pas à articuler et la transmute en se faisant rhapsode du manque.

la sentinelle de Kafka

L'opéra comme épiphanie d'un temps antérieur aux sollicitations historiques et théoriques de la composition musicale, d'un temps à contre temps, dont l'essor va à l'encontre des diatribes, prophéties ou déclarations critiques inscrites en creux dans la seconde moitié du XXe siècle : tel est bien l'enjeu de ce livre, dont une partie fut esquissée à une époque où la communauté musicale internationale était convaincue que l'opéra ne pouvait s'émanciper d'une dynamique d'auto-survivance et, par conséquent, était amené à disparaître de la scène esthétique. Je n'ai jamais souscrit à cette sur-détermination historique, à cette idée que l'art lyrique, l'art de la scène et de la représentation seraient nourris de sublimes cadavres. C'est pourquoi j'ai pris le contrepied des propos mortifères d'Adorno, par exemple. La dialectique qu'il condamne est pour nous une manière de ne pas trancher sur la différence entre méthode et objet, afin de maintenir la tension d'une critique immanente qui ne s'oppose pas à la réalité phénoménale des œuvres que nous auscultons avec minutie. Cependant, l'idée d'*archè*, à laquelle Adorno reste malgré tout attaché, nous a paru essentielle, non pas parce qu'elle implique un dénouement, mais parce qu'elle permet de déconstruire la totalité lyrique. L'opéra étant selon nous une survivance de l'idéalisme, il demeure par essence ce qui toujours contient le tout. On pourrait dire qu'il élabore une cartographie de ce tout dont il se veut une des manifestations les plus sublimes, les plus hautes. Mais alors que l'esthétique négative d'Adorno nous a systématiquement ramenés à l'irréductibilité de l'œuvre, à sa vocation de résistance face à l'analyse, la pensée de Deleuze, bien qu'éloignée sur bien des plans de la musique, nous a permis de sortir de l'unique logique dialectique pour investir un champ d'élaboration à la fois singulier et empirique, non circonscrit ou assujetti à la toute puissance de la Raison historique. L'opéra est en quelque sorte un laboratoire d'observation, d'évaluation, d'ébranlement et de vérification. S'y déclinent donc des enjeux complexes, tantôt territorialisés lorsque la création musicale fait advenir ses prérogatives dans une forme d'art aussi utopique que l'opéra, tantôt déterritorialisés lorsqu'elle s'en éloigne. Questionner l'opéra pour mieux répondre aux invectives de la composition revient à interroger cette impossibilité d'étiolement définitif et à saisir en quoi cette non finitude renaissante et auto-renaissante est peut-être la préfiguration d'une ère inédite, une façon de *terzia prattica*. D'où la présence du palimpseste comme concept à la fois clinique et herméneutique, qui incline la lecture et l'interprétation généalogiques des partitions à rebours, comme un fil d'Ariane rétrograde. L'*épokhè* lyrique fait résonner l'histoire, non seulement du genre lyrique, mais également le processus de la constitution des formes, des syntaxes et des lois musicales.

D'ailleurs, le palimpseste est beaucoup plus qu'une notion[1]. Littéralement cela signifie un lieu, le plus souvent un manuscrit sur parchemin dont la première écriture a été grattée ou s'est altérée et sur lequel un nouveau texte est inscrit. La figure du palimpseste nous importe dans la mesure où elle est agissante. Comment lire *Orfeo* de Monteverdi une fois écrit *Wozzeck* de Berg par exemple. Retour à la sentinelle de Kafka, retour à la Loi, à ce temps réversible qui nous permet de lire l'histoire de l'opéra à contre histoire, là où la figure de la modernité n'est jamais exaltée pour elle-même. Le principe est certes singulier, mais toujours extrêmement rigoureux, parce qu'entièrement voué à l'écriture, au texte tel qu'il se transmet. Le palimpseste comme lieu de rassemblement qui rejoue à chaque nouvelle empirie la pérennité de son accomplissement. Le temps pulvérisé est ainsi rassemblé dans un ordre hétérogène, inversant le rapport entre concordance et discordance cher à Aristote, amenant l'amont de l'action à l'aval de la représentation.

Comment se montre la « chose » opéra et comment cette « chose » parvient-elle à faire « monde » ? Il nous faut tenir compte, pour tenter de répondre à cette difficile question, de l'archéologie des formes et des langages musicaux, d'une philosophie fondée sur les œuvres lyriques elles-mêmes. Cette réfléxion peut être qualifiée de négative, au sens adornien du terme, parce qu'en effet elle repose sur une idée qui ne présuppose pas la réconciliation. Si la musique a le pouvoir de se déprendre d'elle-même pour accueillir ou se finaliser dans d'autres territoires, c'est précisément parce qu'elle semble *tous* les contenir. C'est une des clés du renouvellement et renouveau de l'opéra. C'est parce que les humanistes ont voulu percer le secret de la Tragédie antique qu'ils ont trouvé l'opéra. Ce désir de percer le mystère de l'antique fut contigu à l'invention d'une nouvelle technique et de nouvelles lois musicales, comme le passage de la polyphonie à la monodie par exemple. Ce hiatus entre la réalité de l'histoire et l'utopie de la création, entre la *distensio* et l'*intentio*, entre la chose et le monde, la chose comme monde et le monde comme chose est non seulement passionnant et fécond,

1. Le palimpseste est une expression également utilisée par les archéologues.

mais il éclaire la nécessité irréductible de l'utopie[1]. Car l'opéra est travaillé de l'intérieur par des passions irrépressibles qui ne peuvent s'éprouver que du dehors, « quand le lien du monde et de l'homme est rompu » écrit Ricœur[2].

Phénoménologie de l'opéra et datation historique ne sont pas le legs d'un présent inauthentique, mais de véritables noms propres, des allégories hiéroglyphes à écrire – car l'histoire s'écrit – et à déchiffrer – car l'histoire se lit et s'interprète. L'utopie permet de faire éclater le présent et le passé du théâtre lyrique, libérant l'un de l'inertie de la tradition et l'autre d'une contemporanéité tributaire de ses dogmes. Non seulement une telle contradiction ne rend pas impossible l'utopie, mais elle lui donne une force de vérité qui ne réside pas dans sa présence-absence, dans un dévoilement qui anéantirait l'énigme d'où elle vient. La mort plusieurs fois annoncée de l'opéra, plusieurs fois interrompue sous la forme d'*épokhè* lyrique, se double d'une révélation dont ni la langue grecque ni la langue métaphysique n'ont l'absolu privilège, cependant que l'opéra n'existerait pas sans l'une et sans l'autre.

Pour ce qui est des « chemins » vers ces nouvelles utopies que tracent l'opéra, ils marquent selon nous une distanciation, une réserve à l'égard de la nostalgie de l'antique, du tragique et de la tragédie. Si le destin de l'opéra s'inscrit dans une téléologie de la réconciliation, son renouveau ne célèbre pas la plénitude de l'omniprésence. Il désigne plutôt une fracture, une déchirure, une séparation au cœur même de la synchronie de ce qui revient. Célébrant la mémoire d'Homère, Hypérion de Höderlin dit : « Laissez passer ce qui passe, les êtres ne passent que pour revenir, ne se séparent que pour s'unir étroitement, ne périssent que pour vivre d'une vie plus vivante » [3].

1. *Cf.* M. Abensour, *L'homme est un animal utopique*, Paris, Les Éditions de la Nuit, 2010.
2. P. Ricœur, *Temps et récit*, t. III, Paris, Le Seuil, 1985, p. 339.
3. « Lass vergehen, was vergeht, rief ich unter die Begeisterten, es vergeht, um wie derzukehren, es altert, um sich zu verjüngen, es trennt sich, um inniger zu vereinigen, es stirbt, um lebendiger zu leben » (St A, III, *Sämtliche Werke*, Stuttgarter Ausgabe, p. 180).

envoi
un coup de dés

... c'est une œuvre comme il en pourrait surgir au début d'une littérature, si tout ne finissait, au contraire, par les commencements.
Stéphane Mallarmé, *Écrits sur le livre.*

Autre chose ... ce semble que l'épars frémissement d'une page ne veuille sinon surseoir ou palpite d'impatience, à la possibilité d'autre chose.
Stéphane Mallarmé, *La musique et les lettres.*

« Toute méthode est une fiction, et bonne pour la démonstration » [1], disait Mallarmé. C'est avec un geste de résistance à l'endroit de la démonstration que nous ouvrons la méthode, rassurés, en quelque sorte, de nous placer pour la circonstance sous l'égide fantasmatique de Mallarmé. Si en plus la méthode est synonyme de fiction, nous pourrons peu à peu, au fur et à mesure que nous nous enfoncerons dans la démonstration, lever les résistances. La fiction nous appartient et la méthode aussi. Il sera toujours temps de rêver d'une démonstration qui draine la puissance attractive de la fiction. Pour le moment, le recours à Mallarmé est un aveu qui n'érode en rien l'élan de ce travail. Soyons suffisamment vigilants pour que la fiction n'obtempère pas en faveur du faux. Comment ferions-nous pour discerner

1. S. Mallarmé, *Écrits sur le livre*, Paris, Éditions de l'éclat, 1985, p. 67.

la fiction du faux? Quel appareillage méthodologique mettrions-nous en branle pour parvenir à la victoire de l'un sur l'autre, à l'échec et mat irrépressible ou, plus modérément, au match nul?
En admettant que le principe de cette recherche relève d'une fiction, convertie en méthode, la démonstration est exclusivement le résultat d'un relevé argumenté et commenté de ce que nous appelons des indices de réalités. Il importe que la fiction comprenne les courbes de sa propre histoire et dresse une topologie métaphorique des lieux qui lui rendent hommage. En définitive, l'opéra et son double est une tentative de décloisonnement des méthodes d'analyses autour d'un double dispositif : les théories esthétiques à l'œuvre lyrique contemporaine et l'œuvre lyrique contemporaine aux théories esthétiques. Réciprocité dialectique qui n'est pas sans jeter une poussière dans le mécanisme de la Raison historique. Le mythe de l'éternel retour s'approprie les opérations objectives de l'histoire et les spéculations subjectives de l'élaboration critique. L'objet opéra est un symptôme à géométrie variable : entité clinique pour le musicologue, entité esthétique pour le philosophe. Mais là où l'analyse des processus compositionnels peut surmonter l'obstacle de la question fondamentale, – pourquoi y a-t-il un renouveau de l'opéra au lieu même d'une modernité qui en délaisse les codes et les conventions, provoquant ainsi sa chute en matière de création et son essor en matière de rénovation? – l'analyse esthétique bute frontalement sur lui. Il s'avère ici impossible de contourner les subtilités de la dialectique négative d'Adorno échouées dans les miasmes d'un *renouveau* tuméfié, traumatisé par les interdits définitifs dont il fut victime depuis la Seconde Guerre mondiale. Paradoxe ou ambiguïté d'un genre – ou d'une forme – qui fut maintenue dans une logique circulaire de disparition provisoire et de réapparition salutaire. L'empirie de l'opéra au XXe siècle n'est pas un simulacre puisqu'elle a *lieu*, puisque les opéras contemporains sont d'emblée reconnaissables et répertoriés dans la catégorie œuvre lyrique.

En 1966, Theodor W. Adorno, dans un article paru dans les *Neuen Deutschen Helfen*, écrit :

> qu'après trente cinq ans d'efforts pour restaurer l'opéra, il est permis d'affirmer que jusqu'à présent, en tout cas, les exigences divergentes de la musique et de la scène interdisent cette reconstitution.

Il esquisse ainsi une sociologie des relations entre émetteurs et récepteurs, comme pour mieux souligner, selon ses propres termes, « que la forme opéra vieillit ». Le discours d'Adorno radicalise un consensus historique qui tente de supprimer un hiatus implicite logé dans les arts et en particulier dans la musique depuis la fin de la Seconde Guerre mondiale : l'archaïsme latent au sein de la société industrielle. On ne saurait interpréter la pensée d'Adorno sans la soumettre à la logique de la dialectique négative, laquelle inaugure une tradition esthétique et critique majeure, qui accorde à l'œuvre la toute puissance du miroir ambiant. Retrouver dans l'opéra lui-même ce que l'horizon social et culturel couve mais ne dit pas. Au-delà de la pertinence, il faut saisir la tension accumulée dans l'œuvre. Sans elle, le rapport au monde s'atrophie, le regard se décalque sur les idéologies dominantes et l'écoute se satisfait d'un fond sonore divertissant. En définitive, Adorno préconise la résistance et l'opéra lui offre l'exemple du modèle à fuir, à détruire, à limoger avant que ce dernier ne parvienne à séduire, une fois de plus, le bien fondé de la Raison historique. Pourtant, derrière sa défense inconditionnelle du seul opéra qui à ses yeux confirme la règle, *Wozzeck* d'Alban Berg, Adorno effleure le point névralgique qui éclaire la pérennité du genre à l'instar des remous théoriques : « La force qui lie les hommes à l'opéra est le souvenir de quelque chose dont ils ne peuvent plus se souvenir, la légendaire époque dorée de la bourgeoisie, qui gagne, à l'âge de fer seulement, un éclat qu'elle n'a jamais possédé » – déclaration rédigée en 1962, à une époque où l'opéra apparaissait pour les compositeurs comme une pièce archéologique poussiéreuse et malsaine, nonobstant le répertoire déjà engagé. Or, non seulement l'opéra n'est pas mort, non seulement les maisons d'opéra n'ont pas sauté selon le vœu de Pierre Boulez exprimé en 1967, mais il réapparaît résolument au sein de la création musicale avec une double vitalité : la conscience d'appartenir à un passé qui se déplace dans le temps et l'espace avec une motricité efficace, et le désir, la volonté de ne pas céder au nivellement du réel incarné dans les chapelles d'école et les systèmes historicisés, frappés d'interdits et de certitudes progressistes. L'opéra création est libre en tant que geste artistique. Ses contraintes restent de nature institutionnelles, économiques et architecturales. Rien de nouveau dans cette dichotomie de l'idéal et de l'objectif, si ce n'est que l'entreprise de démolition du théâtre lyrique entre 1960 et 1980 a provoqué l'inverse : sa restitution massive et ingérable par les pouvoirs publics. On assiste à un renversement de la dialectique adornienne : ce n'est plus la contrainte historique qui plie l'utopie à la création musicale, c'est l'utopie de la création qui plie la contrainte historique à ses prérogatives.

L'opéra renoue avec la forme de l'utopie comme exhortation au réveil de l'allégorie et du mythe. Il est une démystification de la fantasmagorie qu'accompagne l'éternel retour du théâtre lyrique. Jusqu'où une époque s'enfonce-t-elle dans l'une et dans l'autre ? Cette véritable Pénélope de la composition musicale exprime la vocation du mythe à ne jamais obéir à une logique de l'indifférencié, mais à celle des métamorphoses et de ce que l'avenir peut encore attendre de l'opéra. Nous avons appris de Claude Lévi-Strauss qu'en matière de mythe, « le dossier n'est jamais clos ». Nous reprenons volontiers cette formule pour dire, avec Lévi-Strauss, qu'en matière d'opéra, non seulement le dossier n'est jamais clos, mais il est toujours annonciateur d'une entente équivoque entre la nécessité d'honorer son passé glorieux, et la tentation de liquider ce qui reconduit le symptôme, de s'identifier à lui, désireux que nous serions de restaurer une époque. La critique de Walter Benjamin nous paraît ici d'une grande pertinence : « À chaque époque, il faut chercher à arracher de nouveau la tradition au conformisme qui est sur le point de subjuguer[1]. »

On retiendra de ses expériences le glissement éloquent de la forme opéra à la forme anti-opéra magnifiée dans le théâtre musical, ou/et instrumental, vocal. Le premier geste subversif fut jeté à l'endroit du mot opéra. Vocabulaire vétuste auquel on opposa un vocabulaire dynamique, comme pour mieux rehausser l'antinomie entre l'institution opéra et la création ; le rejet des conventions passant nécessairement par une re-définition des structures, du langage et des lieux. Le second geste, contigu au premier, consista à dilapider l'instance narrative du livret sur laquelle repose la dramaturgie musicale afin de la supplanter par ce que l'on pourrait appeler une anti-narration : chassés-croisés subtils d'éclatement d'un texte où ce qui n'est pas prononcé par la voix est stipulé par le corps du chanteur ou du comédien. L'exemple d'*Acustica* de Mauricio Kagel, créé à Darmstadt en 1972, participe de cette intention plus idéologique qu'artistique. Des situations fragmentaires finissent par dégager du sens : un homme ouvre et ferme un tuyau d'arrosage, par exemple, et au hasard un son s'en échappe, comme si l'origine du musical était théâtral et comme si les gestes récurrents et maniaques devenaient le centre d'une nouvelle dramaturgie, sans livret, sans archétype, sans construction formelle et, surtout, sans préalable psychologique pouvant susciter de la part du public une quelconque velléité d'identification. La recherche d'une mise à mort de l'histoire de l'opéra est synonyme d'incarnation d'un mythe originel, trop humain pour les options

1. *Œuvres* III, trad. et notes par Maurice de Gandillac, Rainer Rochlitz et Pierre Rusch, «Folio essais», Paris, Gallimard, 2000, p. 431.

radicales d'une génération de compositeurs nourris à l'école sérielle, au structuralisme et à la musique électro-acoustique puis électronique. D'où une légitimation de ce que doit être la musique d'aujourd'hui, des déclarations théoriques dont certaines ont contribué à vitaliser le renouveau du théâtre lyrique. On peut citer les propos d'Eduardo Sanguineti, ami et collaborateur de Luciano Berio qui exprime, à son insu, ce que j'appelle le *contenu d'ambiguïté* de l'opéra au XXe siècle :

> on peut aussi bien considérer le mélodrame comme une totalité parfaite – et même comme l'œuvre d'art total véritable, dans laquelle *Wort* et *Ton*, parole et musique, jouent et travaillent ensemble, globalement et sur un même pied d'égalité [...] De même, il n'apparaît pas moins légitime de considérer l'œuvre avec musique comme un genre esthétiquement redondant, ou franchement hétéroclite et outré.

Ou bien ... ou bien. Mais comment ne pas renoncer à cette « force qui lie les hommes entre eux » (Benjamin), sans tomber dans le conservatisme et l'académisme et sans perdre la puissance transmissive du mythe ?

Il faut admettre aujourd'hui la permanence rebelle de l'opéra à l'égard de l'histoire. Cette permanence débouche sur une réappropriation des catégories esthétiques laminées précisément par ce que Benjamin a nommé la « perte » de l'aura. Or l'aura comme concept opératoire figurait l'idée d'une présence qui confère le pouvoir de faire « se lever les yeux ». Il ne faut pas interpréter la pensée de Benjamin sous un angle mystique ou faussement scientifique. Revenons à sa définition : « On pourrait définir l'aura comme l'unique apparition d'un lointain, si proche qu'elle puisse être. Reposant l'été à l'heure de midi, suivre à l'horizon la ligne d'une chaîne de montagnes ou une branche qui jette son ombre sur celui qui repose, c'est respirer l'aura de ses montagnes ou de cette branche ». Nous garderons en mémoire l'appréciation métaphorique et poétique, la liberté sans doute de se laisser émouvoir par sa propre sensibilité philosophique. Rétrospectivement, le lointain devient plus ambigu et le proche plus paradoxal. Tout deux confèrent à l'aura une vertu non assimilable aux catégories de la pensée, appartenant à un espace/temps suffisamment singulier pour ne pas se transformer en universaux. Le renouveau de l'opéra est comparable au sommeil de l'aura. Si, comme nous le soutenons, la proximité historique est un leurre au sens où les zones de prévisibilité artistiques sont happées par une empirie accidentée, le lointain est aussi équivoque, car il sous-tend le concept de *telos* sans lequel aucune dialectique à l'œuvre ne saurait subsister. L'aura serait un moment de grâce, le ici et maintenant d'une manifestation irréfutable que la chaîne des communications et spéculations évolutives sur l'histoire finira par intégrer en son antre, comme propulsée en avant par elle. Aussi l'aura du théâtre lyrique est essentielle, car elle sollicite à la fois une mémoire collective, « force qui lie les hommes », son oubli, son absence, mais jamais son reniement.

Que transmettre en musique si ce n'est une aura acoustique sublimée et canalisée dans les plis de l'histoire ? La linéarité appartient aux idéologies. Le mythe du progrès y trouve ici un écho favorable, car la recherche musicale est obligée de suivre le rythme incessant de la technologie et elle doit assumer l'obsolescence continuelle de la machine. Il est un autre espace, un autre temps, hors espace et hors temps qui s'inscrit dans un autre mouvement, sans pour autant réfuter l'interface composition/science : l'opéra, unique territoire où l'anamnèse cohabite avec la mélancolie de la perte et où le passé est désigné avec la force du présent. Aura de l'opéra : parce que les mutations s'y inscrivent tout en déployant les conditions de possibilités d'une union tacite avec le public ; comme un chemin vers une fusion non artificielle entre les différentes composantes du spectacle scénique, dictée par des lois organiques que la technologie pourrait révéler afin de transformer l'absence d'expression volontaire ou de compromis en un véritable lieu de réconciliation. L'opéra aujourd'hui aurait une vocation plurielle. Il serait un vis-à-vis pour l'auditeur et un enjeu pour le compositeur. Il renverserait la logique d'ingérence du progrès à l'œuvre et imposerait une toute puissance de l'œuvre dans le progrès, subsumant le genre lyrique comme pratique traditionnelle en concept lyrique comme nécessité compositionnelle. La conjugaison de ces géométries variables est précisément le lieu d'une histoire de l'opéra qui s'abstrait des perspectives historicistes pour se contenter d'affirmer une présence immanente, un élan vital, une aura. La meilleure preuve en est le reniement théorique des compositeurs qui ont contribué à mettre en scène la mort de l'opéra et qui depuis lors ont souscrit à la nécessité irréductible de son histoire. Eux aussi ont oublié, eux aussi se rappellent. Comme si le proche et le lointain stipulés dans l'aura n'étaient que deux facettes d'une même vérité. Le compositeur se laisse séduire par l'anachronisme ambiant. Il poursuit non seulement l'utopie de l'œuvre totale, mais aussi celle de la transmettre à un présent qui transite par le passé. C'est ici que l'opéra contemporain demeure impensé et par conséquent, particulièrement actif. Parce que sa puissance auratique ne peut toucher l'œil et l'oreille qu'à la condition de ne pas être interceptée par des règles de modernité atermoyées dans des règles de contemporanéité. Tenir compte de l'évidence de l'aura dans les créations d'opéra, dans l'idée même que chaque compositeur recherche son auteur, ses interprètes, son metteur en scène, revient à admettre le caractère mimétique du théâtre lyrique qui constitue l'avancée la plus pertinente dans les rouages d'une Raison historique déjà dépassée par les événements. « Le plaisir qu'on prend à l'image du monde ne se nourrit-il pas d'un sombre défi contre le savoir ? » écrivait Walter Benjamin. À l'heure où la création musicale est cernée par les objectifs des nouvelles technologies, il me semble important d'aller chercher ce fond de plaisir qui pose d'emblée l'assertion de la représentation de l'œuvre musicale en termes de miroitement et non d'imposition.

Nous en sommes au point où le parallélisme heuristique entre l'analyse musicale et l'analyse esthétique balaye les certitudes historicistes et s'engage à sauvegarder le « contenu de vérité » propre à l'œuvre d'art. Nous n'outrepassons pas les limites de la critique lorsque nous postulons pour une polysémie de l'opéra. Il s'agit de mettre le doigt sur une *empirie* exemplaire désignant, non plus le mouvement de l'histoire des formes lyriques, mais l'Histoire tout court, inscrite dans les pliures de l'écriture musicale – la seule notation capable de véhiculer *in abstracto* un signifiant qui n'est pas produit par le langage mais qui est introduit, tantôt par le signifié du son, tantôt par un son signifié, tour à tour dénotatif et connotatif. Écrire, pour Roland Barthes …

> … c'est ébranler le sens du monde, y disposer une interrogation indirecte, à laquelle l'écrivain, par un dernier suspens, s'abstient de répondre [1].

Quant au compositeur, il maintient la logique de l'ébranlement en léguant à l'histoire une liberté définie par des lois. L'histoire de l'opéra est une histoire cimentée de lois, parsemée de règles et de codes.

> Affirmés, puis mis en rivalité, puis remplacés, les sens passent, la question demeure [2].

Nous partons du principe que le présent seul peut éclairer l'histoire, que l'histoire est dans notre présent. Nous envisageons autant l'immanence de l'opéra à ce présent que l'immanence du présent à l'opéra. Pour comprendre ce qui est en jeu, il nous faut revenir au phénomène renouveau ou surgissement. La première tâche consiste à détacher de l'horizon de

1. R. Barthes, *Sur Racine*, Paris, Le Seuil, 1964, p. 11.
2. *Ibid.*

permanence un horizon strictement contemporain, ce que nous appelons une empirie de l'opéra, en formulant, une fois de plus, une définition sommaire du territoire qu'elle occupe. L'opéra repose sur un processus de totalisation qui atteste, dans le meilleur des cas, d'une réconciliation de l'activité artistique dans toutes ses composantes. Ce processus a subi en quelques décennies des ruptures importantes qui ont jeté un flou esthétique sur la définition même du concept d'opéra. Le premier constat est de nature terminologique. Il est suffisamment chaotique pour nous permettre de camper un décor non définitif, versatile et accidenté comme l'est la pensée musicale. Pour expliciter ce phénomène typiquement contemporain, nous pourrions remonter à la nuit des temps, ou du moins, aux origines du *Dramma per musica*, au moment précis où Monteverdi abandonne la sophistication limite du langage polyphonique pour assurer le passage de la *prima prattica* à la *seconda prattica.* Non seulement il augurait d'une écriture monodique prévue pour accueillir le parcours d'une narration, mais il qualifiait de manière linguistique ce parcours ressourcé d'un figuralisme codé selon la rhétorique des affects. Autrement dit, Monteverdi accordait au dispositif texte / voix / instrument un sens identifiable par un public non musicien. La question de l'opéra devenait affaire de reconnaissance et d'aller-retour permanent entre l'objet (texte et musique) et le sujet (figuralismes et affects). Est-ce l'opéra qui s'est inscrit dans cette logique consensuelle, ou est-ce le principe (monodie accompagnée) qui a favorisé le surgissement d'une forme d'art total dont le modèle originel fut la Tragédie antique? Bijectivité à laquelle notre modernité lyrique puise des leçons d'humilité puisqu'elle ne parvient pas à s'accorder sur une grammaire universelle. C'est bien là sa richesse et sa duplicité. Chaque compositeur met en place le système qui convient à son projet. Aussi, devons nous parler de l'opéra contemporain en termes de singularité/plurielle. Et comme chaque symptôme renvoie à une cause, il faut sans doute démasquer le coupable envers qui nous sommes redevables d'une modernité séculaire.

Tout commence avec Alban Berg, avec *Wozzeck*, opéra symbole qui rend hommage à l'histoire du genre, comme si en l'espace de ses trois actes et quinze scènes, il absorbait l'intégralité du devenir de la forme lyrique. Coup de génie ou de malin génie, nous n'avons pas fini d'épiloguer sur la défaite de l'opéra et le syndrome *Wozzeck.* Deux questions sévissent encore dans notre contemporanéité : pourquoi Berg a-t-il puisé aux sources de la tradition romantique allemande pour transgresser l'histoire de l'opéra intimement liée à l'histoire de la tonalité ; et pourquoi l'opéra s'effondret-il dès lors que le mouvement des formes et du système qui les sous-tendent se dégage définitivement de ces deux histoires contiguës? Poser l'hypothèse que l'opéra allemand – et *a fortiori* l'opéra tout court – ne survit qu'à partir du moment où il répond à son essence, c'est comprendre d'emblée sa présence problématisée entre 1940 et 1970, ou plus exactement, son absence, en tant qu'il ne répond plus à son essence et ne fidélise plus son héritage. Seule la manière, les stratégies varient : leçon apprise chez Alban Berg qui crée du nouveau sans élément inédit. La dualité entre *essence* et *invention* serait le véritable enjeu qui entacha le pragmatisme éclairé avec lequel Kurt Weill (*Opéra de quat'sous*), Bernd Aloïs Zimmermann (*Les Soldats*), Dieter Schnebel (*Glossolalie*), György Ligeti (*Aventures et Nouvelles Aventures*), Luigi Nono (*Intolleranza 1960*), Mauricio Kagel (*Aus Deutschland*), Luciano Berio (*La Vera Storia*) ou Henri Pousseur (*Notre Faust*), pour ne citer que ces quelques exemples, envisagèrent une forme d'opéra qui transgresse les normes du répertoire figé et s'obligèrent à gérer l'antinomie entre institution et création. En s'arrangeant pour que la dramaturgie délaisse la narration linéaire qui nous mettait en présence de héros et d'héroïnes dont le caractère était sculpté de toute pièce sur des archétypes universaux, en s'arrangeant pour élaguer le ressort psychologique concomitant à l'action, en s'arrangeant également pour que la construction formelle délaisse la dynamique fonctionnelle du schéma *Exposition*, *Développement*, *Conclusion* au profit d'une simultanéité fragmentaire de temps et d'espaces distincts, ces compositeurs réfutaient en bloc l'espace clos de l'opéra, ainsi que ses modalités de représentation. Or, nous ne confondons pas la défaite du concept d'opéra avec sa mutation.

À ce stade du questionnement, nous nous sommes déjà éloignés de l'horizon de permanence. Nous l'avons disloqué dans l'objet pour démontrer que l'empirie était en soi un phénomène de permanence. Avec l'étape suivante, soumise à dessein à un entrelacs méthodologique simultanément critique, théorique et philologique, nous entrons dans le tissu conjonctif de l'empirie sensible que représente le théâtre lyrique avec une conscience phénoménologique. L'opéra serait un geste d'assomption presque sacral où toutes les figures de l'histoire se côtoient. Il serait le lieu du savoir absolu, l'organon perdu, à retrouver ou à reformuler. Le renouveau de l'opéra abriterait alors une conscience rétrospective de la perte d'un consensus à la fois communautaire et distinctif, et la communauté, précise Jean-Luc Nancy :

> … n'est pas seulement la communication intime de ses membres entre eux, mais aussi la communion organique d'elle-même avec sa propre essence [1].

Le désir d'opéra, manifeste depuis les années 80, pourrait bien être une réponse à l'expérience moderne du retrait de l'essence dans le musical. C'est pourquoi sa résurrection est toujours immanente. S'en prendre à l'essence, à savoir l'*organon*, reviendrait à mettre en place les conditions de possibilité de son éternel retour. Une mort de l'opéra comparable à la mort de Dieu telle que Nietzsche la met en scène. L'enquête a commencé. Comment identifier le meurtrier d'un genre qui, en mourant, aura déjà ressuscité ? L'idée à laquelle nous tenons se situe à mi-chemin entre les théories de Benjamin et la critique d'Adorno. Tous deux admettent que l'*aura* est en partie concomitante de l'œuvre d'art bourgeoise et c'est pourquoi elle est vouée à décliner. Mais alors que Benjamin se rapproche intellectuellement d'une conception phénoménologique de l'œuvre, considérant que sa réification est suscitée par la toute puissance de son *aura*, Adorno semble condamner le peu de dialectique avec laquelle Benjamin dissout les ambiguïtés. Que faire du territoire dans lequel se meut l'œuvre d'art ? La réponse d'Adorno à Benjamin est claire :

> Le milieu de l'œuvre d'art n'est pas à sa place du côté mythique – excusez la tournure topique – il est au contraire dialectique en soi [2].

Le frottement de l'empirie dialectique en deçà de la dialectique et celui d'une empirie hyper dialectique sont le substrat de notre démonstration esthétique, avec pour objet médian, l'opéra. Par empirie, nous entendons la nécessité dans laquelle se trouve historiquement l'opéra d'innover. Le genre qui par excellence s'est affadi depuis la création de *Wozzeck* en 1925, relégué à une pratique soit académique, soit subversive, figure en même temps le lieu de l'innovation. Or, suite aux analyses pamphlétaires d'Adorno contre l'opéra, suite aux singularités esthétiques qui ont jalonné la seconde moitié du XXe siècle, les événements de création lyrique accèdent aujourd'hui au mieux au rang de *satisfaisant pour un opéra*, au pire à celui d'épiphénomène post-moderne ou épigonal. Son empirie dans les aléas de la composition musicale impose, non pas la tautologie de ses formes et de son contenu, mais la volonté de faire cesser les rouages de l'auto-survivance. Le caractère

1. J.-L. Nancy, *La communauté désœuvrée*, Paris, Christian Bourgois, 1986, p. 30.
2. M. Jimenez, *Adorno et la modernité*, Paris, Klincksieck, 1983, p. 298.

inévitable du théâtre lyrique dans le champ de la contemporanéité accélère la nécessité d'innovation.

D'un côté, nous devons gérer la dichotomie d'un art progressiste parce qu'il n'est plus auratique – la musique instrumentale pure par exemple – avec le renouveau d'un art substantiellement auratique – le théâtre lyrique –, de l'autre, nous jetons un *coup de dés* esthétique qui déloge les idéologies progressistes en faveur d'une pertinence de l'aura, surgie au moment où on ne l'attendait plus. La question de l'opéra au XXe siècle est synonyme d'essor de l'aura, comme intrus qui fracture les règles pour imposer sa loi – fonction qu'Adorno assignait à l'art moderne : « introduire le chaos dans l'ordre ». La perte de l'aura décrite par Benjamin fut comprise par Adorno comme un acte de compromis à l'égard de la culture industrielle. Pour nous, il n'y a guère de contradiction entre le repli de l'aura – plutôt que son déclin –, et le refus d'une ontologie idéaliste dans la pratique de l'esthétique.

Il nous appartient d'expliciter ce paradoxe.

première partie

chemins vers les nouvelles utopies

chapitre premier

le présent de l'opéra au XXe siècle

réalité de l'histoire, utopie de la création

Réalité de l'histoire, utopie de la création – paradigme du renouveau du théâtre lyrique – apparaît d'emblée comme un postulat antinomique. Réalité de l'histoire *contra* utopie de la création, ou réciproquement ? Ou encore, la perspective de l'une offre-t-elle à l'autre une possibilité de réconciliation avec les occurrences de l'opéra ? Les deux paramètres posés simultanément expriment un conflit souvent limité à une métacritique. Il s'agirait en définitive d'une esthétique du constat. Dès lors, comment exemplifier l'observation symbolique, la retourner de sorte qu'elle s'arroge les applications inductives d'une démarche analytique et non plus aliénée à la toute puissance de la dialectique trop sereine au regard de l'œuvre ? L'*utopie de la création*, à l'instar de la *réalité de l'histoire*, présente aussi un projet non dialectique. Lorsque Walter Benjamin, dans un de ses échanges épistolaires avec T.W. Adorno, insiste sur la nécessité de « libérer les choses de la servitude de l'utilité »[1], il intime pour une théorie de la connaissance qui doit suivre ses « vérifications sur le matériau »[2].

La référence à Benjamin, dans le cadre de nos hypothèses inductives sur l'opéra dans la création musicale contemporaine, nous rappelle que la question de l'objet est au cœur de la pratique esthétique. Comment concilier aujourd'hui « l'image de l'histoire »[3] avec « l'univers des idées »[4], lequel aurait surgi d'une immanence dont on comprend qu'elle se distingue de la « constellation du réel »[5] ? Les conditions de notre analyse ne sont pas dans la littérarité du postulat initial, ni dans le caractère musical de l'opéra. L'alchimie résultante de la réalité de l'histoire et de l'utopie de la création n'est pas une donnée formellement descriptive, ni informative. L'esthétique n'est pas ici le prolongement de l'artistique, ni son émanation, encore moins son identification. Elle doit cesser de se survivre dans l'objet. Elle doit cesser de vivre par procuration avec son objet. Elle doit créer les conditions de possibilités de son autonomie. L'objet, la *chose* lyrique, aura toujours le dernier mot, avec pour privilège ultime, vocation de se taire. Pour exposer une réflexion sur l'opéra contemporain, sans doute faudrait-il interroger cette « immédiateté de principe » dont parle Benjamin, « non

absolue toutefois, mais médiate »[6]. La réalité de l'histoire serait redevable à l'utopie de la création de forcer les rouages de la dialectique, d'y apporter une inquiétude sauvage, peu aliénable aux catégories de la pensée. Ne pas comprendre les œuvres d'art en général comme des objets uniquement herméneutiques, mais les saisir dans leur inintelligibilité[7]. Le projet d'Adorno implique une réfutation de l'histoire au moment précis où elle n'oppose plus de résistance à l'œuvre. Non pas la fin de l'histoire, mais son ambiguïté, sa capacité à détourner la cohérence de son parcours. Une théorie qui penserait la vérité de l'œuvre aurait l'air de produire une aporie, mais l'absence d'herméneutique suffirait à en justifier la hantise. Alternative inextricable avec laquelle nous devrons nous prononcer – fondatrice du contenu de vérité spécifique à l'œuvre d'art et musicale.

1. W. Benjamin, T. W. Adorno, « Lettre de T. W. Adorno à W. Benjamin, Hornberg im Schwarzwald, le 2 août 1935 », *Correspondance*, t. 2 de 1929 à 1940, Paris, Aubier, 1979, p. 171.
2. « Lettre de W. Benjamin à T. W. Adorno, Paris, le 31 mai 1935 », *op. cit.*, p. 164.
3. *Ibid.*, p. 165.
4. *Ibid.*
5. « Lettre de T.W. Adorno à W. Benjamin, le 2 août 1935 », *op. cit.*, p. 173.
6. W. Benjamin, *Le concept de critique esthétique dans le romantisme allemand*, trad. fr. Ph. Lacoue-Labarthe et A.-M. Lang, Paris, Flammarion, 1986, p. 58.
7. T.W. Adorno, *Théorie esthétique*, trad. fr. M. Jimenez, Paris, Klincksieck, 1989.

Penser l'opéra aujourd'hui n'altère en rien le frottement décisif d'une théorie agissante et de l'œuvre réfractaire à la critique. Au contraire. Sa présence brouille un certain bien-fondé de la création musicale qui attire résolument à elle la vérité scientifique, voire technologique. À moins que ce ne soit l'inverse : que la vérité scientifique attire à elle la création musicale. Adorno ne s'embarrasse pas de ces phénomènes de réciprocité. Une fois pour toutes, l'élaboration théorique ne saurait anéantir le caractère énigmatique de l'œuvre musicale. Pourtant, dans ses écrits, il fustigea l'opéra contemporain sans retour. Condamnation absolue de l'histoire par l'histoire. Aller droit au but, autrement dit, aborder la question de l'opéra frontalement ou attendre ? À quoi servirait alors une réflexion à côté de l'œuvre lyrique, en amont de sa réalité historique? Ne pourrait-on pas inverser l'ordre des valences esthétiques? Cesser de convoquer l'« autre chose » que la « haute raison »[1] ? Autre chose? Les énoncés compositionnels contemporains se développent souvent à l'abri des énoncés théoriques, de même, les énoncés théoriques se développent en deçà des énoncés compositionnels *ad hoc*, comme pour mieux les anticiper, les divulguer ou les protéger. Question de distance, d'intervalle virtuel entre le récepteur et l'émetteur, entre la *réalité* et l'*utopie*.

Après avoir rédigé le *Tractatus logico-philosophicus*[2], Ludwig Wittgenstein essaya de capter un semblant de contenu de vérité dans des mots qu'il estimait ambigus, dotés d'une duplicité conceptuelle ludique, afin de faire remonter à la surface de la pratique philosophique le caractère simultanément opaque et transparent du langage. Les mots deviennent alors des monèmes, représentant l'écart qui sépare la réalité de l'utopie. *Ordre*, *désir*, *attente*, *intention*, *croyance* ... décrivent le substrat d'un processus de chosification comme désapprouvé par la pensée, en dérapage permanent avec elle. Derrière la polysémie du langage surgit la trace palimpseste d'une mémoire indicible. Pour Wittgenstein, l'opposition entre science et philosophie corrobore le dilemme de la positivité du langage – le dicible que prononce la science – et la question philosophique qui invalide le discours scientifique jusqu'à l'annulation de sa propre légitimité. « L'ambiguïté érigée en système »[3] traverse l'œuvre de Wittgenstein. Elle apaise momentanément l'élaboration théorique sur la mutation du concept

1. J. Starobinski, « Es linda cosa esperar », *Nouvelle Revue de Psychanalyse*, Paris, Gallimard, aut. 1986, n° 3 sur l'Attente, p. 240.
2. L. Wittgenstein, *Tractatus logico-philosophicus*, trad. fr. G.-G. Granger, Paris, Tel-Gallimard, 1986.
3. Paul Klee.

d'opéra ; élaboration qui aurait pour issue idéale une non-théorie. L'utopie, comme la réalité, sont des lieux hypothétiques où la pensée, le discours *sur* ou *autour de* butent contre les murs du langage. C'est pourquoi Wittgenstein accorde un statut et une fonction distincts au paradigme et à l'objet, sinon, « du fait que l'on mélange paradigme et objet, on se voit contraint d'attribuer dogmatiquement à l'objet ce qui ne doit caractériser que le paradigme »[1]. Penser l'opéra aujourd'hui reviendrait à réconcilier le paradigme et l'objet sans pour autant les mettre à niveau. Une telle démonstration du théâtre lyrique contemporain n'échappe pas à la contradiction entre l'œuvre achevée et la poursuite d'un *continuum* historique. À charge de revanche pour la dialectique, dénouant le fil d'Ariane qui balise le territoire lyrique dans sa totalité, nous ramenons les spécificités à l'exemplification d'un logos inachevé. Après tout, l'historien, le musicologue, l'exégète ou l'esthète parlent à partir de son *lieu* présent et des enjeux contemporains : quelle est aujourd'hui la fonction de l'opéra dans la création musicale ? Comment le penser ? Comment y accéder ? Comment y échapper ou le surprendre au lieu même de son identité inchangée ? En quoi renoue-t-il ou se détourne-t-il de ses traditions ?

Si nous cherchons l'indice unificateur ou réconciliateur de postulats hétérogènes, non plus en tant que critique, mais en qualité de philologue musicienne, c'est pour comprendre ce qui se joue dans l'univers immanent de l'opéra. Autrement dit, nous oscillons devant l'inertie de l'historicité présente qui impose une rétrospection historienne du concept d'opéra, mais cette présence nous permet d'éprouver les écarts, l'ambitus virtuel ou objectif qui protègent l'utopie de la réalité. Ces deux entités bicéphales appartiennent à la catégorie perception esthétique. Et l'expérience ? Chemin faisant, nous risquons de renforcer les contradictions que ne manquera pas de nous semer l'esthétique de la négativité à laquelle pourtant nous nous référons. Nouvelle ambiguïté que Hans Robert Jauss dissout dans *Pour une esthétique de la réception*[2] en trois temps – hégéliens sans aucun doute :

– *Réception et action* (effet produit par l'œuvre) ;

– *Tradition et sélection*, où l'expérience esthétique est sédimentée en deux partiels, l'inconscient culturel et le choix conscient ;

1. Ch. Chauviré, *Ludwig Wittgenstein*, Paris, Le Seuil, 1989, p. 209.

2. H. R. Jauss, *Pour une esthétique de la réception*, Paris, Gallimard, 1978.

– *L'horizon d'attente et fonction de communication*, où l'œuvre serait nourricière de l'histoire, « l'une des forces qui font l'histoire »[1]. L'histoire est substantiellement muette, elle « ne dit rien, elle répond »[2].
En fait, si nous pouvions expliquer par le biais d'une théorie esthétique la dichotomie radicale de la réalité du théâtre lyrique aujourd'hui face à l'utopie de sa quête, ce qui relève véritablement de l'esthétique tiendrait une place mineure au regard du phénomène opéra. De même que Wittgenstein distinguait le *fait* de la *valeur*, la proposition de la règle – en ce sens que la réalité ne supplante pas un code éthique – nous admettons d'emblée que le jugement esthétique est un jugement de forme véhiculant un jugement de contenu ; le relais de l'un à l'autre est souvent implicite, parfois empirique. Que le discours *sur* ou *autour de* doit se relayer avec l'exemplification sans craindre de faire appel à la description plutôt qu'à l'explication, « non parce que l'explication est fausse, mais parce que c'est une explication »[3].
L'auteur de cette fin de non recevoir intellectuelle, Ludwig Wittgenstein, nous enseigne la méfiance, la réticence, la résistance à l'égard du langage et de ses représentations. Pousser l'invective dans ses retranchements, c'est menacer le jugement esthétique de l'intérieur de sorte qu'il soit renversé par son contraire, une antithéorie. Retour à la dialectique. On ne se débarrasse pas d'elle aussi rapidement. Et Olivier Revault d'Allonnes d'invectiver à son tour :

> Bien, sûr, on sait, ou tout au moins on sent, qu'entre l'histoire de l'art et l'esthétique il existe un hiatus. Mais après tout, qu'importe ? C'est finalement ainsi que la contradiction est, non pas tranchée, mais supportée[4].

Cela nous obligera à résoudre deux problèmes :

> Que voulons-nous démontrer ?
> D'où partons-nous pour le faire ?

La rencontre du fond (utopie) et de la forme (réalité), le hiatus qui en découle, suffiront-ils à s'abstraire, pour y répondre, à la temporalité de la raison historique qui prévoyait avec Adorno la fin de l'opéra ? L'idée d'un *telos* musical comme principe immanent au théâtre lyrique invite ce dernier à revivre sa propre finalisation, son accomplissement définitif au sein d'une

1. *Ibid.*, p. 245.
2. *Ibid.*, p. 247, *op. cit.*
3. Ch. Chauviré, *Ludwig Wittgenstein*, *op. cit.*, p. 116.
4. O. Revault d'Allonnes, *La création artistique et les promesses de la liberté*, Paris, Klincksieck, 1973, p. 15.

situation provisoire. L'utopie, définie comme processus d'ajournement illimité d'une fin simulacre de l'opéra, est prolongation d'une attente dans laquelle le scénario hégélien de l'apparition et de la disparition tient lieu de téléologie. Mais une fois saisie dans son idéalité l'idée de l'utopie, l'opéra ne disparaît pas. Il réapparaît : tant que la musique occupera une place idéelle, perdurera le désir, entre contingence et attente, de composer des œuvres dramatiques, Ici et maintenant. Formellement, nous pouvons justifier d'une théorie de la cyclothymie du concept opéra comme territoire musical inscrit dans un processus historique alternatif – régulateur/dé-régulateur. Nous pouvons justifier d'un axe temporel où le futur de ce genre survient comme nécessité dans un mouvement bi-univoque, où le geste régulateur se finit dans le geste dé-régulateur pour y accomplir sa plénitude. D'ajournement en ajournement, nous pouvons formuler un discours esthétique en forme d'arc tendu vers un *telos* grâce auquel se réaliserait l'Absolu pour poser les fondements d'une Histoire de la musique parallèle à la Raison historique. Mais la Raison historique récuse la puissance d'un ici et maintenant de l'opéra au nom de sa cyclothymie et de sa croyance en un progrès continu – donc en une temporalité infinie. La question de l'opéra opère au lieu même de cette continuité qu'elle fracture dans le sens inverse de la dialectique, à contre courant de l'historicisme. Il y aurait comme une utopie théorique sous-jacente à l'utopie compositionnelle : l'opéra n'atteint pas son achèvement. Au mieux, il le poursuit. Une telle idée de l'achèvement, définitif ou provisoire, met en péril le rapport subtil, intrinsèque ou musical, entre le son et l'allégorie, la notation et ses représentations symboliques. Une histoire supposée vraie de la musique s'accomplit dans une logique immanente d'auto-destruction des formes, ou de leurs métamorphoses singulières au sein d'une modernité progressiste. Si l'opéra contemporain interroge la contemporanéité d'ici et maintenant, c'est précisément parce qu'il n'obéit pas aux procédures d'une finalité des formes, mais qu'il ourdit dans leurs fêlures, rendant caduque la causalité qui conditionne l'avenir en vertu d'un *telos* virtuel. L'opéra d'aujourd'hui, comme celui d'hier, supplante le principe de continuité par celui de succession d'instants et déclare l'inanité des configurations eschatologiques dressées, depuis la Seconde Guerre mondiale, entre lui et les orientations de la création musicale résultant d'une déchirure éthique et politique irréversible. Il met en scène l'effacement de l'histoire, sa périodicité dé-programmée par l'élan chaotique et parfois incongru de l'utopie en action. Le présent de l'opéra n'est plus le digne successeur du passé de l'opéra, sa prolongation inchangée – pas uniquement. Il est aussi un phénomène de condensation, le raccourci d'une extension infinie d'événements chronologiques. Il se confond avec l'instant, l'ici et maintenant, sans pour autant se substituer à la constellation éphémère du passage de la tradition à l'inédit.

Comment l'analyse des conditions de possibilité de surgissement de l'opéra rencontre-t-elle l'utopie ? Se décalquent-elles sur l'idéologie ? Constituent-t-elles une menace pour le réel? Si, comme le démontre Paul Ricœur, « l'idéologie préserve et conserve la réalité » alors que « l'utopie la met essentiellement en question »[1], que devient la conscience historique lorsqu'elle est happée par l'utopie? L'utopie est-elle redevable d'une logique subordonnée à cette conscience? Procède-t-elle d'un mouvement libérateur dissimulé sous le masque de l'accident non historique récupéré par l'historicisme? Intervient-elle pour colmater le dysfonctionnement de l'idéologie? Est-elle une pathologie du réel? Serait-elle finalement une présence insolite telle que Ernst Bloch pouvait le présager :

> De plus en plus parmi nous les choses apparaissent de côté [...] Ce sont souvent les impondérables et les bizarreries qui vont le plus loin [...]. Les sections qui délimitent le cadre ne sont qu'un déchiffrage [...] car finalement une rencontre est toujours un choc[2].

Comme si l'insolite, les choses, ne pouvaient être nommées qu'anonymement; comme si la périphérie, le *de côté*, étaient aussi fondamentaux que le centre; comme si les impondérables étaient plus perfectionnistes que le prévisible; comme si le cadre prévoyait le hors-cadre; comme si le couple thèse-antithèse ne se résolvait plus dans la synthèse, mais restait suspendu au choc, à cette nouvelle rencontre qui remet le compteur à zéro. L'induction esthétique issue d'une topique de(s) utopie(s) ouvre un champ de possibles pour constater l'émergence d'un théâtre lyrique Ici et maintenant. Le renouveau de l'opéra est synonyme de renouveau de l'utopie compositionnelle. L'exemplification trouve ici un écho sublimé du palimpseste, de la trace et du tracé. Il se constitue dans la mémoire des formes quand ces dernières se sont tues.

Après la Seconde Guerre mondiale, l'opéra s'est réfugié dans le silence, à quelques exceptions près qui confirment la règle. L'esthétique du palimpseste est née de ce silence, de cette absence d'attente herméneutique au profit d'un doute qui dégénéra en certitudes historicistes. Le silence

1. P. Ricœur, *Du texte à l'action. Essais d'herméneutique, II*, Paris, Le Seuil, 1986, p. 388.
2. E. Bloch, *Traces*, Paris, Gallimard, 1968, p. 14.

répond – comme un écho qui résonnerait sans le support de l'histoire, à savoir, sans expression vérificatrice d'un ordre social – à l'engourdissement de l'idéologie. Il est une métaphore de l'« horizon d'attente » dont parle Paul Ricœur dans sa méditation sur le sens de l'histoire[1]; une métaphore conceptuelle du mythe de Narcisse : l'écho se contemple dans l'utopie. Ils auraient le même visage au tracé variable selon le lieu de réflection. L'un se caractérise par la perte d'éloquence – l'attente d'une parole; l'autre par l'absorption de cette perte et sa reconversion en un silence qui accueille le palimpseste. La trace de ce qui fut. Mais le palimpseste – catégorie esthétique vers laquelle tend la question de l'opéra au XXe siècle – ne s'énonce pas : il énonce. Support sous lequel se dissimule la mémoire individuelle et collective, il tisse des ramifications subreptices avec l'utopie, l'empêchant probablement de sombrer dans la folie. Ce n'est pas l'idéologie qui endigue la puissance dionysiaque de l'utopie – ce que György Lukács appelle la conscience fausse – c'est l'utopie, canalisée par et dans le palimpseste, en attente d'une promesse de déploiement, qui endigue la force productrice et reproductrice de l'idéologie. La voix de l'opéra a résonné dans ce silence. Grâce à lui, elle s'est fait entendre et a forcé l'écoute. De qui? Pour qui? La réalité ou l'utopie, ou les deux?

> Il faudrait parler ici non seulement d'utopie, mais d'uchronie, pour souligner non seulement l'extériorité spatiale de l'utopie (un autre lieu), mais aussi son extériorité temporelle (un autre temps)[2].

L'idée de l'opéra comme exemplification d'un autre temps, d'un autre lieu, se prolonge dans l'esthétique du palimpseste, théorie de l'effacement, de la trace et de l'anamnèse. Cette non-présence optique abrite une présence auditive qui tolère une démonstration philologique, comme une *Lichtung* acoustique émanant du langage. À l'autonomie sémantique de l'art que revendiquait Wittgenstein, à cette œuvre qui ne « veut pas transmettre quelque chose d'autre, mais elle-même »[3], au caractère auto-référentiel de la musique que ce philosophe de la non-théorie entr'entendait dans ses écrits, nous proposons une incarnation discursive de cette tautologie esthétique : la mutation du concept. Il s'agit d'un paradigme esthétique de l'histoire de l'opéra dont le parcours consiste à remonter le temps jusqu'aux origines du *Dramma per musica*. L'avenir du théâtre lyrique contemporain

1. P. Ricœur, *Du texte à l'action. Essais d'herméneutique, II*, *op. cit.*, p. 391.
2. *Ibid.*, p. 391.
3. L. Wittgenstein *in* Ch. Chauviré, *Ludwig Wittgenstein*, *op. cit.*, p. 115.

coexiste comme une donnée permanente avec le passé pour accéder à la dimension du présent. La créativité de l'Histoire se concentre sur la réalité du moment présent pour libérer l'utopie des servitudes de son devenir. Benjamin estimait décisive l'attitude qui consiste à intégrer l'idée du présent, le lieu d'où on s'exprime, avant de formuler un discours théorique. L'« instance de présent » conditionne celle du passé et, par anticipation, celle de l'avenir. En ce sens, tout objet artistique acquiert une valeur historique car il est préalablement et essentiellement soumis à la dynamique de l'ici et maintenant, à une pensée en action qui neutralise l'observation spéculatrice et prévisionnelle. Nous *écoutons* la mutation du concept opéra dans les mêmes termes que Benjamin lorsqu'il présenta sa vision de l'histoire dans l'introduction à *Origine du drame baroque allemand*[1]. Comme une articulation des successions discontinues d'événements utopiques au sein d'une méthode inductive qui élimine d'emblée la formalisation du passé sur des critères de reconstitution ou de rénovation. Le passé se constitue à travers l'image d'un présent immanent au passé.

> Il importe moins de savoir si l'on peut répondre scientifiquement à la question « comment les choses se sont-elles réellement passées ? » que de savoir si on peut la poser scientifiquement[2].

D'où le désir de penser la fonction épistémologique des catégories qui fondent l'opéra ; de les interroger et de les décrire au lieu même de leurs disparités et de leurs similitudes ; de montrer comment l'unicité de l'œuvre lyrique se construit sur le modèle évolutif du même concept, une idée plurielle qui comporte deux types d'anamnèses : platonicienne, de nature plutôt visuelle ; benjaminienne, de nature acoustique. L'audition comme « forme du sens interne » conditionne la vision. Lire le palimpseste de l'opéra, c'est écouter sa signification originelle au-delà de sa compréhension ou de son interprétation. Cette prégnance de l'écoute inscrite dans la symbolique sonore du langage pareille à la philosophie « apparaît avec raison comme une lutte dont l'enjeu est la présentation d'un petit nombre de mots, toujours les mêmes – autrement dit d'Idées »[3].

1. W. Benjamin, *Origine du drame baroque allemand*, trad. fr. S. Müller, Paris, Flammarion, 1985.
2. *Ibid.*, p. 39.
3. *Ibid.*, p. 34.

le complexe d'Orphée

Écrire commence avec le regard d'Orphée.
Maurice Blanchot, *L'espace littéraire*

L'opéra surprend le mythe et le présentifie, cependant qu'aucune œuvre lyrique ne parvient à le restituer dans sa forme première. Il faut toute la force de l'empiègement dans le temps pour saisir l'illimité historique du phénomène de reflux que l'on appelle l'opéra. Le mythe d'Orphée descendu aux enfers pour sauver Eurydice et la ramener parmi nous commence avec la lyre. Un geste inaugural qui est aussi celui de l'ouverture d'opéra. En frappant sur les cordes de sa lyre, Orphée donne le change à un récit qui est déjà en soi une manière de dramaturgie. Dans le prolongement du prélude instrumental confié à la lyre, le chant ne tarde pas à venir. Nous connaissons la suite. C'est précisément grâce à son chant qu'Orphée parvient à émouvoir Pluton et Proserpine. Il parvient à se faire entendre par des êtres sans matérialité, dépourvus de corps et de visages. Il parvient à se faire entendre par la mort en personne. Ses affects lyriques sont autant d'invitations au charme que de paroles portées par de pures vibrations, des résonances acoustiques capables de traverser les mondes. La nuit elle-même ne saurait rester à l'écart de cette puissance. Elle succombe à Orphée et obtient que lui soit rendue Eurydice, déjà ravie par la mort. Mais s'il manque à ses interlocuteurs une chair, une apparence sensible, ils ne sont pas pour autant des entités muettes. Pour être autorisé à repartir avec sa bien aimée, Orphée est contraint de les écouter et de leur obéir. Une action se dessine, le fantasme d'un récitatif, d'une réplique virtuelle au chant. C'est bien à Orphée que s'adresse le message, pour ne pas dire l'épreuve. La mise en tension du récit peut ainsi révéler ses ressorts dramatiques. Certes Orphée est le sublime héros que la mythologie consacre, mais il n'est pas à l'abri d'une faiblesse, d'un dérapage infime. Certes il détient le pouvoir unique de ramener Eurydice des enfers, toutefois, le chemin qui conduit à la lumière de la vie est long, parsemé de tentations toutes plus humaines que les autres. Et c'est bien là que réside ce que j'appelle le *complexe d'Orphée*. L'écart qui sépare l'utopie de la réalité, le merveilleux du trivial, l'irreprésentable du tangible, le concept de l'affect peut s'appréhender comme une figure de projection du devenir du théâtre lyrique. Alors que l'utopie est irréductible et sans finalité, le réel est de bout en bout contingent, redevable autant des présupposés historiques que des certitudes historicistes. L'utopie déborde les lieux, les chronologies, les frontières, les langues, les interprétations. Il déborde également la mort supposée des formes artistiques. Entre lui et nous, l'intervalle est infime. Du *mythos* au *mutos*, le glissement est imperceptible. La vie d'Orphée est en quête de narration, d'une concordance entre ce qui lui arrive et ce qui peut arriver à autrui ; ce que Paul Ricœur appelle « l'idem et l'ipse ». Cette identité narrative propre à Orphée jette les bases d'une réflexion sur l'opéra que le sérialisme des années cinquante et le structuralisme des années soixante-dix avait contribué à suspendre. D'où le double statut de l'opéra considéré à la fois comme un art du réel et comme un art de la fiction. Si on ne communique pas avec la figure historiquement non représentable d'Orphée, on peut y puiser une source d'inspiration. Cette part cachée de représentations imaginaires devient le préalable de l'expérience artistique, en l'occurrence lyrique. Le mythe d'Orphée au XXᵉ siècle a su s'échapper de toutes les spéculations conceptuelles et clivages idéologiques. Il a en quelque sorte préservé l'identité narrative de l'opéra de ses multiples tentations et bouleversements. Des ruines et profondeurs d'où il est resté intact, il a su garantir une relative pérennité au genre opéra profondément menacé. L'interprétation du mythe répond à une exigence historique et esthétique et c'est pourquoi il n'est pas fortuit de lire le phénomène opéra en le plaçant sous l'autorité d'Orphée. Maurice Blanchot entrevoyait dans le regard d'Orphée l'essence de l'inspiration. Orphée peut en effet bâtir l'œuvre lyrique, celle qui transite par le chant. Il peut aussi la détruire, *se retourner* sur des incantations passées, sur les morts, sur les ombres du passé avec lesquelles aucune modernité agissante ne veut plus négocier. Blanchot voyait en Eurydice le « point profondément obscur vers lequel l'art, le désir, la mort, la nuit semblent tendre [1]. Le récit de l'histoire de l'opéra au XXᵉ siècle est né de cette convergence du regard d'Orphée avec celui d'Eurydice. Il est né de la perte et de l'arrachement. La quête d'Orphée si souvent commentée est une allégorie du compositeur en quête lui-même d'un opéra, toujours ramené vers l'origine dont il ne saisit que les ombres. Orphée est une utopie dans laquelle l'art musical se reconnaît. Il est une fantasmagorie qui appelle et annonce les œuvres à venir. Sa voix fait pleurer les étoiles, comme si des constellations s'allumaient pour nous permettre de nous orienter dans un monde en attente d'un réenchantement. Il est aussi la représentation de l'amour impossible, ou du moins acculé à des épreuves initiatiques qui le rendent vulnérable comme le serait un être de finitude. Pour qu'Eurydice vive et pour qu'il continue à aimer, il ne doit pas sur le

1. M. Blanchot, *L'Espace littéraire*, Paris, Gallimard, 1955 ; rééd., « Folio Essais », 1999, p. 225.

chemin du retour se retourner vers elle. Tant qu'elle n'est pas parvenue à la lumière, il doit maîtriser son désir de la voir, de se retrouver face à son visage. Le sentier est étroit et le brouillard épais, métaphore de toutes les tensions accumulées et d'un timbre irreconnaissable. Orphée précède Eurydice ; « Mais pendant que je chante, qui m'assure hélas qu'elle me suit ? Hélas, qui me cache la douce lumière de ces yeux adorés »[1]. La question est d'emblée soulevée, dès les origines de l'opéra : le chant d'Orphée pourra-t-il, le temps de la représentation, émouvoir l'irréversibilité de la mort, jusqu'à lui faire renoncer à ses desseins tragiques ? La fiction attachée au chant telle qu'il s'éprouve dans l'histoire de l'opéra, peut-elle conjurer la fatalité à laquelle le récit de l'aventure humaine est inexorablement soumis ? Le mythe se plaît à rebondir là où on ne l'attendait pas. Le coup du destin ici comparable à un coup de théâtre pourrait s'apparenter à une conclusion trop prévisible, une manière de *happy end*. Le tragique grec veille. Arrivé juste au bord du monde, là où tout peut commencer, là où le rideau se lève, Orphée désavoue sa promesse. Son impatience le pousse vers des faiblesses de nature humaines. Il se retourne, mu par le seul désir de revoir le visage d'Eurydice. La chute du récit, le dénouement, ou, dans le cas de *Wozzeck* de Berg, la catastrophe est fatale. L'instant où Orphée se retourne correspond à l'instant de la mort d'Eurydice. Elle se voit comme absorbée par le gouffre sans fin d'où elle était presque sortie. Elle s'étiole, se dilapide, se défait. Il ne reste d'elle que fumée et poussière.

Arrêtons-nous sur cette chute du récit qui contient son strict contrepoint. Eurydice gît dans la poussière, tandis que le corps d'Orphée, déchiqueté par les Bacchantes, fut emporté par les flots de l'Hèbre. L'un comme l'autre forcent l'interprétation des signes et des symboles, ce que l'on pourrait affecter à une conscience herméneutique accompagnant notre conscience historique. En accusant cette perte, en l'intellectualisant et en augurant de formes textuelles nouvelles, elle a favorisé un savoir archéologique où les mythes furent en effet relégués au royaume des ombres. Nous faisons l'hypothèse qu'Orphée est un mythe fondateur de l'histoire et de l'esthétique de l'opéra dans la civilisation occidentale. Son ombre portée au plus près des métamorphoses du genre est partout présente aujourd'hui. Sa pérennité, profondément clandestine, rythme le temps des opéras qui se sont succédés au XVIIIe, au XIXe puis au XXe siècles, avec le désir tenace,

1. *Orfeo*, Acte IV, Entrée 81.

identique à celui d'Orphée, de se retourner sur lui, de scruter le mythe. Dans cette analogie constante entre le mythe et l'opéra, vient se loger en filigrane le sens que les Anciens attribuaient aux mythes en question. Dans l'Antiquité, ces derniers avaient essentiellement pour vocation de s'incarner dans un spectacle ritualisé, selon des codes tour à tour ou simultanément chantés, mimés, contés, rythmés, figurés. Cette représentation ritualisée du mythe avait pour objet une « suprême référence pour les lois religieuses de la tribu, du clan et de la cité »[1]. L'archéologie du mythe d'Orphée contient la mémoire collective de ces représentations transmises jusqu'à nous par l'écho des voix antérieures, survivant au travers les ombres en souscrivant à de nouvelles formes de récit du mythe. La tentation de se retourner sur Orphée n'a pas déserté la conscience lyrique au XXe siècle, en particulier dans la seconde moitié. Ce qui a changé est d'avoir momentanément cessé de le prolonger sans éprouver le besoin de le dévoiler. Quel compositeur n'a-t-il pas éprouvé le besoin de se retourner sur l'histoire de l'opéra, de s'approprier le mythe pour le solliciter à nouveaux frais ? Orphée n'est pas un théoricien, un philosophe, un écrivain ou même un compositeur réfléchissant un savoir faire historique. Il est à lui tout seul ce savoir faire, ce que les Grecs appellent la poiësis : une création dont on éprouve l'artisanat. Chez les humanistes de la Renaissance, Orphée symbolisait l'idée la plus haute de la culture, le moment où l'idéal de perfection rencontre la modernité d'un langage qui s'émancipe peu à peu des modèles canoniques issus de la polyphonie. Aujourd'hui, Orphée symbolise un savoir archéologique qui retrouve sa vocation inaugurale. En se retournant vers l'histoire de l'opéra, vers ses origines, les compositeurs deviennent les contemporains des inventeurs du genre lyrique : le *dramma per musica*. Ils deviennent Orphée, l'instant d'un opéra, car Orphée est non seulement le maître d'œuvre d'un mythe, mais aussi d'une littérature apocryphe qui nous oblige à penser l'utopie du retour, du retournement; qui nous oblige à retrouver Eurydice et à la perdre à nouveau. Si l'opéra emporte dans son cortège cette herméneutique du mythe, c'est pour satisfaire au besoin d'interroger l'idée de commencement dont nous savons qu'elle hante les musiciens, poètes et philosophes.

La naissance de l'opéra serait un acte d'assomption vers un commencement dont l'origine est définitivement perdue et incessamment retrouvée grâce à la sophistique du spectacle et du drame lyrique. Le passage d'*Euridice* à *Orfeo*

1. R. Graves, *Les Mythes grecs*, Paris, Fayard, 1967, p. 18.

est infime. Il constitue la notion même de production lyrique. Giulio Caccini et Jacopo Peri se situent exactement au carrefour de l'ancienne et de la nouvelle pratique. Leurs Euridices respectives sont créées en 1600. Ces deux compositeurs qui représentaient en leur temps l'avant-garde se partagent le mythe, la conception, l'année de création et le livret d'Ottavio Rinuccini – auteur qui écrivit en 1608 pour Monteverdi le poème de l'*Arianna*. Troublante coïncidence, mettant la question du progrès au centre des productions lyriques. Cette question s'avère aux fondements de la naissance de l'opéra. De même qu'elle permit à un art *composite* d'accéder à la plénitude des différents codes qui en constituent la pertinence, elle semble traduire aujourd'hui une inquiétude esthétique aussi essentielle que les pressentiments qui taraudèrent les artistes dès la fin du XVIe siècle. Ce crédit à un art de la complétude permettant de faire entendre des voix multiples et différenciées n'a jamais véritablement déserté la conscience historique des compositeurs. Orphée se situe au cœur de cette conscience. Il représente tout ce que notre modernité musicale lyrique a monnayé : le crédit accordé à la mise en forme du temps, du rite, de la mémoire, de l'intelligibilité musicale, de la sortie des modèles canoniques et des figures de silence et d'écoute.

L'écoute : c'est avec ce motif que, dans la *Sinfonia* du Ve et dans le dernier acte de l'*Orfeo* de Monteverdi, Orphée se rend à l'appel de son père Apollon avant de monter au ciel en chantant : « [...] *Hor tu m'ascolta e m'honorai lode e vita* »[1]. Si le livret d'*Orfeo* distribue les vers entre les différents personnages, le livret d'*Un Re in ascolto* de Berio dissémine les réparties pour mieux dilapider l'immédiateté de sens. Ces deux modernités écartelées historiquement ont ceci en commun, qu'elles empêchent de fixer de manière univoque le sens du mythe. Ce dernier est rendu à sa forme intempestive. De même, le *Coro* (Chœur) imaginé par Berio n'est pas sans rappeler le traitement du *Choro* dans l'*Orfeo*. Il faut l'entendre dans son acception antique, le lieu où sont rassemblés *choreutes* (choristes) et *koruphaios* (coryphée). Ainsi mêlés, ils représentent une entité à part entière, un ensemble de solistes dont la géométrie variable débouche soit sur des formes d'associations, soit sur des formes de dissociations. Le dispositif et la fonction du chœur sont par conséquent mutables. Si l'auteur du livret stipule qu'un fragment du récit ou d'une strophe est attribué au chœur, le

1. « Écoute moi donc et tu retrouveras louange et vie », traduction D. Cohen-Levinas.

compositeur peut en proposer une répartition plus ou moins éclatée. On trouve dans la partition de l'*Orfeo* de nombreux exemples illustrant ce principe de variabilité et de diffraction du sens, notamment lorsque la parole et le chant sont donnés aux solistes (les Bergers 1 à 4, les Esprits 1 à 3 ou une Nymphe), ou dans les ensembles vocaux (duos, trios et quintettes). Il est probable que Luciano Berio, en collaboration avec Italo Calvino, ait cherché au travers l'élaboration du récit à reconstruire l'équivalent d'une tragédie à l'antique. D'où l'idée d'une archéologie du mythe qui draine aujourd'hui, non pas un modèle poétique, littéraire ou musical stable, mais ce que l'on pourrait appeler un voyage dans le temps, la référence, les fondements de la civilisation occidentale que nos contemporains explorent.

Un grand nombre de compositeurs se sont emparés de ce paradoxe inhérent à la question des œuvres comme lieux de mémoire, de réminiscence, de revenance – un lieu où le code cristallise le savoir d'une alliance tacite entre le texte et la musique. Avec *Le Chevalier à la rose* (*Der Rosenkavalier*) [1], Richard Strauss consent à ne pas renoncer à l'immense effectif orchestral en vigueur dans la tradition de l'opéra dès la fin du XIXe siècle. L'intelligibilité du texte est soumise à la loi incompressible de cette masse instrumentale allant jusqu'à 112 instruments. Comme si Richard Strauss creusait volontairement un déficit entre le texte de Hofmannsthal et le traitement musical, afin d'exprimer un hiatus dont le théâtre lyrique se saisit et se dessaisit régulièrement. La dimension narrative serait ainsi incluse dans la composition, dans le traitement des timbres, dans l'équilibre des effectifs, et non plus exclusivement dans l'exploration prosodique du son et du mot. Gluck en son temps avait souhaité une réforme dramatique significative sur le plan du contact entre la langue textuelle et la langue sonore, afin de ressourcer l'une et l'autre par des caractéristiques qui leur sont propres, exprimant la quintessence de la poétique du livret. Gluck avait déjà soixante-cinq ans lorsqu'il composa *Iphigénie en Tauride* [2]. Il possédait une maîtrise exceptionnelle du traitement des affects par la musique, lesquels devait corroborer, anticiper, encadrer ou prolonger la signification dramatique dévolue à la partition. Lorsqu'au deuxième acte Oreste chante « Le calme rentre dans mon cœur », l'orchestre est encore dans un dynamisme d'agitation, de fièvre éloquente suggérant les pensées contradictoires du héros, ainsi que la

1. Créé à Dresde le 26 janvier 1911.
2. Opéra en quatre actes, livret de François Guillard, créé le 18 mai 1779.

perte momentanée de sa raison. On est au cœur de la complémentarité dialectique du rapport texte/musique tel que l'opéra la déploie. Le texte ne dit pas ce que dit la musique, cependant il lui donne une voix dont il est désormais dépossédé.

La Flûte enchantée (*Die Zauberflöte*)[1] représente quant à lui ce moment névralgique où Mozart pousse le *dramma per musica* hors des codes et des conventions. Une manière de faire vaciller le genre tout en l'inscrivant dans la plénitude du système tonal qui sollicite des situations dramatiques identifiées à un pouvoir et à une constellation sociale et idéologique que les commentateurs ont assimilé à la question de la franc-maçonnerie. Il est important de rappeler que c'est Emmanuel Johann Schikaneder, un ami de Mozart, fréquentant la même loge maçonnique, qui rédigea avec le choriste Gieseke le livret de *La Flûte enchantée*. Emmanuel Johann Schikaneder était également directeur d'une compagnie théâtrale et un acteur de grande renommée. Il parvint à convaincre Mozart de composer une musique, non pas pour la scène, non pas pour un spectacle lyrique où l'espace dramaturgique est en conformité avec l'espace musical et dramaturgique, mais pour un spectacle de marionnettes. On peut entendre *La Flûte enchantée* comme le paradigme d'une œuvre qui prend ses distances avec la dimension d'autocélébration du pouvoir et du politique. Le choix des instruments souligne la puissance symbolique des thèmes tour à tour métaphysiques, spirituels, sentimentaux et parodiques, forçant l'antagonisme entre bien et mal. Ce sont deux instruments éminemment archaïques qui accomplissent le lien indissoluble entre Papageno et Tamino. Chacun d'entre eux a reçu un instrument dont la magie est opératoire. La flûte permettra précisément à Tamino de s'octroyer les faveurs divines. Papageno quant à lui aura chaque fois recours aux clochettes pour signaler la résolution d'un événement à caractère universel. Il est un chercheur en quête d'absolu. Grâce à l'intervention des clochettes, il échappe au premier acte à la colère de Monostatos et parvient même à l'apprivoiser. De même, c'est par le son des clochettes qu'il appelle de ses vœux son double féminin, Papagena.

La puissance orphique comme figure spectrale vient se loger dans le timbre des instruments, et notamment dans celui de la flûte. Tamino en fera un usage toujours symptomatique : c'est le rappel du mythe comme puissance d'actualisation. Il en fera usage tout d'abord pour s'adresser en vain à

1. Opéra en deux actes sur un livret d'Emmanuel Johann Schikaneder, créé dans un théâtre des faubourgs à Vienne le 30 septembre 1791.

Pamina, puis pour se rappeler, tout en nous le rappelant, que le son de la flûte charme les hommes, les animaux et les instances célestes. Mozart confère à cet instrument un parcours initiatique, du plus concret au plus immatériel. La troisième fois que Tamino prendra sa flûte, ce sera après le début de son initiation, après avoir été doté de capacités spirituelles qui lui permettent de rappeler Pamina et de se faire entendre d'elle. Enfin, tout comme Orphée bravant le monde des enfers, Tamino aura recours au pouvoir de son instrument pour traverser le monde des enfers. Un antique savoir l'habite, à la fois surnaturel, merveilleux et chargé d'épreuves et de pérégrinations.

Nous reviendrons sur l'opposition entre phénomène opéra et sens originel du mythe, sur la négativité qui traverse l'un et l'autre et sur la manière dont les récits à l'opéra annoncent un ordre du mythe menacé par les excès de ses modifications.

la dialectique de l'empirie, *Orfeo* (Monteverdi) dans *Wozzeck* (Berg) : le spectre de Wagner

Contiguë à la mutation du concept, la dialectique de l'empirie abandonne momentanément la nécessité d'utopie corollaire au théâtre lyrique pour investir l'objet opéra en tant que matière incarnée. Nous entrons dans un mode d'objectivation où l'acte, (l'œuvre), répond à l'Idée (le concept) en actualisant sa puissance herméneutique par un geste phénoménologique. Il ne s'agit pas d'une spéculation, mais d'un saisissement de l'*utopie* qui produit le mouvement par la réalité, laquelle produit l'événement. Par *réalité*, nous entendons ici la Raison sensible ; par utopie, la Raison virtuelle. Ensemble, elles correspondent à la définition que François Châtelet assignait à la raison comme processus, un « espace volumineux qui s'en vient, s'avance, se replie sur soi, se dilue, explose, s'annihile, se déploie »[1]. L'enjeu de cette action commune et simultanée réside dans l'œuvre achevée parallèle à une réflexion inachevée. De cette façon, nous rejoignons l'unité historique à la hauteur de ses détours, « procédant par connexions qui ne sont jamais préétablies, allant du collectif à l'individuel et inversement, de l'intérieur à l'extérieur et inversement, du volontaire à l'involontaire et inversement »[2] – une « émission de singularités » qui accompagne la distinction du mouvement naturel, ce que nous désignons par *utopie*, et du *mouvement forcé*, ce que nous figurons par la réalité, « médiation de la pensée abstraite »[3].

C'est à l'immanence de l'œuvre d'art que nous touchons, à sa trajectoire, ses détours, ses attentes – fenêtres qui s'ouvrent sur la perception esthétique et à une temporalité qu'il nous faudra localiser. À l'origine de cette promesse de localisation, se détache un événement grâce auquel nous édifions une cartographie exemplaire des configurations singulières de la fonction de l'opéra dans la création musicale au cours des siècles – une façon de procédure « anthropologique, de l'homme et du monde, épistémologique, de l'idée et de la chose »[4] pour démontrer que la forme lyrique surgit à chaque fois en revêtant la physionomie allégorique de l'histoire : et l'allégorie, selon

1. F. Châtelet, *Chronique des idées perdues*, Paris, Stock, 1977, p. 237.
2. G. Deleuze, *Périclès et Verdi, la philosophie de François Châtelet*, Paris, Minuit, 1988, p. 23.
3. *Ibid.*, p. 22.
4. F. Châtelet, *Chronique des idées perdues*, *op. cit.*, p. 237.

Benjamin, présente « la *facies hippocratica* de l'histoire qui s'offre au regard du spectateur comme un paysage primitif pétrifié »[1]. L'allégorie se servirait de la rhétorique comme figuration pétrifiée d'un paysage primitif pour représenter l'histoire. D'où l'importance pour Benjamin du théâtre, et pour nous, de l'opéra, né comme autant de projections de l'utopie pour pétrifier son élan. Le présent de l'opéra dans la création musicale ferait pivoter sur lui-même deux instances : le passé et l'avenir. Il se soustrairait à l'histoire après avoir accompli sa vocation idéelle : assurer le passage d'une esthétique à une autre, d'une grammaire à une autre, d'un consensus compositionnel à un autre – éradication maintenue de l'histoire par la force de son réveil. L'opéra se situe entre les instances du discours, à l'intersection de la tradition et de la modernité, vers une tradition *comme* modernité. Il représente l'empirie dans toute sa puissance phénoménologique et désigne le renversement de la dialectique par une tension hors de la dialectique. Il marque une césure dans le cours des événements, l'épiphanie du concept, la matérialité du mouvement, le *cas* dont parle Gilles Deleuze dans *Périclès et Verdi*, « la répartition des potentiels dans une matière donnée »[2] ; ce que Benjamin évoque par la métaphore du réveil, pareille à la condensation d'une perception chronologique et continue que saint Augustin décline en trois temps : le présent du passé, le présent du présent, le présent du futur.

De quel présent de l'opéra parlons-nous pour assigner à l'esthétique la trace indélébile du palimpseste ? De quelle empirie attestons-nous pour augurer d'une puissance lyrique dont la vocation serait d'assurer le « passage » ? Ce qu'il importe de comprendre en premier lieu, c'est pourquoi le temps fini de l'œuvre lyrique rencontre-t-il la fiction du temps infini de l'utopie ? Comment un fragment de l'Idée – pétrifier l'histoire par une allégorie singulière – est surpris par un fragment d'objet – pétrifier l'allégorie par une rhétorique compositionnelle ? Comment retrouver dans l'objet pétrifié que représente l'*Orfeo* de Monteverdi, la pétrification de la naissance de l'opéra ? Comment conduire cette pétrification originelle dans celle de *Wozzeck* d'Alban Berg en répondant aux empiries distinctes qui ont tissé les axes dramaturgiques entre chaque époque, jusqu'à l'utopie arrogante du *Gesamtkunstwerk* de Wagner ? Chaque opéra serait alors le lieu de plusieurs opéras, à commencer par *Orfeo* de Monteverdi qui simulerait le palimpseste

1. W. Benjamin, *Origine du drame baroque allemand*, *op. cit.*, p. 178.

2. G. Deleuze, *Périclès et Verdi, la philosophie de François Châtelet*, *op. cit.*, p. 19.

de la tragédie grecque. Il serait le simulacre sublimé – ou transgressé selon les règles et les empiries – d'une transversalité historique pétrifiée à son tour dans les inductions d'écriture, de la monodie accompagnée au sérialisme figural, en passant par les lois du système tonal et du chromatisme archétypal. Il serait, lui aussi, un palimpseste, le *lieu* où s'inscrit la nécessité d'un rassemblement, d'une alternative universelle au sein d'une situation singulière. Dès lors, la physionomie de l'œuvre s'identifie avec sa nécessité d'empirie comme acte de présence face à la Raison historique. Au fragment de théorie esthétique sur le palimpseste répond un fragment de discours sur l'empirie : l'histoire n'a certes jamais réclamé l'empirie du théâtre lyrique. En revanche, elle ne l'a jamais réfutée. L'opéra a toujours réfléchi l'histoire, mais il ne l'a jamais apaisée dans ses risques, failles et retournements. Adorno souligne le caractère inachevé d'une œuvre aussi achevée que *Wozzeck*[1]. La mutation que cet opéra *figure* dans la notation musicale implique une articulation entre les fragments d'histoire, comme si l'opéra subordonnait le monde à des représentations charnières, épilogue à une tradition qui se glisse dans un geste apocryphe qu'elle intronise. L'opéra étire la tradition jusqu'à son point de rupture, comme une amitose

musicale, une figure anacoluthe ou une anastrophe qui, tout en jetant l'anathème au développement des formes lyriques, leur rend un incessant hommage. D'où le principe de mort associé au principe de l'œuvre lyrique : le surgissement d'un nouvel opéra, conforme à sa vocation de cran d'arrêt à l'atermoiement d'une époque définie selon les principes de la dialectique, est entre les mains des *maîtres de la transition infime*[2].

Orfeo de Monteverdi *figure* le même geste d'empirie que celui contenu dans *Wozzeck*. Le passage de la musique de la Renaissance à la musique baroque fut le résultat d'une antinomie féconde entre le *stile antico* et le *stile moderno* plus communément défini par *prima* et *seconda prattica*. Palestrina comme Wagner cristallise une unité stylistique et grammaticale identifiée à un système d'écriture. Ce procédé de cristallisation détermine le seuil de pétrification d'où surgit le concept de *nuove musiche*. Nous dévions à dessein l'expression *nuove musiche* de son contexte historique – l'aube du XVIIe siècle – pour l'étendre aux enjeux ébranlés caractérisés par des ruptures que la tradition comme l'invention absorbent afin de les déplacer sur un échiquier

1. T.W. Adorno, *Alban Berg, le maître de la transition infime*, trad. fr. R. Rochlitz, Paris, Gallimard, 1989, p. 140.
2. *Ibid*.

historique reconnaissable. Par *nuove musiche*, nous entendons nouveau rassemblement ou *rassemblement retrouvé.* Il serait comme la métaphore singulière d'une mutation préalable. Monteverdi avec *Orfeo* et Berg avec *Wozzeck* ont inscrit l'empirie dans le théâtre lyrique. La vraie mutation amorcée dans la musique instrumentale et vocale se prolonge dans l'opéra en particulier; un genre relais de toutes les idiosyncrasies cumulées, détournées, simulées, singularisées, complexifiées, épurées, développées, atomisées. Saisir le contraste du rassemblement pour modéliser ce qui se passe *entre* : Monteverdi comme Berg s'engouffrent dans ce projet. L'esthétique de l'entre pour Monteverdi précipite le *stile antico* dans le *stile moderno.* L'un comme l'autre balisent une conception des relations anamorphiques qu'entretiennent la musique et le mot. Mais ce principe, dénominateur commun de la catégorie *entre*, se déploie de façon antithétique. Les *Miscellanea musicale*[1] de Berardi énoncent cette antinomie. Dans la musique de la Renaissance, l'harmonie gouverne le mot, le faisant en quelque sorte glisser dans la densité de l'écriture polyphonique. Dans la musique baroque, le mot gouverne l'harmonie. Les compositeurs et théoriciens acteurs de cette mutation axiomatisent l'idée d'une représentation du mot dans un cadre musical en la scindant en deux catégories : la *prima prattica* et la *seconda prattica.* La sensibilité verticale (*seconda prattica*) supplante peu à peu et très subtilement la linéarité excessive de la notation qui tissait un contrepoint soumis à une logique de l'interchangeable des voix et des instruments. Il serait réducteur et totalement erroné de considérer que le contrepoint disparaît. L'influence des *dilettanti* tels que Bardi et Corsi, les protagonistes engagés dans les débats menés autour du cercle de la *Camerata*, finit par renverser la toute puissance du contrepoint sans annuler sa présence. En renouant avec l'idéal de la déclamation dramatique de l'ancienne tragédie grecque, l'émergence du récitatif – corollaire à la naissance de l'opéra – détournait le contrepoint de sa fonction première.

Les compositeurs qui ont pensé la naissance de l'opéra – Peri, Cavalieri, Monteverdi, Gagliano, Belli, Caccini ou Giacobi – ont évalué ce retrait en tenant compte des empiricités latentes que ce dernier déclenchait. Coextensif à la perte de la polyphonie au profit de la monodie accompagnée, le récitatif accélère le traitement d'une tragédie en musique – ou en récit –

1. M. F. Bukofzer, *La musique baroque*, trad. fr. C. Chauvel, D. Collins, F. Langlois et N. Wild, Paris, Lattès, 1982.

comme déposée ou posée sur une trame musicale. Le récitatif déclare la perte de la similitude des voix et des instruments et prépare l'identité de l'opéra comme creuset d'une écriture de la différence. La question de l'opéra au XXe siècle se traduit dans les mêmes termes : par la mise en ordre d'un territoire musical qui superpose une herméneutique à une phénoménologie par le recours à une notation de type sémantique. La langue de l'opéra contemporain se fait et se défait pour se refaire avec la langue invariable qui lie le mot au son, soit dans un tracé compositionnel tautologique, soit dans une ressemblance rompue, « dissociée et comme ouvert(e) en son milieu »[1]. Du coup, on considère un peu hâtivement l'opéra comme le produit d'une opération chirurgicale dont le scalpel critique, chargé de désigner les zones-seuils d'apparition et de disparition du genre, se déplace stratégiquement dans le tissu conjonctif de l'Histoire. Entre ces moments de grâce et de disgrâce, de renouveau et d'errement, l'opéra se retranche dans sa propre intériorité dont il nous lègue la cicatrice – le palimpseste. Il s'exclut lui-même, dans un geste d'auto-préservation, de la figuration de la langue musicale du dehors pour se ressaisir dans la langue musicale du dedans[2]. L'image qu'il projette *extra muros* accomplit, une fois de plus, la dichotomie de l'apparence et de l'essence, entraînant avec elle les oppositions sociales et institutionnelles. Les crises et mutations de l'opéra se signifient dans un signifiant extérieur à son parler musique. La pensée saussurienne de la langue est ici subvertie au regard d'une langue – la musique – prolixe, identique et différente, qui échoie la plupart du temps dans le signifier d'une autre langue, avec ou sans le recours au modèle et au signe. L'opéra est *immotivé*[3] par l'enjeu qui le définit comme la combinaison de langues hétérogènes dont il reste incontestablement du point de vue de la grammaire l'*organon* absolu. « Mais comment distinguer par écrit un homme qu'on nomme d'un homme qu'on appelle ? C'est là vraiment une équivoque qu'eût levée le point vocatif »[4]. Le concept d'opéra existe comme objet empirique. Le concept d'empirie existe dans l'objet opéra. La précarité du signe que Rousseau pressentait est de nature nominale – l'opéra désigné en tant qu'œuvre lyrique par exemple. Alors que sa nécessité de signe dénude l'identité objet de son Idée et suscite une identité de concept.

1. M. Foucault, *Les mots et les choses*, Paris, Gallimard, 1966, p. 72.
2. J. Derrida, *De la grammatologie*, Paris, Minuit, 1967.
3. *Ibid.*
4. J.-J. Rousseau, *Essai sur l'origine des langues*, Paris, Gallimard, 1990.

Expropriation de l'un l'autre. *Orfeo* dans *Wozzeck* est une métaphore de cet arrachement; métaphore du signe et de la signification. L'opéra renouvelle son objet et l'objet renouvelle l'opéra au prix de cet arrachement, afin d'être agi par une autre nécessité : se frotter à l'empirie hégélienne, y revenir à tout prix, le temps de réconcilier le signe sensible avec l'Idée, dans un élan coextensif à l'objet opéra. L'exil de l'opéra prépare son futur règne. Cette brisure suit à la trace les périodicités esthétiques au rythme d'un couplet/refrain. Le thème conducteur se partage entre le rappel d'une mémoire de la poésie du son et du son poétisé, antérieure à la naissance de l'opéra – *la musica è la dolcezza e quasi l'anima de la poesia* (Torquato Tasso) – ainsi que le mouvement d'indépendance qui conduisit un Monteverdi à quitter l'esthétique du miroir soudée au contrepoint, à la mimesis du vers et du son, du vers par le son, pour autoriser l'harmonie à expliciter le principe des enchaînements d'accords. L'unité de la musique et du texte que Monteverdi obtient avec *Orfeo* peut s'aligner sur celle que Berg obtient avec *Wozzeck*. Dans les deux cas, il s'agit d'une transformation du vocabulaire musical dictée par la tension dramatique du livret. Or, l'idée du drame implique une non fixité de son parcours. Si le récit, éclaté ou linéaire, est varié, la forme musicale doit également intégrer le paramètre versatilité dans un cadre non versatile. C'est pourquoi dans l'*Orfeo*, la forme musicale, moulée sur la traditionnelle division en cinq actes, résulte de l'essence de l'*affetto*, comme si elle faisait retour à une intériorité latente spécifique à la rencontre du *mot* et du *son* qu'elle contribue à libérer.

L'écriture musicale figure ainsi l'écriture textuelle sans l'illustrer, mais en affichant résolument sa différence. Le prologue d'*Orfeo* souligne cette dissemblable ressemblance, cette métonymie propre au système lyrique unitaire et discontinu. Il est chanté, non par la langue littéraire, mais par la musique, comme une personnification inversée qui installe le mythe d'Orphée au cœur du drame. Ce n'est pas le mot qui explicite le charme de la musique et son pouvoir sur les hommes, les animaux, les arbres et les rochers. C'est le son, organisé figuralement – le cadre strophique qui s'ouvre et s'achève par une ritournelle instrumentale – qui installe une légitimité narrative et un matériau phonique auxiliaire au texte. La graphie, *affetto*, rejoint la phonie afin que la musique puisse s'annoncer elle-même – *Io la musica son* (deuxième strophe). Cela suppose une modification du concept d'écriture que Monteverdi a cherchée à l'intérieur des scènes principales, conçues comme des centres de gravité dramatiques, précédées d'un antécédent et suivies d'un conséquent. L'idée d'une scène pivot suppose le renforcement de chaque début et de chaque fin d'acte. Elle installe une symétrie, répartissant ainsi les énergies dans une architecture mouvante et temporalisée. Le mélange de récitatif et d'*arioso*, où il devient impossible de distinguer l'un de l'autre, est un des secrets de l'empirie dramaturgique d'*Orfeo* et de *Wozzeck*. En général, l'*arioso* appelle la mélodie, dans sa différence irréductible avec le parler qui relève de la phonie pour musicaliser le mot, alors que le récitatif adhère à la narration de sorte que le graphisme conserve un rapport de figuration naturelle et de ressemblance avec l'objet linguistique. Monteverdi et Berg ont modélisé le récitatif sur le langage, sans l'asservir ni le réduire à un instrument moyen terme entre la déclamation parlée et l'aria chantée. Lorsque *Orphée* entonne un chant à caractère joyeux, alerte ou arrogant, Monteverdi traduit cet engouement par une ligne dont le tissu mélodique est autant constitué par le *stile recitativo* que par le *stile arioso*. Paradoxalement, l'intrusion de l'objet parlé dans l'objet chanté ne modifie pas le tracé monodique au point de le rendre plus déclamé ou plus chanté. L'écriture, *stricto sensu*, accède à un artifice phonique qui n'est pas étranger à la langue et à la musique. La mélodie parvient au stade d'*arioso*, sans oblitérer totalement le récitatif, en modifiant, non pas le profil des sons articulés, mais leur physiologie : intervalles imprévisibles, modulations, notes étrangères à l'harmonie qui accidentent, sans l'altérer, la trajectoire narrative de la déclamation. Le *stile arioso* organise le récitatif qui, par définition, revêt la structure formelle du texte. Berg accomplit un identique refus d'une convention lyrique linéaire en affectant au récitatif une déclamation rythmique. La notation de la parole est eidétiquement musicale. D'où une musique qui pratique la transition comme le souligne Adorno au sujet de *Wozzeck* 14[1] ; où l'accompagnement et l'orchestre réalisent la tension dramatique ; où l'écriture vocale d'essence anamorphique évite le langage mécaniste et téléologique, épelant des pluridimensionalités soniques comme des empiries reconnaissables autant que méconnaissables, semblables et dissemblables. Cette double empirie, *Orfeo* et *Wozzeck*, est à mi-chemin de l'idée wagnérienne de la rencontre de deux identités fondatrices d'un nouveau modèle d'écriture fusionnelle – la mélodie infinie face au motif conducteur fini, comme l'illimitation[2] de l'utopie lyrique dans le territoire limité de sa réalité.

1. T.W. Adorno, *Alban Berg, le maître de la transition infime*, *op. cit.*

2. E. Husserl, *Idées directrices pour une phénoménologie*, trad. fr. P. Ricœur, Paris, Gallimard, 1950.

La question de l'opéra contemporain permet, plus que toute autre forme musicale, de porter un regard sur l'histoire, en amont de ses propres préoccupations. Il n'est pas facile, par exemple, de déplacer la problématique du *Gesamtkunstwerk* à une autre époque que celle de Wagner voire, de la cibler autour d'une seule œuvre. Il semble néanmoins que les perspectives wagnériennes aient concrètement perduré en cette première partie du XXe siècle, de sorte que l'empirie de l'opéra s'est vue littéralement partagée entre les normes d'un répertoire figé, l'impossibilité esthétique et historique de les subvertir dans leur dessein, et les exigences d'une contemporanéité lyrique criblée de ruptures, vouée à décaper non seulement les modalités de représentation, mais aussi, surtout, la dramaturgie, l'écriture scénique, musicale et vocale. Aborder le *Gesamtkunstwerk* dans une perspective vingtiémiste présente en conséquence autant d'avantages (modèles historiques) que d'inconvénients (décalages des procédures compositionnelles). Si l'on s'en tient aux orientations de l'opéra après Wagner, nous butons sur une contradiction évidente. Ce dernier recherchait un idéal de fusion que les soubresauts esthétiques du début du siècle vont résolument dissoudre. Posons qu'il ne s'agit pas d'un symptôme de disparition du concept d'*Art total*, mais, au mieux, d'un symptôme d'insatisfaction. L'*Art total*, le *Gesamtkunstwerk* wagnérien, bascule précisément à son point de rupture. Les théories de Wagner s'appuient en effet sur une grammaire musicale sans laquelle les priorités théoriques définies par le compositeur de la *Tétralogie* n'auraient pu s'incarner dans la réalité sonore. Autrement dit, l'esthétique musicale de Wagner détermine une esthétique du genre opéra appelé *Art total*.

Wozzeck, quant à lui, conserve sa fonction de modèle, emblème décisif d'une modernité irrésolue, captive de son histoire. La partition met en garde contre des élaborations théoriques parfois hâtives ou lacunaires. Comment rester sur les traces du *Gesamtkunstwerk* une fois franchi le seuil du XXe siècle ? Il serait définitivement erroné de croire qu'Alban Berg a tout simplement mis de côté les innovations de Wagner. Il faut donc relier deux perspectives à priori antinomiques. Pourquoi Berg est-il l'héritier direct de Wagner alors que toute sa démarche consiste à soustraire d'une œuvre lyrique les avatars idéologiques incrustés dans la culture allemande ? Le paradoxe est tel que nous privilégions les aspects essentiellement musicaux. L'idéal wagnérien est tout entier consigné dans le mouvement de l'écriture mélodique ; dans le tissu orchestral savamment agencé afin d'englober la plus petite cellule musicale ; dans la voix, volontairement hypertrophiée, oxymore à elle seule du consensus dramaturgique. Quant à Berg, il illustre, avec *Wozzeck*, l'ultime continuité wagnérienne, à la limite de sa cassure. L'étude de la partition offre le négatif de cette empirie. Elle concentre les effets en les réduisant dans le temps et l'espace. Ainsi, un énoncé situationnel est le plus souvent calibré sur des séquences brèves, variant entre trente secondes et trois minutes, au plus.

l'empirie absolue

Le XXe siècle musical, celui de Schoenberg, Berg, Webern en Allemagne et en Autriche, celui de Stravinsky en Russie ou encore celui de Debussy en France, cherche à réformer l'espace intérieur de l'opéra traditionnel. Est-il légitime aujourd'hui d'envisager théoriquement un hypothétique devenir du *Gesamtkunstwerk* au XXe siècle ? Le projet de Wagner est exemplaire d'une situation irréversible. *L'Absolute Musik* acquiert des fondements si solides que tout renouvellement formel s'avère quasiment impossible ou épigonal. Or, l'écriture wagnérienne est déjà, en soi, une phénoménologie de l'utopie totalisatrice. Wagner écrit, dans une lettre adressée à Auguste Röckel le 25 janvier 1854 à propos de l'*Or du Rhin* :

> Je l'ai travaillé jusqu'à atteindre une unité parfaite : on trouverait difficilement une mesure dans la partition orchestrale qui ne soit pas développée à partir de motifs précédents.

Il évoque implicitement les atouts du système tonal au moment précis où ce dernier, par le biais d'une évolution lente et progressive, parvient à un maximum d'efficacité dramaturgique ; par un dispositif grammatical articulé autour de certaines polarités de tension/détente qui scandent le discours musical. Le système tonal est conçu substantiellement pour se déployer organiquement. Il part d'un point X, et vise d'emblée sa chute ou clôture cadentielle. Entre ce point X de départ et le point Y d'arrivée, le discours musical rencontre toutes sortes d'épisodes, de péripéties, de transgressions, d'accidents qui sont comme autant de nourritures acoustiques libérant le potentiel expressif du système. À l'époque de Wagner, le système tonal permet les conjugaisons les plus totalisatrices, voire fusionnelles. Il subira de telles extensions, qu'il se déploiera dans un paroxysme éclaté et toujours cohérent, à tel point que d'aucuns diront que la musique de Wagner se situe hors du système tonal. Il n'en est rien. Wagner côtoie systématiquement des zones limites du système qu'il habite et habille pleinement. Il faudrait revenir sur le problème de la tonalité élargie, comprendre comment et pourquoi une œuvre vacille d'un côté ou de l'autre. Le terme d'atonalité, impropre selon Schoenberg, ne signifie pas le contraire de tonalité. Le lieu privilégié des compositeurs qui ont flirté avec l'écriture atonale reste malgré tout la tonalité. La question est d'une autre nature : comment Wagner parvient-il à exploiter une esthétique du seuil pour aboutir, en dernière analyse, à la création d'un système à l'intérieur du système ?

Le chromatisme, la polytonalité, la polymodalité, les notes de passage, les notes étrangères à l'harmonie et l'enharmonie sont les vecteurs communs de l'écriture wagnérienne grâce auxquels la logique spécifique au système tonal demeure puissante. Or la cohésion – comme l'explique Adorno – en vertu de sa division, est une des caractéristiques les plus importantes de la technique de Wagner. L'esthétique musicale de la seconde moitié du XVIIIe et de la quasi totalité du XIXe siècle reposait sur des fonctions thématiques, à savoir, sur une phrase à valeur mélodique, comportant un thème générateur d'un mouvement d'une œuvre. Le thème est divisible à son tour en motifs, en séquences et, enfin en cellules. Il est le matériau de base avec lequel le compositeur développe. Les formes s'engendrent à partir de lui. Wagner, admirateur de Beethoven, comprend très vite qu'avec cette technique de type variation, abritant le concept de totalité, on peut créer des macro-structures ; qu'avec 3 ou 4 notes, on construit la totalité d'une œuvre. Il réduit alors le thème à des cellules génératrices. La partition est la conséquence logique de ces réductions de motifs en minuscules contours individuels, lesquels, précisera Adorno, en se rapprochant d'une valeur limitrophe, parviendront à un *continuum*, et seront à l'origine de vastes plans sonores. Wagner établit des corrélations entre figures sonores et figures dramaturgiques, donnant ainsi naissance à une forme lyrique représentative du mouvement interne de l'écriture simultanément poétique et sonore. Non seulement chacun des *leitmotive* est rigoureusement associé à un signifié, mais les relations entre ces motifs correspondent aux relations entre signifiés, comme une empirie isomorphique. Le leitmotiv induit chez Berg (*Wozzeck*), chez Stockhausen (*Licht*) ou chez Nono (*Prometeo*) est un petit groupe de notes, un monème acoustique participant de cette décomposition de la phrase musicale en thème(s), puis en motif(s), puis en cellule(s), suscitant chez le récepteur une association préméditée par l'auteur. La figure du sextolet de croches par exemple est associée à l'eau dans les opéras de Wagner – une figuration de l'*affetto* que Monteverdi déposait sur un support instrumental, que Berg simule dans un enjeu dramatique prémonitoire, que Wagner innerve dans le tissu orchestral.

C'est pourquoi le leitmotiv est toujours court et facile à retenir. Incarnation même de l'utopie, il a pour vocation de totaliser des situations musicales et dramatiques revêtant des significations plurielles, suivant sa place à l'intérieur de l'œuvre. Le leitmotiv est mobile, désigné dans un lieu toujours momentané, en perpétuel devenir. Généralement, un leitmotiv poursuit une trajectoire figurale à l'intérieur de son tracé, allant du concret vers l'abstrait. Le thème de Loge (à caractère sautillant) représente d'abord le dieu du feu, ensuite, le feu, puis la peur du feu, enfin, la peur tout court. Si les leitmotive évoluent dans leur forme même, ils peuvent néanmoins finir par ressembler à un autre, comme un procédé d'identification, car Wagner conserve toujours un parallélisme rigoureux entre la structure de l'action, la conduite des idées et la construction des formes mélodiques. Dans ce jeu d'identités réciproque à l'intérieur d'un système construit pour totaliser et qui ne pratique pas l'interdit, il n'y a pas que les notes ou les grappes de notes qui subissent la loi de la combinatoire, mais les instruments. Certains thèmes sont instrumentés d'une manière spécifique, en rapport avec leur contenu sémantique. L'Épée dans la *Tétralogie* est aux cuivres; les flots, aux ondes; l'oiseau, à la flûte. Cette identification d'une situation à une écriture ou à un instrument fonctionne également pour l'harmonie, pensée par Wagner comme de véritables couleurs sonores, des taches audibles : les harmonies majeures (gaies, alertes) sont attribuées à la nature, au repos, à l'homme, en équilibre avec lui-même et l'environnement; les harmonies mineures, plus obscures et tragiques, affectent une nature troublée, la plainte et la douleur de l'homme; les harmonies (accords) de septièmes diminuées (tendues, crispées) expriment le désespoir, la destruction; celles de septièmes majeures, le trouble amoureux ou l'amour; les accords à vide (incomplets) expriment l'ambiguïté, l'amnésie, la suggestion ou l'hallucination; le chromatisme quant à lui exprime tout et rien. Il est par définition une absence de repère fiable, une nappe indifférenciée pouvant appartenir simultanément à plusieurs tonalités. C'est la destruction de l'ordre établi, et pour l'écriture, c'est la destruction de la gamme : l'entropie.

En dehors de toute référence théorique ou esthétique, la langue wagnérienne produit ce phénomène de totalisation. Le leitmotiv qui, chez Berg, aura l'identique fonction que chez Wagner, serait un élément dynamique, comme la pensée, comme l'idée qui préexiste à l'œuvre, simulant le rôle (par métaphore ou par analogie) du chœur antique. Il est le représentant du destin. C'est donc le porte-parole du spectateur. Il serait inscrit dans l'inconscient de celui qui écoute ou/et regarde. Quand il apparaît, il met alors en branle des mécanismes de reconnaissance qui sont reliés à des situations psychologiques ou à une l'action directe. C'est un pont jeté entre la salle et la scène. C'est la matérialisation, sous forme musicale, d'une idée, alors que la musique elle-même constitue l'expression la plus dégagée de la matérialité. Et c'est bien dans cet enjeu paradoxal et *a priori* peu apprivoisable que Wagner gère précisément son *Gesamtkunstwerk*. Penser en musique comme on penserait dans sa langue maternelle, seule façon d'élargir des codes et des structures artistiques apparemment éloignés. Seule façon d'obtenir « l'empathie du doublement musical d'élans de l'âme » dont parle Adorno. Berg utilise les procédés wagnériens dans une orthodoxie affichée de la technique de traduction musicale en rapports de tensions continues. Mais là où Wagner tisse une trame absolument compacte, jouant sur l'identification mimétique du verbe de la scène et du son, Berg absorbe dans la composition musicale les éléments dramatiques au point qu'il parvient à restituer à la musique l'autonomie que le *Gesamtkunstwerk* avait nivelée pour servir l'action de son drame.

la singularité plurielle de *Wozzeck* : de l'opéra total au théâtre total

À l'aube du XXe siècle, les compositeurs disposent d'une grammaire musicale en voie de disparition : le système tonal. Ils s'orientent – en particulier la seconde école de Vienne (Schoenberg, Berg, Webern) – vers un langage à tendance anti-opératique : le dodécaphonisme puis le sérialisme, où les fonctions mélodiques (sans lesquelles un édifice narratif et dramaturgique s'auto-déconstruit) sont conçues en deçà des fonctions thématiques. La mélodie n'existe pas dans un contexte discursif. Elle existe en soi, et le plus souvent, elle obéit à une esthétique de l'égrenage. Le sérialisme aborde le son, la note, de façon autonome et non plus contraint à son environnement immédiat ou lointain. Aussi, toute tentative de développement s'avère-t-elle épineuse, voire impossible dans le cadre d'une action. Seul Alban Berg, avec *Wozzeck*, servira de pivot historique. Adorno faisait remarquer à juste titre que Berg « a enchanté la série ». Cet enchantement représente le point névralgique du passage du *Gesamtkunstwerk* wagnérien à un théâtre lyrique absolu. *Wozzeck* porte à son ultime développement l'application modélisée du drame wagnérien. La raison pourrait contenir dans une seule proposition : le théâtre total se substitue à l'opéra total. La situation dans laquelle se retrouve Berg à l'époque où il compose *Wozzeck* est exemplaire. Jamais dans l'histoire de la musique les compositeurs ne se seront exprimés sur leur musique autant que les trois Viennois. Ils ne cessèrent de rédiger des écrits théoriques, emblèmes d'une auto-justification historique. Héritiers et dépositaires de la culture classique et romantique viennoise, ils transgressent le bien-fondé de son devenir sans avenir. Leur devise pourrait être : je subvertis ceux en qui je me reconnais. Cette attitude paradoxale et ambiguë émerge progressivement en France à la même période, avec notamment *Pelléas et Mélisande* de Claude Debussy. Le résultat sonore est différent. Pour Debussy, il s'agissait d'inventer une écriture nouvelle à partir de son déracinement hors du système tonal, en dehors d'un processus compositionnel de déroulement, en dehors du système tempéré. La musique tonale prenait pour modèle le devenir de ses thèmes. Elle s'inscrivait dans le schéma *Exposition*, *péripétie* (développement), *conclusion* (réexposition), à savoir, dans une forme finie. La musique de la seconde moitié du XVIIIe et de la première moitié du XIXe siècle est substantiellement théâtrale, y compris lorsqu'elle ne soutient pas une narration. Sa forme est naturellement celle de l'opéra. Par métaphore, nous y retrouvons les ingrédients propices à une dramaturgie acoustique, avec une histoire fictive contenant, après un centre tensionnel, sa propre extinction. C'est pourquoi la musique tonale peut aussi illustrer ou suggérer (musique dite descriptive ou musique à programme). Le fait que Berg en appelle si puissamment à l'hérédité romantique allemande, et en particulier à Wagner, implique-t-il que l'écriture et la forme de *Wozzeck* dérivent d'une telle conception en s'inscrivant dans un processus de déroulement ?

du *Woyzeck* de Büchner au *Wozzeck* de Berg

En mai 1914 Alban Berg assiste au Wiener Kammerspiele à une représentation du *Woyzeck* de Büchner qui deviendra quelques années plus tard, *Wozzeck* opéra. L'histoire est simple, banale, à la limite prosaïque. Un homme de rien, ne possédant que son corps et sa tête, un misérable valet d'armée dans une ville perdue d'Europe centrale au début du siècle dernier devient le garde fou de ses supérieurs, n'adhérant au monde comme à sa propre existence que par son amour pour une prostituée des faubourgs, Marie, avec qui il a eu un enfant. Par un effet d'auto-suggestion perverse, les deux hommes dont il dépend, le Capitaine et le Docteur, le précipitent dans le désespoir en attirant son attention sur la prostitution affichée de Marie avec un Tambour major. Woyzeck bascule peu à peu dans la folie, à mi-chemin entre une conscience exacerbée et une inconscience manipulée.

Il tue Marie, objet de ses rêves et raison d'être de sa vie. Puis, grâce au couteau avec lequel il l'a égorgée, il se noie dans un étang. Ironie du sort ou fatalité de la condition humaine? La vie continue, faussement sereine, ouvertement inquiétante. Pour la première fois, ce drame met en scène et en musique l'histoire d'un homme dont on peut dire qu'il est un héros que n'environne aucune gloire mythologique, aucun charisme à valeur universelle ou chevaleresque, ne se prêtant, *a priori*, à aucun lyrisme mélodique échevelé, aucune psychologie consignée dans une orchestration à plusieurs niveaux d'interprétation. Les faits sont là, *ex abrupto*, dans leur vérité et leur cruauté immédiates. Il semble que cette pièce ait été composée de fragments, mais nous ne savons pas ce que Büchner, mort à Zurich du typhus en 1837 à 24 ans, aurait modifié dans cette ultime œuvre. Ses deux autres pièces, *La Mort de Danton* et *Léonce et Lena*, témoignent de cette identique recherche vers la brutalité séquentielle, la place d'un théâtre flash. Dans le *Théâtre et son double*, Antonin Artaud présente *Woyzeck* comme une des rares pièces qui répondît à son exigence d'une expression physique, littérale, en prise directe sur le psychisme et la nervosité du spectateur. Principe qui fascina Berg. Pour la première fois, le théâtre n'obéissait pas à une logique intérieure dont les moments se déduisent les uns des autres. Il perçut dans le théâtre de Büchner la possibilité de renouveler le théâtre lyrique tout en conservant la fermeté d'une histoire, un épicentre dramaturgique éminemment présent tout au long de l'œuvre, voire immuable. Cette conception répondait pour Berg, si féru de réflexion philosophique, aux injonctions de Nietzsche sur le drame moderne, le fragment devenant la forme moderne de la contestation confortablement installée dans ses déductions intellectuelles. Pour Nietzsche, le fragment renvoie à un ensemble de paramètres invisibles, utopiques, jamais atteint, à l'image de la vie elle-même. Concernant le manuscrit de Büchner, nous connaissons mal son véritable état, car beaucoup de textes furent brûlés par sa fiancée. D'ailleurs, aucune des éditions ne concorde entre elles. Ni celle de Leipzig de 1922, reproduite et améliorée en 1953 par Fritz Bergeman pour Insel Verlag, ni celle de Wilmer publiée en Suisse après la guerre. En France, c'est Paulhan et Grœthuysen qui assurèrent la publication d'une traduction de *Woyzeck* dans l'édition *Commerce* en 1931. La version de Pierre-Jean Jouve demeure aujourd'hui consensuelle. Bien qu'elle soit devenue la traduction de référence, il faut mentionner celle de Lou Bruder et de Marthe Robert.

La structure générale du *Wozzeck* opéra dégage une organisation par actes à laquelle Berg tenait particulièrement. Pour la création de *Wozzeck* à Berlin en

1925, au Staats Theater, il avait pris soin d'annoter sur sa partition des indications concernant la forme, l'action, l'orchestre et le jeu scénique, en relation avec le découpage par actes, articulé autour de scènes à la fois fixes et détachables. Sans se substituer au metteur en scène (Franz Ludwig Hörth), il exprima comment et pourquoi tel module musical devait rencontrer tel geste du comédien; ou encore, comment telle répartition instrumentale et orchestrale sur scène devait se prolonger dans la répartition des chanteurs qu'il souhaitait aussi comédiens. Ces indications, quoique parfois sommaires, sont précieuses, car elles sont le résultat d'une longue réflexion sur le théâtre de Büchner. Berg dit lui-même que la polytonalité dont il se sert pour l'opéra permet de restituer la quintessence théâtrale contenue dans la pièce.

Il faut ajouter à cela que pour lui, dans l'idéal plastique et acoustique, chaque changement de ton pour chaque phrase prononcée par les personnages suggère non seulement un retentissement harmonique, voire le provoque, mais stipule une typographie scénique en écho avec la partition. Ainsi, de Büchner à Berg, il y aurait comme une assimilation dialectique du texte/mots aux gestes/sons, renouant avec l'idéal de l'œuvre totale dans un

mouvement qui tend à réunir des forces contraires, des données pluridisciplinaires, plutôt qu'à unifier des idéaux en provenance d'une même individualité. Ici, la volonté du poète s'impose au musicien et réciproquement. D'où la raison pour laquelle Berg, dans la première partie de la pièce, élimine la scène de la foire. Elle créait une dispersion musicale de l'action qui, au théâtre, obligeait peut-être à prolonger l'intimité du couple maudit des dieux et des hommes, Wozzeck et Marie, sous le regard affamé des soudards et du Tambour-major. De même, Berg déplacera la scène des boucles d'oreille présente dans la pièce de Büchner dans la première série des fragments, afin de l'utiliser dans le dénouement. De sorte que les éléments purement psychologiques se transforment (sans se dénaturer), en éléments actifs. En effet, Berg n'hésite pas à manipuler la pièce de Büchner pour obtenir des effets visuels et sonores. Loin d'être sacrilège, cette liberté permet au compositeur comme au metteur en scène de ne pas tomber dans le pathos théâtral, d'épurer ce qui, en mots et en sons, deviendrait très vite synonyme de pléonasme et alourdirait le plateau. Il amalgame ainsi les scènes de solitude et de monologue de Wozzeck avec la scène de l'auberge et celle de la caserne, lorsque le Tambour-major rosse son rival, avec le désir d'assembler et de rassembler des ensembles ordonnés. En fait, la diversité ne provient pas du spectacle en tant qu'il serait le catalyseur de toutes les composantes réunies, mais de la polytonalité, à savoir du changement de tonalité des phrases parlées-chantées. La pièce de Büchner devient à son tour polytonale, et cette polytonalité (agencement sophistiqué de situations contradictoires ou/et complémentaires) supplante ce qu'habituellement la dramaturgie exprime plastiquement.

Dans la dernière partie dite *la catastrophe*, Berg supprime la scène de la comptine dans laquelle Marie récite à son fils l'histoire confondue en légende de l'enfant en quête d'un autre monde que celui qu'il habite, et qui finit par découvrir une planète pervertie, sale, sinistre, à l'image de la cruauté et de la destinée humaine. Il renforce plutôt une succession d'événements musicaux qui privilégient l'éclairage de Wozzeck égorgeant Marie puis Wozzeck face à sa propre mort. Par ailleurs, Berg introduit des interludes inexistants dans la pièce de Büchner, qui assurent le passage d'une scène à l'autre, comme une manière d'habiller le silence tout en assurant l'identité propre à chacune des scènes. Ils assument une fonction que le théâtre ne peut accomplir en toute intensité – celle de confronter des instants de temps et d'espace séparés. Il ne commentent pas l'action, mais sont partie intégrante du mouvement intrinsèque du drame et des diverses ruptures qui le jalonnent. D'où l'importance accordée à l'élément discontinuité / continuité, ce que l'on pourrait appeler l'effet *staccato* de l'opéra, impossible à restituer au théâtre. C'est pourquoi Adorno pensait que Schoenberg le premier avait brisé la mélodie wagnérienne, en dégageant la sphère musicale du sentimentalisme latent cultivé par les foules de spectateurs. D'où également la difficulté des metteurs en scène à restituer la juste expression. Certains ressentent la nécessité d'expliciter ce qui dans l'opéra n'est jamais explicite, puisque dans l'idéal musical et scénique, comme le souligne Berg à divers endroits de sa partition, il est préférable de jouer sur le libre jeu des fantasmes; de jouer également sur la transmutation d'un fantasme à l'autre, de partir à l'assaut du subconscient tout en donnant l'impression qu'il n'est jamais sollicité directement. Pour Berg, la visualisation risque à tout moment de déformer le texte écrit et composé. Comment figurer la scène de l'assassinat – paroxysme du drame – en événement? Doit-elle ourdir tout au long du spectacle, comme le paramètre clé, la manifestation aiguë de l'inconscient de Wozzeck? Effectivement, le génie de Büchner, comme celui de Berg, appellent cette compréhension suggérée dans la musique par la polytonalité. Toute linéarité compositionnelle, tout mouvement dramatique continu auraient déformé la charge herméneutique contenue dans le livret. D'autant plus que l'histoire relève du fait divers : mari trompé tue sa femme avant de se donner la mort – lit-on dans les quotidiens ou dans la presse à scandale. Les drames passionnels font la une de certains journaux. Il est clair que le metteur en scène a le choix entre ce que Michel Fano appelle le temps (musical) circulaire, le temps simultané, le temps logique (celui de la péripétie) et le temps de l'œil. Cette évaluation est transposable à l'espace qui gère le temps, qui l'incarne. De même, pour la représentation, Berg imagina une disposition dramaturgique du musicien et du chanteur, le décor étant pensé comme un élément inaliénable qui a toujours été là, inerte, presque désolant. Wozzeck, déjà condamné au moment où le rideau se lève, doit se mouvoir dans un espace-temps abymique et immédiat. Un geste est capté et l'autre meurt ; un son est lancé et l'autre meurt, quelles que soient les interactions volontaires du tissu sonore et du tissu théâtral.

de l'esthétique de la rupture à l'esthétique de l'unité[1]

Pour unifier son opéra, Berg concentre sa forme en trois mouvements (ou trois actes).

Acte I : *exposition.* Présentation de Wozzeck dans ses rapports avec le monde et avec son environnement quotidien ; tour à tour, le Capitaine, le Docteur, Marie, son fils, son ami Andrès, son rival, le Tambour-major.
Acte II : *dénouement.* Wozzeck affronte l'infidélité de Marie révélée par ses persécuteurs, le Capitaine et le Docteur.
Acte III : *catastrophe.* Wozzeck tue Marie et il se tue. Il s'agit d'un resserrement de l'œuvre dramatique en trois moments.

Pour chacune des parties, Berg compose cinq scènes articulées suivant le schéma d'une forme traditionnelle, contraignante et désuète.

Acte I :
1 re scène : suite, prélude, pavane, gigue, gavotte, un air en trois parties, puis le retour du prélude en rétrogradation (il part de la fin pour remonter au début).
2e scène : rhapsodie (pressentiment).
3e scène : marche militaire plus berceuse.
4e scène : passacaille (docteur).
5e scène : pièce symphonique.

1. Je renvoie à l'ouvrage de M. Fano, P.-J. Jouve, *Wozzeck d'Alban Berg*, Paris, Christian Bourgois, 1985.

Acte II : symphonie en cinq mouvements
1 re scène : allegro forme sonate.
2e scène : fantaisie et fugue.
3e scène : Lied en trois parties.
4e scène : Ländler.
5e scène : rondo.

Acte III : cinq scènes = cinq inventions.
1 re scène : invention sur un thème plus variations.
2e scène : invention sur une note (*si*).
3e scène : invention sur un rythme simulant l'onde hurlante.
4e scène : invention sur un accord de six sons (mort de Wozzeck, double figure harmonique et contrapunctique soudée en figure dramatique).
5e scène : invention sur un perpetuum mobile, rythme ternaire. La vie reprend.

Entre chaque scène, des interludes instrumentaux.
Berg est contraint par la forme démultipliée en nombreux sous-ensembles formels. Il se contraint lui-même à obéir à une conception traditionnelle, non pas de la structure, mais du temps musical. Il contredit également la logique linéaire du récit qui, pour un opéra, consiste à passer au travers un itinéraire ciblé des tonalités. Or, la totalité de l'œuvre se réfère à un seul accord (figure 1) :

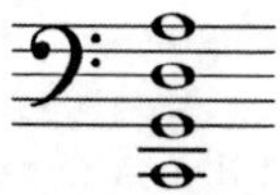

Figure 1. Accord de référence pour l'opéra de Berg, *Wozzeck*.

Wagner pratiquait déjà ce type d'écriture en resserrement, mais sur une cellule mélodique. Le leitmotiv de Berg est constitué d'un intervalle (deux notes), ou d'une seule note (*si*). Le rôle structurel accordé à des intervalles précis (seconde mineure, tierce mineure, quarte juste ou quinte à vide), ainsi que leur révélation progressive au sein de l'action, constitue une des innovations majeures de l'art total de Berg par rapport à celui de Wagner. Les leitmotive de Berg sont presque des objets figuratifs. Á chaque fois, par exemple, que l'idée du couteau apparaît, même en filigrane, surgit simultanément à l'orchestre un intervalle de tierce mineure. On ne comprend cette identification qu'arrivé à la scène du meurtre : la note *si*, quant à elle, circule tout au long de l'opéra, d'une scène à l'autre, d'un pupitre à l'autre, d'un personnage à l'autre, jusqu'à son rôle culminant à l'acte III scène 2, l'invention sur une note, la mort de Marie. Pourtant, le *si* se fait clairement entendre dès le début de l'acte I scène 1. Rétroactivement, nous prenons conscience de la fatalité de Wozzeck, plus forte que sa volonté ou que son désir de Marie. la note *si* est investie d'une fonction génératrice pour l'œuvre entière, comme l'est le premier leitmotiv de *Tristan* de Wagner. La concentration des moyens musicaux est une des qualités les plus frappantes de *Wozzeck* : concentration non seulement de l'écriture, mais dans l'agencement des différentes parties. Les quinze scènes de l'opéra s'achèvent sur un accord tonal, répertoriable, qui, comme toute harmonie tonale, évoque la clôture d'un événement avant un nouveau départ. Huit d'entre elles ont été conçues autour de cet accord générateur qui ramasse en quelque sorte les énergies compositionnelles rassemblées dans chaque scène. Ces procédures d'analyse s'appliquent aussi aux scènes 1 et 5 de l'acte I, scènes 2 et 4 de l'acte II, fin de la scène 5 de l'acte III, ainsi qu'aux scènes 1, 2, 3 et 5. La dernière énumérée {5} se fonde sur la superposition de *sol-ré/ la-mi* (quinte juste). Ce sont les intervalles fondamentaux de la mort de Marie. Les scènes 2, 3 et 4 de l'acte I, les scènes 1 et 2 de l'acte II et la scène 4 de l'acte III dérivent de ce même accord, en ce sens que le glissement d'une ou plusieurs de ses composantes constitue la base momentanée d'un nouvel équilibre. La scène 2 de l'acte I (rhapsodie, Andrès dans les champs) est construite à l'intérieur d'un cadre *do-fa*. *Do* est le glissement ascendant du *si* central et fatidique dont on sait qu'il est pour Berg le son fatal de cet opéra. L'unification du tissu musical qui, chez Wagner, était obtenue par une mélodie continue, s'obtient ici par glissement progressif ou par interaction perpétuelle d'un accord, d'un intervalle ou d'une note sur l'autre. Dans la scène 3 de l'acte I, Marie berce son bébé. Cette scène repose sur deux intervalles : *la-mi* – préfiguration de Marie morte et que Wozzeck peut enfin bercer librement; et *si-fa* (le *si* renvoie au couteau, au meurtre de Marie), comme une double préfiguration qui procède à nouveau par glissement, puisque la note *si* glisse vers le *la*. Il va de soi, encore une fois, que la présence de ces deux intervalles au début de l'opéra, acte I scène 3, dans un contexte plutôt tendre, signifie que le drame est noué avant même de se déployer. À ce point de l'œuvre, lorsque l'on se contente de l'écoute, Berg installe l'auditeur dans un climat intervallique *leitmotivé*, lié au destin inéluctable de Marie et de Wozzeck. On retrouve une forme d'écriture totale singulière : avec des moyens différents, Berg parvient au même résultat que Wagner.

Construire une œuvre ou un fragment d'œuvre sur une seule note, ou un seul intervalle comme charpente, revient à ramener sans cesse les lignes horizontales (tissu de la pièce) à la note ou à l'intervalle en question et, passagèrement, aux notes ou aux intervalles voisins. Une façon de figurer et de combiner constamment le mouvement et l'immobilité, l'élan et l'inertie, l'Histoire et l'empirie, le concept et son application, l'utopie et la réalité.

élan et inertie : la grammaire du temps

L'immobilité est le principe fondateur de *Wozzeck*. Le mouvement s'inscrit à l'intérieur de cette stabilité et la renforce tout en la dissimulant. L'immobilité de *Wozzeck* a valeur d'épicentre. On peut s'en échapper, ponctuellement, mais on y revient toujours afin d'assurer la cohérence dramaturgique, formelle et expressive. Berg admet ici un compromis avec le système tonal entièrement voué à s'inscrire dans un processus dynamique et exclusivement dynamique. Wagner est entre les deux. Il avance dans l'inertie du chromatisme. Il brouille les repères. On ne sait jamais à quel point de l'élément musical on en est. Ce principe ira croissant dans la seconde moitié du XXe siècle. L'opéra contemporain investit davantage l'espace que le temps. Dans tous les cas, il tente de ramener le paramètre espace à hauteur du paramètre temps qui devient, à l'image du temps lui-même selon Leibnitz, un étalon de succession, le jeu ordonné de l'éternité contre l'événement. Répartition dans l'espace qui engendre une plastique musicale, aux dépens de la grammaire. D'où le passage d'une écriture musicale comme grammaire à une autre comme répartition spatiale signifiant le changement radical et irréversible survenu au cours de ces trois dernières décennies. Comment obtient-on l'espace et non plus uniquement la grammaire ? C'est bien dans cette nouvelle perspective que resurgit le problème de l'art total. Berg, pour en rester à *Wozzeck*, construit son écriture en épaisseur, par opposition à une écriture fusionnelle. Une façon de registration plus que d'orchestration. Il stratifie. Chacune de ces strates est circonscrite et conserve son autonomie. De ce premier postulat découle la nécessité de préciser le matériau et la forme, ainsi que leur fonction dans la construction. Il apparaît, à l'analyse de la partition, que les déplacements spatiaux de ces strates ou mini-ensembles sont le plus souvent conçus pour s'opposer les uns aux autres. Chez Wagner, ce procédé serait impensable ; ils vivent en parfaite harmonie.

Prenons le cas de la scène 3 de l'acte III qui se déroule dans une taverne, la nuit. On y danse, on y boit, on y chante pour s'étourdir. Margret, la tenancière de cette taverne, s'aperçoit que Wozzeck a du sang sur le bras. Tout le monde se referme autour de Wozzeck et celui-ci finit par s'enfuir. L'interlude précédant cette scène était tonal. Au moment où démarre l'action dans la taverne, l'atmosphère se brouille et devient musicalement indéfinie, atonale. Quatre cors et quatre trombones dialoguent. Les autres instruments ponctuent ce dialogue de sourds en déséquilibre permanent. Ensuite, ce qui appartenait au système cor-trombone glisse à la clarinette dans un rythme claudicant, du ternaire dans un binaire. L'ivrogne triste cohabiterait avec l'ivrogne gai. De l'opposition la plus franche et la plus radicale qui consiste à superposer des directions contradictoires, à l'opposition plus subtile qui joue sur de partielles différences, s'installe la volonté de susciter des tensions – volonté qui gouverne toutes les strates. L'investigation des composantes le justifie. La strate supérieure exploite des zones aiguës sur lesquelles s'établissent des intervalles de demi-tons. Alors qu'une strate médium sera construite sur des intervalles disjoints : antinomie tensionnelle et dialectique, figurée par les intervalles conjoints/disjoints – principe d'opposition s'ajoutant à celui des déplacements dans l'espace. Mais comment dynamiser la dialectique, la dégager de la codification polaire tension/détente ? C'est à l'épaisseur du tissu musical que Berg dictera les lois de déplacement et de glissements d'un état à l'autre. L'*épaisseur* est soumise à la variation. Notre perception capte cet effet, lorsque les motifs surplombent en forme de crêtes ou d'angles la masse sonore. Disposition récurrente, dans laquelle l'épaisseur se distingue, non identique la première et la seconde fois. Soit elle s'étale verticalement, comme une tache d'encre sur le buvard, soit au contraire elle se rétrécit. L'idée d'une variation spatiale résultant d'une écriture en épaisseur et en perspective se prolonge dans notre écoute grâce au travail sur les durées. Berg affecte à chacune de ces strates un type X de figure rythmique, délibérément différente d'une couche à l'autre : accents décalés, comme dans l'*Histoire du soldat* de Stravinsky; valeurs longues se superposant à un *continuum* de valeurs courtes, affecté lui-même à un autre ensemble de valeurs encore plus courtes. Á trois niveaux de durées répondent trois niveaux de pulsations pour un relief rythmique, construction qui resterait automatique si elle n'était pas impulsée par l'opposition systématique des durées. Le processus de variation horizontale admet, d'une couche à l'autre, un temps de l'œuvre composé ou décomposé. Dans la scène 2 de l'acte II dite de la dénonciation, les lignes mêlées et entremêlées (Docteur et Capitaine) s'ajoutent à celles traduisant l'affolement de Wozzeck. Un chaos acoustique surgit de ce miasme isomorphique, organisé suivant les méthodes d'une désarticulation. Pourtant, à l'analyse, ces pages sont construites avec un souci formel si méticuleux qu'aucune note n'est laissée au hasard. Wozzeck

est tombé dans le piège de la dénonciation. Les pièces absurdes qui la composent n'ont aucune chance de s'assembler. Quant à la forme, fantaisie et fugue, simple contrepoint traditionnel, elle s'applique à ne pas révéler ses contours. Seul règne le mouvement, sans autre vocation que de déstabiliser l'ordre établi, de contraindre la quiétude à se plier à l'agitation des contours mélodiques éloignés des motifs répétitifs qui constituent la base de l'imitation. Or, l'écriture contrapunctique en style d'imitation correspond, dans la tradition, au garant de l'ordre. Ici, elle soulève l'inverse : le désordre auditif, la déroute architecturale, la perte qui prépare les retrouvailles.
Berg aura donc créé un modèle d'opéra nouveau en tirant parti du système fusionnel wagnérien. Il extrait puis il combine des paramètres hétérogènes avec l'intention de :

> … donner au théâtre une œuvre qui lui convienne entièrement, de façonner ma musique dans une conscience constante de sa subordination à l'action, de mettre en elle tout ce qui était nécessaire à la réalisation du drame sur les planches. C'était là déjà les tâches essentielles d'un metteur en scène idéal. Bien sûr, je ne voulais, par ailleurs, porter nul préjudice aux prérogatives absolues de la musique, à sa vie autonome que rien de non musical ne saurait troubler [1].

La parole de Berg, non entropique, exprime la différence entre le signe et la forme. Ne pas chercher l'empirie de l'opéra au-delà de la musique elle-même. Une théorie esthétique sur l'utopie lyrique au XXe siècle doit assumer la philologie de l'objet lyrique avant même de la livrer aux élaborations critiques périphériques au musical. Si la périphérie détermine l'objet, c'est pour mieux l'inciter à créer les conditions de possibilité de son autonomie. Là, nous touchons du doigt le point névralgique de la Raison historique. Comment éviter le formalisme induit par la critique tout en conservant les détails de l'analyse philologique ? L'horizon d'empirie tend à s'évanouir dans les présupposés esthétiques alors même que ceux-là lui permettent de s'affiner. C'est que le sens tactile, en l'occurrence auditif – selon Aristote – est ce qui enclenche le processus de vision. De sorte qu'en l'enclenchant, il produit l'*eschaton* – le seuil. Par où devons-nous entrer pour objectiver, depuis l'œuvre, la dialectique à l'œuvre ? Entendre, écouter, voir et analyser sont des activités de la pensée. Rendre à l'œuvre lyrique son audibilité esthétique serait comme tendre un arc fantasmatique vers une vision

1. A. Berg, *Écrits*, trad. fr. H. Pousseur, G. Tillier et D. Collins, Paris, Christian Bourgois, 1985.

anticipée, irrattrapable. Ne pas établir le moindre indice biographique, ne pas élucider le concept d'opéra avant son apparition en qualité d'objet, nous prémunit, déjà, de l'esthétique hors cadre, hors territoire compositionnel. D'où le *lieu* qu'occupent *Orfeo* et *Wozzeck* : l'écriture seule confère à l'empirie de l'opéra le pouvoir de faire pivoter l'événement dans le concept.

Nietzsche contre Hegel la renaissance de la tragédie dans la renaissance de l'opéra

Pourquoi Freud a-t-il éprouvé le besoin d'enseigner l'utopie? Pourquoi a-t-il précisé le caractère inattendu de l'utopie contre celui, *a priori*, attendu de la vérité? [1] Il n'ignorait pas que l'expérience esthétique telle que Hegel l'a transmise consiste à ajuster les deux; alors que pour Nietzsche, elle consiste à déloger le bien fondé de la « dialectique optimiste ». Or, c'est bien la trace de ces deux topiques conceptuelles que l'opéra tente encore de réconcilier; et c'est bien dans le discernement que se résout l'antinomie fondamentale de l'empirie lyrique, donc tragique, élucidée par Nietzsche, et de l'empirie musicale, donc lyrique, problématisée par Hegel. Nous en resterions peut-être à ce corps à corps d'Apollon contre Dionysos si Freud ne les avait amalgamés dans un seul et même système. Pourquoi la vérité serait-elle plus tangible que l'utopie? L'un est la face cachée de l'autre, son récurrent ou son renversement. Dans tous les cas, ils se déplacent ensemble. La leçon de Freud, d'ordre analytique, nous la récupérons dans la critique du renouveau de l'opéra, ici et maintenant. En dénonçant « l'illusion délirante [...], cette croyance inébranlable que la pensée, guidée par la causalité, descend aux abîmes de l'être » [2], en désavouant la volonté prompte à « enfermer l'univers dans le réseau indéchirable du savoir » [3], Nietzsche jette l'anathème à une *mimesis* consensuelle qui affleure pour lui l'histoire du théâtre lyrique jusqu'à Wagner, exception faite du *Carmen* de Bizet. Convaincu que l'art, et en particulier la musique, sont des activités métaphysiques de la vie, il dénonce « la chrysalide du schématisme logique » [4] dans laquelle la pensée philosophique enveloppe les phénomènes esthétiques. L'invective a pour but de dissoudre la quiétude du discours platonicien, de lui opposer une « ivresse dionysiaque » sans laquelle « l'incarnation visible de la musique » [5] est vidée de son essence; et l'essence de la musique ne se comprend pour Nietzsche que dans une « manifestation et une représentation symboliques d'états dionysiaques » [6] dont est dotée la

1. J.-B. Pontalis, « L'utopie freudienne », *L'Arc*, Paris, Gallimard, 1952.
2. F. Nietzsche, *La Naissance de la Tragédie*, trad. fr. G. Bianquis, Paris, Gallimard, 1949, p. 78-79.
3. *Ibid.*
4. *Ibid.*, p. 73-74.
5. *Ibid.*, p. 75.
6. *Ibid.*

tragédie antérieure à Euripide. L'avènement dans la tragédie grecque d'un ou plusieurs acteurs présents pour réciter un texte écrit signe l'acte historique du recul de la musique – pratique qui ne modélise pas une narration, mais est en soi un phénomène de représentation, une hypotypose dramatique. Cette récitation instaure une ère théâtrale de dialogue, d'alternance du signifiant et du signifié, du sens et du son. La naissance d'une temporalité quantifiable par le récit récité est synonyme de mort de la tragédie devenue lyrique. Originellement c'eût été un pléonasme de qualifier, sous-titrer ce genre par l'épithète musical. Autrement dit, la tragédie était substantiellement musicale comme la couleur est substantiellement picturale.

Prenons garde néanmoins aux rhétoriques esthétiques qui semblent se prémunir des multiples virages inventés par la dialectique. Il s'agit de situations limites, grâce auxquelles nous radicalisons la démonstration. L'idée d'une *mimesis* subordonnée au théâtre lyrique, ou l'inverse, figure l'opéra. Signifie-t-il pour autant un recul de l'essence au profit de l'apparence ? La tragédie quant à elle se moque des distinctions. Elle est, par définition, un genre impur. Entre les poètes, les lyriques, les épiques, les comiques ou les

tragiques, elle mélange à dessein le lieu où se formulent les catégories. Seule la musique en dispose allégoriquement. Elle en est la perception absolue, l'*organon* définitif. L'intellection conceptuelle qui assume son étiolement n'atteint l'Idée d'essence qu'à la condition de mettre en place une réalisation : le modèle. La tragédie réfutait à son insu ce que Raymond Court appelle « la priorité ontologique du concept »[1]. Elle intimait vers une représentation privilégiant l'imagination, la *phantasia*, la révélation, sans l'artifice d'une organisation formelle qui articule le musical dans le théâtral. L'origine de la tragédie serait dans la musique portée par elle jusqu'au stade d'incarnation de l'audible, comme une allégorie de l'œil qui écoute de Claudel, pour un *organon* dont l'intelligibilité résulte d'un visible lisible et audible. La tragédie descendrait dans un chiasme d'origine qui s'offre comme naissance – geste temporel – et comme fondement – geste ontologique et esthétique. Elle s'inventerait une grammaire qui signifie la racine même du signifié : l'étymologie du mot *tragôdia* ou *chant du bouc* a pour substrat le *dithyrambe*, la danse chantée par des satyres déguisés en bouc – *tragoi* – en l'honneur de Dionysos. Chant et danse résulteraient d'un même élan. L'agir de la tragédie était la passion, le lieu irrépressible où se

1. R. Court, *Le musical, essai sur les fondements anthropologiques de l'art*, Paris, Klincksieck, 1976, p. 239.

tiennent l'infini, le chiasme même, et le fini, le sensible que Platon thématise. Á cet égard, la tragédie n'avait pas recours à un modèle extérieur à elle. Elle se prenait pour modèle, comme une tautologie du monde. En tant que représentation symbolique d'une concélébration primitive, liturgique et ritualisée, la dualité du modèle et de sa *mimesis* était abolie. Elle devenait l'être même du spectacle, une phénoménologie de l'essence du drame que les lois de la rhétorique, telles que l'opéra les notifiera, dissimulent sous le masque des *affetti*. Toute prosopopée est vaine. Toute casuistique est fortuite. Toute propédeutique est vouée à l'échec. La tragédie ne transite pas par un discours de signification. Elle aurait plutôt tendance à détonner en lui, à déconstruire ses présupposés esthétiques. Dans les interprétations respectives de Hegel et de Nietzsche, nous saisissons, d'un côté, le principe de réalité contigu au théâtre lyrique, et de l'autre, le principe d'utopie contigu au drame. Il est clair que la Raison historique subordonne l'histoire de l'opéra à l'esthétique de Hegel qui relègue la musique dans la tragédie antique à un rôle tout à fait accessoire et figuratif. L'ancienne tragédie était certes musicale, mais ...

> ... la musique n'y jouait pas encore un rôle dominant – comme dans l'opéra moderne – car dans les œuvres poétiques proprement dites la première place appartient à l'expression verbale des idées et des sentiments, et la musique qui n'avait pas encore atteint chez les anciens le degré de développement mélodique et harmonique de la musique de l'époque chrétienne ne pouvait servir qu'à animer, en les rythmant, les paroles poétiques pour les rendre ainsi plus accessibles au sentiment [1].

D'une certaine manière, en faisant éclater le lieu traditionnel de l'opéra par un démembrement de son espace intérieur, comme la linéarité de la dramaturgie, les archétypes, les ressorts psychologiques, la construction formelle issue d'un livret, les compositeurs qui entre 1945 et 1980 impulsèrent le mouvement d'émancipation du spectacle lyrique sans en réfuter l'existence (Luigi Nono, Bernd Aloïs Zimmermann, Luciano Berio, Mauricio Kagel, György Ligeti, Henri Pousseur) contribuèrent au démembrement de l'esthétique apollinienne selon Hegel, métaphore de l'« illusion de l'homme théorique » de Raymond Court [2]. On comprend dès lors le tournant décisif qu'Euripide, « penseur et non poète » [3] augura et la

1. Hegel, *Esthétique*, trad. fr. S. Jankelevitch, Paris, Aubier, 1944, vol. 3, p. 357.
2. R. Court, *Le musical, essai sur les fondements anthropologiques de l'art*, *op. cit.*
3. F. Nietzsche, *La Naissance de la Tragédie*, *op. cit.*

pugnacité de Nietzsche à son égard. Il rejetait violemment « une solution terrestre à la dissonance tragique »[1] et condamnait le ressentiment qui accompagne le masque de la pensée socratique et celui des affirmations hégéliennes aux antipodes de la sagesse tragique de Dionysos. Opposition philosophique et esthétique qui met en scène, d'un côté, l'essence du tragique comme savoir et dévoilement absolu de l'être, et de l'autre, sa dissimulation derrière le filtre de l'apparence. La nudité de l'Art contre son maquillage, ce que Nietzsche identifie à la Nuit contre le Jour, la pénombre contre la lumière, l'opacité contre la transparence. Une musique de la nuit, sur le modèle de la tragédie antique, soulève la densité abyssale de son essence. Avant de se détacher simultanément de Wagner, « artiste de la décadence », et de Schopenhauer « philosophe de la décadence », avant de rédiger le pamphlet *Le cas Wagner*, Nietzsche puisera chez le compositeur « un cours pratique de philosophie schopenhauerienne » (Lettre à Rhode, 9 décembre 1868)[2], laquelle lui permet de formuler une catégorie fondatrice de sa philosophie : l'esthétique comme principe ontologique. Par opposition à Hegel chez qui l'horizontalité de la dialectique converge vers l'histoire, la réflexion de Nietzsche converge vers l'idée de nature comme matière subliminale et inimitable, « venue de l'Être selon une certaine perspective qui en soi ne saurait être dépassée »[3]. C'est le fond mythique sommeillant dans l'activité artistique que Nietzsche recherche dans la musique, et le fond mythique n'est pas un discours. D'où aussi, l'importance accordée au rythme assimilé pour Hegel à une œuvre de l'entendement, et pour Nietzsche, émanation architectonique de la représentation du symbole. Freud accordait une attention particulière à la poésie, non pas pour sa puissance expressive, mais pour sa puissance rythmique immanente, ce que Roman Jakobson appelle la « métaphore ». Le rythme, à l'instar de la langue, exerce une intra-communication de l'œuvre conçue comme totalité avec elle-même. Articuler le rythme selon les modalités de la langue, en désertant son action irradiante, en érodant ses variations de fréquence et d'amplitude dans le corps du spectacle, c'est encore une fois s'abstraire de la danse totale que l'empirie du théâtre lyrique, aujourd'hui alertée par l'annonce de sa disparition, se met en quête de reconquérir,

1. *Ibid.*, p. 90.
2. R. Court, *Le musical, essai sur les fondements anthropologiques de l'art*, *op. cit.*, p. 241.
3. F. Nietzsche, *La Naissance de la Tragédie*, *op. cit.*, p. 90.

renouant par exemple avec la présence du chœur emprunté à la tragédie grecque. Le chœur se présente en effet sous la forme du dithyrambe, où :

> Un nouveau monde de symboles est requis, un symbolisme que met en mouvement le corps tout entier, non pas le symbolisme des lèvres, du visage, de la parole, mais la danse totale qui agite de son rythme tous les membres [1].

Comprenons bien l'écart dans lequel l'empirie de l'opéra se constitue en histoire des formes et des figures symboliques, archétypales, singulières. La naissance de l'opéra figurait – en deçà de la récupération du modèle aristotélicien – l'Idée d'une œuvre détachée de ses racines dionysiaques. Là où Hegel entrevoie la progression historique de la musique vers son indépendance salutaire, vers une pureté formelle et syntaxique, Nietzsche entrevoit le reniement de la parenté indissociable et quasi charnelle du Verbe et de la musique maintenue par un geste indivisible, le rythme, dont l'ancrage anti catégoriel palpite dans la Terre – la réalité de l'œuvre, sa matérialité, voire, son écriture – et dans l'Âme – l'utopie, l'intériorité de l'œuvre. Nietzsche oppose symbole et représentation, car le « plus haut symbolisme de l'art » se déclare dans « son fondement souterrain » [2]. Nous n'avons accès au concept de *Musique* que par la voie(x) du mythe, lieu qui appartient autant à l'espace du Verbe, de la scène, du drame, que du chant, de la danse et du musical. Hegel déconstruit le lieu mythique du fait de l'immixtion du musical hors du symbole. La confusion des espaces originels est supplantée par leurs superpositions, leurs registrations. Les mots ne sont plus traités comme des sons, les sons comme des formes, les formes comme des rythmes et les rythmes comme des matrices. L'arrachement ne vise pas seulement la volonté de figurer le symbole par un tracé textuel et compositionnel, mais porte sur le lieu de l'utopie. Renverser l'utopie pour donner libre cours à l'Histoire – et inversement, renverser l'Histoire pour donner libre cours à l'utopie. Hegel se méfiait du chœur dans la tragédie dont la fonction pourrait se résumer en un seul mot : attente. Le chœur attendait de participer, d'accompagner, d'anticiper, de contrepointer, de ralentir, d'accélérer la fatalité de ceux qui, à l'avant-scène, agissaient. Il représente pour Hegel ce moment névralgique, dont l'avènement au théâtre coïncide avec l'invention de la démocratie athénienne, où vie publique et vie privée, singularité et universalité étaient entrelacées dans un lieu unique, la

1. *Ibid.*, p. 24.
2. *Ibid.*, p. 29.

Cité. Le chœur ne cherchait pas à résoudre un problème posé par une action. En revanche, témoin et observateur du drame, il était autorisé à l'interroger, l'invectiver, l'interpeller. *Nouvelle que l'esprit ne peut accueillir et ne peut fuir!* chante le chœur dans l'*Ajax* de Sophocle, comme si, au-delà de ce qui est rendu audible et visible sur le devant de la scène, se jouait une autre perspective : l'intrusion du tragique dans le cours des choses et des événements. Or, c'est au chœur que revenait le privilège, voire le devoir, d'interrompre la discursivité du quotidien pour annoncer que le tragique est tragique. Une fracture ontologique dans une figuration esthétique. Si la singularité, l'accident fatidique ne s'opposent pas à l'universalité mais la façonnent, c'est, selon Hegel, parce que

> le chœur appartient essentiellement à cette époque où des lois civiles, une juridiction fortement établie, des dogmes formulés ne règlent pas encore le développement de la liberté individuelle, où les mœurs apparaissent encore dans leur réalité vivante, et où l'équilibre de la vie sociale reste néanmoins suffisamment garanti contre les collisions terribles auxquelles l'énergie des caractères héroïques doit les entraîner. Or, qu'un asile assuré contre ces orages existe, c'est ce que le chœur fait sentir; et il fait passer sa sécurité dans l'âme du spectateur[1].

Sophocle ou Eschyle assourdissant le chaos des guerres de Troie? La dialectique aplanit le chaos, le rend plus aimable. Adorno répondrait que :

> La différence entre le ton des hommes qui racontent et celui des hommes qui parlent de façon immédiate fait le procès du principe d'identité[2].

Le tragique contemporain s'est déplacé dans Beckett. *Fin de partie* campe le décor d'une action où :

> ... chacune des personnes présentes, quand elle soulèvera le couvercle de n'importe quelle grande poubelle, pourra s'attendre à y trouver ses propres parents[3].

Le tragique est pris à la lettre. Il écarte le symbole, la métaphore, la métonymie, le modèle. Le « de nos jours on jette les vieux à la poubelle » de Kafka se dispense du chœur qui faisait résonner le mythe dans le symbole. Après avoir souligné les dithyrambes, Nietzsche s'en prend à Wagner et à sa

1. Hegel, *Esthétique*, *op. cit.*, p. 264.
2. T. W. Adorno, *Notes sur la littérature*, trad. fr. S. Muller, Paris, Flammarion, 1984, p. 230.
3. *Ibid.*, p. 229.

conception du Drame total, parce que ce dernier a indifférencié dans la scène 2 de l'acte II de *Tristan et Isolde* le lieu où les amants s'abandonnent à la volupté. La *Nuit* n'est plus cet îlot dionysiaque, puissance vitale contre le *Jour*, qui « rend l'esprit libre » et « donne des ailes à la pensée ». Elle figure la non clarté, l'exténuation du Désir qui s'accomplit dans la pulsion de mort et non dans la pulsion de vie. Dans *Le cas Wagner*, Nietzsche arrivera à la conclusion qu'il :

> ...faut méditerraniser la musique » lui injecter quelques bribes de *recitativo secco* comme sait si bien le faire Bizet dans *Carmen* pour qu'elle retrouve une respiration terrienne, désaffectée de la mélodie continue, de l'hypnose, de l'anesthésie extatique. Autrement dit, l'opéra doit conserver le symbole et renoncer à céder aux séductions fallacieuses de la subjectivité érotique qui pervertit l'œuvre, la menant tout droit à l'imitation « image indigente de la réalité, donc infiniment plus pauvre que le phénomène lui-même [1].

Une distinction fondamentale s'impose sur le territoire des empiries lyriques. Sont-elles purement grammaticales ou purement matières? Distinction qui annonce le verdict phénoménologique réfléchi par Husserl et qui énonce deux topiques conceptuelles auxquelles nous nous référons : catégories syntaxiques et catégories-substrat [2].

C'est pourquoi la querelle inachevée que déclenche l'esthétique de Nietzsche contre celle de Hegel et contre l'héritage socratique ouvre la véritable critique concomitante à la question de l'opéra. D'un côté les modèles, de l'autre, la phénoménologie – soit de l'œuvre, soit du modèle. Et c'est pourquoi également la querelle nietzscheo-hégélienne est contemporaine. En rapport avec l'utopie, ce vers quoi la Raison historique tend indéfiniment, alors que le réveil du théâtre lyrique la concrétise ici et maintenant. En rapport avec le palimpseste, la trace d'une empirie originelle – la Tragédie grecque – convertie en empiries lyriques, en anamnèses échouées, depuis les configurations théoriques des rhéteurs de la Réforme florentine qui donnèrent corps à l'opéra moderne, dans le chaos de la création musicale, entre l'élan de Dionysos et la beauté structurelle d'Apollon. En rapport également avec l'ébranlement du lieu historique par le lieu utopique – un accident qui entre comme un intrus dans les mailles de la dialectique pour lui infliger la pression incompressible du *fatum*. L'utopie lyrique est

1. F. Nietzsche, *La Naissance de la Tragédie*, *op. cit.*, p. 89.
2. E. Husserl, *Idées directrices pour une phénoménologie*, *op. cit.*

définitivement autiste en matière de justifications sociales, institutionnelles, politiques et, plus paradoxale encore, compositionnelles. Elle est tournée vers l'inattendu, la non réfutation de l'impossible auquel la musique serait tenue. Les écrits respectifs de Hegel et de Nietzsche s'éclairent au regard d'une philosophie, comme le souligne Derrida, « déterminée dans son histoire comme réflexion de l'inauguration poétique »[1]. En ce sens, n'étant pas un élément constitutif de l'entendement, l'opéra ouvrirait l'histoire plutôt qu'il ne l'effacerait. Ce que Nietzsche désapprouve dans l'opéra complice de l'historicité, c'est précisément d'assujettir la musique aux paroles. Rendre intelligible le son en auscultant le signifié de la langue engendre un « nouveau style de chant où les paroles du texte dominent le contrepoint comme le maître domine l'esclave »[2]. À suivre les notations lyriques inscrites dans le mouvement historique de l'écriture d'opéra, on prend acte de ce recul de l'ombre, la polyphonie dionysiaque, au profit de la lumière, la monodie apollinienne – métaphore photologique dirait Derrida :

> Dans cette métaphysique héliocentrique, la force, en cédant la place à l'*eidos* (c'est-à-dire à la forme visible pour l'œil métaphorique), a déjà été séparée de *son sens* de force, comme la qualité de la musique est séparée de soi dans l'acoustique[3].

On comprend comment la musique pour Schopenhauer n'a pas pour objet la représentation mais prend « directement pour objet la volonté »[4]. D'où sa capacité à capter non pas l'image des phénomènes, mais l'image immédiate du vouloir; d'où pour Nietzsche, un langage originel plus puissant que le concept, et pour Hegel, une nécessité de projection tendue entre deux polarités antagonistes : l'extériorité – la parole à laquelle la musique s'unit – et l'intériorité – sa priorité symbolique et sa permanence mythique, en deçà du verbe, « jusqu'à ce point zéro que seul permet d'atteindre la musique »[5]. Encore faudrait-il définir la manière dont le figural habite le discours et comment le phénomène l'exprime. C'est le principe même de l'opéra : une action qui met en forme des lieux contraints à signifier une autre langue, écho à la thèse de Saussure selon laquelle :

1. J. Derrida, *L'écriture et la différence*, Paris, Le Seuil, 1967, p. 47.
2. F. Nietzsche, *La Naissance de la Tragédie*, *op. cit.*, p. 97.
3. J. Derrida, *L'écriture et la différence*, *op. cit.*, p. 45.
4. A. Schopenhauer, *Le monde comme volonté et comme représentation*, trad. fr. A. Burdeau, Paris, P.U.F., 1942.
5. R. Court, *Le musical, essai sur les fondements anthropologiques de l'art*, *op. cit.*, p. 250.

> Ce qui est dans le mot n'est jamais déterminé que par le concours de ce qui existe autour de lui, associativement et syntaxiquement [1].

En effet, le phénomène de *re*naissance de l'opéra est une empirie impure. Sans doute, apporte-t-elle des solutions à des questions exclusivement compositionnelles, mais le phénomène opéra ne surgit pas de besoins strictement musicaux. C'est pourquoi l'opposition entre les philosophies hégélienne et nietzschéenne de l'art nous apparaît si exemplaire. D'ailleurs, si l'opéra emporte avec lui l'idée d'une *mimesis* spectrale, il est légitime de renverser la problématique, d'affirmer, comme l'écrit Mikel Dufrenne, que « la plupart des autres arts, même représentatifs, revendiquent comme un privilège de pouvoir imiter la musique » [2] – comme, pour reprendre la thèse de Husserl, « objectivités dérivées d'autres objectivités » [3]. L'équilibre entre deux actions contiguës et dissociatives garantit un principe métaphysique et métonymique. Jean-François Lyotard attire l'attention sur un point que nous rattachons à l'objet opéra : il faut « rattacher le découpage syntagme – paradigme à la théorie de la signification comme valeur », car « le langage renvoie à un système clos (la langue) qui ne doit rien à son objet et, justement du fait de cette extériorité, peut parler de lui » [4].

Le langage peut parler de la musique. Glissement subreptice d'un monème vers un autre : le langage peut parler en musique. Le tissu historique dans lequel s'inscrit l'empirie lyrique explicite ce phénomène qui écarte d'emblée le simple rapport de *mimesis*, ou du moins, il supplante la *phantasia* innée de Dionysios par une *phantasia* élaborée. Comme Euripide, il faut travailler à se faire voyant. Imaginer dans le plénitude de l'histoire un *lieu* opératique non submersible. S'élever à la hauteur d'empiricités extérieures au phénomène musical qui viendrait en imposer l'apparition. La notion de *phantasia* précède, chez Philostrate, la réflexion sur les figures, comme si elle lui cédait sa « force de contrainte » [5] et reconnaissait l'implication musicale contenue dans son aptitude à voir – implication de rendre audible, au regard d'autrui, la vision. Aussi, la *phantasia* outrepasse la métaphore. La métaphore actualise l'objet qui pré-existe avant son incarnation ou son

1. F. de Saussure, *Essais de linguistique générale*, Paris, Payot, 1962, p. 240.
2. M. Dufrenne, *Le poétique*, Paris, P.U.F., 1963, p. 62.
3. E. Husserl, *Idées directrices pour une phénoménologie*, *op. cit.*, p. 44.
4. J.-F. Lyotard, *Discours, figure*, Paris, Klincksieck, 1971, p. 251.
5. J. Pigeaud, « Introduction » *in* Longin, *Du sublime*, Paris, Rivages, 1991.

dévoilement. La *phantasia* actualise un objet d'un non objet par la puissance de sa vision. La condition de l'objet réside dans une pré-absence – écart pour Philostrate entre la métaphore et l'anaphore qui autorise pour nous l'écriture de la différence, ou encore le dévoilement de l'utopie dans la réalité de l'œuvre lyrique. Écriture d'opéra au service du palimpseste, la contemporanéité est au service de la mémoire, et l'*organon* est décrypté dans une notation partielle, en un lieu territorialisé. Analogies d'écriture pour Freud, davantage que modélisation,

> … la surface qui recueille cette trace – dit-il (en l'occurrence la partition) – devient alors, si je puis dire, une pièce matérialisée de l'appareil mnésique que je porte entièrement en moi de manière invisible [1].

La différence entre le système est dans l'œuvre, localisation d'une mémoire originelle de l'*organon* à côté de laquelle persiste la plurivocité du réel, de l'Histoire, de la modernité. Aussi, le présent de l'opéra admet-il non seulement l'espace de l'écriture, sa surface [2] comme dépositaire hiéroglyphique d'une mutation musicale, mais le temps de l'écriture qui nous fait accéder aux trois analogies temporelles de l'expérience kantienne : la permanence, la succession, la simultanéité. Permanence, en ce que le phénomène opéra perdure sur le mode alternatif de l'effacement et du dévoilement ; succession, en ce que la question de l'opéra gouverne la mutation du concept par une logique du discontinu, comme périodicité de l'écriture, comme interruption et reprise de l'horizontalité de la dialectique ; simultanéité, en ce que l'objet opéra se lit au passé comme au présent, au passé comme présent et inversement, ni réductible à une réception instantanée, ni réductible à une perception rétroactive. Évidence hégélienne ou nietzschéenne ? Ou les deux ? Souveraineté de la phénoménologie ou phénoménologie souveraine de l'œuvre.

L'empirie de l'opéra aujourd'hui fait vaciller l'Idée de la chaîne dans la raison hégélienne en même temps qu'elle la fait rebondir. En l'espace de près d'un demi-siècle de ruptures, de renversements, digressions, transgressions, condamnations, sublimations, et enfin de réconciliations – espace dans lequel l'histoire de l'opéra, entre 1945 et 1980, auto-réfléchit les modalités de sa survivance – Hegel nous est devenu plus ambigu, quoique toujours *inactuel*, « cependant qu'un certain éclat de rire l'excède

1. J. Derrida, *L'écriture et la différence*, *op. cit.*, p. 328.
2. *Ibid.*.

et en détruit le sens, signale en tout cas la pointe d'expérience qui le disloque lui-même »[1]. Il y aurait connivence entre l'objet opéra et son contraire, le non-objet. L'un éclairant l'autre selon la loi des contraires. L'absence souligne la présence, renforce sa visibilité, son audibilité, voire, s'efforce de répondre à une identité de l'esthétique – *die Eigenart des Aesthetischen* – telle que la distingue Lukàcs. Une identité fondée sur les principes de la *mimesis*, source d'une réconciliation avec le réel et d'une restauration de l'harmonie entre le sujet et l'objet. La recherche de l'*organon* absolu par le théâtre lyrique est-elle source de réconciliation ? Peut-on réaliser une nouvelle utopie dans l'œuvre lyrique ? Ou les compositeurs contemporains sont-ils définitivement tributaires de cet « éclair » dont parle Adorno « qui en tous ses mouvements révèle que le tout est non-vérité n'est pas autre chose que l'utopie, celle de la vérité totale qui serait encore à réaliser »[2]. En dépit de ces assertions, nous devons dès lors nous résoudre à ne pas résoudre l'antinomie dialectique de l'œuvre. Le discours esthétique doit la saisir comme *organon* en soi. Ce qui signifie dans un premier temps que le renouveau de l'opéra au XXe siècle n'abrite pas en son phénomène « d'autres objets que ceux qui tout d'abord ont été constitués par lui »[3].

1. *Ibid.*, p. 371.
2. M. Jimenez, *Adorno et la modernité, vers une esthétique négative*, Paris, Klincksieck, 1986, p. 54.
3. E. Panofsky, *Idéa*, trad. fr H. Joly, Paris, Gallimard, 1989.

chapitre 2
la dissonance temporelle
à la recherche de l'*organon* perdu

[…] elle n'est pas le non-sens, car elle a
pour sens ce non-sens ; elle n'est pas hors la loi,
car c'est sa loi, ce bannissement
qui déjà la réconcilie.
Maurice Blanchot, *La lecture de Kafka.*

Retrouver l'*organon* lyrique, c'est admettre que nous l'avons perdu. Partir à sa recherche, c'est pour une bonne part adhérer à l'idée d'une existence de cet *organon* antérieure à notre contemporanéité. Cette démarche relève d'une certitude historique que nous aborderons de manière latérale à la question philosophique de l'*organon* telle que Schelling la développe par exemple. Quand l'opéra a-t-il incarné l'*organon*, virtuellement ou compositionnellement ? Quand les philosophes ont-il déclaré que l'opéra exprimait l'*organon* ? Nous pourrions poser le principe inverse. Admettre que la création musicale, au moment précis où elle se saisit de l'opéra, recherche nécessairement l'*organon*. La question n'est pas tant de savoir si elle l'a déjà atteint dans le passé, que de surprendre le phénomène *quête* au lieu de son empirie. Ainsi, les procédures d'investigation en vue de fonder un nouvel *organon* lyrique à hauteur des ambitions contemporaines sont-elles dépendantes des stratégies philosophiques augurées par l'histoire de la philosophie ?

L'emploi du mot *organon* doit être considéré comme un défi relié à l'empirie de l'opéra face au « paradoxe du commencement »[1]. L'idée de l'opéra est-elle contiguë à l'idée de l'*organon*? Laquelle des deux préexiste à l'œuvre lyrique? Le spectre de l'*organon* contemporain est-il un déplacement de celui d'hier, sa transmutation différée dans un territoire problématisé par un engagement qui postule en faveur d'un *re*-nouveau plutôt qu'un inédit? *Organon* du *re*-nouveau de l'opéra ou *organon* de l'inédit? L'esthétique de l'Idée s'affirme ici en tant qu'immanence accidentée par la dialectique, et la question de l'opéra y trouve un prolongement phénoménologique. De l'opposition entre l'intellection comme engagement et la sensation comme origine, nous retournons d'une part à l'utopie comme non finalité finalisée dans le mouvement qui conduit au théâtre lyrique et, d'autre part, à la réalité comme geste de captation du mouvement immobilisée dans l'œuvre. Nous retrouvons Platon et son accréditation de l'œuvre belle parce qu'elle serait précisément comme une reproduction de l'essence même de la beauté, la réalité lyrique comme reproduction de l'essence de l'utopie que draine l'objet opéra. Ou encore, la quête de l'*organon* comme objet insatiable; perdu chaque fois que le genre opéra succombe à la raison historique; recherché chaque fois qu'il dévie la trajectoire de cette raison. Autrement dit, la recherche de l'*organon* perdu signifie la réitération d'un double mouvement : celui du concept d'opéra en mutation, et celui du désir inchangé d'écrire un opéra. L'*organon* se révèle en tant qu'entité philosophique absolue à l'issue de ce double mouvement; une sorte de concept indéterminable en soi, déterminé par un objet qui donne à penser. Cependant que l'exigence d'un rassemblement esthétique appelle à une définition de l'*organon*, le théâtre lyrique contemporain se refuse à le nominaliser. Il devient pour nous une figure de manque qui ne défait pas pour autant l'unité du concept. L'*organon* opéra envoie à un monde à la fois territorialisé lorsqu'il est une réalité objective et objectivée, déterritorialisée lorsque l'utopie se détache de l'histoire sur fond de dialectique revêche. On peut alors présumer d'une fonction non esthétique de l'*organon*, *sans porte ni fenêtre* comme le stipule Deleuze, « où tout est intérieur »[2]; où tout se plierait et se déplierait au rythme d'une construction folle et difficile à cerner. Penser l'opéra aujourd'hui est un geste quasi baroquel; « c'est le

1. F. Gonseth, « Stratégie de fondement et stratégie d'engagement », *Dialectica* vol. 22, fascicule 3/4, 1968.

2. G. Deleuze, *Pourparlers*, Paris, Minuit, 1990, p. 211.

baroque qui élève le pli à l'infini, [...] et qui nous ouvre une compréhension non philosophique par percepts et affects »[1].

L'important sera de stipuler l'*organon* au lieu de sa représentation. On peut, à cette occasion, parler d'un processus de codification. Mais dans la mesure où de tels processus, une fois en place, échappent à la réalité, nous sommes tenus de contourner le code pour rejoindre la toute puissance de l'événement. L'*organon* lyrique n'est pas le résultat d'une stratégie des savoirs convertie en stratégie d'objets. Sa recherche requiert l'explicitation d'un phénomène qui ne s'explique pas « par les états de choses qui les suscitent, ou dans lesquels ils retombent »[2]. *Organon* ou /et événement auraient une égale importance. Il se présente à nous sous la forme d'une succession d'événements quantifiés dans l'objet opéra. Question aristotélicienne : l'idée d'*organon* est considérée comme immanente à l'œuvre lyrique incarnée dans une matière compositionnelle et dramatique. Contexte musical fortement influencé par Platon pour qui le temps dans lequel s'inscrit la Beauté universelle est une imitation mouvante de l'éternité. L'objet opéra est une imitation de l'*organon* absolu. C'est pourquoi il est à la fois réel et utopique. La création musicale contemple l'opéra en tant qu'elle est agie par ses retombées passagères et ponctuelles qui finissent par ressembler à une éternité fragmentée. L'opéra occupe un lieu indivisible, ne pouvant ni mourir, ni croître, mais qui fournit un emplacement accessible à toutes les virtualités lyriques qui fracturent, en un temps donné, la permanence de l'*organon*. L'empirie, comme le présent, n'est pas une donnée subsistante. Elle ne vient pas de ... pour aller vers ... ou s'en retourner à ... Dans l'idée d'empirie, comme dans l'idée de temps ou dans l'idée de lieu, les parties qui ont été suscitées sont absorbées dans la globalité. C'est la ténacité même de l'utopie, une alternance entre une utopie active et une réalité contemplative. Soit l'opéra n'a absolument aucune existence chronologique, à l'image du temps et du lieu qui assurent sa permanence inchangée, soit il les véhicule toutes, et il ne nous reste plus qu'à livrer Platon à Adorno. Quant à l'*organon*, il est profondément hybride, relevant d'une perception esthétique distanciée de son objet, médiatisée par le concept et l'élaboration théorique. Ce leurre est celui-là même qui soutient une réflexion sur l'opéra au XXe siècle.
Les premiers dialogues de Platon admettent une connaissance des objets à la condition que ces derniers répondent à une permanence temporelle.

1. *Ibid.*
2. *Ibid.*, p. 238.

Cela signifie que la question de l'opéra envisagée sous l'angle d'une réflexion critique et philologique doit satisfaire au discernement qui prévoit une distinction entre le particulier et le général. Est-ce pour autant que nous accréditons la thèse selon laquelle l'*organon* lyrique est une empirie invisible, inamovible, intelligible et immuable face à l'objet opéra qui serait visible, sensible, versatile et multiple ?
Une analyse platonicienne de la recherche de l'*organon* perdu à travers l'opéra actualise aujourd'hui le débat qui vise à partager, en un même lieu et un même temps, l'objet résultant d'un élan qui cède à l'attrait de ce qui le trompe et l'objet résultant d'un élan qui parvient à toucher la vérité. La théorie de la réminiscence jointe au mythe de la caverne aurait ici un écho dans l'allégorie de l'attelage ailé du *Phèdre.* Réminiscence colportée par le palimpseste en quête d'un *organon* qui, en tant qu'il appartient au Monde des Idées, ne peut pas entrer dans la logique de la raison historique. Le compositeur, comme la modernité qu'il exprime, sont voués à le contempler. L'âme qui accède dans le dialogue *Phèdre* au sommet de la voûte surplombant le ciel, est à mi-chemin entre les réalités éternelles qu'elle contemple et les réalités provisoires.

> Elle porte ses regards sur un savoir qui n'est pas celui auquel s'attache le devenir, pas davantage, sans doute, celui qui change quand en change l'objet ; une de ces choses que nous, à présent, nous appelons des êtres ; mais le savoir qui a pour objet ce qui est réellement une réalité [1].

Autrement dit, la réalité du théâtre lyrique ne s'opposerait pas à l'utopie de l'*organon* :

> La réalité, te dis-je, qui, réellement, est sans couleur, sans forme, intangible ; objet de contemplation pour le pilote seul de l'âme, pour l'intellect ; à laquelle se rapporte la famille du savoir authentique, c'est ce lieu qu'elle occupe [2].

Nous pensons l'opéra comme le lieu où s'esquisse une critique de la contemporanéité et de la création musicale, comme l'utopie qui génère une réalité capable de subsumer les idéologies, comme le lieu d'un conflit entre dialectique et esthétique, comme le seul *organon* où la fiction du social interfère sur la fiction du compositionnel et où, inversement, la fiction du

1. Platon, *Œuvres complètes*, trad. fr. L. Robin, « Bibliothèque de la Pléiade », Paris, Gallimard, vol. 2, 1950, p. 36.
2. *Ibid.*

compositionnel éclaire la fiction du social, la rendant, à l'instar d'une figuration de *Gestalt*, tout à la fois insupportable et nécessaire. En fait, il nous faut nous interroger sur l'Idée d'un objet, en l'occurrence l'opéra, qui participerait, par son action récurrente et menaçante pour le lieu qu'elle occupe et les singularités qu'elle organise, à une réconciliation de l'essence et de l'événement, de l'incompressible et de l'éphémère, du multiple et de l'un, de la dialectique et de la critique. Platon se détache progressivement de cette « pensée d'un Dieu, en tant que nourrie d'intellection et de savoir sans mélange »[1]. Dans le *Thééthète*, il détache le monde intelligible du monde sensible dans un mouvement d'opposition plutôt que d'indifférence ou de complémentarité. Déjà, les philosophes d'Élée ne sont plus si préservés, à l'écart d'une réalité qui déplace le problème de l'éternité dans une conception tangible du temps. Avec le *Parménide*, il consent à clarifier son avancée quasiment épistémologique dans la compréhension du concept de réalité. D'inductions en inductions, il formule une série d'hypothèses où il laisse entrevoir, à dessein, l'ambiguïté de sa démonstration. La réalité ne réside ni dans la perception d'une unité pure et transparente, ni dans la multiplicité ou la fiction du prisme. Le secret de la réalité réside entre : union de l'un et du multiple ; union de l'événement et de l'*organon*. Dans le *Sophiste*, Platon radicalise cette option en amenant subtilement le dialogue sur la distinction entre l'imitation et le simulacre, la pluralité et le singulier. « Ce qu'il y a d'audacieux dans ce propos, c'est qu'il pose en principe l'existence du non-existant »[2] :

> Quand il y a opposition réciproque entre une partie de l'essence de l'Autre qui est opposée à une partie de l'Être, il n'y a, si toutefois il est licite de le dire, pas du tout moins d'existence réelle qu'il n'y en a dans l'Être en personne, en tant qu'elle signifie pour l'Être, non pas un contraire, mais rien de plus qu'une autre partie de celui-ci[3].

Si on amalgame l'utopie et la réalité de l'opéra au XXe siècle, nous risquons d'aboutir à une sorte d'immobilisme critique, de *statu quo* esthétique. L'utopie et la réalité, l'événement et l'*organon*, comme l'Être et le Tout, sont l'un et l'autre à la fois. Une métonymie simultanément immobile lorsqu'elle est circonscrite à l'œuvre (objet opéra) et mobile lorsqu'elle déborde sur la dialectique. Doit-on franchir l'étape suivante annoncée par Platon dans le

1. *Ibid.*
2. *Ibid.*, p. 288.
3. *Ibid.*, p. 321.

Timée, le dialogue réconciliateur, celui qui dénoue la tension et prononce le rapprochement du monde intelligible et du monde sensible? La permanence de l'*organon* perdure au-delà de son actualisation dans l'empirie opéra. La mobilité accueille la permanence sans néanmoins la révéler intégralement – d'où l'Idée de la quête, de la recherche à partir d'une perception partielle de l'objet : « Dieux, autant que vous êtes de Dieux »[1] écrit Platon. L'argument du *Timée* est à l'origine d'une élaboration cosmogonique du lieu de la philosophie, de ses méthodes spéculatives. Il représente pour nous la pierre d'achoppement de l'esthétique à l'œuvre – de l'esthétique face à l'œuvre. Le lieu mythique et poétique de l'opéra ne saurait rejeter le lieu critique et empirique de l'esthétique. L'esthétique négative d'Adorno précédée de la dialectique de l'*Aufklärung* ne saurait à son tour réfuter le lieu de la non résolution : l'œuvre, et *a fortiori*, l'œuvre lyrique, promue, selon Adorno, à échoir dans les stratégies et les entrelacs du politique et du social. La quête de l'*organon* absolu dans notre contemporanéité musicale est une nécessité qui sera fortement critiquée. En matière de création d'opéra, Adorno ne maintient aucune ambiguïté : il s'agit bien d'une forme d'art amphigourique qui génère de l'institution politique et les instances politiques ne devraient plus favoriser cette utopie. *Dialectique négative*, parce que le sujet s'y révèle comme mensonge, rendant parfaitement antinomique sa présence dans le cadre d'une théorie qui accorde aux œuvres des vertus de langage révélateur de ce que l'idéologie précisément ni ne révèle, ni ne catalyse. « L'esthétique d'Adorno n'est pas une esthétique de la réconciliation »[2] puisqu'elle cherche à briser l'idéalisme de l'*Aufklärung.* Mais comment dès lors prendre en charge ce qui fait figure de *scorie* au lieu même de la critique; comment intégrer au jugement esthétique l'urgence et la nécessité d'une *praxis* non prévisible alors que le discours doit anticiper les systèmes mis en place par la dialectique? Comment passer de la *praxis* à l'élaboration en préservant l'ambiguïté de l'événement et le souffle de la permanence? Adorno n'est pas dupe. Convaincu de la caducité du système esthétique kantien et hégélien, il désapprouve l'empirie opéra parce qu'il en approuve la chute historique. Il récupère les propos de Benjamin sur le déclin de l'aura pour justifier le déclin de l'opéra et précise que :

> On peut expliquer toutes les idiosyncrasies des compositeurs avancés contre l'opéra. Ils ont honte du pathos, qui se prévaut d'une dignité de

1. *Ibid.*, p. 457.
2. M. Jimenez, *Adorno et la modernité, vers une esthétique négative*, *op. cit.*, p. 57.

> la subjectivité à laquelle plus aucun individu n'a droit, dans un monde d'impuissance subjective totale : ils sont sceptiques à l'égard du grandiose, du grand opéra, habité avant tout autre contenu par l'idéologique ; ils sont sceptiques à l'égard de l'ivresse du pouvoir ; ils méprisent tout ce qui représente, dans une société dé-formée et sans image, qui n'a plus rien à représenter[1].

Il ne s'agit pas de mettre face à face la philosophie de Platon et la théorie esthétique d'Adorno, mais de rappeler que, de même que pour Adorno, « le contenu de vérité est au-delà de l'œuvre », pour Platon, la *Beauté* est par essence médiatrice. L'objet opéra, en tant qu'il recompose aujourd'hui un équivalent de l'*organon* perdu depuis la cassure perpétrée par la Seconde Guerre mondiale, occupe ce territoire *median*, par-delà les cassures, entre l'homme et le monde, la matière et l'esprit, l'art et le social, le sacré et le profane. Platon, le premier, se méfiait de la tragédie, trop sacrale pour maintenir l'état de contemplation nécessaire à la quiétude de la Cité. Dans le *Livre III* de *la République*, Socrate s'interroge et demande :

> Admettrons-nous la tragédie dans notre État ou l'exclurons-nous ?

Autrement dit, intégrer aux mœurs la tragédie, c'est supplanter le principe d'imitation tourné vers le regard – les arts visuels et plastiques – à celui tourné vers l'audition – cette partie irascible de l'âme qui favorise le déferlement de la passion et qui, *a fortiori*, menace les fondements de l'institution. La leçon de Platon est éloquente. « C'est par la musique qu'a commencé l'indiscipline ». Retrouver l'*organon*, c'est réaliser la crainte de Platon, passer de sa contemplation assidue à sa pratique. Pourquoi Adorno n'a-t-il pas parié en faveur d'un renouveau du théâtre lyrique mais a-t-il prophétisé son auto-subsistance, sa caducité structurelle et son atermoiement historique ? C'est parce que l'opéra, en tant que force pulsionnelle originelle à la musique, est le lieu du trouble. L'ordre de la création musicale transite par un rituel social articulé sur des valeurs d'échanges, de réciprocité, de communication. Que les maisons d'opéra cèdent à la séduction séculaire et archétypale de transmettre le répertoire, de capituler en faveur de la tradition, est la garantie que cet ordre précaire ne retournera pas au chaos – à l'*organon*. Tant que les compositeurs se satisfont d'une démarche rénovatrice, l'opéra entre dans la catégorie retour à … Du jour où

1. T. W. Adorno, « Opéra », trad. fr. V. Barras et C. Rossi, *Contrechamps*, Lausanne, L'Âge d'Homme, n° 4, Avril 1985, p. 11.

les entreprises rénovatrices seront balayées par une nécessité à la fois plus primitive et plus moderne au regard de la *modernité*, l'opéra entrera dans la catégorie hors catégorie, à savoir, dans une nouvelle grammaire musicale; dans une nouvelle écriture qui prendra en charge les recherches récentes sur le timbre; dans une nouvelle topologie de l'espace; en bref, dans un nouveau type de rassemblement. Le mouvement de récapitulation auquel obéit le genre opéra ne s'accomplit dans un inédit réel et non utopique qu'à la condition de pouvoir remonter jusqu'à l'*organon* – le Sacré. Michel Guiomar écrit que :

> Ce n'est pas le moindre paradoxe de l'opéra que chaque élément d'illusion ou reflet de nos utopies affirme individuellement son jeu propre au sein de l'envoûtement de synthèse des autres et à la fois exalte et fortifie le message de ses antagonismes [1].

Ce n'est pas le moindre paradoxe non plus si l'opéra, pour survivre institutionnellement, doit sacrifier à la réalité de ses utopies. Le fameux principe d'Aristote, *le tout est plus que la somme de ses parties*, est un condensé spectaculaire de l'historicité lyrique, l'autrement que dialectique servant de pivot aux contraintes de l'innovation.

> Suivre l'histoire de l'opéra, n'est-ce pas, il est vrai, accueillir et reconnaître une succession des utopies humaines, et d'abord celles des créateurs comme tels, en leurs prétentions d'engager l'impossible, d'unifier les contraires et de traduire nos hantises [2].

L'utopie de Monteverdi avec *Orfeo* est la même que celle de Mozart avec *Don Giovanni*, à son tour, la même que celle de Wagner avec la *Tétralogie*, à son tour, la même que celle de Berg avec *Wozzeck* – pour ne citer que ces quatre ouvrages. Comme dans la Bible, la généalogie des fils de ... ne fait pas défaut à l'emprise de la Raison historique. Mais les œuvres citées ne sont-elles pas précisément les exemples qui confirment la règle? Ne passent-elles pas à travers les mailles de la Raison historique, quitte à lui donner des armes conceptuelles? La modernité contemporaine de Monteverdi a mis à l'épreuve la polyphonie flamande jusqu'à l'aspirer dans les figurations de la monodie; la modernité contemporaine de Mozart a mis à l'épreuve la discursivité univoque du *continuo* jusqu'à l'invertébré dans les géométries variables de l'harmonie tonale et de sa complice, la forme sonate; la moder-

1. M. Guiomar, *Imaginaire et utopie. Études deleuziennes et wagnériennes*, Paris, José Corti, 1976, p. 189.
2. *Ibid.*, p. 190.

nité contemporaine de Wagner a mis à l'épreuve la *praxis* des enchaînements d'accords et des modulations prévisibles jusqu'à la noyer dans la surflexibilité de l'enharmonie et du chromatisme ; la modernité contemporaine de Berg a mis à l'épreuve les seuils d'ambiguïté du système tonal jusqu'à les dissoudre dans le choc provoqué par le rapport entre écriture et formes. L'idée de modernité est assurée par le surgissement d'une œuvre lyrique déprise de sa fonction reproductrice, entre les expirations limites d'une tradition et les balbutiements de l'inédit parfois, de l'insolite et du merveilleux. La véritable empirie lyrique a pour vocation l'appel. D'où sa recherche de l'*organon* absolu ; d'où son autonomie, sa capacité à agir sur plutôt que d'être agi par. Le *Gesamtkunstwerk* de Wagner serait pour nous l'exemple type de la quête d'un *organon* irréalisable converti en opéra utopique. Michel Guiomar y voit le signe de l'utopie plutôt que l'utopie elle-même : « L'irréalisable révélé dans l'acte même de sa création fut une valeur reconnue en elle-même »[1]. Résultat, dit-il :

> La scène, à toute époque de son renouvellement, devait désormais ne chercher que la perfection de son inachèvement et témoigner de cette impossibilité réapparaissant toujours sous le masque de la solution espérée[2].

Ici, plus de trace d'un *organon* visible : l'opéra a pour vocation de représenter l'invisible. C'est pourquoi il est total. Dans cette circulation à travers les territoires simulacres, non soumis à une loi du milieu, mais à une *loi* inhérente à l'utopie, les dialogues de Platon trouvent un écho esthétique particulièrement singulier. La nécessité d'*organon* est simultanément dedans et dehors. En divorce avec l'opéra tel quel ; en réconciliation avec la création ; en porte-à-faux avec les institutions lyriques ; en symbiose avec l'élan des compositeurs ; en dissonance avec le corps social ; en exaltation avec l'inconscient. Valse-antinomie dans laquelle nous reconnaissons le masque de la valse-hégélienne. Adorno et Platon : association improbable que nous autorise, un instant, l'esthétique négative. Celui qui proclamait que « l'œuvre d'art est le résultat du processus, autant que ce processus lui-même à l'arrêt »[3], ne se doutait pas qu'on le convoquerait pour débattre, artificiellement, sur une forme d'art qu'il considérait comme

1. *Ibid.*, p. 192.
2. *Ibid.*
3. T. W. Adorno, *Théorie esthétique*, *op. cit.*, p. 231.

l'artifice suprême et décadent de la culture européenne, en compagnie d'un philosophe qu'il admirait mais dont il combattait l'idéologie. Pourtant, la recherche de l'*organon* se manifeste aujourd'hui dans le débat sur la question de l'opéra, non plus comme synthèse des arts ou saillance d'une quintessence du musical sans cesse affleurée, mais comme synthèse des concepts. L'empirie de l'opéra est un « plan d'immanence »[1]. Le dresser oblige, comme l'expression de Deleuze l'indique, à apostropher simultanément l'objet et le désir d'objet, à les rapprocher de sorte que la contemplation (le désir) émerge de l'obstacle (l'objet) désormais atteint et non plus idéalisé. C'est ce que Bachelard accorde comme privilège à l'acte épistémologique qui permet de délier le concept et la réalité – « réalité et pensée sombrent ensemble dans le même néant »[2]. Le néant est incompressible. Il échappe à la Raison historique. Il est hors catégorie, l'élément perturbateur, ce que Bachelard appelle le détail, comme « des perturbations de la matière sous la forme ». L'opéra est le détail qui dans la création musicale occupe la place d'une irrationalité troublante. Un non-sens qui autorise une définition de l'*organon* comme carrefour d'Idées, des plus immatérielles au plus déterministes. L'*Organon* comme multiplicité :

> … est le véritable élément où quelque chose se passe. Ce sont les multiplicités qui peuplent le champ d'immanence, un peu comme les tribus peuplent le désert sans qu'il cesse d'être un désert[3].

La quête de l'*organon* comme manifestation de la multiplicité est chez Deleuze un moment du rhizome. Les universaux de Platon sont transformés en singularités, ou plutôt, en processus d'arborisation qui :

> … ne se jugent pas au résultat qui les terminerait, mais à la qualité de leurs cours et à la puissance de leur continuation[4].

La métaphore du désert peuplé qui ne désavoue pas sa nature de désert est exemplaire. L'empirie de l'opéra est un composé qui ne cesse pas d'être un *organon*. Un composé composite, rhizomatique. Faire œuvre lyrique, c'est construire une partie du plan, c'est fabriquer une métonymie musicale de l'*organon* originel. Si le concept d'opéra subit des mutations, c'est parce qu'il bénéficie d'un plan d'immanence inchangé – l'*organon*. S'il y a

1. G. Deleuze, *Pourparlers*, *op. cit.*
2. G. Bachelard, *Essai sur la connaissance approchée*, Paris, Vrin, 1927.
3. G. Deleuze, *Pourparlers*, *op. cit.*, p. 199.
4. *Ibid.*

répétition du concept, c'est par raccordement local d'une région à une autre. La verticalité de la pensée de Platon, comme un arc tendu entre immanence et transcendance, est traversée par l'horizontalité de la critique d'Adorno. Comme une rayure qui déjouerait sa trajectoire. L'Idée de l'utopie guide la réalité de l'*organon*. Reprenons la métaphore de Deleuze : cette Idée est « comme un cri, tandis que les concepts sont des chants »[1]. Dionysos corollaire d'Apollon. Disons que l'utopie est du côté de la verticalité, et la réalité, du côté de l'horizontalité. La recherche de l'*organon* comble la croisée des deux : entre vertical et horizontal, l'empirie de l'opéra surgit, en direction d'une ritournelle qui explicite la tension de l'entre. L'opéra s'écrit pour un rassemblement à venir, comme diagnostic et remède de la création. L'*organon* ne rivalise plus avec l'Idéal platonicien :

> ... non pas parce que nous dépassons Platon, mais au contraire parce que Platon n'est pas dépassable, et qu'il n'y a aucun intérêt à recommencer ce qu'il a fait pour toujours »[2].

En revanche, l'*organon* décline Platon sur le mode histoire de la philosophie, et pour nous, histoire de l'opéra. L'*organon* contemporain, à l'instar de l'*organon* absolu, ne se maintient plus à distance entre l'utopie et la réalité. En occupant le plan d'immanence, il se rapproche de l'événement, et en se rapprochant de l'événement, il affaiblit sa vision. D'où l'urgence des ramifications, pour conserver une *Logique du sens*[3] et pour rendre l'obstacle assignable au principe de mutation. « S'approcher fait le jeu de l'éloignement », écrit Maurice Blanchot. Ne plus voir n'est pas dialectique, mais pour mieux voir il faut avoir expérimenté le moins voir.

> L'indécision est ce qui rapproche proche et lointain : tous deux institués, insituables, jamais donnés dans un lieu ou un temps, mais chacun son propre écart de temps et de lieu[4].

L'espace pour Blanchot est affaire d'intervalle. Métaphore qui accuse la pertinence de la question de l'opéra au XXe siècle – affaire d'écart entre l'utopie et la réalité, question dont la nécessité de quête est supplantée par des pratiques que nous qualifierons de sérielles, par analogie avec les zones qui la composent et les combinatoires qui articulent ces zones entre elles.

1. *Ibid.*, p. 203.
2. *Ibid.*
3. G. Deleuze, *La logique du sens*, Paris, Minuit, 1969.
4. M. Blanchot, *Le pas au-delà*, Paris, Gallimard, 1973, p. 98-99.

la Passion selon *Moïse et Aaron* de Schoenberg : l'irreprésentable et la parole manquante

Ainsi tout ce que j'avais conçu était démence,
et ne peut ni ne doit être dit ! O parole, parole,
qui me manque.

Arnold Schoenberg, *Moïse et Aaron*,
Acte II, scène 5.

La conférence sur *Wozzeck* qu'Alban Berg donna en 1929 s'ouvrait par un constat : avec Arnold Schoenberg à la tête de l'École de Vienne, la composition franchissait le seuil de ce qu'on désigna, improprement, par atonalité. Renonçant une fois pour toutes à la *tonalité* – mouvement d'extension d'un système vers la dislocation de ses propres lois –, la création musicale eut pour conséquence une perte radicale de son *aura*. Mais comme outil quasiment artisanal – au sens où Schoenberg distingue le bien fondé de l'esthétique et le savoir faire de l'ébéniste – la perte de la tonalité engendre la perte de l'outil « le plus sûr, le plus puissant, pour traiter les très grandes formes comme les petites formes »[1].

D'aucuns penseront que le débat sur la question de l'opéra au XXe siècle n'est pas une simple affaire d'extension d'un système qui, quoique l'on dise, semble à jamais perdu. Le phénomène que nous auscultons est de nature esthétique. Il s'agit d'une situation où l'aller-retour entre l'objet et le concept détourne l'immobilité du jugement. Schoenberg le premier fustige le procédé.

> Aujourd'hui – dit-il – tout le monde sait bien que l'esthétique ne prescrit pas de lois mais tente seulement *a posteriori* de les faire dériver de certains effets[2].

On comprendra que l'absence d'immobilité critique est un geste critique en même temps que musical, et que l'attitude précautionneuse de Berg à l'égard de la tradition est un indicateur précieux de ce que nous appelons l'irreprésentable ou la parole manquante.

> Je le répète – précise Schoenberg non sans une certaine jubilation – le son est le matériau de la musique[1].

1. A. Berg, *Écrits*, *op. cit.*
2. A. Schoenberg, *Traité d'harmonie*, trad. fr. G. Gubisch, Paris, Jean-Claude Lattès, 1983, p. 25.

À ce titre, il est nécessairement le déclencheur d'Idées plus ou moins proches (réalité virtuelle) et plus ou moins éloignées (utopie tangible). La différence entre ces deux configurations s'établit sur la base d'un système qui, tout en conservant son théorème indélébile, s'écarte progressivement du consensus universel des lois de l'harmonie tonale afin de rejoindre la méthode d'écriture sérielle. Il est inutile de revenir sur les raisons de cette logique adventice comparable à la mutation historique de la polyphonie à la monodie. En revanche, comprendre l'effondrement de la forme lyrique en rapport avec l'épuisement de l'harmonie tonale, c'est prendre toute la mesure du phénomène de disparition de l'opéra entre 1940 et 1980 – exceptions admises qui confirment la règle – sans être soumis à la seule élucidation de l'image dialectique. Étonnante coïncidence non fortuite que la conception matérialiste de l'histoire appliquée à une syntaxe musicale cessant d'être dialectique,en deçà de l'organicité qui soude les lois de l'écriture dérivées du système harmonique avec les lois formelles, où l'idée initiale, le thème, contient d'emblée, comme en gestation, la puissance de son développement puis de son extinction (la réexposition). Coïncidence qui n'échappe pas à la dialectique, mais à laquelle la dialectique répond par des concepts non compositionnels. Or, le phénomène de réajustement d'une idée sur un objet au moment précis où l'objet cesse de représenter l'idée retire toute fonctionnalité dramatique au langage musical et rend crédible la critique d'Adorno qui devient constitutive de la signification de sa proposition : « Tant sous l'aspect musical qu'esthétique, on ne peut se départir de l'impression que la forme opéra vieillit »[2]. Adorno part du présupposé qu'il faut attribuer à la création d'opéra un référent social et économique adéquat. Nous partons du présupposé qu'il faut attribuer à la création d'opéra un référent compositionnel conforme aux stratégies de déroulement, non pas nécessairement de la narration, mais de sa dramaturgie sous-jacente ; non pas des thèmes mélodiques, mais de leurs fonctions ; non pas des charpentes harmoniques, mais de leur efficacité narrative. La question de l'opéra n'est pas tant de savoir pourquoi la parole manquante perdure au-delà des singularités empiriques et individuelles que de s'interroger sur les possibilités d'existence future d'un énoncé, d'une langue, d'une loi comparable au système tonal, en raison de son efficacité

1. *Ibid.*, p. 39.
2. T.W. Adorno, « Opéra », art. cit.

allégorique. Berg aura très bien compris pourquoi Schoenberg, dans un premier temps, s'en est tenu à élaborer des petites formes; pourquoi finalement *Pierrot Lunaire* et *Erwartung* sont des mélodrames, des monodrames et non des drames lyriques ou des opéras miniatures. Ce sont des formes agies par le support textuel et par l'action dramatique, absolument déterminées par elles. L'atonalité oppose des résistances à la grande forme ; la grande forme ne parvient pas à s'identifier à l'atonalité. Adorno s'est saisi de cette réciprocité négative pour tempêter contre la légitimité de l'opéra. C'est pourquoi *Wozzeck* et *Lulu* sont les véritables exceptions qui confirment la règle. Deux œuvres marquées du sceau de l'histoire, de l'historicité et de l'historicisme. Nous touchons ici au point de rupture avec Hegel qui considère que l'ouïe est dotée d'un sens théorique, comme une subjectivité abstraite au-dessus des autres subjectivités, seule intériorité sans objet véritablement idéelle. Les théories d'Adorno sur le déclin de l'opéra sont d'ordre *tactile*. Elles se mesurent au poids du social et de l'événement. Le contenu de la musique pour Hegel est un préalable, pour Adorno, un contenu de vérité, car autant pour le premier la grâce et la faiblesse de la musique est de ne pas atterrir dans l'objet, autant pour le second, une musique qui n'atterrirait pas dans un objet serait hors conscience, hors histoire. L'opéra est une aporie. Le représenter aujourd'hui :

> C'est essayer de sauver ce caractère d'image particulier qui était présent, intact et immédiat, quand l'opéra avait encore sa place adéquate dans la société[1].

Nous nous écartons momentanément du prédicat historique d'Adorno pour amorcer une tentative d'élaboration esthétique à partir d'une connaissance préalable de ce que l'on appelle la pensée sérielle. Il manque au sérialisme le plein narratif qui fit la gloire de l'opéra.

> Schoenberg était un artiste naïf également [...]. Il n'a pas mis en question ce que l'opéra doit être, pas plus qu'il n'a mis en question ce que doit être aujourd'hui la musique en général[2].

Que signifie cette absence de subtilité à l'endroit d'un compositeur et d'une œuvre si abyssalement subtile ? Schoenberg a semé un doute volontaire dans l'esprit de ses contemporains. D'où la présomption d'Adorno qui parle d'un

1. T.W. Adorno, « Problèmes du théâtre lyrique contemporain » in *Musique en jeu*, Paris, Le Seuil, n° 14, 1974, p. 72.
2. T.W. Adorno, « Problèmes du théâtre lyrique contemporain », art. cit., p. 67.

compositeur naïf. Mais n'a t'il pas aussi désiré, comme le démontre Olivier Revault d'Allonnes :

> souligner que le système qu'il instaure met, comme les autres, la technique au service de l'art, le savoir-faire au service du vouloir dire, Aaron au service de Moïse ? [1].

Un opéra inachevé, qui se veut penser la représentation en dehors de toute matérialité, entre le désir de *conscientiser* la mémoire de Schoenberg et celui de *conscientiser* la nécessaire amnésie créatrice invoquée par l'histoire. Ce n'est pas un moindre paradoxe si l'opéra, dans sa forme non achevée, s'achève par une impossibilité d'éloquence – *O Wort, du Wort, das mir fehlt!* Derrière l'image épilogue dramatique, se cache un aveu philosophique et esthétique. L'objet que Schoenberg ne peut saisir historiquement, c'est l'opéra. Et c'est par un non saisissement compositionnel qu'il rejoint l'histoire. La parole manquante l'est depuis le début. Le passeur de la *Loi*, en l'occurrence Moïse, soit précisément celui qui ne peut, ni ne doit la transmettre ? Schoenberg, qui a mis en place les conditions de possibilité d'une modernité musicale, est précisément celui qui problématise le rapport à la tradition – *a fortiori* à l'opéra ? *Moïse et Aaron* comme trace figurale d'une dramaturgie avec à la clé le déploiement d'une action conceptuelle. Un moment comble ou symptômal, ce que Heidegger appelle le « phénomène-indice » : *Moïse et Aaron* comme indice qui doit s'interrompre ou cesser de s'auto-reproduire. D'où l'ambiguïté du *O Wort, du Wort, das mir fehlt.* Le verdict de Moïse renvoie au verdict de Schoenberg, lui-même soumis au verdict de la Raison historique. *Moïse et Aaron* stipule un coup d'arrêt aux phénoménologies du théâtre lyrique. Il énonce le don de cette *Loi* – la grande forme – son *actio in distans*, ce que Benjamin appelle l'*aura*, et son insoumission tragique aux règles d'une écriture transgressant la *Loi* qui aura fondé l'histoire de l'opéra. L'exercice de l'opéra échoue dans un dispositif contradictoire puisqu'il met en scène sa propre chute au sein d'une communauté qui le désavoue. Selon l'expression de Georges Didi-Huberman, « à moins de s'abîmer tout à fait dans le suicide » [2]. Schoenberg s'y refuse, il se tait en feignant de faire taire Moïse.

1. O. Revault d'Allonnes, *Aimer Schoenberg*, Paris, Christian Bourgois, 1992, p. 68.
2. G. Didi-Huberman, *La peinture incarnée*, Paris, Minuit, 1985, p. 65.

> L'alternative, céder ou ne pas céder – explique Olivier Revault d'Allonnes – cache en réalité une antinomie en ce sens que, quelle que soit la position choisie, la vérité ne peut se répandre [1].

Nous ne savons pas ce qu'est la vérité, celle de l'opéra en particulier y échappe. Seule la transmission de la Loi préserve pour Schoenberg des présupposés esthétiques. Mais la Loi aussi se préserve. Nous n'en recevons et percevons que la trace palimpseste omniprésente dans son rapport exclusif à la transmission, d'aucuns diront à la tradition. La Loi ne se répand que par médiation. Nous n'avons pas accès à son authenticité. Á cet argument, nous pouvons joindre d'emblée un autre prédicat : la Loi pourrait exister sans objet, autrement dit, sans application, alors que la réciproque n'est pas vraie. L'objet réclame la Loi, non seulement pour vérifier son autonomie, mais pour la préserver. La question de l'opéra nous incite à spéculer sur une écriture de la différence entre le concept (la loi) et sa transmission dans l'objet (l'œuvre). C'est pourquoi les prophétisations nombreuses en matière d'opéra s'avèrent le plus souvent sans avenir. Les compositeurs selon la parole de Pierre Boulez, évitent « un but déjà atteint avant de s'en proposer un nouveau » [2].

Le but atteint le fut par les appuis de la tonalité, par la cohésion formelle et dramaturgique qu'elle entraînait. Il fut également atteint par Alban Berg qui entreprit de ne pas renverser les paramètres en se soumettant *de facto* à une logique exclusivement évolutive de la composition – logique qui accorde aux conceptions stylistiques sur l'opéra le primat du théâtre moderne sur la musique. Le but nouveau ne l'est pas consenuellement mais singulièrement. Le paradigme de la tradition comme modernité et la modernité comme tradition s'est maintenu, mais *Moïse et Aaron* ne peut-être ramené ni à l'une ni à l'autre. Il est frappant de constater que le tracé de *Moïse et Aaron* diffère nettement de celui de *Wozzeck*. Le principe générateur y est plus nettement leibnizien. Que la monade s'arroge les combinatoires d'une Loi qui gouverne le tout n'exclut pas une articulation hiérarchique de la somme des opérations, des scènes et des transitions. La monade se plie à la Loi organique du tout. La cellule génératrice organise les éléments disparates que nous pouvons isoler, inclure ou exclure d'un ordre idéal non hiérarchique. Le miroir associatif d'un paramètre à l'autre est conçu afin d'obtenir ce que

1. O. Revault d'Allonnes, *Aimer Schoenberg*, *op. cit.*, p. 151.
2. P. Boulez, « Entretien avec Pierre Boulez » in *Musique en jeu*, Paris, Le Seuil, n° 14, mai 1974, p. 95.

Louis Dumont appelle un « Tout des touts »[1], à savoir, une globalité qui se maintient en équilibre entre des matériaux complémentaires et subordonnés à l'immanence du Tout : rythme, hauteur, durée et timbre de *Moïse et Aaron* sont idéalement agencés pour garantir la relation téléologique indispensable à l'œuvre lyrique entre voix parlée, voix chantée, voix sussurée ou murmurée, orchestre, chœur et solistes. Pour une œuvre qui tente d'exprimer l'inexprimable, le recours à une structuration classique close en elle-même et ouverte potentiellement sur des virtualités non atteintes – ou inachevées – atteste d'une double pertinence : esthétique et éthique. Initialement, le troisième acte devait se refermer sur la parole théologique de Moïse :

> Mais dans le désert vous êtes invincibles et vous atteindrez le but : l'union à Dieu.

La prophétie sépare et lie étroitement le but à atteindre avec l'inachevé musical : l'ère d'une nouvelle *Loi* intime vers le sacrifice et non vers la victoire. Schoenberg sacrifia la tradition de Beethoven, Brahms, Wagner ou Mahler qu'il aimait par-dessus tout au diktat historique de la modernité[2]. Le concept de *Loi* nouvelle est annoncé dans le cycle des *Quatre pièces pour chœur mixte* op. 27, notamment dans la deuxième qui invective un ordre inexorable : *Du sollst nicht, du musst.* Comme c'est le cas pour *L'Échelle de Jacob* et *Moïse et Aaron*, le texte est de Schoenberg.

> Tu ne te feras aucune image ! Car une image borne, limite, comprend ce qui doit rester illimité et inconcevable.

La métaphore de l'absence de parole apporte ici un corollaire dramatique aux actions discursives. Il y aurait un effet concept en même temps qu'un effet événement ; un effet esthétique en même temps qu'un effet compositionnel ; un effet philosophique en même temps qu'un effet musical ; un effet réalité en même temps qu'un effet utopique – le sujet de l'opéra et l'objet opéra étant en même temps une loi et un lieu d'énonciation de la *Loi* : « Si l'on part d'une idée précise du tout, l'art consiste non seulement à conserver très vive cette vision, mais à la renforcer, l'enrichir, l'élargir dans le travail des détails »[3], écrivit Schoenberg à Berg en juillet 1931 après avoir achevé le premier acte de *Moïse et Aaron*, alors que Berg rédigeait son opéra

1. L. Dumont, *L'idéologie allemande*, Paris, Gallimard, 1991, p. 106.
2. O. Revault d'Allonnes, *Aimer Schoenberg*, *op. cit.*
3. A. Schoenberg, *Correspondance 1910-1951*, trad. fr D. Collins, Paris, Jean-Claude Lattès, 1983.

Lulu. Le compositeur admettait que la loi musicale se doit de fabriquer son propre véhicule (transmission), à la condition que les images ne gouvernent pas l'Idée, mais l'expriment. À cet effet, Schoenberg a pris soin d'exprimer l'impossibilité de représentation dans un cadre musical systémique, hors *affetti*, rattaché au personnage de Moïse par une série conductrice à intervalles polygonaux (figure 2).

A	A#	E	D	D#	C#	G	F	F#	G#	C	B
G#	A	D#	C#	D	C	F#	E	F	G	B	A#
D	D#	A	G	G#	F#	C	A#	B	C#	F	E
E	F	B	A	A#	G#	D	C	C#	D#	G	F#
D#	E	A#	G#	A	G	C#	B	C	D	F#	F
F	F#	C	A#	B	A	D#	C#	D	E	G#	G
B	C	F#	E	F	D#	A	G	G#	A#	D	C#
C#	D	G#	F#	G	F	B	A	A#	C	E	D#
C	C#	G	F	F#	E	A#	G#	A	B	D#	D
A#	B	F	D#	E	D	G#	F#	G	A	C#	C
F#	G	C#	B	C	A#	E	D	D#	F	A	G#
G	G#	D	C	C#	B	F	D#	E	F#	A#	A

Figure 2. Structure matrice de *Moïse et Aaron.*

Réduit à une ligne mélodique, le découpage linéaire du tableau des combinatoires d'intervalles revient à 6 notes, aux degrés normalisés, à partir desquelles le miroir simulacre des géométries variables est amorcé (figure 3).

Figure 3. Réduction mélodique en 6 notes.

Si nous comparons notre diagramme à l'esquisse cartographique qui servit de base aux constructions architectoniques de l'œuvre, nous comprenons le calcul préalable de Schoenberg qui verticalise la pensée de Moïse et *horizontalise* sa propagation. Le tronc d'où croîtraient toutes les autres branches est annexé à une sorte d'aleph acoustique insaisissable, se déplaçant en même temps que l'Idée de Dieu. Cet aleph acoustique incarne abstraitement le concept constitutif de *Moïse et Aaron.* Une histoire, un drame, une action sont des Idées qui parviennent aisément jusqu'à l'imaginaire d'une communauté de compositeurs. Mais un concept comme la transmission de la Loi ? D'où une attribution épisodique, voire pragmatique d'une Idée sans référent. Une saisie axiomatique plutôt que dramaturgique. Dans son indéfectible défense de la modernité, Schoenberg parvint à désenclaver la contrainte sérielle de son carcan virtuel et à récupérer la mosaïque acoustique comme base idéelle de l'action. La série schoenbergienne est ainsi affublée d'une mission philosophique allégorique, contre sa vocation originaire. Moïse, au début de l'opéra, apostrophé par la voix du buisson ardent, déclare comme un impératif compositionnel et éthique que Dieu – omniprésent comme la série – est unique, indivisible, invisible, et qu'il ne peut être défini ou approprié. Résultat, la parole manquante dans ses composantes syntaxiques et dans ses juxtapositions parallèles ou simultanées d'une double dramaturgie devient l'allié le plus précieux de l'opéra, le seul et unique dans toute l'histoire du genre à détourner le manque qu'implique une série dodécaphonique, à le détourner jusqu'à inverser son identité. La série qui ni ne parle ni ne représente devient le ferment d'une élaboration lyrique. L'analyse de l'œuvre est à ce point intelligible qu'elle éclaire l'intuition de Schoenberg formulée dès 1914 :

> La seconde moitié de ce siècle gâtera en le surestimant ce que la première moitié avait laissé intact en le sous-estimant [1].

Moïse et Aaron déploie, au lieu même de l'opéra, à savoir la grande forme, un langage synergique qui exacerba les empiries lyriques posté-rieures dépourvues de *Loi(s)* (langage commun) et de support de transmission (l'histoire). La singularité de *Moïse et Aaron* accéléra le ralentissement de l'opéra qui glissa peu à peu sur des formes connexes, théâtre musical, instrumental ou vocal. Pierre Boulez en 1974 dira que :

> Les parenthèses disparaissent, et qu'il y ait un monde pour soi, au lieu d'un monde qu'on ne peut comprendre qu'à travers des références [2].

Quant à expliciter la raison pour laquelle le compositeur le plus éminemment héritier de Webern n'ait pas à ce jour écrit d'opéra, il faudrait au préalable ausculter de près ce qui sans son langage fait défaut à la dramaturgie. Il est déjà très caractéristique que Webern n'ait pas appliqué la

1. *Ibid.*, « Lettre à Tibor Varga, 27 juin 1951, Los Angeles ».
2. P. Boulez, « Entretien avec Pierre Boulez », art. cit., p. 103.

technique dodécaphonique de Schoenberg sur la forme lyrique. L'aphorisme est le lieu privilégié du son égrené selon l'ambivalence paramétrique de la série. Comment étendre la durée, le timbre, la hauteur et l'intensité de chaque son de manière à recueillir au mieux une action? La nécessité de brièveté fut une des mesures esthétiques de la *Symphonie op. 21*[1] d'Anton Webern. Le découpage en deux mouvements dont la durée n'excède pas dix minutes n'est pourtant pas sans porter l'emprunte, la trace palimpseste dans le premier mouvement – *Ruhig Schreitend*, andante tranquille – des sections exposition, développement, réexposition. L'élan historique de Webern consiste à renouveler la forme sonate sans toucher à l'opéra. La tripartition structurelle est un indicateur symptôme de l'utopie déviée dans un territoire instrumental. L'École de Vienne avait prodigué une interdiction : la répétition des variations continues des figures mélodiques au centre de l'œuvre, dans le développement. Or, la question de l'opéra lève l'interdit. Le mouvement de récurrence est une caractéristique du mouvement du matériau. Reste la circularité, le dispositif spéculaire qui peut, le cas échéant, marcher à reculons, dans le sens inverse de l'évolution d'une action. D'où un essoufflement de la répétition qui s'avère obsolète puisqu'elle revient à son lieu d'origine.

Adorno avait compris la relation formelle entre la série dodécaphonique et le principe de variation. On revient à l'Idée du *Tout des touts*, à la monade ramificatrice où la globalité se résout et se répand dans le détail.

Il devient désormais possible d'extraire des séries d'inductions sémantiques des successions de séries variationnées, comme une prospection à grande échelle de l'infiniment petit sur l'infiniment grand. Un pari webernien capital pour la compréhension de l'Idée génératrice du sérialisme se situant dans l'héritage de la parole manquante : la symétrie en miroir. Le deuxième mouvement de la *Symphonie op. 21* est fondé sur ce que nous appelons une catégorie de la catégorie, une fausse tautologie. La symétrie en miroir renvoie chaque propriété de la série au Même, mais le Même est multiple. Il est articulé autour de quatre polarités fixes servant de règles pivots à la mutabilité des figures mélodiques et à leurs déplacements connexes dans l'espace[2].

1. Composée en 1927-1928.

2. W.-M. Strob, *Webern, Symphonie op. 21*, Munich, Wilhelm Fink Verlag, 1975.

1. La *symétrie en miroir* de la série.
2. La *symétrie en miroir* horizontale à plusieurs voix.
3. La *symétrie en miroir* à l'intérieur de chaque variation.
4. La disposition *symétrie en miroir* du mouvement dans sa totalité.

La table des séries photographie en un seul cliché les relations de hauteurs adjointes, comme un contre-chant aux relations de rythme, d'instrumentation et de dynamique transmises par la loi symétrie en miroir. Modifications minimales et nominalistes d'une variation à l'autre, d'une section à l'autre, voire d'une symétrie d'un miroir à l'autre.

Pour l'opéra, la différence entre la signification et la référence reste primordiale. C'est elle qui assure une cohérence formelle. Or, l'Idée de symétrie en miroir abolit toute forme de dialectique et la déplace dans une logique du matériau. Dans la mesure où il n'existe d'autre *référent* que le retour au Même, le sens du son et le son du sens, il ne peut y avoir d'écriture de la différence et encore moins une parole efficiente, convocatrice d'une loi apparentée à ses exigences ou soumise à celles de la musique. Le sérialisme ou la parole manquante serait presque un indice phénoménologique husserlien, car :

> Il lui semble aller de soi qu'une expression peut avoir un sens même sans corrélat objectif[1].

Le concept de symétrie en miroir peut-il s'accommoder d'un phénomène autre que l'identification à sa propre image? Geste auto-réfléchissant, restant tendu entre la monade de Leibniz et le noème husserlien : c'est par lui que l'acte est relié à un objet. La pensée de Webern est irréductible. La méticulosité de ses applications se déploie dans une optique auditive intentionnelle visant l'absolu cohérence formelle – comme une pure forme épurée de son essence allégorique – l'au-delà du son. Réduire la notion de série à un geste minimal implique une réduction de la perception. Une écriture raréfiée aux règles mnémoniques restreint radicalement la traversée du son dans un territoire qui lui serait étranger.

La parole manquante l'est parce que la perception est raréfiée, même si la relation entre série et thème est suspendue entre le vide et le non-vide : des sons sans aucun ancrage autre que la fixité momentanée du lieu de passage

1. M. Dummet, *Les origines de la philosophie analytique*, trad. fr. M.-A. Lescourret, Paris, Gallimard, 1991, p. 60.

dans le mouvement de la notation. Si, comme le souligne Schoenberg, « la série est à la fois plus et moins qu'un thème de variation »[1], elle peut parfaitement se prolonger par sa morphologie et sa physionomie dans une parole *avec*, ou une parole *sans*. Alternative dont l'inachèvement ne dit pas le dernier mot.

1. A. Schoenberg, *Traité d'harmonie*, *op. cit.*

le monde liminal du spectralisme : une sortie de l'opéra

Selon Bergson, l'évolution serait synonyme de création. Elle se caractériserait par une mouvance temporelle à laquelle nous accédons par la métaphore de l'image mobile de l'éternité. Le processus de déferlement continu problématise la conception d'un temps chronologique. La représentation du présent est incluse dans un passé/futur modelés ensemble, et c'est le principe d'invention qui formalise cette identification. Par ailleurs, l'évolution comme création se définit dans un double mouvement : interne et externe à l'objet. Comment différencier l'objet de la substance en mouvement ? Doit-on recourir au concept d'horloge moléculaire qui ramènerait l'image mobile à un postulat réflexif qui se réfléchit lui-même au fur et à mesure de ses déplacements ?

L'image dont nous parlons est une représentation de l'Idée, bien plus que de l'objet. Cette image vaut comme métaphore de nos considérations sur le présent de l'opéra dans la création musicale. Métaphore également de la musique spectrale, de ses enjeux et de ses représentations. Il s'agit d'une mutation du concept, car pour comprendre en quoi l'idée d'horloge moléculaire explicite le spectralisme et en quoi le spectralisme représente une sortie de l'opéra, il faut tout d'abord objectiver l'intériorité du phénomène sonore.

Pour Philippe Quéau, « la plupart des mutations modifient l'activité des gènes, mais pas les gènes eux-mêmes »[1]. La mutation du langage musical est aussi, à certains égards, une question de génétique du son. Le spectralisme approche le mouvement du son dans son essence et nous fait entrer dans le monde des modèles, nous donnant accès en quelque sorte aux arcanes de l'harmonie. Le son de la musique dans le spectralisme est en forme de mouvement à l'envers, et la somme de ces mouvements produit un processus – image la plus syncrétique d'une équivalence entre une forme et une substance. Mais comme dans le sérialisme, il s'agit d'un mouvement qui s'auto-nourrit de règles elles-mêmes assimilées au mouvement. Le déplacement d'une zone à l'autre du spectre est essentiellement global. La formalisation du spectralisme, dans son absence de localisation, de figures autres que celles qui se confondent avec le mouvement du processus conduit,

1. Ph. Queau, *Metaxu, théorie de l'art intermédiaire*, Paris, Champ Vallon, 1989, p. 123.

quant à la possible induction de voir naître un opéra spectral, à une incompatibilité sémantique autant que philologique. Dans le spectralisme, c'est le déplacement d'éléments dans l'espace qui constitue une matière – un système lucrécien où la dialectique se détruit à l'intérieur de procédures qui s'auto-gouvernent, sans lois grammaticales déterritorialisées de leurs propres prérogatives. Dans le *De Natura Rerum*, Lucrèce explique :

> … qu'à force d'essayer des mouvements et des combinaisons de tout genre, les atomes en arrivent enfin à des structures telles que celles qui constituent notre monde[1].

Le plus petit monème acoustique qui accompagne le spectre est en définitive le prolongement historique de la série. Là où la série abroge les règles d'un contrôle sur le matériau et sur son déploiement synthétique, c'est-à-dire uniformément pour chaque paramètre, le spectre traduit une volonté de regrouper les règles du sérialisme dans un seul aspect du son : le timbre. L'interdépendance des paramètres est une règle en soi, un théorème acoustique qui lie le détail à la totalité. En définitive, qui le structure. Là où la série isole le phénomène, le spectre le globalise. Dans les deux cas, c'est le concept qui s'érige en représentation symbolique et non le système proprement dit. Dans les deux cas également, on constate un refus du modèle naturel qui n'est pas sans fermer les portes au renouveau de l'opéra. En fait, le spectralisme se délivre d'un support sémantique, tout comme il s'était affranchi de la notion de langue. Plus l'intérêt pour la série *s'intégralisant* à dessein porte sur l'idée d'une passerelle, en réaction à l'atomisation des composantes du son, plus elle semble obtenir le contraire, comme si l'efficacité historique du sérialisme résidait dans un modèle conceptuel. Or, nous avons vu que sans écriture de la différence (son-signe-sens), l'empirie lyrique se rétracte et se réfugie dans les fonctions traditionnelles de l'harmonie néo-tonale ou dans les simulacres de théâtralisation du geste musical, vocal et instrumental. En partant de l'expérience sensible pour construire le matériau, le spectralisme pressenti par György Ligeti et Karlheinz Stockhausen puis modélisé par Gérard Grisey et Tristan Murail cherche à poser les bases d'une logique instrumentale et orchestrale en s'adressant à la perception autant qu'à l'entendement. La directionnalité incluse dans le processus nivelle d'emblée la formalisation du matériau. Le

1. Lucrèce, *De Natura Rerum*.

territoire systémique est une méthodologie appliquée à la composition plutôt
qu'une Loi. Hugues Dufourt insiste sur le fait que la « pensée sérielle a délibérément rejeté le point de vue de la totalité »[1]. La pensée spectrale se tourne vers l'intériorité du son, vers sa structure génétique saisie dans toutes ses dimensions. La pensée sérielle rend caduque la motricité de l'action lyrique parce que sa logique interne échappe à la communication immédiate. Elle est tautologique au point que toute interjection temporelle extérieure à son ordre continuel d'émergence est un résidu qu'elle rejette comme un corps étranger. L'opéra est un objet par définition résiduel. Là où la congruence s'érige en Tout de la composition post-sérielle, le spectre reste muet pour répondre d'une alternative nouvelle d'écriture d'opéra. Si une œuvre lyrique tentait d'auto-survivre dans un système qui « s'absorbe dans la production de ses propres conditions génératrices »[2], elle devrait au préalable mettre au point de telles conditions de possibilité d'existence, qu'elle aurait l'air de cohabiter plutôt que de s'inscrire dans un territoire ouvert. Le spectre est suffisamment auto-suffisant de ses initiatives amphigouriques pour se satisfaire des ses représentations. Le matériau à lui seul confère au mouvement du processus une action du son, interprétée par le son, mise en scène par lui. Aller vers trop d'immanence formelle, c'est empêcher la singularité de surgir. L'idée de l'opéra est là où on ne l'attend pas. Elle prend des détours que la pensée spectrale, révélée dans les années 1970-80 , à l'intérieur de son champ clos, avait refoulé, dans la crainte d'un paradigme heuristique comparable à la double métaphore de la lumière – « la lumière est à la fois une onde et un corpuscule, c'est-à-dire une onde et le contraire d'une onde »[3]. Déchirer en quelque sorte le tissu opératoire du spectre, comme une césure qui apporterait une découpe tout à la fois conceptuelle et perceptuelle, en admettant autant la ressemblance que la différence. Les grammairiens et linguistes ont depuis longtemps démontré que la « langue a horreur du fluide »[4]. Un itinéraire dans les dédales spectraux de la musique de Gérard Grisey permettra de saisir le trouble que suscite l'objet opéra ainsi que l'impératif de son renouvellement.

1. H. Dufourt, *Musique, pouvoir, écriture*, Paris, Christian Bourgois, 1991, p. 292.

2. *Ibid.*, p. 293.

3. Ph. Queau, *Éloge de la simulation. De la vie des langages à la synthèse des images*, Paris, Champ Vallon, 1986, p. 48.

4. *Ibid.*, p. 78.

les chemins qui mènent à l'hétérodoxie

La musique spectrale de Gérard Grisey s'est constituée comme une métaphore du *jeu* au sens où l'entendaient nos littérateurs du XVIe siècle – comme le lieu où on ne parvient pas à *joindre* exactement. Reconstruire à chaque fois les modalités d'existence, de réalisation et de production. Non pas poser, une fois pour toutes le concept musical à partir duquel s'élabore minutieusement ce que l'on pourrait appeler une topique du phénomène sonore, mais désenclaver la logique de cet itinéraire de ses *a priori* formels, afin de conserver la spécificité d'une démarche qui se réclame autant du *de quoi parle-t-on*, que *d'où écrit-on*? Aussi, replacer dans un contexte historique la musique de Gérard Grisey revient à *déplacer* le concept d'écriture, à le dévier de sa fonction totalisatrice afin d'édifier la toute puissance du concept son.

L'idée d'une musique qui tire sa spécificité du matériau sonore en tant qu'il gère simultanément l'écoute, la perception et le déroulement musical traduit chez Grisey une attitude interprétative de l'histoire du son proprement dit. Ses maîtres, ses modèles furent ce qu'il appelle, non sans une certaine ironie, Dieu le père, à savoir Olivier Messiaen, qui fut son maître au

conservatoire, le Fils, en la personne de Karlheinz Stockhausen, et le Saint-Esprit avec György Ligeti. Cette trilogie forme un complexe compositionnel savamment articulé autour d'un centre, la tradition, et la distorsion de ce centre au lieu même où il opère. D'Olivier Messiaen, Grisey a reçu non seulement l'amour de la musique, mais il a hérité d'une manière d'appréhender le phénomène sonore qui appartient exclusivement à l'école française. L'idée du son, plus exactement, l'idée de l'harmonie se révèle au contact des doigts sur le clavier : c'est en palpant des accords, en distinguant tactilement la bonne de la mauvaise disposition de cet accord dans l'espace du piano, que l'on intègre l'histoire de la musique occidentale en ce qu'elle détient de rigueur et de pragmatisme. La nature de cet enseignement, appliquée à la composition, est une nouvelle manière de ne pas en rester exclusivement à l'écriture, mais d'intégrer la plastique de la notation dans le geste d'écrire. Pour Grisey, écrire serait presque le prolongement d'une tactilité explicite ou imaginaire, mais toujours active. Par ailleurs, la musique d'Olivier Messiaen procède par analogie avec la couleur, comme si en dehors de ses contours, le son dépassait le cadre du sonore pour investir des espaces acoustiques plus amples, et surtout, plus complexes. À cela s'ajoute l'attention portée au rythme en tant qu'il dynamise ces espaces de couleurs, leur restituant une fonction combinatoire, combinés entre eux à l'intérieur du discours musical. Aussi, peut-on préjuger de l'importance de la qualité de l'enseignement de Messiaen pour la constitution chez Grisey de sa personnalité de compositeur. La connaissance des œuvres de Stockhausen radicalise la question formelle : est-elle ou n'est-elle pas dépendante du matériau ? Tel fut, par exemple, le type de problème auquel Grisey s'est confronté avec la musique de ce compositeur. Quant à György Ligeti, il rassemble les paramètres suffisants pour qu'émerge la musique spectrale. Son œuvre serait en quelque sorte la prémisse à cette émergence, notamment avec *Lontano*, *Atmosphères* ou *Clocks and Clouds*, où elle abolit la notion de discours, lui substituant celle d'un anti-discours travaillé par un temps dilaté et par des processus d'évolution lente et progressive du son.

Entre une tradition d'écriture qui octroie au phénomène sonore des propriétés spécifiques à la couleur, entre une conception de la forme qui admet comme un postulat de départ que le son est déjà en soi une entité formelle portant en elle les virtualités de la micro structure comme de la macro structure, entre la stratification de couches sonores déployées dans un espace/temps saturé de résonances, entre ces trois principes, ces trois gestes, ces trois possibles dans l'investigation du son, il y a place pour une musique qui exploite des zones limites : limite pour l'écriture, limite pour la perception, limite pour l'interprétation. Le lieu où on ne parvient pas à joindre exactement me semble appartenir à la démarche de Grisey qui se situe autant dans une sphère harmonique métaphorisée – l'exploration du son n'est pas synonyme d'abolition de phénomènes aussi naturels que le système harmonique, mais sa déprise ou son immersion dans le spectre –, que dans son contraire, à savoir dans une absence totale de polarités singulières visant à scander le temps musical, à l'infléchir vers une narration occulte ou fictive. Que joindre exactement quand l'enjeu consiste à se défaire d'une contiguïté d'écriture spéculative pour construire celle qui relie lisibilité à audibilité ? Si la démarche paraît ambiguë, le but à atteindre ne l'est pas : la complexité des structures réunies est proportionnelle à la « limpidité » de l'écoute. L'événement musical doit, dans son ultime réalisation, apparaître, en dépit des nombreuses stratifications qui le composent. Écriture et perception seraient ainsi dépendantes l'une de l'autre, avec cette impossibilité fondamentale et fondatrice de l'œuvre de Grisey à joindre exactement des entités en mouvement centrifuge et en coupe binaire : matériau/forme, son/timbre, mélodie/spectre, temps dilaté/temps pulsé …

> Très vite, j'étais encore élève de Messiaen, la question essentielle fut : qu'est-ce qui se passe lorsque je couche sur le papier un timbre, un accord ? Il me fallait repartir à zéro, faire une sorte de *tabula rasa* de tout mon savoir. Quand on s'interrogeait sur les fondements de la perception, on arrivait très vite au phénomène que Stockhausen appelait le *degré de changement* qui provient de la théorie de l'information. Stockhausen en avait longuement parlé lorsqu'il était venu dans la classe de Messiaen pour analyser *Carré.* Il disait : « *quand j'écris un accord, puis un autre, je me demande ce qui a changé entre les deux* ». Autrement dit, l'important n'est pas que l'accord soit constitué de tels ou tels intervalles, mais qu'il engendre ce *degré de changement* [1].

le degré de prévisibilité

Différentielle, liminale, transitoire ... C'est par ces trois épithètes que Gérard Grisey, dans un article intitulé *La musique, le devenir des sons* [2] exprime les grandes orientations de son travail depuis environ 1973. Mais exprimer n'est pas définir. Si l'envergure de son œuvre oblige à désenclaver notre perception des chemins compositionnels nivelés de catégories figées et désormais caduques, elle se garde néanmoins d'en imposer d'autres, d'énoncer une directionnalité *a priori*, ou encore, *a posteriori.* La question est moins d'évaluer les degrés de changements d'un paramètre à l'autre ou d'un son à l'autre que de baliser des seuils de perception, entre ces degrés, comme si la musique obéissait à une logique du passage, de l'alternative :

> J'ai composé *Dérives* selon ce procédé, en me donnant des échelles de degrés de changement. Si une note est par exemple suivie d'une octave supérieure, c'est de l'ordre d'un petit changement harmonique. En revanche, si j'écris une neuvième après cette note, c'est déjà un changement harmonique plus net. C'est une façon d'appréhender des degrés de consonances ou de dissonances par rapport à un accord central. Cet accord central est un spectre sur *mi bémol. Dérives* est ainsi composée sur un spectre de *mi bémol.* Chaque fois que je rajoutais une note, que je la défaisais ou déviais, j'avançais d'un pas, petit ou grand. C'est un type d'écriture en creux. Je ne pense pas les objets avec lesquels j'écris. Je pense le rapport de dynamique d'un objet à l'autre. D'ailleurs, dans *Dérives*, il y a un passage où tous les paramètres

1. Entretien inédit avec D. C.-L., Paris, 12 décembre 1989.
2. « La musique, le devenir des sons », *Conséquences*, n° 8, 1986.

> avancent systématiquement par degré. Ce qui prouve bien encore une fois l'importance que j'accorde à la notion de changement[1].

Cette esthétique du degré zéro de changement implique une attention particulière portée à la qualité et à la quantité de ce qui change sous l'effet de la graduation. *Dérives* (1973-1974) est à ce titre une œuvre très éloquente. Elle stimule l'écart, non plus comme un intervalle, mais comme indice de variation, et elle installe un autre degré zéro, celui du prévisible et de l'imprévisible, ou encore, selon Gérard Grisey, de *préaudibilité.* L'attention (celle de l'auditeur) n'est effectivement plus portée par un discours qui aurait des repères prévisibles, scandé par un itinéraire où l'*entre* n'est pas le lieu du changement, mais celui d'une narration sonore qui avère sa fonction de narration d'un intervalle à l'autre, d'une note à l'autre, d'un accord à l'autre. Or :

> ... dans un discours relativement prévisible quant à certains paramètres, l'attention doit se focaliser vers autre chose, là où se passe l'imprévisible, par exemple, la structure microphonique, le grain du son, l'évolution spectrale. Il me semble donc important d'établir pour l'auditeur une certaine prévisibilité qu'il n'a plus depuis la musique tonale. Les déviations non linéaires, les catastrophes, les émergences en tout genre n'ont de sens que sur un fond relativement prévisible. Quant aux balises dans cette dérive, elles sont d'ordre acoustique : la périodicité et le spectre d'harmoniques[2].

Le choix de Gérard Grisey n'est pas dans la formule, extérieure au devenir des sons. Il est plutôt dans une concentration de paramètres qui parviennent à juguler la dichotomie du matériau et de l'écriture. Autrement dit, il est dans la dialectique interne du son, dans le renversement des attributs traditionnels.

Différentielle? Ce mot à lui tout seul signifie l'étonnante capacité d'intégration de toutes les catégories du sonore que détient la musique de Gérard Grisey. Il signifie l'espace qui sépare un son d'un autre, comme si l'intégration passait par une prise en charge du visible et de l'invisible, du réel et de l'utopique.

1. Entretien inédit avec D. C.-L., Paris, 12 décembre 1989.

2. « Entretien avec Gérard Grisey », *Art Press*, mars 1988.

> Accueillir le semblable et le différent comme base même de la composition musicale permet en effet d'éviter deux écueils : la hiérarchie et l'égalitarisme [1].

Or, si le son existe, c'est en raison de son unique individualité, ce que le compositeur appelle la transparence, la lisibilité. Toutefois, l'individualité profonde de la nature sonore a besoin d'un catalyseur pour éclairer ses qualités intrinsèques. Il s'agit nécessairement de discerner le profil de chaque son, de s'imprégner de sa spécificité ...

> ... peu importe, dès lors, que tel intervalle ou tel timbre réfèrent culturellement à une musique donnée puisque, seule, la fonction qu'ils exercent au sein de la forme musicale détermine et justifie leur existence [2].

Liminale ? L'idée qu'il existe une musique où les interactions psycho-acoustiques surgissent grâce à une exploration des seuils, est, en soi, une attitude subversive qui évite d'un côté la colonisation tonale et néo-tonale, et de l'autre, le nivellement sériel et postsériel. La réalité du son est infiniment plus ambiguë. Si on ajoute à cela les phénomènes d'interférence qui se glissent entre les paramètres acoustiques, on engendre un découpage temporel « sans aucune immédiateté pour la perception, tout au plus devinée sous la "chair du temps" » [3]. En fait, Grisey comprend les structures sonores en tant qu'elles ne servent pas de repoussoir à l'audibilité. Parvenir à une multiplicité d'écoutes est une façon de déjouer l'académisme de la combinatoire et de l'abstraction.

Transitoire ? La poétique musicale de Grisey conduit à envisager le son comme, selon sa propre formule, « un champ de forces et non comme un objet mort ». Il inscrit ce devenir des sons dans une dynamique qui fait retour à l'objet. Ouvrir le son, l'étaler, le disséquer jusqu'à en extraire un processus formel démesurément agrandi, tel est le modèle compositionnel implicite d'une démarche si chargée de repères ou « de balises pour une dérive imaginaire où tout est possible » [4].

Sous *différentielle, liminale* et *transitoire*, il faudrait sans doute comprendre recherche d'une technique musicale qui cultive l'*intégration* des phénomènes sonores plutôt que la *sélection*. Cette technique est en partie

1. « La musique, le devenir des sons », *Conséquences*, Paris, n° 8, 1986.
2. *Ibid.*
3. *Ibid.*
4. « Entretien avec Gérard Grisey », *Art Press*, mars 1988.

opérationnelle grâce à la synthèse instrumentale, la transposition du spectre à une échelle macrophonique.

écrire avec le timbre : la synthèse instrumentale

L'électronique a permis à toute une génération de compositeurs de développer une écoute microphonique du son, à savoir, de l'investir de l'intérieur, alors que cette face cachée avait été occultée par plusieurs siècles de pratiques musicales. La synthèse instrumentale exprime chacune des composantes du son, alors que dans la synthèse électronique, les composantes sont si prolixes et complexes qu'elles se prêtent à une micro-synthèse. Elle serait le moyen le plus immédiat d'étudier les composantes harmoniques d'un son afin, dans un second temps, de les réaliser par les instruments de l'orchestre.

> C'est une sorte de projection du microphonique sur un écran macrophonique qui suppose un agrandissement non seulement sonore mais également temporel[1].

On pourrait dire que cette projection a pour but l'élaboration de formes sonores au sens où Grisey les conçoit dans *Partiels* (1975) … comme moment d'un ouvrage inachevé … comme composantes du son.

> Cette pièce s'inscrit dans un cycle commencé avec *Périodes* pour sept musiciens (1973-1974) qui prévoit une suite de pièces allant du solo au grand orchestre, pouvant se jouer de façon ininterrompue et centrées autour d'un matériau et d'une forme identique, à savoir le spectre d'harmoniques et la respiration humaine[2].

Le matériau et la forme identiques sont un point de départ, une simulation du phénomène sonore qui impulse un devenir inédit à ces dérives sonores chères au compositeur. Le matériau et la forme sont ici empruntées à toute l'échelle acoustique, depuis le spectre de partiels harmoniques jusqu'au bruit blanc. Le dernier cercle de *Dérives* par exemple :

> … est un silence qui désassemble tous les rouages. L'ensemble nous donne à percevoir une image synthétique et fusionnée dans laquelle les

1. *Ibid.*
2. Note de programme de concert.

différentes couches orchestrales disparaissent au profit d'un son unique bien que fort complexe [1].

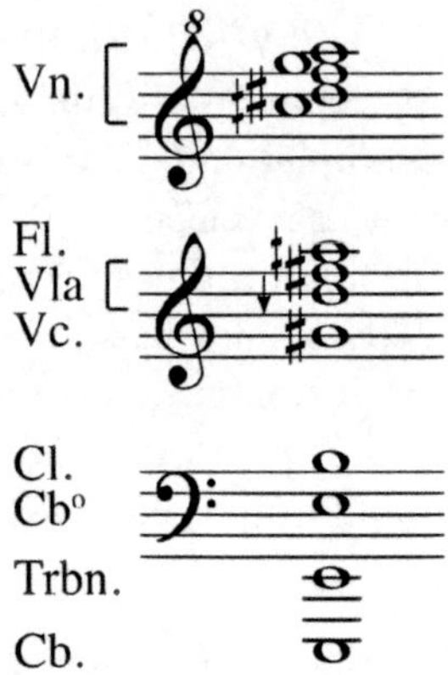

Figure 4. Spectre provenant de l'analyse du sonogramme d'un spectre de trombone dans *Périodes*.

Le spectre harmonique, pour notre perception, représente un repère (voire un point de départ) identifiable (parfois reconnaissable), à mi-chemin entre le son sinusoïdal, c'est-à-dire sans harmoniques, et le fameux bruit blanc qui englobe tous les partiels. La dernière page de *Périodes* propose – en guise d'ouverture à *Partiels* – un spectre harmonique sur la note *mi* comme son fondamental. Grisey a travaillé sur la distribution et le formant de ce spectre à partir de l'analyse du sonagramme d'un spectre de trombone sur la note *mi* (figure 4).

Ces techniques d'écriture – que l'on peut qualifier de spectrales – sont modulables à souhait. Grisey les précisera d'une œuvre à l'autre, notamment dans *Modulations* pour trente-trois musiciens (1976-1977). Dans *Partiels*, et en particulier dans l'exemple où le spectre provient de l'analyse sonagraphique du trombone, les composantes harmoniques sont scrupuleusement respectées quant à leur fréquences, non tempérées et limitées aux quarts et huitièmes de ton.

1. G. Grisey, « Structuration des timbres dans la musique instrumentale » in *Le timbre, métaphore pour la composition*, textes réunis et présentés par J.-B. Barrière, Paris, Christian Bourgois, 1991.

> L'instrumentation et la distribution des volumes et des intensités suggèrent un spectre synthétique qui n'est autre que la projection dans un espace dilaté et artificiel de la structure naturelle des sons [1].

On aura compris que pour Grisey, l'analyse spectrale des instruments (sonagramme, spectrogramme) est indispensable. Un son de clarinette, ou de trompette, ou de flûte est exploité par la macro-synthèse en raison de ses qualités intrinsèques. Nous retrouvons cette esthétique de l'*entre*, cette façon de ne pas *joindre* exactement par l'articulation les transitoires de ces spectres et leurs synthèses respectives. Les transitoires jouent effectivement sur des glissements insensibles

> ... d'une *Gestalt* à une autre, soulignent les sons résultants (véritable ombre du son), prennent les battements comme source rythmique, les déphasages comme source mélodique et les effets de filtrages comme une sorte de micro-travelling où le microscope relaierait l'effet de zoom de la caméra [2].

L'intérêt de ce traitement réside dans le fait que la source instrumentale passe au second plan, elle disparaît au profit d'un timbre inventé, de nature synthétique.

> Le timbre et la hauteur sont donc composés simultanément et l'instrumentation, au sens traditionnel, est lettre morte [3].

Si nous reprenons, là où nous les avons laissées, l'histoire et la fonction du *mi* fondamental, nous comprenons que l'apparition de ce dernier à la fin de *Périodes* (*mi* à la contrebasse et au trombone) est ré-actualisée dans *Partiels* par 18 musiciens. Naturel au départ, ce spectre aura tendance à glisser à chaque réitération vers un spectre de partiels inharmoniques. Cette définition du spectre est aussi une façon d'évaluer ce que Grisey entend par le timbre. Ainsi, pour tout le cycle des *Espaces acoustiques* (1975-1985), constitué de *Prologue* pour alto seul, *Périodes, Partiels, Modulations, Transitoires* pour grand orchestre, *Épilogue* pour grand orchestre et quatre cors solo ainsi que *Dérives* pour deux groupes d'orchestre, le spectre d'harmoniques du *mi* de la contrebasse n'est qu'un repère parmi une multitude de choix proposés.

1. *Ibid.*
2. G. Grisey, *À propos de la synthèse instrumentale*, *op. cit.*
3. *Ibid.*

En même temps, ce repère ne peut être analysé comme un thème, comme une cellule génératrice ou comme une série. Pour Grisey :

> La synthèse instrumentale propose un traitement simultané du timbre instrumental et des hauteurs. Disons qu'il s'agit de faire fusionner ce qui *a priori* y résiste furieusement, à savoir un ensemble d'instruments différents possédant chacun leur caractère acoustique [1].

La fusion est quasiment une utopie du projet compositionnel initial, son fondement, son moteur. Elle ne s'opère jamais totalement. L'entre est aussi affaire de tension, de résistance entre le matériau (l'instrument) et l'écriture.

> Les sons réalisés par la synthèse instrumentale sont des hybrides, des mutants ; ce ne sont ni des accords, ni des timbres, mais un croisement entre les deux [2].

Dans *Modulations*, Grisey affine ce croisement. Aux chiffres 44 à 54 de la partition par exemple (figure 5), il indique une série de spectres orchestrés pour instruments à vent, cordes, harpe et orgue électrique.

> À chaque spectre correspond un miroir de ce même spectre (sous-harmoniques). L'apparition et l'évolution des inharmoniques va de pair avec un étalement des transitoires d'attaque, une transposition vers le grave des spectres droits et vers l'aigu des spectres inversés ainsi qu'une similarité progressive des timbres [3].

Ce processus dessine une sorte de parcours du disparate au semblable dont les conséquences nous amènent au seuil d'une nouvelle conception du temps musical.

1. G. Grisey, « Structuration des timbres dans la musique instrumentale ».
2. G. Grisey, *À propos de la synthèse instrumentale*, *op. cit.*
3. *Ibid.*

Figure 5. *Modulations* : évolution des spectres vers l'inharmonicité (44 à 54).

le chant des baleines

Le temps des baleines correspond en musique à l'auscultation des sons rendue possible grâce à la synthèse instrumentale, ce que le compositeur appelle l'étalement spectral. La méthode en est simple : le microphone et l'électronique révèlent ce qui est caché, à savoir, les couches internes du son. Cette auscultation engendre des processus formels en synergie directe sur le matériau. Elle engendre aussi un nouveau rapport au temps, celui comparable aux phases du sommeil ou au chant des baleines. L'étirement spectral (ou étalement) est effectivement une façon de sortir de la scansion du temps telle que nos musiques occidentales la codifient. La composition par processus de transformation entraîne un ralentissement des fonctions temporelles. Si le bruit blanc doit être considéré comme le prolongement du son pur, son brouillage progressif, le chant des baleines en serait le pendant temporel, véritable tissu, texture de corrélations que les *Quatre miniatures pour deux cors* et surtout *Talea* (1987) pour violon, violoncelle, flûte, clarinette et piano vont commencer à subvertir au lieu même où cette conception du temps opère. Dans le troisième mouvement des *Quatre miniatures pour deux cors*, Grisey installe ce qu'il appelle « les scories de la fusion ». Le temps du langage – par opposition au temps des baleines – refait surface par l'apparition fébrile d'une dissociation des instruments. Pour mieux dissocier, Grisey articule sur le mode mélodique, jusqu'au quatrième et dernier mouvement, cor à cor, où l'articulation mélodique nous renvoie à la dualité reconnaissable de deux discours l'un contre l'autre. Avec *Talea*, Grisey radicalise cette recherche de contrastes et de coupures, sans pour autant détruire le sentiment de continuité. Le compositeur se met pourtant à rude épreuve. La présence du piano – instrument tempéré – connote les métamorphoses progressives, les processus de transformation subissant la loi de la *talea* (en latin, signifie coupure). Grisey reprend le modèle de la *talea* musicale médiévale qui désignait une structure rythmique répétée sur laquelle était posée la *color*, cellule de hauteurs en rapport ou non avec la *talea* de base. Il s'agit de dissocier les hauteurs des durées en les installant l'une sur l'autre de façon totalement indépendante.

> L'idée de coupe du geste initial, la mise en phase et hors-phase des différentes structures rythmiques ainsi que la forme en deux parties dont la seconde pourrait aisément s'intituler "color" m'ont suggéré le titre de ce quintette[1].

Dans *Talea* (ou la machine et les herbes folles), Grisey semble se rapprocher de deux catégories que ses travaux sur synthèse instrumentale, microphonie et processus de transformation divers avaient résolument écartées : la rapidité et le contraste. Composée en deux parties, cette pièce s'articule autour de deux énoncés :

1. Note de programme.

> ... deux angles auditifs d'un seul phénomène. Ainsi, un geste unique (rapide, *fortissimo*, ascendant, lent, *pianissimo*, descendant) est présenté dans la première partie en durées moyennes et peu à peu érodé jusqu'au nivellement des contrastes. Dans la seconde partie, il gère la grande forme et la succession des séquences [1].

Grisey distribue, à partir d'un unique geste, une succession d'événements polyphoniques dans la première partie et homophoniques dans la seconde. La notion d'excroissances irrationnelles (représentées par les *herbes folles*) qui poussent dans les interstices de la machine, finissant par la déborder. Ce processus explore l'expression d'une coloration nouvelle, voire inédite dans l'œuvre de Grisey. Le compositeur dynamise les interstices acoustiques, alors que jusqu'à présent, il les articulait par glissements insensibles. Il faudra attendre sa partition pour grand orchestre, *Le temps et l'écume* (1989) pour comprendre les conséquences esthétiques de cette dynamisation. Au temps des baleines, Grisey oppose ici le temps des insectes, à savoir une hyper rapidité événementielle qui vise à réintroduire le temps du discours sans pour autant le confondre avec celui de la narration. Ce geste implique des digressions structurelles et formelles dans le processus de transformation des spectres. Cela implique que des lignes forces soient extraites afin d'indiquer une directionnalité ouverte aux contrastes, aux renversements subits de pulsations de rythmes et d'expressions. Cela oblige à ce qu'à l'intérieur même de l'intégration, on rétablisse une hiérarchie à géométrie variable. Le spectralisme reçoit un découpage temporel autre, prenant par endroits – et c'est surtout valable pour *Tempus ex Machina* (1979) pour six percussionnistes – une valeur phénoménologique, une phénoménologie de la perception musicale à part entière. Formaliser le spectre ou spectraliser la forme fut l'enjeu dominant du spectralisme. Cet enjeu dont la force est, selon Grisey, « de ne pas croire aux rejets, mais aux fonctions », se devait, au cours d'une de ses dérives sonores, d'intégrer l'histoire (ses continuités et ses ruptures) et d'amorcer le début d'une historicisation de ses propres principes.

Revenons à Bergson, à son image mutable du temps. La métaphore biologique du son comme structure génétique est un phénomène comparable au développement de l'algèbre au XVIIe siècle. Les *spectres et lutins* dont a rêvé Tristan Murail ont, pour reprendre l'expression de Leibniz, « soulagé

1. *Ibid.*

l'imagination » – l'utopie de la non entrave pour le raisonnement, l'entendement et la perception. Agir sur la composition musicale selon le calcul numérique imposé par le spectre – un *lutin* signalétique qui guide la plume. Il y aurait dans le spectre comme une intersection d'utopies méditées par Leibniz et Condillac puis Russell et Wittgenstein : formaliser la pensée spectrale dans la composition, comme une réduction du système au calcul, du calcul au système ; du système à l'idée et de l'idée au système. Y aurait-il place alors pour une idée qui ne s'érige pas en système, une idée précisant les vertus du calcul sans être exclusivement soumise à une tyrannie numérique qui désigne, une fois pour toutes, le *bon*, le *juste*, le *vrai* comportement ? Un modèle qui s'explore lui-même ne peut avoir recours à un autre modèle. Les vertus d'échanges, de fusion, de circularité ou de décloisonnement que pratique l'opéra sont canonisées par un modèle aussi éloigné que possible des structures algébriques que Leibniz et Condillac voulaient répandre dans tous les domaines de la pensée et du langage. Séries et spectres historiquement opposés, alors qu'historiquement complémentaires, éprouvent mutuellement les retours dialectiques du refoulé : l'un par sa volonté polynucléaire de régner sur des contraintes de types agogiques sur les paramètres du son – hauteur, durée, timbre et intensité ; l'autre par sa détermination à s'auto-référencer dans une forme et des procédures antithétiques à la pensée sérielle. La création d'opéra, à l'instar des conditions d'atomisation ou de germination du son, recherche un environnement compositionnel pré-intelligible et sensible. Autrement dit, elle recherche le rassemblement, un lieu pour le son, le verbe, la notation, la forme, les supports vocaux, instrumentaux et technologiques. L'enjeu est désormais de faire de l'opéra au XXe siècle un instrument pour la pensée, un territoire inouï pour la création. Dans l'élaboration d'un discours esthétique, il nous aide à ne pas oublier qu'il y a plusieurs manières d'habiter le monde.

to be sung : la poétique du non lieu

Au commencement de *To be sung*, il y a la question de l'opéra, porteuse en soi de dimensions paradoxales et complexes à résoudre. On pourrait s'en tenir au postulat suivant : *To Be Sung*, opéra de chambre de Pascal Dusapin d'après le texte de Gertrude Stein, *A Lyrical Opera Made by Two*, adapté par le compositeur. On pourrait également préciser que la présence de James Turrell n'est pas fortuite, qu'elle prélude de façon décisive à l'organisation formelle de la partition. Lumières et notation musicale indissociables, scellées structurellement de sorte que la dramaturgie est prise dans l'ellipse d'un espace sans représentation et d'une représentation sans alibi discursif. Une épiphanie du non lieu; un lieu sans matérialité. On pourrait même ajouter, pour parfaire la trilogie, que l'adaptation en quarante-trois numéros du texte de Gertrude Stein met en scène des apories de langage, des scories linguistiques, qui sont comme autant de rouages déconstructifs d'une langue affectée d'un sens que de *prétextes* à éluder les alternatives allégoriques et narratives que la puissance du verbe engage, sollicitant les vertus d'une plastique de l'action éminemment salutaire pour la lisibilité et la perception musicale.

> Le mouvement est simple et tient en petits mots, explique Gertrude Stein dès 1946 dans *Interview Transatlantique* au sujet de sa littérature [...]. J'attends jusqu'à ce que chaque mot m'intime une part de chaque petit maniérisme [...]. Je pris des mots séparément et les pensai jusqu'à ce que je saisisse leur poids et volume complets et les mis l'un après l'autre et en même temps je compris très vite qu'il n'y avait rien de tel que de les mettre ensemble sans sens [...]. Si bien que le narratif relève d'un concept différent de la poésie et même de l'interprétation, parce que, voyez-vous, le narratif en lui-même n'est pas ce qui habite votre pensée mais ce qui habite celle de quelqu'un d'autre [...]. Les mots détiennent un pouvoir qui ne vous quitte jamais, mais en général, à un moment donné, on peut être préoccupé plus par une chose que par une autre, les parties se fondent dans l'ensemble[1].

Une fois campé le décor des divers ingrédients qui font de *To Be Sung* un opéra réfléchissant sensiblement les modalités de son propre rapport à la langue et à l'espace, il demeure néanmoins une ambiguïté motrice. Si, comme l'atteste Pascal Dusapin, l'exercice commun à Gertrude Stein et

1. G. Stein, *Interview Transatlantique*, Questions de Roberts Bartlett Haas, trad. fr. M. Dachy, Paris, Transédition, 1987, p. 14, 16, 18.

James Turrell de la délocalisation et en conséquence, de la dé-perceptualisation, conduit les fonctions du musical vers une formalisation intentionnelle de l'écriture, à savoir, dans l'ajustement de segments temporels qui finissent, à force de déplacements consécutifs, par devenir une « machine abstraite »[1] où adviennent des réseaux de signes ouverts et convertibles aux prospectives de l'espace textuel et scénique, qu'en est-il des impératifs compositionnels avant toute traversée initiatique dans le déploiement tautologique et minimaliste des lumières de Turrell et dans l'entropie temporelle du texte de Stein ? Car en allant à la rencontre de ces deux artistes, dans un élan univoque où toute insertion réciproque est interdite[2], Dusapin ne se pose-t-il pas, à l'initiative de ce mouvement, un geste éminemment autoritaire, condition d'autonomie de la musique face à l'inéluctable obsolescence de toute plastique contiguë au spectacle ? Comment parvient-il à concilier ce qu'il appelle « le cœur théorique »[3] de *To Be Sung* ? le texte de Gertrude Stein, avec la prégnance irradiante des espaces flottants de Turrell, les géométries et positions rythmiques des silhouettes spectrales des trois sopranos, et la volonté d'inverser les paramètres, de corrompre à dessein les dimensions chronologiques et topiques du lieu lyrique, de supplanter l'affect et l'effet par un décodage systématique et généralisé des indices habituellement codés et invariants ? Comment déstabiliser les occurrences consensuelles des paramètres traditionnels tout en maintenant, comme je le crois, la flamme historique d'un *logos lyrique* avec lequel la plupart des compositeurs de musiques dramatiques n'ont jamais fait de compromis : *prima la musica, dopo la parola … ed*, par extension vingtiémiste, *la scena !*

> Je souhaitais une totale neutralité à l'égard de ma musique, raconte Pascal Dusapin. Turrell s'est prêté au jeu avec une compréhension déconcertante. J'avais l'impression de commettre une hérésie. Je pensais d'ailleurs qu'il refuserait. Il m'a testé sur mes intentions, et finalement, nous sommes parvenus très vite à nous mettre d'accord sur des enjeux artistiques et productifs bien spécifiés, convainquants pour nous comme pour l'Atem[4].

1. P. Dusapin, *Entretien avec Danielle Cohen-Levinas*, Paris, 19 septembre 1994.
2. Pascal Dusapin a expressément demandé à James Turrell lors de leur première rencontre de ne pas chercher à connaître ou à entendre sa musique. Condition *sine qua non* d'une possible collaboration.
3. P. Dusapin, *Entretien avec Danielle Cohen-Levinas*, Chartreuse de Villeneuve lez Avignon, juillet 1994.
4. *Ibid.*

À la logique historique en matière d'opéra selon *laquelle nous voyons ce que nous entendons et nous entendons ce que nous voyons*, répond, non sans un clin d'œil éphémère aux affirmations tautologiques de l'artiste américain Franck Stella[1] : *ce que vous entendez est ce que vous voyez et ce que vous voyez est ce que vous entendez.* Le mimétisme auquel s'attache Pascal Dusapin est une façon de *Gesamkunstwerk* débarrassé de la dialectique du *continuum* mélodico-poétique. Ici, il s'agit non moins d'amalgamer des simulacres et miroirs figuratifs que d'articuler des territoires antinomiques et convexes. Plutôt qu'une musique totale ou amphigourique, il faut parler d'une expression *all over* des cadres compositionnels déviés de leurs probables prises en charge par une scène et des décors. Encore une fois, le lieu de la représentation est déjà pensé dans la construction formelle de l'œuvre, et bien que l'on puisse évoquer à juste titre la communauté d'esprit qui anime de façon asymptomatique les pratiques divergentes de Stein, Turrell et Dusapin, il s'avère indiscutable que les axes analogiques sont perçus par le compositeur comme les témoins privilégiés d'un parcours fondamentalement singulier. Construire l'édifice sonore qui pouvait mettre en scène ces différentes alternatives sans résolution finale, ou du moins, ouverte à l'infini sur d'infinis supports interprétatifs, c'était avant tout « entrer dans les entrailles du texte sans jamais se prononcer pour ou contre ; renoncer au titre générique *A Lyrical Opera Made By Two* et ne conserver que le sous-titre, *To Be Sung* ; élaborer le système qui permettrait de joindre la partition lumineuse de Turrell avec la mienne dans laquelle le moindre signe et indication scéniques sont scrupuleusement notés et identifiés à un espace »[2]. Pascal Dusapin se retrouve face à un matériau inamovible mais totalement malléable et consentant, en dépit de sa formidable résistance à l'égard des apories que représente l'utopie romantique, la synesthésie en art. Qu'un espace entre en concomitance avec un autre ne justifie nullement son appropriation théorique ou pratique. Il demeure un espace de désignation. L'écriture de Gertrude Stein désigne celle de Pascal Dusapin, qui désigne à son tour celle de James Turrell, comme pour pallier l'éventuel écueil de dispersion d'un édifice dont l'architectonique tient dans une eccéité musicale conceptuelle, construit une orientation, non pas narrative ou émanant d'une psychologie sous-jacente au matériau sonore, mais perceptuelle, faisant venir l'écoute dans une vision oblique du phénomène

1. « Ce que je vois c'est ce que je vois ».
2. P. Dusapin, *Entretien avec Danielle Cohen-Levinas*, Paris, 19 septembre 1994.

acoustique et spatial. Obliquité formelle et structurelle au mouvement des écritures entrelacées, allitératives lorsque la musicalité implicite à la langue de Gertrude Stein rencontre la textualité abstraite des figures madrigalistes de Pascal Dusapin. Obliquité adjacente, apposée à un dispositif scénique transversal, pour « perdre la sensation frontale et pour garder la cohérence formelle des parcours courbes de Turrell »[1]. Nouvelle émancipation de l'espace par la musique : la scène se lit de bas en haut, comme la partition, parce que son tracé oblique est inscrit de façon linéaire sur le *sol*, afin que les déplacements des sopranos soient la résultante d'une polyphonie quasiment cognitive entre musique, texte et lumières. Aussi, si Dusapin nous invite à désapprendre la notion de sens de l'audition et de la vision, il convient de nuancer la proposition en faisant bifurquer ou basculer l'horizontalité propre au déroulement arithmétique d'une œuvre, selon lequel l'élément A se déroule en continu jusqu'à sa propre finitude et extinction, vers une pensée algorithmique et géométrique. C'est en calculant des axes obliques, tournés vers un centre qui se déplace en permanence, ou du moins, vers une absence circonscrite de centre, que naissent les arcs-boutants du système musical répartis en des lieux distincts de la partition, sous forme de familles d'accords, d'intervalles, de rythmes ou de notes polaires, nodales, embryonnaires d'un rhizome à venir, dont la puissance d'action réside dans la fuite polyspatiale et temporelle. L'écoute *in situ* s'éprouve *entre*. Entre quoi et quoi : le lieu, affecté aux fonctions thématiques et formelles ainsi qu'au dérèglement volontaire de la plénitude harmonique par le jeu des combinatoires numériques, trois sopranos, trois bois (flûte piccolo, cor anglais et clarinette basse), deux vents (trompette, trombone), deux cordes (violoncelle, contrebasse), un speaker, une bande magnétique, et le non-lieu annulation d'un système de reconnaissance invariant du début à la fin. Fugacité de la perception contre solidité de la construction : ce que vous entendez est ce que vous entendez au moment où vous l'entendez. Le chiffre quatre est banni. La symbolique des nombres étant l'objet d'une sémantisation sonore est sans doute le seul enjeu signifiant de *To Be Sung* : entre le *Made by Two* du titre générique, le *Two sing* du texte à la huitième section et, le *Three at a time* concluant la trente neuvième section, nous avons les principaux signaux numériques à partir desquels nous pouvons déduire les combinatoires d'écriture additive : 3 (sopranos) + 2 (cordes) = 5 (3 bois + 2 vents), ou soustractive, 5 (3 bois +

1. *Ibid.*

2 vents) – 3 (sopranos) = 2 (cordes) – abstraites quant à la fabrication des modules, sensibles quant à l'instrumentation peu répandue et les alliages, frottements ou interpolations de timbres et d'attaques qu'elle engendre.
Le désir de chercher en quoi *To Be Sung* est un ouvrage lyrique oblige à trouver un accès à une partition qui élude la question du commencement. Pour ce, je me détourne momentanément de la réalité contemporaine de *To Be Sung*, pour l'envisager à distance d'elle-même et de ses variations avec le présent de l'opéra création. Je l'envisage de façon *oblique*, à la manière d'un dialogue virtuel entre moi et une des premières paroles qui prend pour objet de spéculation la lumière. Je jette un pont en apparence anachronique entre *To Be Sung* et les lumières phénoménologiques avant l'heure de Plotin. Par oblique, j'entends permutabilité et mobilité des fonctions sémantiques et soniques, parce que le lieu des écritures musicales, textuelle et théorique, a pour dénominateur commun l'anamorphose. Or, le principe même de l'anamorphose en vigueur chez Turrell consiste à transformer ou déformer un objet, de sorte que sa représentation auditive ou visuelle soit la manifestation panoptique de la totalité. Il y aurait, d'un côté, la forme du tout telle qu'elle se révèle dans son déploiement discursif, et de l'autre, la mutation du détail telle qu'elle se déplace d'un lieu à l'autre, finissant par ressembler à la pure figure de l'entrelacement dont parle Plotin dans les *Ennéades*[1].

eurythmia et *symmetria*

À la beauté selon les Grecs comme essence des apparences sensibles se définissant par la *symmetria* – articulation organique des parties entre elle et au tout – et l'*eurythmia* – corrections des dimensions et échelles objectives dans le but d'évincer les distorsions provoquées par une perception subjective –, Plotin oppose la notion d'une *symmetria* synonyme de beauté (matériau) composée. Il augure ainsi d'une esthétique du signe renvoyant à une éminente lumière intelligible. Dans cet ordre d'idées, la puissance de voir est conférée à l'œil et celle de l'écoute est conférée à l'ouïe. C'est donc la chose elle-même qui porte en soi une qualité, un axe mutable et transmissible, tantôt accessible lorsque l'intelligible, idée fondatrice d'une œuvre, demeure dans le monde sensible, tantôt inaccessible lorsque la réalisation, l'incarnation de cette idée fait retour dans l'intelligible. Il y aurait un sens littéral tendu vers une proposition supérieure, qui se

1. *La Sagesse de Plotin*, trad. fr. M. de Candillac, Paris, Hachette, 1952.

manifeste, non plus par les voies de l'unique contemplation où tout tend à se confondre avec tout, mais dans le pas à pas singulier des écritures croisées telles qu'elles se révèlent au moment de leurs tangibles apparitions. C'est pourquoi Plotin, récusant la motivation platonicienne pour un art d'imitation complice des simulacres que le sophiste manipule, affirme un des thèmes conducteurs de sa philosophie et de l'art à venir : la lumière.
Entre Plotin et nous, plusieurs siècles de pratiques artistiques, musicales et philosophiques antagonistes se sont succedées. Il est clair que ce n'est pas sur le terrain des affinités, des héritages, des métaphores ou des spéculations fortuites que se fonde une identité que je qualifierai volontiers d'analogique et d'anagogique, parce qu'entièrement vouée à spécifier les contraintes inhérentes à la composition en les inclinant vers un lieu à la fois divisible en parties – livret, scènes, lumière, décor, déplacements, chanteurs, instrumentistes, indivisible quant au choix d'une substance formelle (l'opéra). « Mon projet, dit Pascal Dusapin, c'est de hisser l'opéra au niveau de la musique de chambre. On doit parvenir à faire voir la musique du dedans et non du dehors en renonçant à s'appuyer sur des artifices scéniques »[1]. Et dans *To Be Sung*, les contraintes auxquelles s'est plié le

compositeur, tout comme celles qu'il a posées d'emblée à James Turrell et François de Carpentries par exemple, sans compter l'adéquation institutionnelle initiée par l'Atem[2] entre le projet et la production, sont précisément des figures d'invitation à une vigilance de la partition et du texte de Gertrude Stein. Une vigilance *d'en haut* en quelque sorte, sans allégeance à tout ce qui de loin ou de près risque de faire échoir l'articulation des enjeux réunis dans une totalité déjà tant de fois vérifiée. Ce thème de la lumière cher à Plotin appelle un art de la couleur et des sons surgi d'un espace venu lui aussi *d'en haut*, par distinction et parfois annulation de la perspective classique en vigueur dans l'espace gréco-romain à qui l'on doit par traditions accumulées les échelles et proportions de la scène à l'italienne, autrement dit, le lieu où excellent l'histoire et le répertoire des opéras

1. P. Dusapin, *Entretien avec Danielle Cohen-Levinas*, Paris, 19 septembre 1994.
2. « L'objectif de l'Atem fut dès le départ la préfiguration d'un futur théâtre musical et lyrique contemporain. Chaque projet élaboré se réfléchit dans son unicité. Il s'agit d'abord, selon le vœu et la philosophie de Georges Aperghis, d'avoir un discours musical total et omniprésent, et ensuite de réunir les conditions pour que le projet se monte. À aucun moment les questions de composition ne doivent reculer devant l'ampleur des difficultés ». A. Gindt, Entretien avec Danielle Cohen-Levinas, Paris, octobre 1994.

occidentaux. Ainsi l'art de l'icône, de par l'avènement d'une vision déplacée des repères bi-dimensionnels, est-il supplanté par celui de l'image.
En fait, lorsque écoutant et regardant intérieurement *To Be Sung*, je parle momentanément de Plotin, c'est pour maintenir en éveil l'attention sur une œuvre qui nous invite à une conversion du regard et de l'oreille drainée par les multiples médiations que produit la lumière. Celle-ci tend à convertir les corps ou les enveloppes textuelles, sonores, scéniques et chorégraphiques en stases et hypostases.

archéologie de l'écoute

Aucun sujet identifiable, aucun drame, aucune psychologie des personnages, aucun verdict ou commentaire mythique. La notation est à appréhender sur le mode d'une grammatologie et lexicologie des fonctions musicales et sémantiques. Vocation de la composition chez Dusapin : elle absorbe le trop de connotations allégoriques que la question de l'opéra risque d'égrener subrepticement sur son passage. Alors, le compositeur « [...] lève une à une les voiles[1] des chemins balisés pour se retrouver, une fois de plus, devant une exigence récurrente depuis la création de son premier opéra, *Roméo et Juliette* (1989) d'après un livret d'Olivier Cadiot, *La Melancholia* (1992), puis de son deuxième opéra *Medeamaterial* (1992) sur un texte de Heiner Müller : la musique dispense son propre espace scénique, à la manière d'un *stile rappresentativo*. Or, si la musique de Dusapin semble résister à un système de subordination, c'est parce qu'elle est bâtie autour d'axes qui en protège l'accès. Cependant, elle demeure un lieu hautement fertile, mais la condition de sa générosité, c'est un égotisme originel et parfois de principe. Dusapin se méfie du mot *langage*. La musique est donc intraduisible. Reste l'interprétation. Quel sens y a-t-il, par exemple, à écrire en sons pour trois voix, « *sing singing will willingly sing singingly singing the singing bird is singing on* [...] » (section 33 de la partition), si ce n'est pour signaler que cette langue – celle de Gertrude Stein – se déprend compositionnellement de ce dont elle s'était textuellement éprise (littérature). Paradoxe du vampirisme compositionnel : si les mots peuvent à tout moment s'en retourner à leur territoire d'origine, le livre, pour accomplir une plénitude textuelle, dès lors qu'ils échouent dans une notation musicale, ils sont comme dispensés de leur propre identité. *To Be Sung* s'ouvre sur une didascalie prononcée par le speaker. Or, la véritable impulsion

1. A. Rimbaud, « Aube » in *Illuminations*.

dramatique n'est pas dans ce préambule textuel, mais dans l'appogiature initiale du trombone (*mib-ré*) qui déclenche *ipso facto* un processus d'alignement et d'étagement contrapuntique généralisé. Autrement dit, il existe une diction de l'écriture musicale due à un choix dont l'ensemble des opérations provoque une qualité d'expression en soi. Chaque séquence représente un tableau, un fragment de vie et d'espace construit formellement pour tenir tout seul, en équilibre sur lui-même, tout en aménageant une conscience acoustique du passé et du futur, de l'avant et de l'après. Mais le mode de succession d'une séquence à l'autre n'est pas un développement. Chaque monde en soi, une fois dépassée sa propre représentation, migre vers un avenir sans mémoire, ou de moins, sans retour possible. Si la perception retient des épisodes déjà vécus ou prononcés, il s'agit d'une répétitivité de contenant et non de contenu, à savoir, d'un message secret ne résultant pas d'une intention symbolique, mais décliné suivant une grille abstraite de combinatoire à l'issue de laquelle surgit l'avènement d'une dramaturgie codée.

Ainsi le compositeur cherche-t-il à capter les lignes internes des choses, à

les ramener à la surface d'une représentation auditive et visuelle, de sorte qu'elles ne se racontent, ni ne se commentent. Il cherche également à en fixer, voire à en maîtriser les relations qu'elles entretiennent entre elles. D'où les figures de l'*Absence* et de l'abîme initiées par le travail de James Turrell. Dans le développement linéaire du temps musical, en dépit des embusques sans cesse réinventées, ce *vide*, chaque fois qu'il intervient (nature des déplacements d'espaces indiquée sur l'ensemble de la partition), introduit le mouvement spéculaire assigné pour Dusapin à une direction oblique de l'écoute, reliant l'objet opéra à sa destination : l'épiphanie du non lieu. Les objets chantés, parlés ou instrumentalisés, comme les cartographies réparties en régions sonores et lumineuses, sont de toute évidence voués à *To Be Sung*. Non seulement ces objets de pensée chantent, mais ils sont déjà eux-mêmes « chantés » par le son. La langue-son ne se différencie pas ici de la langue-voix et de la voix-texte, ou encore instrument-texte.

chapitre 3
la mutation du concept opéra
nouvelles technologies et épistémologie du théâtre lyrique

Le temps pour devenir visible cherche des corps.
Gilles Deleuze

Où commence l'idée de présent de l'opéra? Par quoi est-il engendré? Qu'enclenche-t-il comme phénomène récurrent ou comme innovation? Le présent selon Bergson est une métaphore du flux et du reflux. Flux pour l'avenir qu'il regarde, reflux pour le passé qu'il doit ou qu'il veut quitter. Le présent serait ainsi une figure de syncope dans le temps fluant et refluant du passé/avenir. Un raccourci visible, parce que « matérialité même de notre existence »[1]. Et le présent de l'opéra serait une figure de syncope dans le *telos* sans cesse repoussé de la Raison historique. D'où la nécessité de ne pas renoncer à la conscience de l'objet, à sa réalité empirique, de reconnaître avec Bergson « que mon présent consiste dans la conscience que j'ai de mon corps »[2].

Ne pas renoncer à l'objet opéra. Il faudrait que son activité puisse se dérouler dans un temps similaire au nôtre; que l'œuvre comme émetteur s'incarne dans un mouvement temporel adéquat à celui du récepteur. Le lointain rétrograde de l'opéra, son passé, son rapport perdu à l'origine

1. H. Bergson, *Matière et mémoire*, Paris, P.U.F., 1939.
2. *Ibid.*

nous éloigne de la conscience empirique, à savoir la conscience du présent. Effacer le lointain, il revient au galop, comme en témoigne ici et maintenant l'élan des compositeurs qui avaient oublié l'usure historique de l'opéra et qui, encore aujourd'hui, oublient qu'ils ont oublié. Il y aurait comme une double amnésie : historique et instantanée ; et comme une double anamnèse – fluante, refluante.

Notre recherche sur l'opéra nous aura amené à reconnaître que la raison historique valide la thèse de la répétition chaque fois achevée en dépit des prérogatives d'une visée ; que les fissures que l'opéra inflige à cette raison resurgissent dans la création musicale et sont de nature à ébranler ce que Lacan appelle « l'instance de la chaîne signifiante »[1].
C'est donc l'opéra lui-même qui devra répondre à la modernité. La chute et la remontée de ses phénomènes l'isolent des configurations les plus audacieuses de la composition. Mais l'isolement favorise la vision – au loin. Il faudrait que l'empirie de l'opéra nous mette au diapason de ce qui est contemporain ; que l'innovation et la récurrence soient reliées par une identique conjonction : événementielle et intemporelle. L'opéra serait alors le lieu de l'immémorial et non de l'oubli ou de la mémoire. Chaque fois que la Raison historique est touchée par une nouvelle empirie lyrique, la création est à son tour ébranlée ; une mutation se profile à l'horizon. L'histoire de l'opéra est traversée de ces incessants malentendus dont on devine les traces dans la querelle des Anciens et des Modernes. Comme dans les *Nouveaux Dialogues des morts* de Fontenelle, on pourrait aisément répartir le dialogue sur la question de l'opéra au XXe siècle en trois catégories : les Anciens avec les Anciens, pour qui l'immutabilité du genre est un fait acquis ; les Anciens avec les Modernes, qui tentent de se convaincre mutuellement des infâmes rouages de l'innovation conduisant l'humanité musicale vers une descente aux enfers – considérations sur le passé qui nient la notion de progrès ; et enfin, les Modernes avec les Modernes – dialogue aussi orthodoxe que le premier, réservé aux membres sociétaires d'une élite académique qui distribue ici et là des jugements de vérité en art : ceci est une musique pour la modernité, ceci n'est pas une musique pour la modernité. Ils sont oublieux du passé puisque l'opéra recèle les secrets de sa récurrence, désinvoltes envers le futur puisque le grand genre l'anticipe.

1. J. Lacan, *Écrits I*, Paris, Le Seuil, 1966, p. 19.

fragment d'énoncé

En quoi l'empirie musicale contemporaine est-elle contemporaine? En quoi la modernité de l'opéra est-elle moderne? La modernité de la musique, comme la modernité de l'art, sont affublées depuis plus de trente ans d'un miroir qui ne cesse de refléter la réalité du quotidien de la création, comme si, chemin faisant, cette réalité était devenue l'oxymore de sa propre existence. On assiste à un atermoiement continuellement différé du statut et de la fonction de modernité dans les années 80, voire, de sa reconnaissance sociale et institutionnelle. Plus moyen de penser la musique aujourd'hui sans une disposition superfétatoire à l'arbitrage de ce qui doit être et ce qui ne doit pas être. Si le concept de modernité est entre les mains de diseurs, de bonimenteurs du savoir, de faux prophètes, – a contrario, les œuvres se tiennent à l'écart de ces gloses. Au mieux, elles les ignorent, au pire, elles les subissent. Autrement dit, la modernité de l'œuvre, et en particulier la modernité de l'opéra, se distingue de la rhétorique. La modernité de l'opéra n'est pas un leurre. Est-elle singulière ou plurielle? Émancipée ou académique? Que suggère-t-elle? Que nécessite-t-elle? Qu'implique-t-elle? Plus le concept est prolixe, plus ses fondements se déploient dans une structure panoptique, nous inquiétant et nous questionnant au lieu même de leur disparité.

Peut-être est-il audacieux de poser le problème, voire indécent d'en forcer l'entrée. Ne serait-il pas – dans une idéalité fuyante et sublimée – le rempart le plus innocent à la création? Sans doute la création aura-t-elle prévu les conditions de possibilité de sa propre survivance. Peut-être que forcer l'entrée de ce problème est un simulacre, que la fiction d'un discours latéral nous conduira vers une esthétique de l'impossibilité à l'issue de quoi nous nous tairons? Pour le moment, il est cent façons d'épiloguer sur la modernité de l'opéra; cent façons de l'estimer au regard d'une contemporanéité qui, *mutatis mutandis*, se sent moins redevable d'une responsabilité historique que d'une vocation progressiste. La composition musicale admet difficilement les hypothétiques anticipations. Elle admet aussi difficilement les absences de projets qui sont comme autant de choix crépusculaires et d'aveux : elle ne transige pas nécessairement ou exclusivement sur ses fins, mais sur ses moyens. La première porte que nous ouvrons n'a guère besoin d'être forcée. Elle campe un décor digne de figurer dans les romans de Lewis Carroll. Non pas que chaque compositeur serait une petite Alice perdue au pays des merveilles, mais la métaphore du labyrinthe, la succession de portes dont aucune clé ne détient le secret conviennent aux lieux et outils avec lesquels les compositeurs spéculent. L'interface art/science accuse le syndrome. En musique, il participe d'une nouvelle procédure syntaxique : écriture et technologie : fragment d'énoncé à géométrie variable qui, quelle que soit la topologie de chaque mot, – écriture de la technologie, technologie de l'écriture –, oblige à repenser le modèle. En quoi la modernité de l'opéra est-elle moderne? –, ce « baptême du concept »[1], fait retour dans la comtemporanéité. Quand serait née l'idée d'une modernité de l'opéra? En quoi cette modernité serait-elle devenue impérieuse? Sa récurrence – en tant qu'Idée, ou concept, ou les deux – est-elle le corollaire de la technologie? Autrement dit, la contemporanéité lyrique réitère un débat historique sur la modernité, et la modernité récuse le principe de contemporanéité au nom d'une antériorité temporelle dont il est redevable.

le mythe de la caverne selon l'après post-modernité

Les seuls événements musicaux sont les concerts de création. Ce sont eux qui déterminent et entérinent la validité du concept de modernité. Qu'entendons-nous lors de ces événements? L'œuvre ou la modernité? C'est dans cette alternative brutale et sans compromis que la composition musicale s'arroge le droit d'être moderne et que la modernité arbore sa réalité phénoménologique. Mais s'il est cent façons d'appréhender la création musicale – et notamment en tant qu'objet de concert, d'aucun ne parviennent pas à endiguer « l'incompréhension et la répulsion face à la modernité ». Hugues Dufourt souligne que ces deux phénomènes « n'ont rien d'un fait nouveau »[2]. Ils iraient de pair avec le retrait d'une connaissance qui n'est ni empirique ni argumentative, constitutifs de « l'emprise de la science sur les représentations »[3] « ... en déléguant ses fonctions aux machines, l'intelligence entre en conflit avec elle-même »[4]. Le fondement de la modernité de l'opéra serait dans une contemplation active d'objets symboliques, tour à tour abstraits et concrets. Or, plus la contemplation s'étend, plus les relais formels s'épuisent, comme si, enchaînée à des « systèmes implicatifs »[5], la composition musicale ne subissait que partiellement les allées et venues convergentes de théories et de techniques.

1. G. Deleuze, F. Guattari, *Qu'est-ce que la philosophie ?*, Paris, Minuit, 1991, p. 13.
2. H. Dufourt, *Musique, pouvoir, écriture*, *op. cit.*, p. 9.
3. *Ibid.*, p. 192.
4. *Ibid.*, p. 193.
5. *Ibid.*, p. 192.

La perception, la vision, l'audition sont comme des projections résonantes d'une réalité qui oppose à l'entropie ambiante qu'Adorno condamnait, une vitalité nietzschéenne qui a du mal à émerger du chaos dans lequel elle est confinée ? Ne nous y trompons pas. La logique du chaos est aussi cohérente que les accidents esthétiques instaurés par l'ordre. La composition assistée par ordinateur est un geste désormais classique qui, comme tout classicisme, opère à partir de règles et de codes dont les compositeurs découvrent peu à peu qu'ils ne sont pas si diaboliques. Faust ne vend pas son âme au diable lorsqu'il s'assied devant un ordinateur. En revanche, il lui sera difficile – du lieu où il se situe – d'englober la totalité d'un projet de nature lyrique. L'informatique musicale ne répond pas à une pensée lyrique. Elle répond à des données objectives qui sont autant d'informations scientifiques que programmatiques. Là encore, la modernité assume-t-elle le tout-venant du post-modernisme ? Les supports abstraits deviennent le cas échéant des gardes fous, des pis-aller à un imaginaire et un savoir qui gomment les hiérarchies. Nouvelle esthétique qui surgit de la technologie sans toucher au fondement. L'opéra se nourrit en amont de ce processus intermédiaire et permanent. Dépendrait de la recherche l'activité créatrice quant à une élaboration tangible qui mènerait jusqu'à l'événement, le concert, la représentation, le spectacle. Voici le palimpseste, carrefour du sophisme de Socrate, du *cogito* de Descartes, de la hiérarchie de Spinoza, de la monade de Leibniz, du modèle de Diderot, du pari de Pascal, de la condition de Kant, de la représentation de Schopenhauer, de la dialectique de Hegel, de l'existence de Sartre, de l'inconscient de Freud, de l'intériorité de Bataille, de la négation d'Adorno, du rhizome de Deleuze ou encore du degré zéro de Barthes.

L'opéra est un vaste inventaire de concepts qu'il est inutile de décliner et dont il devient arbitraire de respecter la chronologie tant l'abstraction de l'outil informatique engendre une diversité analogique.

> Or, quoique datés, signés et baptisés, les concepts ont leur manière de ne pas mourir, et pourtant sont soumis à des contraintes de renouvellement, de remplacement ; de mutations ...[1].

La mutation du concept opéra est une belle idée. Elle rappelle le monde de la République médiatisée de Platon, inamovible et fonctionnelle, fondée sur le libre-échange et la circulation des théories et des techniques. La

1. G. Deleuze, F. Guattari, *Qu'est-ce que la philosophie ?*, *op. cit.*, p. 13.

technologie serait une utopie transversale, une beauté idéale maîtrisable par à-coups. Elle est le porte-parole épistémologique de la composition musicale, son *en guise* de modernité. Il faudra bien en venir au langage, à l'écriture, à la grammaire, à la lettre, à la transmission. Face à l'impossibilité de consigner la modernité dont il était un savant précurseur, Philippe de Vitry a rédigé un traité sur la musique de l'*Ars nova*; Gluck a préfacé *Alceste* pour imposer la réforme dramatique; Wagner a écrit *Tristan* et *Opéra et drame*; Schoenberg nous a laissé un *Traité d'harmonie* et *Moïse et Aaron*; Pierre Boulez a posé dans les années 60 la pierre philosophale de la musique de l'avenir dans *Penser la musique aujourd'hui*; le mouvement *L'Itinéraire* a cristallisé une direction phénoménologique de la composition.
À la question :

> Que pensez-vous d'une évolution de l'opéra? », Alban Berg répondit : « J'en pense ce que je pense de toute évolution. Un jour surgira une œuvre maîtresse. Elle sera tellement orientée vers l'avenir, que l'on pourra parler, en vertu de sa seule existence, d'une évolution de l'opéra »[1].

On admettra que la parole *moderne* sur l'opéra est déjà une vieille idée et que si la modernité ne peut neutraliser l'attente, elle ne peut pas plus la retenir.

le dé-nouement des nouvelles technologies : une épistémologie du théâtre lyrique

La question des nouvelles technologies ne doit pas obstruer le bien-fondé d'une réflexion musicale. Quant à la ramener à l'opéra, il est patent que ce qu'elle autorise conduira inéluctablement à une sorte de secousse épistémologique : l'avènement d'une nouvelle utopie lyrique. Pour le moment, les expériences se succèdent, solitaires, démonstratives. Elles signifient la mutation de l'écriture et du lieu de la représentation. Écriture, parce qu'au pluralisme des moyens, elle suppose une coordination des effets lisibles dans la notation; lieu, parce que la perception frontale et unidirectionnelle de la dramaturgie, de la scène à la salle et de la salle à la scène, en passant par la fosse d'orchestre et l'arrière-fond des coulisses, peut être horizontalement et verticalement détournée. Les nouvelles technologies optent pour une duplication des lieux et des effets sur le déroulement du spectacle. Elles postulent donc pour un éclatement de la dramaturgie.

1. A. Berg, « Entretiens avec Alban Berg 1928 », *Aujourd'hui l'opéra*, Paris, Recherche, 1980, p. 131.

La technologie est un concept-objet, par définition épistémologique. La logique du progrès est immanente à la logique de production et de reproductibilité. Les langages qui en résultent sont souvent les index d'une nomenclature mettant avant tout l'accent sur la distribution logique des concepts. D'où une manipulation symbolique des représentations, une perception instrumentale de l'imaginaire dramatique. L'opéra, quant à son dénouement à travers les environnements informatiques, est comme cet *autre idéal* que décrit Nietzsche dans *Ecce homo*, « courant devant nos pas ». Les outils adéquats à la formalisation de cette épopée sont soit muets, soit logophiles, pratiquant des métalangages idiomatiques comme des étymons imaginaires libres d'articuler des systèmes évanescents. D'où une esthétique de l'anamorphose, capitale dans l'histoire de l'opéra puisque de préférence adaptée aux *affetti*, à la figure, à l'ornementation, à l'effet produit plus qu'à l'effet lui-même. Dans le domaine de la synthèse du son, le rapport de la simulation à l'effet est un paradigme ouvert à la variation des idées. Les décrire revient à représenter un infini dont il n'est pas dit qu'il n'est pas un mauvais génie. Les principes de simulation se font l'écho d'un phénomène incessant auquel les compositeurs doivent imposer, le temps de l'œuvre, un silence.

Mais cette simulation incessante est une réalité :

> Dans une mutation, génétique/générique, ce qui est le plus intéressant n'est ni le point de départ, ni le point d'arrivée [1].

Formulation de Jean-Baptiste Barrière qui évite la fixation d'un processus en gestation. Il faut ici en appeler aux illusions du virtuel et du possible. Le modèle est insatiable, son imitation l'est aussi. Formaliser des représentations symboliques dans l'interface musique/ordinateur, c'est procéder par analogies du timbre et par segmentation du matériau. Composer apparaît comme une situation médiate, précisément entre le point de départ et le point d'arrivée. Là encore, ce qui est perçu comme un complexe de manipulation ne l'est pas forcément pour le sens. Cependant, cette puissante élaboration d'un lieu de la composition conforme aux névralgies de la recherche informatique ne s'arrête pas à la seule fabrication d'objets maniéristes et ductiles.

1. J.-B. Barrière, « Timbre et processus formels » in S. McAdams, I. Deliege, *La musique et les sciences cognitives*, Bruxelles, Mardaga, 1989.

Les formes musicales ne sauraient se passer de la matière. Si l'un est le sujet de l'autre, l'autre est l'objet de l'un. Aucune restriction aux analogies et aux anamorphoses. L'opéra serait une forme convertie en objet mais conservant un isomorphisme formel. Analogie de l'analogie soulevant des questions de sens et de signification. L'ordinateur est-il un dénominateur commun du renouvellement de l'opéra? Comment se couper de l'essence de la technologie tout en conservant l'existence du texte/scène/musique? Les inductions théoriques se déroulent par simulation de l'objet – la carte se confond avec le territoire. Citant Borges, nous mettons l'accent sur la réciprocité du projet technologique : dans le cas de la synthèse numérique, il y a une mise en abîme des formes comme matière d'expérimentation.

> Il s'agit de formes sur des formes, de formes informant d'autres formes. La forme prédomine. Cependant une question de prééminence reste posée : quelle forme reçoit l'autre ? [1].

Donnons un exemple : *Go-gol*, opéra de Michaël Levinas sur deux nouvelles de Gogol, *Le Manteau* et *La Perspective Nevski*, met en scène ce jeu de formes transformées en matière. L'idée musicale est précisément le miroir de la matière dans la forme. Les textes de Gogol, affranchis en livret par le dramaturge et écrivain Frédéric Tristan, suggèrent la nature insolite de la métamorphose. Le personnage d'Akaki est une figure de métamorphose. Il s'agit pour le compositeur de déceler la traduction anthropomorphique de son caractère.

> La musique va représenter un visage. Elle ne le décrit pas [2].

Par représenter, Michaël Levinas entend un métalangage, une perception allégorique de l'écriture musicale marquée par une esthétique du parasite – comme une colorimétrie du son constituée par un phénomène d'hybridation [3]. Akaki devient, dans la transposition musicale, identique à ses métamorphoses. Une cymbale tournante croisée avec une voix dramatise les aspects indéterminés d'Akaki, individu hybride – fiction psychologique incarnée. La technique des hybrides en vigueur dans *Préfixes* (1991) met en exergue un moment névralgique du son : le transitoire d'attaque. Dans cet énoncé, on trouve des mondes intermédiaires, des croisements et variations

1. Ph. Queau, *Metaxu*, *op. cit.*, p. 88.
2. M. Levinas, *Entretien avec Danielle Cohen-Levinas*, Paris, mai 1992.
3. P.-A. Castanet, « Le compositeur et son double » in *L'Itinéraire*, D. Cohen-Levinas (dir.), Paris, *La Revue musicale*, février 1991.

de sens et de matières. L'ordinateur analyse simultanément deux sons dissemblables qu'il re-synthétise en un troisième. Ce dernier croise les spectres communs des deux sons originels. Mais ce n'est pas le transitoire d'attaque en tant qu'idiome mutant qui souligne les virtualités dramatiques du dénouement des nouvelles technologies – le porte-son du merveilleux. Quand un personnage fait nommément son entrée dans un opéra de Mozart, la musique l'a déjà, antérieurement, figuré. L'ordinateur agit dans le sens d'une fulguration de la forme et du matériau, interactions comprises dans l'idéalité du lieu de l'action synonyme d'espace et de spatialisation pour l'opéra de Michaël Levinas.

> Les deux nouvelles de Gogol sont soumises à un découpage par séquences de type cinématographique propulsées dans des espaces contrastés. Ce découpage correspond à une deuxième vision du personnage d'Akaki : il tourne sur lui-même et sautille comme un archétype de la *Commedia dell'Arte* [1].

Dans la *Conférence des oiseaux* (1985), l'évolution syntagmatique de l'action dans l'espace est évoquée par des *fondus enchaînés* : technique de mixages électroacoustiques correspondant à des techniques de dégradés d'une scène à l'autre. Le projet lyrique sous-tend des virtualités plastiques et chorégraphiques révélées par la mise en fluctuation du son dans l'espace. De même que l'idée de l'âme chez Platon est une réalité « intermédiaire », reliant le sensible à l'intelligible, l'idée d'un dénouement des nouvelles technologies dans le présent de l'opéra est une réalité épistémologique. Le concept – identique à l'âme – se meut de lui-même, image hégélienne des « purs automouvements ». L'idée d'hybridation se prolonge dans le réel, vers une utopie confondue avec les formes qu'elle revêt, à chaque fois différentes. Le croisement des caractères contradictoires d'une même unité de lieu et d'espace est entretenu par un lien formel entre les deux actes respectivement aux deux nouvelles, *Le Manteau* et *La Perspective Nevski* – plus on s'approche de l'identité des personnages et des situations, plus leurs réalités se dédoublent, comme si elles représentaient une vérité fuyante, la trace de son visage déjà éloigné.

> L'hybridation d'une voix et d'un instrument n'intime pas pour une fusion, mais pour une idée de l'instrumental comme prolongement de la voix [2].

1. M. Levinas, *Entretien avec Danielle Cohen-Levinas*, Paris, mai 1992.
2. M. Levinas, « Qu'est ce que l'instrumental » et « La migration des âmes » in *L'Itinéraire*, *op. cit.*

Prenons le cas de Berg dans *Wozzeck*. Il superpose, dès la scène 1 de l'acte I, le rire du capitaine avec une orchestration en rebondissement. Le procédé est classiquement identique. Le concept d'hybride émancipé par l'ordinateur et scientifiquement observable présente un contenu dramatique. La vocation de l'opéra s'y reconnaît : exprimer « ce qui s'agite dans l'âme humaine » – telle est la vocation de la musique pour Hegel.

Si la technologie à l'œuvre veut toucher l'âme, il lui faut simuler une forme plus idéalement élevée que sa matérialité, plus canoniquement essentielle. Le concept d'*anima* au regard de la machine est une façon de signaler l'autonomie de ses mouvements, de ses performances. L'ordinateur ne cesse jamais d'être mû puisqu'il se meut lui-même à partir de données exclusivement programmatiques. Le séjour d'une action lyrique dans un cadre épistémologique indique ce réveil fracassant de l'opéra dans un territoire mixte, objectif quant à ses manipulations, subjectif quant à ses perspectives de langue et d'écriture instrumentale. Mettre en évidence le rapport entre la figuration et l'abstraction : la technologie s'empare des structures dont dispose le compositeur et développe ses propres isomorphismes. Le geste épistémologique consiste à ne pas énumérer les spécificités d'un opéra virtuel où l'informatique intervient, non dans ses modes d'antériorité, mais de façon plus consensuelle, à savoir, moins systématique – différence entre la technique et la technologie.

Le dénouement n'est pas l'image du réel, mais sa *mimesis*, sa libre circulation dans le musical. De même, le théâtre lyrique renouvelé dans les contraintes de l'ordinateur n'est pas une image des nouvelles technologies, mais une pensée lyrique en devenir, qui tend à esquisser une permanence esthétique au cœur d'un monde dont la loi est l'obsolescence.

du néo-baroque musical : l'opéra ou la mélancolie en question

L'opéra constitue aujourd'hui un laboratoire d'expériences. Celles-ci opèrent aussi bien sur la narration que sur la scène et l'orchestration. Or, depuis ses origines, l'opéra assure le passage d'une esthétique à une autre. Monteverdi fît glisser la monodie accompagnée dans la polyphonie. Il argumenta en faveur d'une *seconda prattica* qui accordait au figuralisme une coloration expressive, dans laquelle les procédés d'écriture en vigueur à son époque se sont accordés. La Renaissance privilégiait le rapport de masses, la plastique de l'horizontalité, la rencontre fortuite ou contrôlée d'un contrepoint fleuri, hautement sophistiqué, fait pour empêcher que le modèle ne soit trop audible. Le baroque épure dans un premier temps la complexité de la polyphonie. Surgit alors un objet mélodique, une figure, tel l'exposé d'une autonomie naissante. Au XVIIe siècle, le baroque musical jouait sur la dualité du pluriel et de l'individuel, de la voix qui parle, récite ou chante, et de l'accompagnement qui soutient, illustre ou assure les transitions d'une émotion à une autre, d'un état à l'autre. Si rencontre il y a, elle est presque toujours dans les contraires, dans l'alternance du vif et du lent, du tensionnel et du serein, de l'ornementé et du dépouillé. La réalité baroque de l'opéra est dans cette phénoménologie pulsatoire et ostentatoire de l'espace et du temps. Cette division n'est pourtant pas si extravagante que le laisseraient supposer les combinatoires baroques. Elle est plutôt systémique, dans une totale dépendance au récit. Il y aurait donc un statut baroque dévolu à l'opéra en-deça de toute rhétorique, mais ce baroque est particulièrement actif dans la potence du discours, dans une éloquence poétique transmise à l'écriture musicale, dans une pensée du sens exaltée par le son, dans l'identification de topiques qui conservent chacune leur lieu d'origine. La parole reste la parole. Sa conversion en *parlando* ou en récitatif n'occulte jamais la précision de l'énoncé. Les techniques de l'ornementation renforcent la stylisation de l'objet mélodique qui se constitue en entité autonome. De même, le geste instrumental se constitue en *continuo* qui, comme son nom l'indique, *continue* ce qui est prononcé, comme un auxiliaire fidèle et imperturbable. Le rapport d'analogie du verbe-son est de pure extériorité. Il se dégage plutôt un rapport métonymique. Le verbe/son se forme en relation avec le temps musical et tisse une trame absolument conforme à sa fonction de porte-voix. Les *arias* baroques acquièrent une autonomie telles, que toutes contorsions rythmiques ou mélodiques ne parviendraient pas à entraver la trajectoire de la monodie accompagnée.

De même, les récitatifs balisent une esthétique de la ponctuation, du phrasé, de la cadence et du geste chorégraphique dramaturgiques préparant la libération imminente de la voix chantée. L'opéra au XXe siècle recherche cette extrême liberté du geste instrumental et du geste vocal *via* des modalités de représentations radicalement différentes. Passées les hardiesses d'un *bel canto* extrême, la vocalité contemporaine renoue avec une plastique baroque. Elle conjure tout d'abord ses forces ancestrales, en envoyant en délégation un texte, le plus souvent happé ou disloqué. La voix est avant tout un matériau. La narration est secondaire. Aussi était-il nécessaire de développer le potentiel théâtral contenu dans toute musique. Le théâtre lyrique contemporain est avant tout un théâtre d'idées à vocation évolutive. Des compositeurs tels que Bernd Aloïs Zimmermann, Ferruccio Busoni et plus tardivement, Luciano Berio, György Ligeti, Mauricio Kagel, Luigi Nono ou Karlheinz Stockhausen ont pensé, rêvé même une forme opératique non contrainte par les seules normes d'un répertoire académique, parfaitement anti-baroque dans sa conception et sa représentation. Entre 1950 et 1980, la

dramaturgie délaisse résolument la linéarité des livrets, les tensions dramaturgiques, la construction *ad hoc* de personnages mythiques, emblématiques ou archétypiques. Les techniques de simulation néo-baroques sont dues aux diverses techniques de collages ou de montages, dans la pure tradition citationniste. Le but est de pulvériser l'espace intérieur de l'opéra, de dynamiser les relations entre texte, musique, dramaturgie, afin de créer un opéra anti-opéra. Nous pourrions trouver de nombreuses affinités entre la conception pluraliste de Zimmermann, la conception ouverte de Pousseur ou de Berio dans *Passaggio*, ou encore les *varianti* de Nono. Au-delà de ces analogies objectives, c'est toute la mise à mort de l'opéra traditionnel qui est sollicitée. En cessant de se reproduire lui-même, l'opéra réfléchit les conditions de sa propre existence et de sa survivance. Il s'isole. Problématique à l'œuvre, il s'efforce de ne pas engager de compromis avec le poids de l'histoire qui le gouverne. Cet enjeu est baroque, parce qu'il crée une tension irrésolue. Or, l'opéra, c'est du temps spatialisé. On ne saurait s'abstraire de cette réalité vers laquelle tend toute musique, y compris celle qui ne fait pas appel à une dramaturgie. Dans son fameux *Credo en l'opéra*, Kurt Weill dressait déjà, en 1925, le climat tragique dans lequel se débattent les compositeurs qui désirent détourner la fonction esthétique du théâtre lyrique, ou qui cherchent, tout simplement, à se détourner d'elle :

> Nous ne pouvons pas voir dans la composition d'opéras l'accomplissement d'une tâche purement extérieure, pendant que nous épuisons nos vrais contenus dans d'autres formes. Nous devons accomplir notre idéal formel sur la scène, nous devons être persuadés que l'œuvre scénique peut reproduire les éléments essentiels de notre musique, nous devons croire sans réserve à l'opéra[1].

Autrement dit, l'opéra est pensé comme un creuset susceptible d'accueillir toutes les formes de musique. La proposition de Kurt Weill est audacieuse, car elle permet de comprendre l'anathème jeté aux théories de Wagner. Elle s'inscrit dans le prolongement du drame musical en ce sens qu'il magnifie l'élan dramatique contenu dans la musique instrumentale et tente de la convertir en création scénique. L'élan est synonyme d'énergie. Nous retrouvons à nouveau une transparence baroque exprimant la vitalité d'un genre qui se réfugie dans l'excès et dans une perpétuelle reconstruction de lui-même. Dans la seconde moitié du XXe siècle, cette reconstruction a pour nom théâtre. Certains diront, théâtre musical, voire théâtre instrumental. Le fait est là. Le concept d'opéra devient constitutif d'une action théâtrale. Cette interdépendance que nous trouvons déjà dans *l'Opéra de quat'sous* (Kurt Weill et Bertold Brecht), ou, en plus formellement et techniquement élaboré, dans *Die Soldaten* de Zimmermann, brise « le despotisme univoque d'une composante sur l'autre » (Luigi Nono). Par despotisme, il faut comprendre fusion, aliénation de la musique sur le texte et la scène. Le baroque lyrique a besoin de subversion. Sa vocation réside dans la notion de collaboration et de simultanéité d'un art qui se voudrait tout autre. Oui, mais quoi d'autre ? Le nivellement de l'individualité tel que pouvait le concevoir Wagner se dépouille des procédés fusionnels sans lesquels aucun geste baroque n'apparaît comme tel. Nono évoque volontiers les *Mystères* et les *Sacre rappresentazioni* du Haut Moyen Âge. Axés autour d'un centre focal unique, ils annulaient le rapport social en rassemblant le public autour de scènes fixes. Cette chorégraphie qui abolit toute hiérarchie est effectivement à l'origine d'une pratique de la dislocation sur deux plans, du public et de la scène; d'une ritualisation de la fixité des tréteaux prévue pour sacraliser chaque geste avant de les restituer au public. Théâtre dans le théâtre, Nono ira plus loin. Dans *Intollerenza* (1960), il complexifiait le matériau acoustique par un matériau optique quasiment abstrait. Le public pouvait entrer dans le spectacle, imposer son propre rythme, circuler librement

1. K. Weill, « Credo en l'opéra », *Contrechamps*, Lausanne, L'Âge d'Homme, n° 4, 1985, p. 18.

dans l'intimité de l'écriture, écouter le savoir faire des interprètes sans être contraint ni par le lieu, ni par son champ visuel. Le public fait partie intégrante de l'action. Quelques années plus tard, Nono réitérera l'expérience d'une œuvre ouverte à un public potentiellement re-créateur de la dramaturgie de son spectacle. *Prometeo, tragedia dell'ascolto* est effectivement un opéra à rebours, ou à l'envers, ou encore rétrograde. Nono y renverse les paramètres traditionnels. Par *tragédie de l'écoute*, il oblige le public disposé autour d'un complexe technologique, vocal et instrumental très élaboré, à s'identifier au son. Il crée un impératif esthétique à la limite de la brisure : l'oreille se cabre afin de percevoir les variations infsensibles consignées dans une réalisation raréfiée à outrance. Ce geste, plus que baroque, renonce au voir. Le son est déjà en soi un phénomène de représentation. Il n'est plus besoin de surenchère optique. Ce serait presqu'un pléonasme, tant la musique de Nono surdétermine une action tragique et inexorable. « Au fond de l'impératif esthétique nous discernons l'impératif moral » écrivait Nono en 1962 à propos d'*Intollerenza*. Pour *Prometeo*, sa voix s'est presque tue. Le *presque* nous renvoie à ce manque si précieux qui force le surgissement d'une œuvre lyrique et qui signe l'urgence d'une modernité captive de sa propre tragédie : l'impossibilité à exprimer son identité de modernité. La modernité se tait, comme Joséphine dans le récit de Kafka.

L'histoire du baroque musical dans le théâtre lyrique n'est pas seulement effectif dans les œuvres. Elle est aussi un idiome de l'opéra, une valence catégorielle dont le devenir subit des soubresauts inattendus. L'opéra est un geste baroque à lui tout seul. C'est ainsi que pourrait s'ouvrir et se refermer momentanément une théorie de cet art intriqué dans les préoccupations de nos avant-gardes musicales. À la fois cristallisé et non cristallisable, itératif et invariable, soumis à la loi de l'éternel retour, il offre pourtant bien quelques résistances aux compositeurs, mais cette résistance n'est pas hostile, elle est tout simplement représentative de la fascination qu'exerce l'opéra en des temps de mutation. Car c'est bien là que réside le secret dit baroque de l'opéra. Il réapparaît toujours en des temps d'incertitude, de métamorphose et de spéculation théorique. Suivant le paradigme bien classique, il convoque l'histoire en temps réel et contemple son devenir. Il est, si l'on peut dire, phénoménologie de toute musique. Il participe au triomphe de l'éphémère et subit des carences fonctionnelles fondamentales : inaliénable, l'opéra conserve une spécificité polyphonique.

Après avoir affirmé haut et fort que la parole parlée se dote de propriétés musicales, que le parlé chanté articule des signaux sonores, que l'instrumental célèbre une métaphysique du chant, que l'éclatement du texte déplace les implications sémantiques vers des zones inédites, que le modelage spatio-temporel fait éclater la trajectoire univoque du regard et que la perception immédiate d'une œuvre lyrique n'est pas exclusivement dépendante de sa compréhension, que reste-t-il à formaliser ? Juxtaposer des intentions dites baroques ne signifie pas pour autant que leur réalisation le soit. Dans ce double jeu de reconnaissance historique et transhistorique, le compositeur témoigne de sa fidélité à un concept plastique : le néo-baroque musical.

Or, tel est encore le problème de l'opéra. Entre 1980 et 1990, la lisibilité des œuvres lyriques pourvoit à l'idée de manque qu'il faut combler. Le phénomène *renouveau* opéra signifie : objet empirique *ad hoc* susceptible d'être entendu et perçu sans faire appel à autre chose qu'à lui-même. L'opéra serait un don à la modernité. Baroque, parce que recouvrant plusieurs siècles d'expériences lyriques. La métaphore du sujet saturnien converti en objet mélancolique nous livre une clé historique précieuse. Où faut-il domicilier le principe de la mélancolie néo-baroque de l'opéra ? Tous ces *topoï* conceptuels ne sont-ils pas des lieux par définition *a-topiques* ? Au-delà de l'histoire, mais aussi dedans, quand la faculté d'innover dans la musique instrumentale s'épuise et que l'opéra redevient le lieu de toutes les empiries et rassemblements. Dans une pratique compositionnelle qui tend à réfuter une pensée créative lyrique, quel recours invoquer ? L'opéra est soudé au musical, possédé par lui, pareil au génie créateur qui chez les anciens se manifestait par la médiation d'un acte mélancolique. La mélancolie est « le genre qui préside à l'art »[1], comme l'opéra est le genre qui préside au renouveau du musical. Le parcours historique et chronologique qu'Erwin Panofsky consacre à la Mélancolie[2], est pour nous un modèle. L'opéra porte en germe une mélancolie qui le rend libre et fascinant. Selon Kant : « l'homme mélancolique déteste toutes les chaînes, que ce soient les ors du courtisan ou les fers de l'esclave aux galères »[3]. L'opéra dénoue les fers de la raison, que ce soient ceux de la tradition ou ceux de la modernité.

Panofsky démontre par ailleurs comment, dans la pensée marxiste et matérialiste, la mélancolie ne suscite plus d'états artistiques, mais est

1. *Ibid.*, p. 536.
2. *Ibid.*
3. *Ibid.*, R. Klibansky, « Avant-propos ».

suscitée par l'idéologie bourgeoise comme symptôme d'incapacité à remédier à la dichotomie de la sphère des possibles, en l'occurrence l'utopie, et la sphère historique, la réalité. Contradiction notoire qui se résume par le déclin de l'aura. Serait-il synonyme de neutralisation de la mélancolie – si toutefois on consent à valider la thèse en vigueur dans la grécité antique, que les excès du mélancolique, autrement dit, ses crises d'épilepsie, conduisent tout droit au sublime …

Christine Buci-Glucksmann parle d'une mélancolie de l'art[1]; concept et empirie fondamentalement complices. L'un excédant sur l'autre afin de raviver son emprise historique, alors que l'autre est un *non-lieu*, désigné entre la *prima* et la *seconda prattica* – là où finalement la complexité se dirige vers l'épure. La lisibilité baroque n'est pas attachée aux épilogues drastiques sur la modernité ou sur la mélancolie submersible dans l'événement lyrique. L'étude de certaines œuvres lyriques de Pascal Dusapin apportent sur ce point quelques éclaircissements.

Saturne ou le néo-baroque musical

La question de l'opéra est au centre des préoccupations compositionnelles de Pascal Dusapin. C'est elle qui anime la logique d'écriture inscrite dans le parcours de son travail, et, surtout, c'est elle qui inspire les nombreuses figures rhétoriques en vigueur dans toute son œuvre. Ainsi, d'emblée, le territoire musical de Pascal Dusapin s'offrirait comme le lieu emblématique du rapport entre son, verbe et dramaturgie, y compris quand ce lieu n'intime pas nécessairement en faveur d'un spectacle lyrique. Pour comprendre l'écart qui sépare *Roméo et Juliette* (Avignon 1989) de *Medeamaterial* (Bruxelles 1992), il faut lire et entendre ces œuvres lyriques avec l'idée d'une transversalité, véritable désignation esthétique qui relève autant du paradoxe que de l'ambiguïté. Quelle serait la nature de cette transversalité ? Les chemins qui mènent à la composition sont pour Pascal Dusapin pavés d'une confrontation rigoureuse et quotidienne avec des domaines qui, *a priori*, ne relèvent pas du musical, en particulier l'art, la littérature et la philosophie. Une écriture soignée cristallise cette transversalité. Elle se nourrit de sa distinction avec les autres langages comme une poëitique de différence, qui permettrait au compositeur de jouer sur la notion de seuils, d'inventer une topique de l'intervalle suffisamment puissante pour accueillir un geste non musical. D'où une grammaire

1. C. Buci-Glucksmann, *Tragique de l'ombre*, Paris, Galilée, 1990.

simulacre, *magmatique*, pour reprendre l'expression de Pasolini. Á l'origine de cette poëitique, une rencontre, avec le rhizome de Gilles Deleuze, théorie de la connexion et de l'hétérogénéité où chaque objet, entité et concept figurent « des lignes d'articulation ou de segmentarité, des strates, des territorialités; mais aussi des lignes de fuite, des mouvements de déterritorialisation et de déstratification »[1].

Le choix de *Roméo et Juliette* est une métaphore de cette démarche qui consiste à puiser dans la mémoire historique l'indice qui permettra de s'en éloigner. Une anamnèse compositionnelle et dramaturgique. Renouer avec l'opéra pour mieux se dégager des allégeances du genre. Le territoire de la partition devient alors une sorte de cartographie fictive où Dusapin dessine des points, lignes et plans hétérogènes. Inventer le rhizome musical qui permettra d'aligner l'allégorie du mythe avec les contraintes d'une théâtralité littéraire immédiate : l'histoire de l'opéra est une affaire d'immanence du son-affect. Le *lieu* du son, sa physionomie, sa texture se déplace dans le texte rédigé par Olivier Cadiot, de sorte que l'un absorbe l'autre sans pour autant renoncer à son identité respective. Entre l'objet opéra qui dresse un pont entre le modèle (tradition) et son éventuelle transgression (modernité) et cette grammaire transversale se noue un enjeu singulier. Gommer la temporalité de l'action équivaut à disloquer la plénitude des conventions, à installer la dissonance dans l'harmonie, à rompre le tissu discursif en privilégiant une textualité proche d'une prosodie qui a neutralisé la logique narrative. Déjà, *Roméo et Juliette* inverse les paramètres, d'autant plus que Pascal Dusapin a souvent déclaré sa méfiance envers la *dictature de l'œil*. Il oppose à cette dictature une esthétique fractale, un prisme lyrique dans lequel le regard écoute et l'écoute regarde. Non pas une réciprocité dialectique, mais une simultanéité qui ne prétend plus jouer du sens, de la sonorité et de l'image, mais qui, dès sa conception initiale, est sens, sonorité, image.

Roméo et Juliette est-t-il l'opéra antidote? Est-il un geste subversif à l'endroit d'une question récurrente? Quel serait le parfait rhizome pour accomplir une Babel musicale nouvelle à la hauteur de cette récurrence? Sous-titré opératorio, *La Melancholia* serait le second temps de la valse hégélienne, une antithèse ambiguë qui s'arroge le droit d'interpeller, non plus l'histoire de l'opéra, mais sa désignation linguistique.

1. G. Deleuze, F. Guattari, *Mille Plateaux*, Paris, Minuit, 1980, p. 9.

> *La Melancholia* pourrait être considérée comme un opéra si *La Melancholia* n'avait aucune raison d'être considérée comme un oratorio [1].

Pirouette intellectuelle, ruse linguistique consistant à glisser un terme dans un autre afin de subvertir le dispositif critique de cause à effet. Il s'agit d'un procédé de substantivation, l'invention d'un mot valise qui se distancie à dessein d'une catégorie indiscernable. Opéra ou oratorio, ou les deux ? La volonté du compositeur qui pense musicalement et écrit linguistiquement induit une fonction stratégique éloquente : « un opéra, pourquoi ? Comment se défendre de ceux qui en possèdent les définitions ? » [2]. Pour hisser l'objet opéra à hauteur de son ambivalence, Dusapin invente une sorte de scorie terminologique, une figuration possible du contenu de vérité qu'Adorno entrevoyait dans les œuvres réfractaires aux catégories. En contrepoint à la question posée par Aristote (Problème XXX, 1) :

> Pourquoi tous les hommes qui furent exceptionnels en philosophie, en politique, en poésie ou dans les arts étaient-ils manifestement mélancoliques [...] ?

La Melancholia répondrait par une élaboration théorique qu'à elle seule, elle

ne peut épuiser, tant cette élaboration est un laboratoire pour toute la création musicale. Pourquoi les compositeurs ne peuvent-ils pas renoncer à la forme lyrique ? Pourquoi la musique a-t-elle besoin de la scène ?

> Comment faire chanter ? Comment cohabiter avec la substance signifiante d'un texte ? Comment faire coexister un texte, une musique, une scène sans faire allégeance a ce qu'il est convenu d'appeler un opéra ? [3]

Le mythe de la mélancolie comme substrat de l'activité artistique, de l'invention, de l'accumulation des savoirs et des connaissances, de la prophétie des Idées est un véritable oxymore de l'opéra. *Saturne ou la mélancolie*, ouvrage d'Erwin Panofsky, aurait un équivalent musical, métonymie d'une mémoire lyrique et d'une humeur paradigmatique, non chronologique, à mi-chemin entre le mal sacré (les accès d'invention contiguës pour l'antiquité aux crises d'épilepsie) et les cadres rigoureux fixés par le compositeur.

1. Entretien avec Danielle Cohen-Levinas, Paris, janvier 1992.
2. *Ibid.*
3. *Ibid.*

l'opéra, ou la mélancolie en question

L'opéra et la mélancolie ? En quoi ces deux entités sont-elles redevables d'un même élan et en quoi cet élan est-il supposé mélancolique ? Conformément à son identité musicale et artistique, à un solipsisme singulier, prolixe, Dusapin réplique par une œuvre qui souscrit, dans ses modalités d'application, à la nature du rhizome deleuzien.

> Dans ce parcours historique autour de la mélancolie – à travers les sources les plus diverses – j'ai pris un plaisir immense à suivre l'évolution de ce savoir mouvant, toujours différent au fil du temps et sans cesse recoupé et renouvelé par les territoires nouveaux qu'il engendre lui-même [1].

L'imaginaire du compositeur dessine également une courbe que l'on peut qualifier de mélancolique qui aboutit formellement à une œuvre discontinue dans ses agglomérats citationnels de références littéraires et totalement balisée dans ses ramifications par une structure numérique symbolisant le thème de la mélancolie sous ses diverses infinités temporelles et signifiantes. Mélancolie, concept à la fois descriptif et allégorique, intervient à tous les niveaux du récit et dans chaque strate et configuration instrumentale ou vocale. Quatre chanteurs debout devant la scène expriment les quatre humeurs. Les trois cuivres jouant de dos dans le fond de cage évoquent la présence d'un triangle sacré établi entre Dieu, le mortel et un médiateur ; le chœur mixte des douze voix dans la dernière partie symbolise les douze étoiles et les douze maisons astrologiques ; de même que les trois cuivres aux côtés des quatre chanteurs symbolisent les sept planètes et, par extension, les sept jours de la création. Cette répartition bipartite et asymétrique du territoire scénique, traversé par un effectif orchestral et vocal classique – en dépit de la présence d'une bande d'où surgit une voix de femme prononçant un texte en grec ancien, lui-même sous-titré par une voix d'enfant – n'est pas fortuite. L'épure de la représentation, en adéquation avec l'absence d'une quelconque dictature de l'œil, prolonge ou/et précède l'épure acoustique au tissu très polyphonique. Le son dispense sa propre phénoménologie. Il est une hypotypose, une *trace* panoptique, un *lieu* de représentation *in abstraco* : et la scène, le catalyseur des forces hétérogènes centrifuges, le *lieu* des confrontations déterritorialisées. En ce sens, *La Melancholia* poursuit, comme un arc tendu, le projet dramatique contenu dans *Niobé* (1982), avant la création de *Roméo et Juliette.* Elle

1. *Ibid.*

anticipe *Medeamaterial* par sa capacité à joindre des concepts mythologiques aussi prolixes que la mélancolie, la maladie, la douleur, la pétrification et la mort. Mais alors que *Niobé* – fille de Tantale, sœur de Pelops – accusait l'impact oratorio, que *Roméo et Juliette* – fille d'une révolution sans révolution, sœur d'un archétype passionnel dépossédé de son vécu – accusait l'impact lyrique, *La Melancholia* concentre le récit, comme une propédeutique de la maladie, et *Medeamaterial* le distille instrumentalement et le scande vocalement, comme une propédeutique de la voix réduite au silence, comme dans la tragédie grecque.

Niobé articulait le drame; *Roméo et Juliette* l'efface; *La Melancholia* le conceptualise et *Medeamaterial* en désarticule les principes narratifs et en conserve les fonctions. Tel un négatif de photographie, *La Melancholia* soude deux polarités complémentaires : *Niobé* qui implose, *Medeamaterial* qui explose. Elle opère un chassé-croisé névralgique : le mythe de la maladie comme principe fondateur et unificateur des œuvres lyriques de Pascal Dusapin – principe qu'il expérimenta dès 1976 avec un cycle de trois pièces, *Igitur, Lumen* et *L'homme aux liens.* Le *De Natura Rerum* de Lucrèce servit de prétexte. Dusapin entrevoyait une démarche philosophique suffisamment matérialiste pour adhérer à un phénomène irrationnel transmissible par la notation musicale – la question de Dieu sous l'angle d'une déconstruction de la métaphysique et d'une construction progressive de l'univers par une réflexion sur l'atome. Ainsi, les opéras de Pascal Dusapin expriment les multiples facettes de l'activité humaine. « D'immenses fleuves coulent sur la terre » (Léonard de Vinci), dit Pascal Dusapin lorsqu'on lui demande quel est le fil d'Ariane qui relie ses œuvres lyriques avec ses opéras.

> Ce qui chemine entre les partitions que j'écris procède d'un ordre caché mais pas toujours conscient. Cette ligne est brisée, sans cesse niée dans son développement par des contraintes qui peuvent devenir un cloître si je n'y prends pas garde. Cette ligne, c'est la pensée. Mais quelle pensée ? Que peut-on dire d'une pensée musicale sinon la musique elle-même?[1].

Pratiquement, le système formel et stylistique en vigueur dans *La Melancholia* pour exprimer la brisure de cette ligne rejoint, dans ses procédures de notation, le figuralisme rhétorique d'Aristote. Mais alors que ce dernier s'incarnait dans une écriture agitée par les *affetti*, celui de Dusapin déborde sur le syntagme. À la différence du signe figuratif, le

1. Entretien avec Danielle Cohen-Levinas, Paris, janvier 1992.

syntagme exprime une unité à l'intérieur d'un schème musical discontinu. Nous sommes bien au cœur d'une représentation intermédiaire entre les phénomènes perçus par les sens (compréhension de l'action) et les catégories de l'entendement (compréhension formelle indépendante de l'action). Il suffit au compositeur d'inscrire un rhizome mélodique ou harmonique, parfois même une note pivot ou un accord, de les relier à l'ensemble du territoire orchestral, vocal et textuel pour créer l'illusion de l'affect. La conception microscopique de la structure rejaillit sur la totalité de l'œuvre et déclenche chez l'auditeur une mémoire symbolique et métaphorique – une façon de leitmotiv numérique à interface polymorphe. Nouvelle ambiguïté dramatique de *La Melancholia* : si l'écriture ne réfute pas la rhétorique, elle en abandonne les contours reconnaissables. La question de l'opéra poserait le problème d'un consensus figural sans figuralisme d'artifice. La question d'un entre-genre, de la ruse terminologique se saisit de cette quête du signe et de l'émancipation du code.
Medeamaterial, composé en première partie de *Didon et Énée* de Purcell est :

> … un parfait exemple d'une réponse à une commande officielle subvertie en un projet filtré à mes convenances personnelles, elles-mêmes surgies d'une pensée qui ignorait tout de cette nouvelle direction alors imposée par l'institution opéra [1].

Dusapin expose le miroir esthétique dans lequel deux œuvres – écartelées chronologiquement et stylistiquement –, s'accordent en un point donné par un enjeu qui s'appelle *opéra*. Avec Purcell, nous sommes au cœur d'un rassemblement figuratif qui pousse la dramaturgie en avant ; avec Dusapin, nous sommes au centre d'une appropriation radicale des conceptions baroques qui parvient à déconstruire les contraintes (instrumentales) de leurs carcans sonores identifiables. De plus, contrairement à l'élaboration simultanée de la musique et du livret dans *Roméo et Juliette*, dans *Medeamaterial*, Dusapin s'en est tenu dans un premier temps à la proposition de Jacques Delcuvellerie, le metteur en scène : le texte de Heiner Müller est un écho non moins puissant au livret de *Didon et Énée*. La mélancolie traverse les deux opéras, mais elle n'est plus la matière première d'une réflexion exclusivement philosophique. Elle est l'aboutissement d'un entrelacs politique dans lequel deux femmes, Médée et Didon, sont happées. Victimes ou coupables ?

1. *Ibid.*

Comment Dusapin traite-t-il la schizophrénie autistique dans laquelle Heiner Müller enferme Médée tout en s'alignant sur les lois compositionnelles imposées par un orchestre baroque ? Le projet est à lui tout seul une incitation arrogante pour faire venir à soi la poëitique d'un autre alors qu'on est soi-même concerné par l'alternative entre une identité personnelle et sa distinction au sein d'une œuvre lyrique. La première contrainte de Dusapin fut :

> ... d'analyser le texte de Heiner Müller pour en déduire la dramaturgie musicale, en particulier la forme du sens littéraire, le développement du discours de Médée, la rhétorique, la prosodie et la construction des phrases. Il m'a fallu aussi bâtir un projet harmonique cohérent au regard du tempérament sans déstabiliser les relations au mélodique. Je suis un familier des micro-intervalles. Je me suis donc concentré sur l'extrême richesse harmonique obtenue par une différence d'échelles entre les modes en dièses ou en bémols – dans le tempérament baroque le dièse est plus bas que le bémol ! Il m'a fallu gérer les relations verticales et horizontales puisque toute option du type volume m'était quasiment interdite à cause du matériau. Cela pour le plan abstrait. Pour l'écoute, ce fut plus complexe, dans la mesure où je devais tenir compte de l'inégalité des intervalles. Il convenait de trouver un juste compromis entre mon désir de différencier les dièses et les bémols et le tempérament idoine aux tonalités purcelliennes [1].

Pour exprimer *l'arachnéisation schizophrénique et mélancolique* de Médée, Dusapin fragmente l'héroïne en cinq voix et fait intervenir un quatuor de chanteurs, comme un spectre discret, en contrepoint à certaines interjections de Médée.

> Elle devient une sorte de pieuvre à cinq têtes au discours linéamenteux et lacéré [2].

Une légère sonorisation, *comme un susurrement* [3] renforce l'effet de démultiplication et met en exergue la solitude inexorable de Médée. La mélancolie furieuse qui l'étreint engendre ici une vocalité en abîme, sans ancrage, une vocalité désertée qui transite par une déconstruction de la phrase que Heiner Müller avait déjà déconstruite. Démembrer la vocalité musicale tout en assurant un *continuum* orchestral revenait à figurer le

1. Entretien avec Danielle Cohen-Levinas, Paris, janvier 1992.
2. *Ibid.*
3. *Ibid.*

démembrement psychique de Médée. En effet, dans le livret, Médée est totalement isolée. Il fut logique que sa transmutation sonore décline le *no man's land* tragique de sa désolation. D'où une écriture distillant autant une vocalité articulée ou désarticulée, à la limite du parler, qu'une vocalité quasi ornementale, parcourue de longs mélismes à couleur modale. L'effet est d'autant plus saisissant que la limpidité acoustique de l'écriture pour orchestre ne laisse pas présager ce frottement de voix illimitées et d'instruments contraints dans un mode d'attaque, d'articulation et de phrasé tout en filigrane. Le chœur, dans la fosse, ponctue comme dans une tragédie grecque la fatalité de Médée. Son destin est anticipé par la résonance irréelle d'une note tenue par la pédale d'un positif quarante-cinq minutes avant le début du spectacle. Cette idée « procède d'un désir d'engloutissement de l'auditeur »[1]. Toutefois, les pédales du positif ont aussi un rôle pivot puisque, jusqu'à l'arrivée de Jason où le clavecin prendra le relais du positif, les modes, les accords, les registrations s'organisent autour d'elles. Le projet dramatique de Pascal Dusapin s'achève dans l'unique air de désolation de Médée, écho rhétorique au solo de la mort de Didon. La voix de Médée est passée dans celle de Jason, à la manière d'un spectre qui ne figure plus des contours, mais du timbre. Jason expulse la densité vocale accumulée par Médée. Il devient, dans ce geste de péroraison, son intériorité. Médée survit à travers une voix qui a définitivement perdu son éloquence.

Dusapin a pris soin de mettre en exergue la puissance vocale de cette survivance spectrale. Sa voix suit les méandres chaotiques de l'infinitude du mal dans des représentations à la fois ténues et théâtrales. Sa personnalité implique l'effacement des autres, voire leur négation. À cet effet, il a modélisé tout au long de l'opéra la voix de la nourrice et celle de Jason sur un support enregistré. Dé-texturées de leur substance timbrique, elles annoncent la mort, renforçant la tension dramatique de l'action qui se déroule autant sur la scène que dans l'intériorité des personnages. Mais tout converge vers Médée. Les ramifications polyphoniques que Dusapin développe dans l'écriture sont gouvernées par cette idée de l'opéra : la contraction d'un passé-présent-futur surcondensé dans un archétype. Médée ouvre l'opéra, elle le conclut et l'achève dans un ultime soliloque – *Amme kennst du diesen Mann* – ponctué par un rythme et les sons raréfiés des alti et des violoncelles. Voix de cordes contre voix humaines, ce

1. *Ibid.*

frottement cher au compositeur fait cesser, à la manière d'une mécanique esseulée, la représentation de ce qui a été réduit au silence. L'analyse de la partition de *Medeamaterial* indique une discursivité aussi complexe dans les spéculations de rythmes et de battues que dans les anamorphoses de tessitures et de traitements des voix. Pour entrer dans *Didon et Énée* :

> J'ai voulu faire comme un architecte moderne qui aurait à reconstruire un bout de cathédrale[1].

L'idée de cathédrale est révélatrice. Ce sont des œuvres dont la construction est composite et protéiforme, s'étalant parfois sur plusieurs siècles.

Retour à la question initiale. La périodicité récurrente du phénomène opéra admet une pensée composite dans ses matériaux et cohérente dans sa structure. Composite et composition sont redevables de la même racine; *Medeamaterial* avec *Didon et Énée* sont redevables des mêmes contraintes : faire œuvre lyrique. La mélancolie ambiante, sur fond de nihilisme esthétique, est une façon de refuser le concept de déclin de l'opéra – voire de la mort de l'art. Comme plusieurs autres concepts hégéliens, ce dernier abrite le vers dans le fruit. La mort de l'art représentait en quelque sorte la fin de la métaphysique entrevue par Nietzsche, entraînant ce que Gianni Vattimo appelle une « ontologie du déclin »[2]. La figuration de la mélancolie à l'œuvre lyrique effraye autant qu'elle apaise une constellation musicale en manque ou en quête d'une métaphysique retrouvée.

1. Entretien avec Danielle Cohen-Levinas, Paris, janvier 1992.
2. G. Vattimo, *La fin de la modernité*, Paris, Le Seuil, 1987.

fissure et utopie du *Gesamtkunstwerk*

Quelques considérations autour de la postérité du *Gesamtkunstwerk*[1] nous obligent à comprendre en quoi et comment la question de l'opéra au XXe siècle s'est précisément retrouvée l'otage des fissures d'une forme d'art amphigourique. Plutôt que de reprendre littéralement ici ce que les exégètes et traducteurs de Richard Wagner appellent « Drame total », nous désignerons par fissure l'évolution dissidente et déconstructrice du théâtre lyrique après Wagner, et par utopie, le désir de ne pas renoncer à la force spécifique et singulière de la musique d'être un lieu de rassemblement hétérogène et capable de produire sa propre hétérogenèse. La notion de fissure est d'autant plus délicate qu'elle pose d'emblée le problème de l'usure et de l'étiolement progressif d'une forme, d'un objet ou d'un événement. Se fissure ce qui ne résiste pas à l'épreuve du temps. Nous verrons, pour l'avenir du *Gesamtkunstwerk* dans la première moitié du XXe siècle, puis dans la seconde, qu'il s'avère difficile, voire impossible de s'accorder sur une définition consensuelle du support lyrique fissuré progressivement de dedans – par glissement ou tuilage d'un langage musical vers ou sur un autre –, ou du dehors – par destruction, négation ou subversion des codes de représentation de l'opéra, selon les empiries modélisées dans le Drame de Wagner à partir de *Tristan et Isolde*. Aussi sommes-nous contraints de greffer notre analyse sur les signes qui annoncent, affirment la fissure, plutôt que sur le concept d'œuvre d'art totale. Ce dernier, complexe de par ses configurations protéiformes et immarcescibles, subit des variations lexicologiques sensibles, qui restent la plupart du temps non justifiées, permettant aux compositeurs de s'appuyer sur des paradigmes suffisamment mobiles pour ne pas enfermer leurs démarches dans un cadre théorique définitif. La spéculation et le pragmatisme seront les principaux vecteurs de l'héritage du *Gesamtkunstwerk*. Loin de disparaître, celui-ci abritera ses procédures de composition transmissibles sous diverses catégories. Alban Berg parlera de « la grande forme opéra »[2]; Arnold Schoenberg substituera au mot drame ceux de « forme » et « d'espace »[3]; Bernd Alois Zimmermann contractera la formule qui deviendra, lorsqu'il se référera à

1. Réflexion en musique portant sur le *Drame lyrique* tel que Wagner l'a défini dans ses écrits et dans son œuvre.

2. « Conférence sur *Wozzeck*, 1929 », *Musique en jeu*, traduit de l'allemand par D. Collins, Paris, Le Seuil, p. 77.

3. *Traité d'harmonie*, traduit de l'allemand par D. Collins, Paris, Jean-Claude Lattès, 1983.

Wagner, « l'Art total »[1]; Luigi Nono, commentant les prérogatives de Wagner, parlera de « nécessité radicale d'unir et d'impliquer les principes d'altérité dans le théâtre musical d'avant-garde qui est avant tout pour moi un théâtre d'idées »[2]; Luciano Berio verra dans la parfaite totalité que présente l'union du *Wort* et du *Ton*, le prétexte à construire une « action musicale »[3], avec ou sans narration; Maurice Kagel initiera le mouvement de transgression qui accordera au théâtre et à la vocalité le primat sur la musique; György Ligeti traversera plusieurs générations d'expérimentation d'un anti-opéra, avant d'arriver au *Grand Macabre*[4], qu'il assimile à la tradition inventée des danses macabres médiévales, des mystères et du guignol, du théâtre de foire et du faubourg, d'« une énigme en forme de musique »[5]. Seul, Karlheinz Stockhausen, avec le cycle *Licht*, s'identifiera au projet wagnérien. Mais, dit-il, pour le « surpasser et l'aligner sur les nouvelles catégories que ma musique a mises en place, je dois hypertrophier certains paramètres, comme le *leitmotiv* qui devient la super-formule, ou encore, la mélodie continue qui correspond chez moi à l'espace continu »[6]. Le concept de *Gesamtkunstwerk* est certes déconstruit en théorie, mais semble se reconstruire de lui-même dès lors que les compositeurs affrontent la forme lyrique. Il en résulte, au XXe siècle, une sorte de cartographie éclatée des fonctions assignées à ce concept dont Berg, avec *Wozzeck*, en 1925, fera le point de départ de son *Durchkomponieren*. L'analyse des fissures du *Gesamtkunstwerk* au XXe siècle est une façon de mesurer l'écart qui sépare des esthétiques aussi éloignées que celles de Luigi Nono ou Karlheinz Stockhausen, tout en cherchant dans leurs singularités respectives le point de ralliement à une forme jamais totalement éradiquée. D'où l'utopie d'un concept – œuvre d'art total – toujours en dérapage avec la réalité musicale, avec l'idée qu'il n'y a de « total » que la volonté du compositeur à ne pas abstraire de l'écriture et des systèmes auxquels fait appel l'*autre* utopie, tenace et otage de la démesure : la représentation. Kurt Weill

1. « L'Avenir de l'opéra », *Contrechamps. Opéra*, n° 4, avril 1985, traduit de l'allemand par C. Fernandez et C. Gaspar, Lausanne, L'Âge d'Homme, p. 83-90.

2. Entretien inédit de Danielle Cohen-Levinas avec Luigi Nono, Chartreuse de Villeneuve-les-Avignon, juillet 1989.

3. « Dialogue entre toi et moi », *Contrechamps Opéra*, n° 4, avril 1985, traduit de l'italien par Vincent Barras, Lausanne, L'Âge d'Homme, p. 139-144.

4. Créé en avril 1978 à Stockholm sur un livret de Michaël Meschke et Györgi Ligeti, d'après *La Ballade du Grand Macabre* (1934) de Michel Ghelderode.

5. Entretien de Danielle Cohen-Levinas avec G. Ligeti, Paris, 1984.

6. Entretien de Danielle Cohen-Levinas avec Karlheinz Stockhausen, Zurich, août 1988.

n'écrivait-il pas déjà en 1925, au moment où le culte de Wagner s'effondrait, un « Credo en l'Opéra »[1], absolument polémique et troublant au regard des fissures que lui-même, avec Bertold Brecht, augurait et appelait de ses vœux en matière d'opéra.

> Nous ne pouvons pas considérer l'opéra avec le snobisme d'une résignation indifférente. Nous ne pouvons pas écrire des opéras et en même temps nous plaindre des insuffisances de ce genre. Nous ne pouvons pas voir dans la composition d'opéras l'accomplissement d'une tâche purement extérieure, pendant que nous épuisons nos vrais contenus dans d'autres formes. Nous devons accomplir notre idéal formel sur la scène, nous devons être persuadés que l'œuvre scénique peut reproduire les éléments essentiels de notre musique, nous devons croire sans réserve à l'opéra.

Parmi les nombreux signifiants qui désignent en musique une éventuelle survivance du *Gesamtkunstwerk*, il faut tenir compte d'un paramètre intrinsèque à la composition en vigueur depuis les premières notations musicales de chants grégoriens. L'art des sons, de par l'immédiateté de sa poétique, a toujours été considéré comme porteur d'un possible sens auquel on a pu attribuer des fonctions diverses et souvent simultanées : analogiques, métaphoriques, symboliques, descriptives, allégoriques ou purement formelles. L'idée étant que la musique impose une représentation sous-jacente à ses procédures, d'ordre plus cognitif qu'intelligible. La quête d'un sens prise dans l'ellipse d'artefacts sonores, qu'ils soient vocaux ou instrumentaux, a longtemps figuré le potentiel dramatique de la musique dans ses relations complémentaires ou subordonnées aux autres arts. Wagner a épuisé le système chromatique et enharmonique qui lui permettait de susciter l'entropie spatio-temporelle. La dramaturgie et l'action sont pré-déterminées par un réseau polysémique de *leitmotive* auquel la contemporanéité lyrique ne renonce pas, quel que soit le support syntaxique auquel elle s'identifie, et quelles que soient les formes de fissures qu'elle stylise. Le langage tonal s'épuise dans une axiologie de toutes les virtualités et agit comme catalyseur et révélateur d'un monde qui s'autodélite en excellant dans la démonstration de sa puissance[2]. L'opéra moderne, tel que Wagner l'élabore dans son ouvrage théorique *Opéra et Drame*[3], amorcé consécutive-

1. *Contrechamps*, n° 4, 1985, Lausanne, L'Âge d'Homme, p. 18-19. Paru pour la première fois sous le titre « Bekenntnis zur Oper » in *25 Jahre neue Musik*, Universal Edition, 1925.
2. Véritable métaphore du *Crépuscule des dieux*, où la notion d'écroulement dramatique correspond à la déréliction organisée du système tonal.
3. Commencé en 1850.

ment aux premières esquisses de *L'Anneau des Nibelungen*, fut précisément pensé dans ses procédures internes au système qui les unifie. C'est pourquoi le premier titre choisi par Wagner pour représenter cet affranchissement de la musique par rapport aux autres arts n'était pas *Opéra et Drame*, mais *L'Essence de la musique*, comme si la nécessité d'unir poésie et musique dans un lien indissociable et indivisible était la substance même de l'œuvre musicale de l'avenir, et comme si, chemin faisant, cette substance était de nature à percer, une fois de plus, le secret de la tragédie grecque antérieure à Euripide. L'opéra moderne selon Wagner est un euphémisme. Il est l'essence du drame, et le drame est la quintessence de l'alliance indéfectible entre poésie et musique. Par contraction ou raccourci hâtif de la part de nos contemporains, on assiste à la dérive vers l'expression *Art Total* que Wagner n'a probablement jamais utilisée. Autre caractéristique préalable aux fissures dont on comprendra très vite qu'elles sont dissidentes par défaut : Wagner a également épuisé les principes de similitude. Le *leitmotiv* est toujours contigu à une action passée, présente, ou à venir. Or, si la conception du drame chez Wagner fut assimilée à l'essence de l'opéra et a donné naissance à un ouvrage théorique manifeste, c'est en relation avec la synchronie des différents éléments participant à l'élaboration de l'œuvre pris dans une dynamique fusionnelle qui efface les articulations, les zones de fracture et de sédimentation lisible, comme le passage d'une tonalité à l'autre par exemple.

utopie et art total

Dans une cohérence historique encore tonale et en voie de basculer hors de la tonalité, cela revient à dire qu'est *total* ce qui simule les différences, ou du moins, ce qui se sert des différences pour construire un système oblitérant les indices de reconnaissance. L'œuvre d'art total telle que la concevait Wagner est donc une représentation hautement complexe du concept de similitude, d'où ont surgi les nombreuses anamorphoses de la mélodie continue. Aussi, lorsque Wagner, dans la *Tétralogie*, figure par un *leitmotiv* le caractère d'un personnage comme Hunding, une direction philosophique sur le thème de la rédemption par l'amour, une affectivité exprimée dans la colère de Wotan, un élément naturel – l'or, l'eau, le feu – qui renvoie à une croyance théosophique et hiérarchique du monde, ou encore, soit un symbole converti en objet, soit l'inverse (l'épée, l'anneau), il sur-sémantise la notation musicale, de sorte que l'événement conduit à une lecture micrologique de l'action, déclenchée par une rhétorique du détail extensible à l'infini. Dans un même ordre d'idées, un art essentiel consigné dans la partition et dans le livret se prolonge pour Wagner dans une mise en scène qui, dans l'idéal, ne devrait plus se contenter d'une prise en charge formelle de la scène, mais devrait *incarner* la densité, la profondeur et la mise en perspective des nappes sonores que les interprètes transmettent à l'espace, et *a fortiori*, à un lieu adéquat. Dans une lettre rédigée le 17 mai 1881, adressée à Louis II de Bavière, Wagner exprime une certaine exaspération due à l'incompréhension des metteurs en scène face à ce que l'on pourrait appeler l'effet de contamination d'une pratique qui, pour mieux représenter l'avenir, interroge ce qui dans la tragédie antique était fécondé à partir d'un noyau central et reproducteur : le chœur.

> Chacun se sent plus savant que moi, surtout en matière de beau ; que moi qui justement veux une certaine chose, une certaine efficacité poétique, et non pas un bariolage pompeux d'opéra et de théâtre. Et l'on me donne des décors conçus comme s'ils devaient être là pour eux-mêmes, pour être admirés par exemple comme un panorama : alors que je demande simplement de former en silence le fond, ou l'ambiance d'une situation dramatique, de la rendre possible, d'y prêter la main [1].

Il faudra attendre Adolphe Appia pour que soit exaucée l'attente de Wagner. Première substitution de nature lexicale : Appia supplante la question de l'*Œuvre d'art total* en composition par celle, en interprétation, d'*Œuvre d'art vivant*.

> La durée vivante est l'art d'exprimer, simultanément dans le temps et dans l'espace une idée essentielle. Elle y parvient en en rendant la succession des formes vivantes du corps humain, et la succession des durées musicales, solidaires les unes des autres [2].

L'intelligibilité de l'opéra, telle que nous l'a léguée Wagner, serait aussi une façon de combinatoire légitime des ressources musicales à des fins optiques et scénographiques. Plus la musique est directionnelle – résolument tournée vers le drame –, plus elle autorise des renvois, des renversements, des conjonctions ou disjonctions de supports, des retours ou des anticipations. La contiguïté est un des moteurs du drame en composition, avec pour corollaire un phénomène d'ingérence du matériau musical dans l'espace temporel de l'œuvre. En effet, le *leitmotiv* agit sur le temps et la durée de l'action en même temps que le temps et la durée de l'action

1. Richard Wagner, cité par Christian Cheyrezy, « Note sur Wagner, Appia et la représentation », *Musique en jeu*, n° 14, mai 1974, p. 53.
2. *Ibidem*. p. 53.

agissent à leur tour sur lui. Nouvelle simultanéité des fonctions : la forme musicale est organiquement scellée à ses ingrédients et non pas préexistante. Dans les années vingt, lorsqu'il s'agira d'amorcer l'entreprise de déconstruction du drame lyrique, les compositeurs tels que Alban Berg, Ferruccio Busoni ou Kurt Weill commenceront par séparer ce qui fut dialectiquement soudé. Autrement dit, ils commenceront par inscrire une différence éloquente entre chaque paramètre constitutif de l'œuvre lyrique en fustigeant ce qui deviendra, notamment pour Adorno, un simulacre d'identité, un artifice d'écriture davantage qu'une poïétique.

déconstruire l'art total

Un des symptômes les plus éloquents des fissures du *Gesamtkunstwerk* tel que Wagner l'entendait est l'antinomie entre l'institution, en tant qu'elle sur-évalue le répertoire d'opéra, et la création, résolument tournée vers une déconstruction systématique des relations qui fondent la transversalité des diverses composantes du spectacle lyrique. Cette antinomie, effective à partir de 1925, fut développée par Adorno dans un article publié en 1962[1]. Son postulat initial, aujourd'hui contesté ou du moins argumenté sur les bases d'une conception exclusivement sociologique de l'opéra, fut que la forme lyrique vieillit au point de céder à la tentation de l'académisme pervers, celui qui non seulement véhicule « le paradigme d'une forme qui est consommée sans trêve »[2], mais qui s'autorise à justifier son auto-survivance par une « popularité détachée de la connaissance »[3]. L'opéra pour Adorno devient un objet agissant, s'octroyant ainsi les privilèges décadents d'un savoir musical encyclopédique. Victime, « non pas d'un quelconque changement de style, ou, comme on le dit depuis Riegl, d'un vouloir artistique nouveau, mais de sa propre insuffisance »[4], le genre lyrique accumule, d'un côté, les avatars d'une culture désenchantée, et de l'autre, la complaisance subjective d'un monde selon sa représentation qui ne peut plus penser les idiosyncrasies des compositeurs impliqués dans le mouvement de résistance post wagnérien. Le *Gesamtkunstwerk* n'est plus, aux yeux d'Adorno, qu'un effet narcotique radicalement détrôné par l'ensemble de la production du théâtre musical en vigueur depuis les années

1. « Oper », in *Einleitung in die Musiksoziologie : Zwölf theoretische Vorlesungen*, Francfort-sur-le-Main, Suhrkamp, 1962.
2. T. W. Adorno, « Opéra », art. cit., p. 14.
3. *Ibid.*
4. *Ibid.*, p. 11.

1910 qui semble s'éloigner du drame musical total, « comme dévié par une aiguille aimantée »[1]. L'analyse d'Adorno nous renseigne davantage sur le décalage flagrant qui s'est instauré dès le début du XXe siècle entre les tenants de l'héritage de Wagner représenté par les opéras de Richard Strauss sur des livrets de Hugo von Hofmannsthal et les compositeurs que l'on pourrait qualifier de progressistes. Pour eux, les conditions d'émergence d'une conception moderne de la musique transitent nécessairement par une déconstruction des codes et conventions de représentation et de représentabilité de l'œuvre lyrique. D'où la crise de l'opéra, d'où également la tentative de sauvetage qui s'inscrit dans le prolongement du processus de production. Dans ce contexte polémique qui entreprend de modifier progressivement la conscience historique des compositeurs, les opéras de Berg, *Wozzeck* et *Lulu*, ainsi que le *Moïse et Aaron* de Schoenberg, pour des raisons différentes, sont hissés au statut de modèle. Premier constat : le texte n'est plus comme chez Wagner un simulacre poétique et stylisé de l'écriture instrumentale sous forme d'*arioso* continu, mais une entité autonome dans laquelle la musique forgera son propre espace. La condition pour que *Wozzeck* ait pu adhérer si promptement aux invectives de la modernité musicale est liée à sa vocation d'accomplissement et de décomposition simultanée[2]. Par accomplissement, il faut comprendre une œuvre qui réfléchit les modalités critiques de sa relation avec la tradition ; par décomposition, il faut comprendre une œuvre qui, dans ce même élan d'accomplissement, se libère d'une exhaustivité référentielle trop encombrante et prévisible, pour que la musique, selon l'expression heureuse d'Adorno, « transcende le genre auquel elle condescend »[3]. Il en résulte une sorte d'équation arithmétique paradoxale selon laquelle « la conséquence ultime tirée de la tradition se révèle être qualitativement différente de celle-ci »[4].

Deuxième constat : *Moïse et Aaron*, tout comme *Lulu*, resteront inachevés. Toutes les interprétations sont permises ; toutes les errances aussi. La question de l'inachèvement soulève une archéologie de principe. Elle porte en elle, entre 1925 et 1950, le syndrome de fragmentation du langage et de la langue musicale grâce auquel les compositeurs parviennent à fissurer de l'intérieur le système organique conduisant une cellule génératrice, tel que

1. *Ibid.*, p. 8.
2. *Ibid.*
3. T. W. Adorno, « Opéra », art. cit., p. 10.
4. *Ibid.*

le *leitmotiv* qui prolifère au dedans (instrumentation et orchestration), ainsi qu'au dehors d'elle-même (vocalité et dramaturgie). Le non achèvement de ces deux opéras, auquel s'ajoute *Doktor Faust* (1925) de Ferruccio Busoni, est un geste subversif éloquent de la volonté de casser la logique d'un monde allégorique clos, parfait et souverain à la manière des pamphlets acides de Karl Kraus. La question de l'inachèvement admet également, de façon plus pragmatique et objective, un principe de contiguïté à une alternative strictement compositionnelle : concilier une dramaturgie avec un système d'écriture (le sérialisme) qui efface la notion de direction et de résolution de l'action, au profit d'une diffraction paramétrique des composantes du son – la hauteur et le rythme n'étant plus hiérarchiquement premiers dans l'ordre des priorités, les durées et surtout le timbre, la *Klangfarbenmelodie*, étant désormais considérés comme des *alter ego*, des entités dont l'économie est une bévue régressive, tant sur le plan historique qu'esthétique. La mélodie est donc pulvérisée, et avec elle, le support dramaturgique. Le *leitmotiv* d'essence tonale fait varier les multiples allégories du texte au regard de la musique et de la scène ; le contrepoint sériel magnifie la matérialité de la musique, au point où celle-ci finit par ne plus représenter qu'elle-même. Dans cet ordre d'idées, ne pas achever un opéra est synonyme d'aveu : le son, ramené à sa pure matérialité, n'est plus le moteur mimétique de l'action, mais sa négation, voire sa disparition. En quoi un opéra inachevé trahit-il la présence de ces fissures dissidentes introduites dans le microcosme du *Gesamtkunstwerk* de Wagner ? Qu'il soit question de l'oratorio, *L'Échelle de Jacob*, ou de l'opéra, *Moïse et Aaron*, deux œuvres inachevées, Schoenberg tente d'exprimer ce qui par définition est inexprimable, pareillement à Luigi Nono qui, en 1984 avec *Prometeo, la tragedia dell'ascolto*, abordera le drame de l'inaudible et de l'inouï[1].

Dans le premier cas, Schoenberg renonça à composer la seconde partie de son oratorio sur son propre texte, dans laquelle l'archange Gabriel appelle les âmes à lutter pour obtenir l'union avec Dieu. Dans le second[2], le livret, dont l'auteur est aussi Schoenberg, s'interrompt au moment d'aborder le troisième acte qui devait conclure sur les paroles de Moïse : « Mais dans le désert vous êtes invincibles et vous atteindrez le but : l'union à Dieu »[3]. Une

1. D. Cohen-Levinas, *Le présent de l'opéra au XXe siècle...*, *op. cit.*

2. *Ibid.*

3. Livret de l'opéra *Moïse et Aaron* d'Arnold Schoenberg, in *Fascicule discographique*, Londres, Decca Record, 1985, p. 17.

des spécificités du drame de Wagner, à l'instar du drame musical tel qu'il se manifeste dans la tradition d'opéras classiques et romantiques, à l'exception du *Freischütz* de Weber et des drames lyriques de Gluck, est qu'il conçoit l'unité globale de l'œuvre comme le lieu d'une double rédemption : compositionnelle et métaphysique. Pour réaliser cette fusion suscitée par une vocation transcendantale et cosmologique du drame, Wagner rejette la forme de l'opéra traditionnel en ce que ce dernier se présente sous l'aspect d'une série de morceaux clos (arias et ensembles instrumentaux), séparés entre eux par des récitatifs ou des dialogues. Décloisonner la forme dans laquelle sont enclavées les catégories de l'opéra (airs, récitatifs, ensembles) revient pour Wagner, à partir de *Tannhaüser* et surtout de *Lohengrin*, à unifier les différents actes, de sorte que le discours musical s'autogénère continûment. L'aria et le récitatif sont supplantés par l'arioso, incarnation formelle de la mélodie infinie.

Les morceaux d'ensembles (instrumentaux ou vocaux) sont rares chez Wagner[1]. C'est un point particulièrement décisif qui explicite le principe d'évitement à partir duquel, dans un système musical, on passe d'une relation dialectique – opposition du vertical (harmonie) et de l'horizontal (contrepoint) – à l'élaboration infinitésimale d'anamorphoses. Par crainte que le texte ne se détache de son essence musicale lorsqu'il est soumis au traitement de la polyphonie à plusieurs voix, Wagner dévie la simultanéité des actions ordonnées verticalement par des structures génératrices de fonctions formelles polyvalentes : acoustiques, systémiques, idiomatiques. Schoenberg, qui a poursuivi dans les *Gurrelieder* (1901-1911), dont le cadre dramatique est un conte de fées symbolique, l'utopie de pouvoir réaliser l'immortalité de l'être, la rencontre de l'essence – la musique comme puissance d'action absolue et indépassable et de l'existence – *le leitmotiv*, métaphore d'une musique comme modèle et comme force qui lie les hommes entre eux, les menant sur les chemins de la rédemption –, prend le contre-pied de la tradition wagnérienne et oppose à cette utopie irréductible et inaliénable que représente le *Gesamtkunstwerk* une autre utopie, face à laquelle même la musique la plus intrinsèquement vidée de sa substance allégorique ne peut lutter et remporter la victoire que chaque œuvre aboutie est en mesure d'augurer : la Loi révélée à Moïse sur le Mont Sinaï. Entreprise trop sacrée dans son essence (la naissance du monothéisme), et

1. Wagner a surtout privilégié les ensembles vocaux féminins : les Filles du Rhin, les Walkyries, les Nornes du *Crépuscule des Dieux*, les Filles-Fleurs. Dans les *Maîtres chanteurs*, on remarque la présence de différentes scènes d'ensemble, notamment le célèbre quintette du troisième acte.

trop matérialiste dans son existence (l'écriture sérielle), pour se finaliser dans un opéra. Or, il est question d'un drame qui porte sur la naissance douloureuse de la Loi, et par analogie, de l'impossible émergence de l'opéra moderne après Wagner au lieu même de la nouvelle musique de l'avenir. Schoenberg est pris dans la figure du renversement. Il est un Moïse de la composition dont l'éloquence est arrêtée par la Loi qu'il a érigée en système. Il termina le premier acte le 14 juillet 1931, à Montreux, contraint par la conviction que le texte ne s'élabore qu'au moment de la composition musicale. Durant cette période, il précisa sa pensée à Berg qui travaillait à sa deuxième œuvre lyrique, *Lulu* : choisir un texte n'est envisageable dans un contexte sériel où – la question de la représentation et de la représentabilité est assujettie à la loi de la combinatoire – que

> si l'on part d'une idée précise du tout; l'art consiste non seulement à conserver très vive [cette] vision, mais à la renforcer, l'enrichir, l'élargir dans le travail des détails [...]. Le texte n'est définitivement achevé que lors de la composition, parfois même après [1].

Si l'on met face à face un extrait de la *Tétralogie* avec une scène de *Moïse et Aaron*, par exemple, et que l'on interroge cliniquement les procédures compositionnelles, on s'aperçoit alors que les stratifications simultanées de situations croisées et emblématiques qui, chez Wagner, suscitent un effet de *totalité*, sont ramenées, chez Schoenberg, à une sorte de degré zéro du tissu contrapuntique.

Par ailleurs, à l'entropie temporelle et spatiale de l'un répond, chez l'autre, une articulation entre l'espace diffus de la source sonore – le chœur simulant la Voix dans le buisson ardent – et l'espace des voix désigné typologiquement et chronologiquement. Moïse, tessiture basse, est noté dans un *Sprechgesang* [2] très discursif et scandé sur un mode syllabique; alors que Aaron se maintient exclusivement dans une tessiture de ténor dans laquelle il chante constamment. Dans le prélude orchestral du deuxième acte de *Siegfried*, Wagner étage de façon rigoureuse les cinq motifs qui se déploieront dramatiquement, vocalement et orchestralement dans

1. A. Berg, *Correspondances*, 1910-1951, traduit de l'allemand par D. Collins, Paris, Jean-Claude Lattès, 1983, p. 152.

2. Il parle en rythme avec l'orchestre ou les ensembles instrumentaux et les percussions, mais il ne chante pas, à l'exception de la deuxième scène du premier acte où, pour exprimer le fait qu'Israël est le seul peuple susceptible de connaître l'inconnaissable Dieu, ou du moins, de le connaître par l'intermédiaire de la Loi, il interpelle Aaron de façon plus nettement mélodique, autrement dit en chantant.

l'ensemble de cet acte : les motifs de Fafner, du dragon, de *L'Anneau de Nibelung*, de la malédiction et de l'anéantissement des Nibulungen .
Pour réaliser la fusion nécessaire à l'élaboration d'une forme indissociable, où les différents éléments fusionnent dans une volonté affirmée d'indistinction, Wagner affecte aux trois premiers motifs la matière de la première section (A) ; le quatrième motif fournit le principal modèle d'un conduit qui débouche sur la section centrale (B), entièrement ordonnée à partir du cinquième motif. Ainsi, chaque espèce de figuralisme constitue, en soi, le squelette formel du prélude, grâce à la concentration d'événements dramatiques qui se dérouleront ultérieurement dans cet opéra, ainsi que les idiomes transitoires purement fonctionnels, assurant le glissement d'un état musical à l'autre : lorsque le troisième motif réapparaît, c'est en qualité de transition et non plus d'imposition symbolique (A'). Conséquence immédiate sur la perception et la construction : la première scène du deuxième acte de *Siegfried*, concomitante au prélude, s'ouvre sur l'arioso d'Alberich, modélisé selon un schéma analogue au prélude (ABA'). Les sections A et A' se réfèrent aux motifs du prélude [1]. Quant à la section B, elle intègre des nouveaux motifs : ceux de la détresse des dieux et de la chevauchée des Walkyries.

selon la Loi

Le drame exemplifié par Schoenberg dans *Moïse et Aaron* est en revanche le plus conceptuel et, surtout, entièrement voué à la lisibilité du dessein de l'œuvre. Le compositeur, convaincu de sa vocation de leader des nouvelles prérogatives musicales – assurer le passage d'un opéra allégorique à un opéra philosophique –, et historique – ne pas manquer à sa vocation de pionnier de la modernité musicale tout en prenant acte des événements politiques survenus en Allemagne et en Autriche dès les années trente [2] – entend rester fidèle au mimétisme ontologique et éthique dans lequel la question de la Loi, sous-entendue musicale (sérielle) et religieuse (Tora) est

1. Procédé d'assimilation et d'interchangeabilité relativement usité et traditionnel, en vigueur par exemple au début du deuxième acte de *Fidelio* de Beethoven – assimilation du prélude et de l'air de Florestan –, ainsi que dans l'aria *Ella giammai m'amó* du *Don Carlos* de Verdi.

2. Schoenberg s'était converti au protestantisme à l'âge de dix-huit ans. En janvier 1933, Hitler prend le pouvoir à Berlin et le compositeur quitte définitivement la capitale. Il se rend d'abord en France où, alerté par les prémices de l'antisémitisme, dans la synagogue de la rue Copernic à Paris, il retourne solennellement à la foi de ses pères, le judaïsme, avec Marc Chagall pour témoin. Puis il s'exile aux États-Unis où, en 1937, il esquisse quelques intentions musicales pour le troisième acte de *Moïse et Aaron* qu'il laissera tel quel à sa mort en 1951.

plongée. À ce titre, le profil et la fonction assignés d'en haut à chaque protagoniste sont respectivement énoncés ; et non pas, comme c'est le cas dans les opéras de Wagner, stockés et assignables à des enjeux protéiformes, donc païens, à savoir, anti-ontologiques et non transmissibles. Or, la transmissibilité est une priorité inaliénable de la Loi. Wagner superposait sur plusieurs couches sédimentées, selon une hiérarchie codifiée, le monde des sous-hommes, des hommes et des dieux en exergue dans *Le Crépuscule des dieux*. Schoenberg émancipe la superposition et dénoue les stratifications afin que ce qui ne peut être représenté par l'entendement – l'idée de Dieu – résiste à la volonté de puissance, d'orgueil et de fatuité du genre humain (*Le Veau d'or*, acte II, scène 3). D'où l'échec de l'accessibilité et de l'union à Dieu, l'arrêt de la musique sur un ultime élan d'impuissance, de lamentation et sans doute d'humilité de la part de Moïse : « Ainsi me suis-je fait une image, fausse, comme seule une image saurait l'être. Ainsi suis-je vaincu. Ainsi tout ce que j'ai pensé n'était que folie et ne peut et ne doit pas être dit. Ô parole, parole, qui me manque »[1]. Schoenberg accorde un traitement spécial à la scène du Veau d'or et de l'Autel. Il semble consentir à prendre le contre-pied de l'élégante austérité avec laquelle le premier acte est mené, notamment à la fin où un Cantique adressé au Tout-Puissant est chanté par le chœur des Hébreux sur un rythme de marche. L'opulence du traitement instrumental caractérise le grand ballet de la scène 3 du deuxième acte. Sur fond de nihilisme, Aaron – l'archétype du *passeur*, est dépourvu de connaissance mais, de ce fait, est en mesure de transmettre le savoir révélé de Moïse – invective le peuple afin qu'il se mette à adorer le dieu qu'il se serait lui-même fabriqué. Pour signifier acoustiquement la matérialité de l'abandon divin qui entraîne l'abandon de tout ce qu'il y a de substantiellement meilleur et sublimé dans la nature humaine, Schoenberg développe l'équivalent orchestral et vocal d'une fresque orgiaque où s'entrecroisent des chants, des danses, et où la discursivité chromatique néo-wagnérienne reprend ses droits. D'une expression retenue par l'extrême raffinement de la série initiale, on passe à une expression volontairement primitive, truffée d'*ostinati* pentatoniques. L'imagination dramatique du compositeur est, à ce moment précis, un condensé de toute l'histoire du théâtre lyrique. La danse autour du Veau d'or commence par une figure mélodique de trombone particulièrement insolite, accompagnée par des accords de trois sons, instrumentés alternativement par deux

1. Livret de l'opéra *Moïse et Aaron*, *op. cit.*, p. 22.

bassons et un contre-basson et par des contrebasses divisées par trois et jouant *col legno* – les cordes sont frappées avec le dos de l'archet pour simuler une atmosphère de mort.

Ces figures sont développées pendant plus de cent mesures et contaminent progressivement le *tutti* orchestral dans un climat sonore de totale indistinction. Lorsque la danse s'arrête, une succession d'interventions prend le relais. Tour à tour, l'arioso de la femme malade qui chante sa guérison, le chœur des mendiants qui offrent leurs guenilles, le chœur des vieillards qui livrent leurs derniers instants de vie. Le point culminant de cette accélération en forme de spirale est atteint au moment où la jeune fille, pure et virginale, dans le premier acte, s'offre nue au sacrifice, immédiatement suivie de trois autres vierges. Schoenberg a placé ici un quatuor vocal comparable dans l'écriture et la transparence du tissu polyphonique au chant des trois dames dans *La Flûte enchantée* de Mozart.

Au début du ballet final, les prêtres se précipitent sur les vierges, les embrassent avant de leur enfoncer des poignards dans le cœur. La percussion rythme ici l'hystérie incontrôlée et démente qui s'empare et de l'action et de la musique. Aussi, la fin du deuxième acte non achevé déclenche une puissance dramatique parce que entièrement rivée à la solitude vocale de Moïse resté seul sur scène, accompagné par un ultime violon, tous deux ponctués par quelques effluves de voix émanant du chœur – évocation de l'antique – qui maintient, comme un geste spectral et rétrograde, l'écart virtuel auquel Schoenberg s'est mesuré dans cet opéra, entre le proche et le lointain, entre la parole et l'action, entre le philosophe ou l'artiste (Moïse) et l'homme de terrain (Aaron).

de la dramaturgie de la parole à la dramaturgie de l'écoute

Au drame de la parole succèdera inévitablement celui de l'écoute. Paradoxe des opéras utopiques : Schoenberg parvient au silence par une parole manquante, Nono, avec *Prometeo*, par une écoute limite qui soulève la souffrance de l'auditeur, seuil de toutes les fractures. La raréfaction est le centre de la dramaturgie, une façon de torture pour l'ouïe qui échoue dans un nouveau silence. Acte plurivoque, l'opéra, y compris dans une perspective wagnérienne réactualisée, doit maintenir un engagement, et l'engagement est par définition excessif. Pour *Intolleranza* 1960, Nono défendit un idéal formel synonyme d'idéal de collaboration.

> [...] du musicien, de l'écrivain, du peintre, du metteur en scène jusqu'au dernier électricien et ouvrier de la scène, en tant qu'ils opèrent et innovent chacun dans son élément linguistique propre, conscients qu'ils sont des nouvelles possibilités et nécessités techniques dont ils disposent, et responsables encore de choix précis dans la situation humaine, culturelle et politique[1].

Dans *Prometeo*, la conscience de l'engagement advient dans le *lieu* du son qui entraîne un éclatement, une fissure du lieu lyrique traditionnel.

> La circularité des fonctions dont vous me parlez – précise Nono – n'est efficace que si le contenant (la scène et la salle) sont détournés de leurs fonctions tranchées sur deux plans. Pour obtenir une concentration effective de la dramaturgie dans le son, répercuté dans la salle qui est le lieu du drame, il faut détourner la logique linéaire qui consiste à voir ce que l'on entend et à entendre ce que l'on voit. L'opéra ne peut pas nous raconter autant de choses en même temps sans provoquer un inconfort mental et émotionnel[2].

Pour obtenir cet inconfort quasi initiatique, Nono met en scène le son en mettant en scène le lieu. Initialement, en juillet 1984, *Prometeo* était conçu comme une simple *azione scenica*, dans une perspective de non-détournement. Deux mois plus tard, Nono fissure le projet. Il supprime la scène, le plateau, le décor et les costumes. La véritable représentation est un lieu virtuel, un espace sonore dans l'église sécularisée de San Lorenzo à Venise

1. « Possibilité et nécessité d'un nouveau théâtre musical », *Contrechamps, Opéra*, p. 58.
2. Entretien inédit de Danielle Cohen-Levinas avec Luigi Nono, Chartreuse de Villeneuve-lès-Avignon, juillet 1989.

– bâtiment construit à la fin du XVIIe siècle, séparé au milieu par un autel d'après le modèle de Palladio. Mais l'espace est déserté, comparable à ceux qu'aimait Wagner, car il devient un atout pour l'écriture et pour la diffusion du son. L'architecte Renzo Piano s'est emparé de la nudité naturellement réverbérante du lieu pour construire à quatre mètres du sol une vanne prévue pour loger quatre cents auditeurs. Des parois de quatorze mètres de hauteur sont échafaudées où s'étagent trois galeries circulaires, chacune accueillant cent chanteurs et entre douze et quatorze musiciens. Pour Nono, le descriptif du lieu justifie largement l'argument dramatique. Le lieu est complice du drame, « son utopie n'est pas audible et sa non audibilité n'est pas visible »[1]. Pour figurer ce que Massimo Cacciari, co-auteur avec Nono du texte polyglotte de *Prometeo*, nomme un « opéra négatif »[2] – une forme qui tente comme un geste ultime de rationaliser ce que le drame qu'il met en sons n'exprime plus – le compositeur répartit un appareillage électronique *live*, muni d'une quantité considérable de microphones et de haut-parleurs placés autour du public. Cet arsenal technologique n'est pas sans rappeler le monumental effectif orchestral et vocal de *Moïse et Aaron* : alternative entre une inaccessible représentation et une représentation qui simule l'inaudibilité de la musique et l'audibilité du lieu. De sorte que si l'un actualise la non transgression de la Loi, l'autre actualise « la révolte contre la restauration qui empêche l'arrivée des temps nouveaux »[3].

À travers ces trois exemples empruntés respectivement à *Siegfried* de Wagner, *Moïse et Aaron* de Schoenberg et *Prometeo, la tragedia dell'ascolto* de Luigi Nono, nous pouvons saisir comment le processus de déconstruction du *Gesamtkunstwerk* musical est amorcé. Plutôt que de considérer le Drame comme un avatar du passé, Schoenberg, qui avait magnifié la forme monodrame et le *Drame avec musique* en composant entre 1919 et 1912 *La Main heureuse*, *Erwartung* et *Pierrot Lunaire*, aspirait à rejoindre l'œuvre lyrique, en tant qu'elle dispense ses propres impératifs de représentation, et qu'elle les distribue au texte, à la scène et à l'espace. Ramener le Drame au Monodrame était en quelque sorte un détour nécessaire par la théâtralisation de l'expression, de l'écriture et de la notation musicale. D'où la revendication

1. *Ibid*.
2. « *Prometeo*, conversation entre Luigi Nono et Massimo Cacciari », Paris, Festival d'Automne/Contrechamps, 1987.
3. *Ibid*., p. 128.

immédiate et légitime de toute une série d'œuvres à aligner sur une esthétique expressionniste. Quant à Luigi Nono, il renouera avec les espaces protéiformes du son dans une ville qui a magnifié la couleur et le timbre. « À Venise », dira Nono, « je m'efforce d'écouter les couleurs comme j'écoute les ciels ou les pierres ; comme des rapports d'ondulations, de vibrations, dégagés de tout lieu symbolique »[1].

un détour par la France

En France, Maurice Ravel, et surtout Claude Debussy, virulents détracteurs du *Gesamtkunstwerk* de Wagner, concevront autrement la réforme du Drame musical. Dans *Pelléas et Mélisande*, Debussy, loin de céder aux tentations de la simple dislocation de la parole et de la musique, interroge l'héritage wagnérien en lui ôtant l'emphase de la mélodie continue. Il ramène le déroulement continu du *leitmotiv* à un cadre strictement prosodique, redonnant ainsi à la *thesis* (conséquent de la phrase musicale) une fonction d'articulation et de scansion que Wagner avait oblitérée en ne revalorisant que l'*arsis* (antécédent du motif). D'où l'effet de non-résolution, et par analogie, d'infinitude. Debussy fixe les règles de la prosodie sur fond de symbolisme et d'étagements de l'harmonie. La totalité du corps musical n'est plus dans la relation fusionnelle du texte et de ses variations figuralistes dans l'écriture instrumentale. Debussy explique en effet qu'il n'est pas tenté d'imiter ce qu'il admire dans Wagner.

> Je conçois une forme dramatique autre : la musique commence là où la parole est impuissante à exprimer ; la musique est écrite pour l'inexprimable ; je voudrais qu'elle eût l'air de sortir de l'ombre et que par instants, elle y rentrât ; que toujours elle fût discrète personne[2].

Cette fameuse « mobilité des âmes et de la vie »[3] à laquelle le compositeur aspirait est à chercher, non pas dans l'accumulation indifférenciée des matériaux, mais dans leur éventuelle annulation. La prosodie est un des moyens pour y parvenir, car la caractérisation des personnages dans l'écriture vocale est niée, ou du moins, secondaire, au point de disparaître derrière ce que Debussy appelle « le mouvement des sentiments et des

1. *Ibid.*, p. 139.
2. Ed. Lockspeiser, H. Halbreich, *Debussy*, extrait d'une conversation entre Guiraud et Debussy, Paris, Fayard, 1976, p. 703.
3. *Ibid.*

passions des personnages »[1]. Le point d'annulation est obtenu au regard d'un énoncé du livret de Maeterlinck se révélant systématiquement identique dans ses effets, quel que soit le personnage ou la situation à laquelle il se réfère. À la phrase initiale de Golaud par exemple – « Je ne pourrais plus sortir de cette forêt » – sont affectés différents artifices de prosodie : la déclamation sur des sons répétés, l'intervalle de tierce majeure, l'alternance des rythmes binaires (doubles-croches) et ternaires (triolets). Quelques mesures plus loin, Debussy reproduit ces identiques artifices dès l'apparition de Mélisande – « Ne me touchez pas ».

L'intervalle de tierce est tantôt majoré, tantôt minoré, décliné dans le sens descendant. Plus loin encore, le premier motif d'Arkel – « Je n'en dis rien » – est une tierce mineure ascendante. Quant aux injonctions respectives de Geneviève – « Il a toujours été si prudent, si grave et si ferme » – et de Pelléas – « Grand père, j'ai reçu en même temps que la lettre de mon frère une autre lettre » –, elles organisent une similitude de perception, sans doute pour mieux incarner ce que Isabelle Moindrot désigne par l'expression « un lieu dans toute sa matérialité »[2].

Si Debussy égrène dans *Pelléas et Mélisande* des fissures dissidentes du *Gesamtkunstwerk*, il le fait sans volonté de nuire au système fusionnel de Wagner, mais en se rapprochant d'une forme qui réfléchit le timbre de chacune des fonctions musicales, non plus dans la musique elle-même, mais dans un espace symbolique auquel elle n'appartient pas nécessairement. C'est à Olivier Messiaen avec *Saint François d'Assise* (1983) que reviendra la charge d'assumer l'héritage du drame musical français de Debussy, passé au filtre du drame musical de Wagner. La notion de Drame chez Messiaen est liée à la foi catholique apostolique. Elle est, par essence, inversement proportionnelle à la Loi de Moïse, puisqu'elle est jubilatoire, accessible et portée à la représentation. Elle s'incarnera, d'une part, dans le renouvellement du matériau harmonique par modélisation du système mélodique (chants d'oiseaux), et d'autre part, dans ce que j'appellerais volontiers le gel du développement, par interpolations des rythmes hindous et de la métrique grecque, ainsi que par étagement des séries d'accords transformées en séries d'orchestrations miniatures réunies dans un territoire commun.

1. *Ibid.*
2. C. Debussy, *La représentation d'opéra. Poétique et dramaturgie*, Paris, P.U.F., 1993, p. 196.

vers le renouveau du *Gesamtkunstwerk*

Nous avons vu que l'héritage du *Gesamtkunstwerk* dans la première moitié du XXe siècle oscillait entre une volonté de déconstruction de la forme lyrique et le prétexte d'interroger les modalités critiques du devenir de l'opéra. La tradition allemande, la plus radicalement déstabilisée et subversive, entreprit de détourner non seulement l'édifice que représentait l'œuvre d'art total, mais sa lexicologie. Le mot opéra fut banni ou tourné en dérision, l'idée étant de convertir l'unicité de l'action et de ses composantes en un geste pluraliste et/ou citationniste, faisant advenir dans un même territoire compositionnel une hétérogénéité maîtrisée de référents et de références. C'est pourquoi des compositeurs aussi éloignés les uns des autres dans leur langage que Bernd Aloïs Zimmermann, Mauricio Kagel, Luciano Berio, György Ligeti ou, pour nous en tenir à une même génération de musiciens, Henri Pousseur, ont, dans un premier temps, abandonné l'élaboration d'une forme lyrique à partir d'un livret ou d'un texte *ad hoc* en introduisant des situations fragmentaires qu'ils ont baptisées théâtre musical, instrumental ou vocal. *Les Soldats* de Zimmermann est, sur ce plan, décisif. Certaines scènes comportent successivement, alternativement ou

simultanément des paroles, du chant, des larmes, des murmures, du jazz, du chant grégorien, de la danse, du cinéma.

> Le problème de l'établissement d'une hiérarchie entre les différents genres artistiques lors de la composition de la forme nouvelle est fonction de la faculté de chaque compositeur de parvenir à une assimilation par l'intégration de tous ces moyens apparemment si différents mais qui néanmoins, ont tous leur place dans la catégorie du temps [1].

Zimmermann, ouvertement attaché à l'œuvre de Wagner, qu'il appelle Art total, rend compte de l'impossibilité de ne pas tirer les leçons du grand Maître de Bayreuth.

> N'y avait-il pas sous cette notion d'Art total, au-delà de toutes les possibilités interprétatives et des malentendus que celles-ci pourraient susciter, une volonté de remodeler le théâtre musical au-delà de son aspect purement musical ? [2]

1. B. A. Zimmermann, « L'avenir de l'opéra », *Contrechamps*, *Opéra*, *op. cit.*, paru pour la première fois sous le titre « Zukunft der Oper », in *Blatter der Bühnen der Stadt Köln*, *Spielzeit*, 1965-1966, Mainz, Schott, traduit de l'allemand par C. Fernandez et C. Gaspar, Lausanne, L'Âge d'Homme, p. 87.
2. *Ibid.*, p. 86.

Licht de Stockhausen : de l'art total à la totalité de l'art

L'opéra de l'avenir serait alors un vaste Tout, où chaque membre intervient pour dynamiser l'ensemble. La pluralité qui chez Wagner était au-delà de la musique bien que déclenchée par elle devient ici un jeu de combinatoire, non pas au sens où l'entendent les musiciens sériels, mais dans les rapports qu'entretiennent entre eux les matériaux. Dans le cycle *Licht* de Karlheinz Stockhausen, ouvert avec *Samstag aus Licht* créé à la Scala de Milan en 1981, le compositeur reprend explicitement le drame de Wagner là où ce dernier l'a laissé, à savoir, avec la *Tétralogie*. Chaque partie du cycle correspond à un jour de la semaine, mettant en place l'histoire des grands mythes fondateurs de l'humanité, de l'astrologie, de la métaphysique et de la physique, ainsi que l'histoire de l'opéra et des techniques instrumentales ou électroniques. Commencé en 1978, *Licht* doit s'achever en 2002, date fatidique pour Stockhausen, puisqu'elle signe l'avènement objectif dans ses manifestations de l'ère du Verseau. Ainsi, il existe *Montag aus Licht* (1988), le jour d'Ève, *Dienstag aus Licht* (1991), le jour de Mars et de la guerre, *Donnerstag aus Licht* (1984), le jour de Michael, *Samstag aus Licht* (1981), le jour de Lucifer, *Mittwoch aus Licht*, *Freitag aus Licht*, *Sonntag aus Licht*. La relation à Wagner est donc clairement explicite. Elle se manifeste dans la façon de ritualiser le spectacle et de le découper en épisodes initiatiques ; dans l'écriture qui tisse des parentés de timbre avec ce que Stockhausen appelle les

> superformules, de la famille des leitmotive wagnériens, ces derniers sont une représentation microscopique d'une structure dramatique macroscopique[1].

Dans *Samstag aus Licht*, le prototype de Lucifer est modélisé à l'orchestre sous forme de visage humain géant. Les différentes parties du visage sont formées par des groupes instrumentaux que Lucifer sollicite les uns après les autres pour dix danses – chacune possédant son mètre et sa période propre (figure 6).

1. Entretien avec Danielle Cohen-Levinas, Zurich, août 1988, diffusé sur France Culture en septembre 1988.

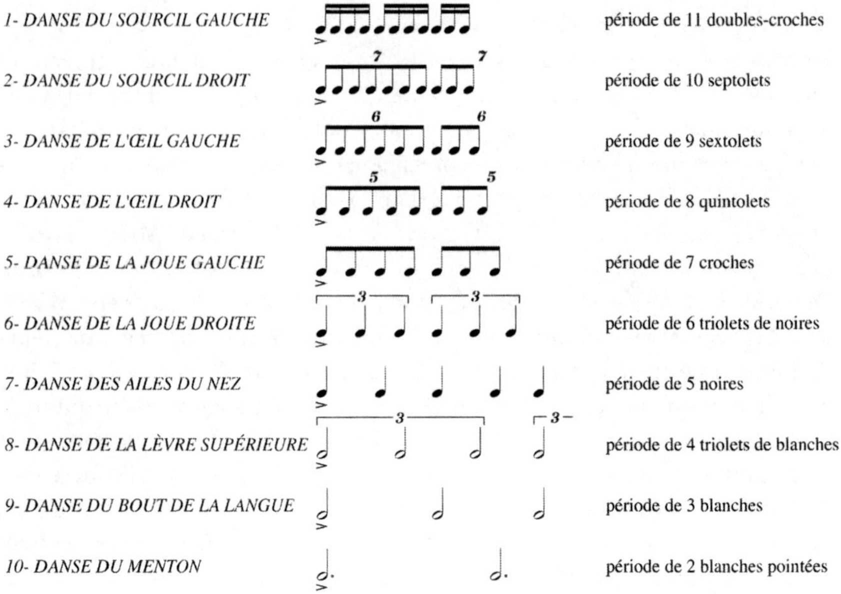

Figure 6 : les « Dix Danses de Lucifer » dans *Samstag aus Licht* de Stockhausen

Entre ces danses s'intercalent neuf danses-tutti, durant lesquelles les groupes se rapprochent davantage les uns contre les autres selon la devise :

> Homme, tant que tu n'auras pas appris de Lucifer à quel point l'esprit de contradiction et l'indépendance déforment l'expression du visage, et comment un sourcil peut danser contre l'autre sourcil, l'œil contre l'œil, la joue contre la joue, la lèvre contre le nez, la langue contre la lèvre et le menton contre la langue, tu ne pourras tourner un visage en harmonie vers la lumière [1].

Stockhausen développe un réseau mimétique de caractères et de comportements acoustico-humains. Au cours de la « Danse de la lèvre supérieure » par exemple, Michaël apparaît et proteste, par un solo de trompette piccolo, contre le goût de Lucifer pour la grimace. Il est accueilli par des coups de tam-tam de soutien qui émeuvent le visage géant, l'incitant à démarrer une « Danse des larmes ». Mais un chat noir surgit sous forme

1. Livret, programme discographique, Cologne, Deutsche Gramophon, 1984.

de flûte piccolo et, dans la « Danse du bout de la langue » et de la « Danse de ruban », il se moque de Michael et du public.
Il existe des rapports profonds entre les arborescences thématiques de Wagner et les figuralismes allégoriques issus de la combinatoire sérielle de Stockhausen. Conserver la cohérence formelle c'est, d'abord, ré-unifier ce qui a été dissous par l'éradication d'une poétique du signal sonore. Mettre en scène l'espace intérieur de cette poétique, c'est renouer avec l'utopie qui consiste à percer le mystère de la musique à représenter, non pas un au-delà d'elle-même, mais sa vocation d'appel. La musique n'échoue pas ici dans l'abstraction de sa matérialité; elle ritualise les forces artistiques réunies pour « inventer une fin du monde, et donc une renaissance de la musique »[1]. Avec le cycle *Licht* de Stockhausen, nous sommes bien en présence d'un renouveau du *Gesamtkunstwerk* assumé et revendiqué comme tel. L'indicible alliance de la poésie et de la musique se retrouve otage non seulement de leur essence bicéphale, mais d'un nouveau langage compositionnel, structuraliste et sémantique, cognitif et architectonique. La quatrième et dernière scène de *Samstag aus Licht* illustre bien ce paradigme d'écriture converti en paradigme scénique. Stockhausen a rigoureusement fabriqué l'allégorie sonore de ce qu'il appelle les « Adieux de Lucifer ». Composés pour chœur d'hommes, orgue et sept trombones, ces « Adieux » doivent, dans le meilleur des cas, être donnés dans une église à proximité du théâtre, après que, sur scène, « La Danse de Lucifer » a été interrompue par « une grève inopinée et spontanée de l'orchestre »[2]. Les voix de ténors et l'orgue sont censés être disposés sur une galerie, ou à la tribune, ou encore, derrière l'autel. Les voix de basse sont réparties à gauche et à droite du public, les visages tournés vers le mur. L'ultime moment musical est une procession, la « Sortie » sur le parvis en direction du public, qui devient le fidèle anonyme. Stockhausen distribue des formules thématiques et rythmiques en divisant, à partir du texte de saint François d'Assise, les *Lodi delle virtu* (*Louanges des vertus*), les séquences narratives en treize périodes, chiffre fatidique qui semble introduire une clôture dans la subdivision sérielle du total chromatique en douze notes. Stockhausen répartit et étend ce principe à tous les niveaux en affectant à chacune des sept dernières périodes une ultime subdivision en treize sons périodes. Les dramaturgies

1. Entretien avec Danielle Cohen-Levinas, Zurich, août 1988, *op. cit.*
2. *Ibid.*

de l'« Adieu », comme de la structure, comme du son, comme du rituel, sont ainsi épuisées par la force et la cohérence du système (figure 7).

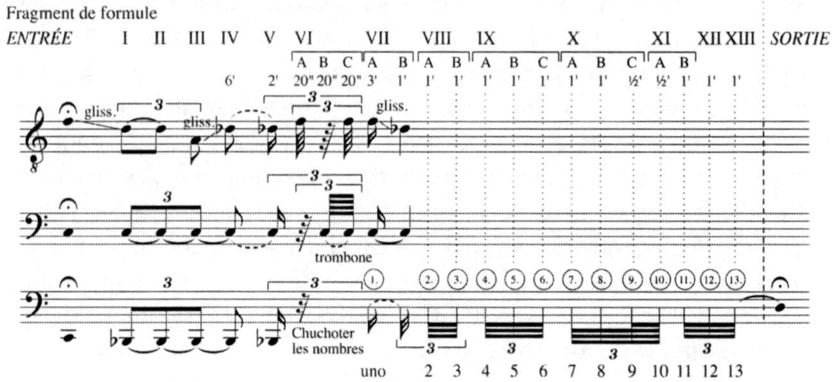

Figure 7 : les « Adieux de Lucifer » dans *Samstag aus Licht* de Stockhausen. Fragment de formule

vers un renouveau de l'utopie

En fait, tout se passe comme si l'œuvre d'art total était une conséquence de la question de l'opéra en général plutôt qu'un préalable. Aussi, ce concept, loin de disparaître, resurgit-il, à chaque fois revêtu d'une nouvelle proposition. Il y aurait une rhétorique sous-jacente au *Gesamtkunstwerk* : un projet qui change de maquillage et jamais de visage. Une nouvelle brèche s'ouvrirait aujourd'hui. Après les fissures progressives des masses où les liens originellement pensés comme indissolubles entre texte et musique sont volontairement disloqués, le renouveau de l'utopie sous-jacente aux nouvelles lutheries, aux lieux, à l'acoustique des salles et aux recherches sur le timbre transcende l'esthétique de la rupture et du fragment au profit d'une grammaire musicale manipulant des formes et des syntaxes aussi singulières qu'hétérogènes.

Retour aujourd'hui au paradoxe d'une forme qui ne cesse de réfléchir les modalités de son renouveau, tout en déconstruisant l'idéalité induite du projet d'œuvre d'art total, comme si écrire un opéra porteur de cette totalité était un geste de désaveu ; l'aveu d'une impossibilité contingente au genre de proposer une alternative aussi utopique et aussi chargée de potentiel subversif, frôlant à tout moment le passage à la fissure, que ne l'est l'idée de *Gesamtkunstwerk*.

les nouvelles figurations du sublime : le timbre comme *affetti*

Le timbre représente désormais le parangon essentiel de la composition et de la recherche musicale. Il concerne la question de la nature et de la structuration du matériau sonore, focalisant aussi les obsessions, les promesses, les atouts et les menaces de la création contemporaine. Creuset de paramètres contradictoires, parfois abusifs dans leur utilisation ou tout simplement flous, la question du timbre ne saurait mieux illustrer la métaphore des arbres qui cachent la forêt. En effet, si nous admettons que le son est immanent au timbre, ou que le timbre est constitutif du son, alors nous pouvons lire toute l'histoire de la tradition musicale occidentale comme le lieu de la dissection, celui où on balise une topologie des fonctions déterminées par une forme, un système et une écriture. Les arbres, pour rester dans la métaphore, constituent l'objectif premier, le plus immédiatement accessible parce que le plus directement intelligible. Hauteurs, rythmes, intensités se partagent le rôle de l'arbre. Quant à la forêt, sa présence est mutable et va toujours creusant, à savoir dans le sens inverse de l'immédiat visible, audible, et lisible. Une métaphore pour la composition, pour la simulation des procédures analytiques et critiques, et pour cette quête inavouée d'un territoire commun qui serait comme la découverte d'une nouvelle grammaire musicale avec pour objectif un retournement de la métaphore initiale : la forêt cache les arbres.

Faut-il s'étonner qu'une telle dimension soit peu à peu devenue le prédicat inaliénable de la musique ? Et faut-il s'étonner si Schoenberg rapproche la conquête du timbre d'un idéal de beauté ? L'idéal de beauté comme l'idéal de timbre partagent un but, ou disons, une option comparable énoncée par Hegel : représenter sensiblement « ce qui s'agite dans l'âme humaine ». Et par analogie, représenter concrètement ce qui s'agite dans le matériau sonore. Le projet est ambitieux. Utopique, en gestation dans l'héritage de la tonalité, du sérialisme et, aujourd'hui, partenaire multiforme et polyparamétré de la tendance spectrale, de l'interface science/musique, et d'une extension de la musique instrumentale à la synthèse par ordinateur. Un décor à géométrie variable auquel s'ajoute une approche psycho-acoustique et cognitive du phénomène timbre, en tant qu'il manipule les paradigmes de la perception. Déterminée par un but compositionnel et esthétique, la saisie du timbre atteste de la nécessité récurrente d'établir une Loi – ce par quoi procède la tripartition du matériau, de son organisation et de l'écriture. Les recherches sur le timbre se nourrissent de la vie intermédiaire des langages symboliques, de leurs supports, nous donnant accès à des perspectives prolifératrices d'un système et d'un outil à l'autre, comme s'il nous fallait gagner la traversée du son, atteindre des zones d'immersion inaccessible. La plongée dans le son agite notre modernité. Alors que les méthodes traditionnelles d'auscultation du son nous font buter sur des enveloppes paramétrées, le timbre nous propulse dans le son – comme une scène virtuelle dans laquelle nous agissons, nous pensons, nous nous déplaçons en même temps que lui. Scène virtuelle, lieu virtuel, grammaire virtuelle, représentation symbolique virtuelle, métaphore virtuelle et, pourquoi pas, dramaturgie virtuelle. On verra peut-être plus clairement la disparité paradoxale des réalités et des utopies lyriques, celles qui se réfugient dans le culte de la hauteur et celles qui attendent d'être agies par un axe aussi puissant que la répartition des sons sur des lignes, des points sur des plans. La *Klangfarbenmelodie* inaugurée par Schoenberg avait déjà pour souci un déplacement de la logique motivique du système tension/détente. Mais alors que Schoenberg imaginait le déplacement des fonctions tonales dans une hiérarchie de timbre, les empiries contemporaines soumettent cette logique indéniablement historique aux grammaires génératives et à l'étude phonologique du matériau.

L'immixtion des objets vise le rassemblement des semblables et commande une méthodologie, là où l'illusion d'immersion risque à tout moment de piloter le symbole ou la métaphore dans le jeu sans fin des simulations. Quand on parle de l'engendrement d'une forme à partir du timbre, on peut s'interroger sur ses figurations, ses isomorphismes. On peut s'attendre à comprendre plus précisément la métaphore et la formation des analogies, l'idée étant à la forme ce que la métaphore serait à tout processus de métamorphose. Il s'agit de mettre le doigt sur une métaphore lisible, de relier la topique du timbre à une causalité essentielle pour que dans l'espace asynchronique des phases successives du son se produise une synchronie entre les valeurs harmoniques et les valeurs inharmoniques. Pour l'opéra, la question du timbre se pose à plusieurs niveaux de strates. En tant qu'attribut multi-dimensionnel et multi-directionnel, la pertinence amphigourique de ses figurations pourra-t-elle s'adapter aux contingences instrumentales et vocales ? Sa complexité non limitée ne devra-t-elle pas se fixer une identité modulable en rapport avec les lois de l'instrumental ? L'instrumentation et l'orchestration délocalisées de la région dominante que représente la hauteur, ne devront-elles pas organiser la synthèse orchestrale du timbre dans un territoire analytique comparable aux Traités d'orchestration de

Rimsky Korsakov ou d'Hector Berlioz ? L'autonomie du timbre ne devra-t-elle pas être contrainte dans une écriture qui ancre ses perspectives, non plus dans l'indétermination de l'objet face à son application, mais directement dans la composition ? Le timbre écrit sera-t-il conforme à celui qui est produit et perçu ? Son caractère transitoire pourra-t-il accepter la destruction ? Quand Schoenberg utilise dans *Farben* la clarinette, c'est dans le but d'établir un réseau de relations causales avec les autres instruments, par simulation d'une perte d'identité – un mimétisme fractal déterminé par le timbre de la clarinette et non par une idée de timbre hors propagation orchestrale. Plus que des hypothèses inductives, il s'agit de prévenance à l'égard de l'objet opéra – prévenu en quelque sorte de ce qui, dans ses processus récurrents, a parfois l'allure d'une anomalie ou d'une impasse. Si la logique du timbre est contiguë aux fondements d'une nouvelle loi grammaticale et d'une nouvelle écriture, est-elle pour autant prévenante ou avenante à l'égard des formes non connexes à sa substance ? Les altérités spécifiques aux modèles telles que l'hybridation, les transitoires et les interpolations, admettent-elles ce qui se tient dedans avec ce qui se tient autour ? La rencontre du matériau timbre avec le matériau texte, par exemple, tient-elle de l'utopie ou d'une réalité virtuelle ? S'il y a bien substrat d'une pensée du timbre, préalable au musical, c'est au titre d'une idée à la fois inamovible et évolutive. De sorte que la récurrence du phénomène opéra ne peut avoir lieu que dans l'innovation. La récurrence de son empirie avec chacune des occurrences de la recherche musicale nous oblige à dresser en permanence un bilan de l'état des lieux de la question. L'idée du timbre appartient encore au champ illimité du supra-sensible, même si l'entendement réfléchit le champ de connaissances scientifiques accumulées au cours de la seconde moitié du XXe siècle. L'imagination du timbre est supposée se fixer un commencement dicté par un son, et une limite dictée par un environnement – un degré zéro de la matière dans le degré infini de ses possibles. Faut-il considérer les incertitudes de leurs ajustements ductiles comme la condition d'émergence d'un insolite érigé en système ? La promesse d'une empirie lyrique non différée, entre prémonition et accomplissement ?

La métaphore de la Vestale et du voleur de feu de Pierre Boulez commande les inductions sur le timbre, en ce sens qu'elle favorise l'amnésie des autres paramètres, et en particulier de la hauteur. On n'oublie pas Babel. On la refoule ou on l'intériorise. Même si on détruit les bibliothèques virtuelles d'Alexandrie, l'inconscient en conserve une trace – un palimpseste. Celui du timbre est infiniment plus diffus, plus extraordinaire parce que utopique; nulle part et partout. Une idée hypostatique pour une utilisation accidentée où l'horizon de perception est guidée par les conduites temporelles du son. Nouvelles figurations du sublime, c'est-à-dire d'une « musique qui creuse le ciel » selon la formule de Baudelaire. À la condition qu'elle réclame un certain usage de la langue. Sa poétique ou sa poëitique. Le véritable enjeu n'est-il pas dans le sentiment esthétique qu'on ne peut identifier le jugement critique à une figuration possible de l'ambivalence du musical? Opter pour l'impureté du son, c'est, d'une certaine façon, mettre fin aux règles de bienséance que le rythme, l'intensité et la hauteur manipulaient *in extenso*, le timbre étant une région substantielle de ses règles. Encore ne voit-on même pas dans quelle Loi les promesses du timbre atterriront, si jamais elles garantissent un consensus. Faut-il pour autant consentir? L'opéra création est-il redevable de cette induction critique? Il manque aujourd'hui – en deçà des singularités électives – des lieux d'expertise à moyen terme. Un sentiment esthétique trop tautégorique se préserve de ses espaces vides. Il se méfie de son impossibilité de construire les conditions de possibilité d'une élaboration qui prolonge, non pas l'œuvre, mais son idée. À ce titre, il est sublime, sans ancrage. Mais le sentiment du sublime excelle dans le partage, dans une forme finie. Il est présent à l'appel d'une pensée chosifiée, de l'idée en acte, ce que Kant appelle « la connaissance ». L'occurrence de la toute puissance du timbre appréhende un lieu immédiat : la perception cognitive. Domiciliée dans une topique dissimulatrice ou, selon la leçon d'Aristoxène de Tarente qui invitait à suivre les injonctions du son, de la sensation plutôt que de la raison numérique, la beauté serait dans l'œil de celui qui regarde. D'où une organisation perceptive du timbre qui s'interpose *de facto* entre le matériau et notre faculté de juger, entre les modèles physiques et l'intelligibilité du sensible, et de l'audible.

La contradiction émanente d'une catégorie du sublime – parce que canalisée dans la faculté de juger – et d'une intuition de sa prégnance – parce que déroutée dans un objet miasmatique –, l'induction d'une grammaire des *affetti* en vertu de ce sublime peut alors être posée simultanément aux avancées méthodologiques dans les recherches dynamiques sur le timbre. Parce que ce qui conditionne cette avancée dans un lieu utopique est « d'ordre nouménal », alors que le matériau lui-même est d'ordre phénoménal. Le sublime éprouvé par le timbre est déterminé, provisoirement, par sa dimension d'appel. Comme l'empirie opéra est déterminée par un élan réfractaire à la raison; entre un désir utopique et un espace surnaturel qui sollicite l'histoire. Par *affetti* du timbre, nous entendons la transfiguration du matériau pur en écriture ; la transfiguration des modèles de synthèse par ordinateur en tablatures pour un traité d'orchestration opérationnel ; la transfiguration du modèle spectral en modèle réfléchissant. Le timbre n'est autonome que si les lois qu'il s'octroie sont des lois internes. Paul Valéry pressentait une autre vie sous-jacente à la vie interne de la conscience, une « vie n° 2 ». La schizophrénie est le sceau des *affetti.* Il faudrait au timbre premier, un timbre n° 2, acceptant le partage, autrement dit la fracture de son monopole. « Vous expérimentez que vous n'êtes plus seuls en vous » disait Henri Michaux, « vous logez quelqu'un, l'habitant n° 2. Tout change dès lors, tout est piège ».

La perception du sublime accordée au timbre peut glisser dans les nécessités d'une définition d'un opéra contemporain, par étages successifs, jusqu'à figurer ce que Baltazar Graciàn appelle la « contradiction » – métamorphose d'un objet pour l'utilisation de ce pour quoi il n'est pas travaillé. Sans aller jusqu'à l'altérité qui risque de faire surgir des vieux fantômes de l'harmonie ou, plus récemment, du processus spectral, il peut accompagner, susciter ou régenter des actions transverses – narration, dramaturgie. Un déplacement de la mélodie continue de Wagner dans le timbre continu d'un présent de l'opéra qui devra s'efforcer de découvrir une voie générale ou universelle dans les recherches téléologiques sur le timbre – une manière de *terzia prattica*, dans le prolongement de la *seconda prattica.*

deuxième partie
archéologies singulières

chapitre premier
le lyrique théâtral ou la question du geste

décomposer le texte ou comment libérer la langue au XXe siècle : Ligeti-Berio

En 1965, au moment de la composition des *Aventures et nouvelles aventures*, Ligeti abordait la question de l'intelligibilité du texte à l'opéra. De fait, dans *Aventures*, œuvre antérieure de trois ans (1962) et *Aventures et nouvelles aventures*, il n'y a aucun texte réel, mais uniquement des phrases, des mots, des notes, choisis d'après les signes de la phonétique internationale. Poursuivant la perspective de malmener la référence à une langue, Ligeti a désigné cette œuvre d'*anti-opéra*. « Il se passe », écrit-il, « le contraire de ce que nous éprouvions jusqu'ici lors de la représentation d'un opera : la scène et les héros de la scène ne sont évoqués que par la musique, ce n'est pas la musique d'un opéra (et d'un livret) qui est jouée, mais un opéra qui se joue à l'intérieur de la musique ».

Il est clair que pour un compositeur tel que Ligeti, la fonction traditionnelle du livret doit être détournée pour au moins deux raisons :

1) pour faire éclater l'espace du récit, de la représentation et de la dramaturgie,
2) pour que la compréhension de l'action – si toutefois il y en a une – ne soit pas assujettie ou subordonnée à un texte, à une langue : à un texte entretenu par une langue, notamment pour la composition du *Grand Macabre* d'après

un texte de Michel de Ghelderode, *La Ballade du Grand Macabre* rédigée en 1934.

Pour parvenir à ce détournement de la langue, dont la décomposition sémantique aboutit à une hétéréogénéité des structures reconnaissables du langage articulé, Ligeti travaille, élabore ce qu'il appelle un « langage imaginaire », une manière pour lui, à une époque où, avec Mauricio Kagel et Luciano Berio, il était un des représentants les plus marquants du théâtre musical, d'articuler une dramaturgie de l'absurde, car pour lui, sans langue il n'y a plus de dramaturgie de texte; autrement dit, il n'y a plus de trajectoire discursive. Pour supplanter l'absence ou la sur-dispersion de la langue, il mettra au point une meta-dramaturgie, auquel il donne le nom de « mimodrame », lequel est censé constituer une grammaire des caractères expressifs : l'ironie, la nostalgie, une succession d'états d'âme dont on peut dire qu'ils ont tout à voir avec une rhétorique des affects.

Dans *Aventures* en 1962, auquel il rajoute en 1965 les *Nouvelles aventures*, les sons, et ce qu'il est convenu d'appeler un texte, ainsi que les éléments théâtraux, sont composés avec la même intention. Ligeti parle de « théâtre composé ». Il compose le son de la voix et non plus de la langue. On retrouve cette identique méthode chez Kagel dans *Anagramme*, et surtout dans une œuvre intitulée *Sur scène*. Mais dans le cas de *Nouvelles aventures*, Ligeti, et pour la partie instrumentale, et pour la partie vocale, a pris comme base un matériau entièrement phonétique. Du fait que Ligeti emploie toutes les possibilités vocales (passages chantés, parlés, rires, sanglots, sons « de gorge », sons nasaux, etc.) et qu'aucun langage réel ne soit articulé, les différences entre sons instrumentaux et vocaux s'estompent.
Dans *Aventures*, par exemple, pour trois chanteurs et sept instrumentistes, nous avons dans cette partition cinq groupes de caractères expressifs (ironie, nostalgie, étonnement, colérique, etc.) qui constituent le fondement des mimodrames : mimodrame en tant que structure expressive qui supplante le langage. Chacun de ces caractères est exprimé par les chanteurs selon divers phonèmes et intonations; et ils sont chacun exposés, soit individuellement, d'où l'idée de mimodrame et non pas de polydrame que l'on voit en filigrane dans une partition comme *Lux aeterna*, soient exposés ensemble. Ici, nous passons effectivement à une dimension que j'appelle polydrame. Nous avons non seulement le matériau phonétique comme base d'un nouveau langage imaginaire, mais aussi le matériau scénique,

l'implication scénique chère aux déconstructionnistes du livret. Les chanteurs ont à compléter leur partie vocale d'un jeu scénique très précis.
Traduit en français, cela donne :
– soprano : soupir un peu, vers le baryton, ironique, en désapprouvant, émerveillé.
– l'alto enchaîne : élégant, voire maniéré.
– Puis le baryton : vers le public, vers la soprano, vers le public, soupir un peu, émerveillé.
On obtient, et ce fut, à l'époque, le but de Ligeti, une double a-sémantisation : celle du langage et celle de la représentation.
Ligeti écrit dans le programme édité pour la représentation :

> Cela m'a toujours dérangé que l'on ne puisse bien comprendre l'action d'un opéra qu'en ayant lu le livret ou au moins le résumé avant la représentation [...]. C'est pourquoi je pensais depuis longtemps déjà que l'on devait imposer des pièces musicales scéniques dans lesquelles il n'est pas indispensable de comprendre le mot à mot pour saisir les événements qui se jouent sur scène. Un tel texte ne devrait fixer aucune relation abstraite, mais traduire directement des émotions et comportements humains...

Du point de vue des procédures compositionnelles, à savoir le langage musical à proprement parler, cette déstructuration de la langue au profit d'une infra vocalité va conduire les compositeurs vers l'élaboration d'une technique de composition très importante, fondamentale dans la seconde moitié du XXe siècle, la micropolyphonie, qui lui fut inspirée conjointement par certaines expériences effectuées dans le domaine de la musique électronique au studio de la Westdeutscher Rundfunk à Cologne, et par ces expériences liées au travail sur la vocalité, aux diverses dislocations du texte ; d'un texte en tant qu'il est porté par la voix et qu'il contraint la voix à se maintenir dans un équilibre sonore signifiant.
En effet, comment cela se passe-t-il concrètement? En superposant les structures phonétiques aux contours rythmiques différents, Ligeti parvient à créer une polyphonie très dense, à base de phonèmes et d'infrasons vocaux (soupir, souffle, etc.), difficilement compréhensibles et perceptibles dans le détail. Par ailleurs, grâce à ce qui deviendra pour lui son esthétique, cette technique, notamment à cause des décalages rythmiques infinis, légers, permet de basculer dans un univers musical comparable à un tissage, de passer « le seuil de non-sémantique » comme l'explique Ligeti : une sémantique de la langue et une sémantique du traitement instrumental.

Au fond, l'éclatement du texte, et par conséquent, le brouillage de la langue, n'est que le *prétexte* à la mise au point d'une technique de composition qui prend des distances avec la musique sérielle notamment. Il souhaite un matériau expressif, *affecté*, et non pas neutre.

En partant d'un phonème, ou d'un unisson, ou d'un intervalle, ou d'un mot, ou encore d'un bruit, il transforme ce qui représente un nouveau noyau harmonique en le brouillant précisément. C'est la fameuse cristallisation phonétique qui répond simultanément à la cristallisation d'intervalles. C'est pourquoi j'aimerai évoquer *Lux æterna* (1966) pour chœur mixte a cappella. Ce qui m'intéresse dans cette partition, au regard de ce qui nous préoccupe et de la relation entre décomposition du texte et libération de la langue, c'est qu'elle prend appui sur un vrai texte, et non pas sur une sophistique phonétique. Il s'agit du texte latin de la *Messe des morts*. Ligeti l'a pensé comme une œuvre opératique, à savoir comme une œuvre dramatiquement agissante et non pas religieuse. Lorsqu'il composera *Le Grand Macabre*, l'opéra, (l'œuvre créée en avril 1978 à Stockholm, jouée à Paris en 1981), il prendra également un vrai texte, de nature volontairement effrayante, *La Ballade du Grand Macabre* de Michel de Ghelderode; une pièce qui correspond pleinement à l'atmosphère du *Lux æterna* et du *Requiem*. Il s'agit de l'histoire de la fin du monde qui n'a pas vraiment lieu, avec la mort comme héros. « Je cherchais », dit Ligeti, « quelque chose de cruel et d'effrayant. Je songeais au *Dies Irae* du Requiem, aux images liées aux tableaux de Breughel et Bosch, aux textes de Jarry, de Kafka, de Boris Vian »[1]. Au fond, Ligeti perçoit dans l'imagerie funèbre un lien étroit avec le mimodrame qu'il tente, après plusieurs années d'anti-textualité, d'inscrire dans une tradition où la pantomime est plus expressive que la langue elle-même; comme si dans toute langue, il y avait un mimodrame qui s'ignorait. Il dira aussi, en parlant du *Grand Macabre* :

> J'ai voulu m'éloigner de l'idéal de l'opéra du XIXe siècle, tout autant que de l'anti-opéra de ces dernières années. *Le Grand Macabre* relève plutôt de la tradition des danses macabres médiévales, des mystères et du guignol, du théâtre de foire et de faubourg[2].

1. *L'Opéra*, n° 4, Lausanne, L'Âge d'Homme, 1984.
2. *Ibid.*

Ces références sont déjà actives dans *Lux æterna*. Toutefois, dans cette œuvre, pour déjouer le piège d'une narrativité induite d'un texte très connoté, la *Messe des Morts*, et pour inventer une langue propre à l'écriture musicale, Ligeti va commencer par diviser à l'extrême le chœur. Nous avons ainsi seize voix, et comme l'écriture chorale est basée essentiellement sur le canon, il devient en effet très difficile, voire tout simplement impossible, de distinguer le texte latin de la *Messe des Morts*. On parvient à ce degré limite d'aperception de la langue, point limite si important pour Ligeti. Le texte existe. La langue du texte aussi ; elle est irréductible. Cependant, et le texte et la langue du texte ne sont plus utilisés pour eux-mêmes, mais comme fonction purement et strictement musicale.
La structure des mots et les couleurs respectives de leurs voyelles sont aussi déterminantes dans cette entreprise de dislocation que les sons eux-mêmes. Prenons l'exemple de la 1re section : le début est à l'unisson, sur un *fa*, unisson progressivement brouillé suivant la technique micro-polyphonique que j'ai évoquée. Puis il y a une apparition au sens pictural du terme du registre aigu de l'octave : évolution progressive censée correspondre à l'idée de l'œuvre (la lumière) que pour exprimer autrement que par la compré-hension du texte, Ligeti va expliciter par un emploi vraiment très subtil des virtualités sonores de ce même texte. *Lux aeterna luceat eis* : relation étroite, organique, irreconnaissable entre le degré de transparence ou d'opacité de la polyphonie et le degré de *clarté* des voyelles des mots. Ce brouillage va si loin que pour dissoudre dans le tissu micropolyphonique la langue, Ligeti prend soin de faire disparaître les consonnes qui risqueraient de réintroduire des sons comme signe et signification.

L'unisson de départ est chanté sur la voyelle « u » de *Lux* avec une micro-voyellisation ; un cluster de voyelle sur le *a* et le *é*, après quoi, la sonorité du chœur peut s'élargir au « i » de *Luceat eis*. Ligeti semble transférer le modèle ABA sur l'idée du clair-obscur-clair. Car, en supprimant les consonnes des fins de mots, (x), (s), (t), Ligeti joue sur le timbre du chœur, et cela, indépendemment des hauteurs qui sont pour lui l'autre versant du langage. Dans ce phénomène insolite où la lisibilité du texte devient le *pré-texte* à une composition du timbre et de timbres, Ligeti glisse à certains endroits des passages où les mots sont tout à fait compréhensibles. Quel effet cherche-t-il à obtenir ? Si on ne conserve que la première syllabe des mots – Lu (x), Re (quiem) – on finit par revenir sur une grammaire de phonème. De même, les harmonies ou les intervalles, même lorsqu'ils sont

exposés clairement, n'ont jamais de signification au sens sémantique harmonique propre. Ils répondent, ils suivent même, d'une part, les mêmes processus que les premières syllabes des mots; et d'autre part, ces harmonies et intervalles sont trop éloignés les uns des autres pour que l'on puisse établir à l'audition, à la perception, des rapports entre eux.
Le texte, c'est du matériau acoustique, ce que Ligeti appelle le « non sense » ; hors de toute transposition ou de toute traductibilité possible. « Je fus », dit-il, « beaucoup influencé par la poésie dadaïste, notamment par Schnitters, ainsi que par les lettristes français (Ison, Dufrène, Chopin), ou les poètes "concrets" de l'Allemagne ou de l'Autriche »[1]. Pour déroger à la fonction traditionnelle du texte et/ou du livret, la musique de Ligeti n'est pas à mettre au même registre que l'intertextualité de Berio. Le but est sans doute analogue; les moyens et le matériau sont quant à eux différents.
À propos de *Thema, Omaggio a Joyce*, Umberto Eco explique que un des personnages est la *Nuit* – comme structure antithétique à la langue (Jour) –. À propos de la *Nuit*, il déclare :

> La Nuit s'inquiète parce que entre vagissements et miaulements, elle entend quelque chose qui diffère de ces discours sémiologiques cohérents qui hantent le jour[2].

Pour Berio, le rapport entre le texte et la musique n'est jamais réductible à la langue ou au sens; il n'est jamais réductible à des faits isolés, mais plutôt à une hiérarchie de rapports où les détails lexicaux ou phonétiques peuvent être musicalement insignifiants, ou, au contraire, peuvent rétablir une signification thématique et généralisée (*Thema*). C'est une manière pour Berio de ne pas être prisonnier du livret. L'important n'est pas de s'appuyer sur un parallélisme élémentaire entre les mots et la musique, comme dans la quasi totalité des œuvres lyriques. Pour échapper à cette question de la langue qui conduit toujours de la traduction lyrique au problème de la traduction, il ne faut pas chercher de parallélisme formaliste entre l'expérience musicale et le langage. Leurs différences de syntaxe sont irréductibles. C'est le cas pour *La vera storia*, *Un Re in ascolto*. Il faut faire en sorte que le processus musical conduise la narration.

1. *Ibid.*
2. Programme de l'Opéra de Paris (Bastille), *Luciano Berio, Un Re in ascolto*, Paris, février 1991, p. 53.

> Ce qui est évident sur le plan du langage n'est pas nécessairement ce qui est rendu évident par les choses elles-mêmes lorsque la musique s'en mêle [1].

C'est pour cela que chez Berio, et surtout dans son opéra *Un Re in ascolto*, d'après une idée originale d'Italo Calvino, le récit peut devenir un vrai récit, bien qu'il ne conserve pas sa structure narrative. Un Roi à l'écoute (*Un Re in ascolto*), créé en 1939 au Covent Garden de Londres, c'est l'histoire d'un roi qui écoute les autres à travers une oreille : celle de Dionysos. Ce *pré-texte* permet en effet d'articuler la langue de Calvino avec des principes d'intertextualités musicales et non plus verbales. Il faut pour cela admettre l'irréductibilité de la syntaxe musicale et du langage, lesquels ne sont pas nécessairement en situation synchronique. C'est toujours pour affirmer son autonomie que la musique prend en quelque sorte la parole, rarement pour dire autrement ce dont le langage est porteur. C'est pourquoi dans l'histoire de l'opéra, par exemple, la musique se replie sur elle-même au moment précis où le texte cherche à signifier le sens de l'histoire et de l'action. D'où l'importance de la question de l'irréductibilité entre l'expérience musicale et la verbalisation d'un texte. Pour Luciano Berio, le mouvement musical seul commande la narration, en fonction de ce qu'il appelle un « système d'attente », à savoir un processus musical qui présente plusieurs niveaux de lecture. Une histoire ne se raconte pas toujours en chantant. C'est bien le paradoxe auquel Luciano Berio se confronte. Question de sensibilité esthétique et dramaturgique ? Question de définition ? Luciano Berio insiste quant à lui sur les distinctions opératoires existant entre l'opéra et l'action musicale dont il trouve l'origine chez *Tristan et Isolde* de Wagner. Peut-on pour autant parler de signification structurelle, de système sémiotique interne à la musique ? Berio parle de « fréquences sémantiques » ; comme si la musique avait le pouvoir de filtrer les textes :

> Je peux décider de ce qui, dans un texte, sera « rejeté », ce qui pourra, au contraire, avoir un rôle déterminant : par exemple, ce qui peut être réduit à du matériel sonore et ce qui doit être mis en musique peut établir la même relation avec l'action ; elle peut s'identifier de différentes façons avec ce que tu vois sur la scène, mais elle peut également demeurer indifférente à la scène [2].

1. *Ibid.*, p. 50.
2. *Ibid.*, p. 46.

Dans cette perspective, c'est bien les paramètres musicaux et leur organisation qui déterminent les principes de transformation de l'espace dramaturgique. Le récit devient alors une sorte de matrice à la fois plurielle et polymorphe. Tantôt il se transforme en non-récit, tantôt il se transforme en une occurrence qui n'appartient plus à la catégorie récit ou à son contraire. Pour Berio, c'est la vocalité qui induit la substance dramatique du récit, qui lui accorde une intention redevable du verbal et du musical. Une histoire racontée en prenant pour médiation le chant n'est pas aussi déterminante que les divers niveaux de sens exprimés par la voix et par les styles vocaux. Aussi la question de l'écoute, en vigueur dans *Un Re in ascolto*, vient-elle corroborer la part d'ambiguïté dévolue au récit et à l'action musicale. Écouter relève de ce que l'on appelle un principe physiologique. Le passage du principe au phénomène fait appel à différents niveaux d'écoute, pareils aux différents niveaux de sens contenus dans un récit ou dans les vocalités. L'histoire du roi qui écoutait les autres à travers l'oreille de Dionysos débouche sur trois formes de comportements musicaux. La subjectivité contenue dans la dimension de l'écoute, du j'écoute comme du je vous écoute, engendre un principe circulaire que Berio a voulu quasi

immobile. C'est le personnage de Prospero qui dans l'opéra va s'approprier d'une fois sur l'autre les différentes cellules mélodiques. L'écoute est aussi une manière de filtrer des informations, par un réseau cognitif extrêmement complexe. Dans *Un Re in ascolto*, la deuxième manière d'investir l'écoute, au sens musical du terme, consiste en un véritable développement musical à l'intérieur duquel les éléments constitutifs du développement sont soumis à des transformations telles qu'elles débouchent sur de nouvelles perspectives et éléments sonores. Berio l'a particulièrement bien exprimé dans la série des Auditions, dans l'air de la Protagoniste ainsi que dans les Concertati.

Par ailleurs, il faut rappeler la vocation originelle de l'écoute qui consiste à faire résonner l'intériorité ; comme si l'écoute était à même de sonder et de révéler le sens le plus secret de l'intimité des êtres et des objets, faisant apparaître leur imprévisibilité signifiante. D'où l'importance de la voix, qui inaugure toujours la relation à autrui, et par conséquent, à l'écoute d'autrui.

La troisième forme musicale en vigueur dans *Un Re in ascolto* rend hommage à ces manières de scories que sont les événements aléatoires, les phénomènes d'irrégularités musicales que Berio affectionne particulièrement et dont il dit qu'ils ont leurs « racines cachées un peu partout ». On comprend pourquoi la pluralité de sens induit une pluralité de vocalités, elles-mêmes saisies par une liberté d'écoute comparable à la liberté du récit. La décomposition du texte qui, dans la seconde moitié du XXe siècle transite par une autonomie de la langue et du substrat verbal, a pour effet ce que Roland Barthes appelle le « miroitement des signifiants »[1]. La musique fait miroiter le récit en défractant sa direction dans un mouvement spéculaire qui peut aller jusqu'à la mettre en péril. Mais c'est l'horizon de ce péril, de cette mise en abyme, qui donne à la musique une puissance d'énonciation performative, à la fois structurelle et fragile, résultant d'une tension dramatique entre les virtualités du récit, ce que l'on pourrait relier à la question des illusions théâtrales, et l'action telle qu'elle se déplace en temps réel sur la scène. « J'ai rêvé d'un théâtre », dit Prospero, par l'intermédiaire de Berio, au commencement de *Un Re in ascolto*. Et c'est bien là que va se loger l'écoute. Deux théâtres coexistent tout au long de cette action musicale en deux parties. L'un est à portée du regard, à portée d'écoute, à portée de voix; l'autre n'appartient pas au monde de la scène, mais à un autre espace qui n'est pas non plus la figure d'oxymore du théâtre dans le théâtre ; qui n'est déjà plus une figure de rhétorique sémiotique ; qui est la forme la plus lointaine, une forme en exil où le récit est comme renforcé par la musique qui permet de libérer de la fugacité.

1. R. Barthes, *L'obvie et l'obtus*, Paris, Le Seuil, 1982.

le théâtre musical : métaphore ou métonymie

Le mot opéra n'est pas bon, mais je ne crois pas important qu'on le change [...].
György Ligeti, *Entretien*.

La distance est devenue considérable. Comment nommer ce qui d'emblée s'érigea en contre-attaque de l'opéra ? Les catégories esthétiques du théâtre musical sont nombreuses ; la spécificité de son territoire n'est pas dans la singularité des empiries, mais dans la pluralité des applications. Son pragmatisme en action perçoit le mouvant et non le défini. Et tout d'abord, il marque volontairement une ligne de démarcation avec la grande forme lyrique. Sa vocation n'est pas de créer des cadres nouveaux, mais de faire vaciller les anciens. *A priori*, le théâtre musical annonce une action subversive à l'endroit des lieux et empiries traditionnels. La contradiction entre une construction dramaturgique cohérente, l'éclatement de l'espace scénique et la pulvérisation du texte ne sont pas résolus. L'absence de résolution qui touche à tous les ingrédients d'un spectacle de théâtre musical est toutefois le plus sûr garant d'obtenir un anti-opéra. On ne parviendra pas à restituer une image dialectique du théâtre musical, exception admise de la nécessité pour la création d'évacuer le XIXe siècle. L'idée initiale est simple : écrire pour une tradition lyrique nouvelle. Forcer les institutions à formuler un concept de production adéquat. Lorsqu'on parle de théâtre musical, c'est généralement moins pour débattre d'une architecture conforme à ses règles sans loi que pour raviver les antinomies d'un genre, creuset d'idées hostiles à l'institution et d'une institution hostile à l'expérience. La plupart des expériences du théâtre musical ont souffert de cette distorsion, notamment *Notre Faust* d'Henri Pousseur et Michel Butor. Sa création à la Piccola Scala de Milan en 1969 suscita un flot de critiques de la part de Luciano Berio. Parmi elles, la dichotomie de deux structures conçues dans leurs rencontres pour s'annuler. En quoi le compromis rend-il justice à l'innovation ?

Étant donné que le théâtre musical défend une autonomie et n'admet aucune ingérence extérieure, il est périlleux de dresser la grille topologique de ses modèles, de ses référents et de ses engagements. Les réalités qu'il subsume au-delà des gestes mis en branle pour décliner une cohérence formelle nous autorisent à distinguer quatre niveaux de virtualités :

1. les virtualités énoncées par un son qui devient musique occasionnellement,
2. les virtualités visuelles extérieures au texte,
3. les virtualités énoncées par le langage pour expliciter la réalité du son instrumental et vocal, mis en scène comme un élément du spectacle,
4. les virtualités de la scène. Ce qui s'y joue – discours, objet, matériau visuel ou sonique – sémiotise les réseaux de signes qui circulent d'une fonction à l'autre des objets figurés.

À trop écrire du théâtre musical comme antidote idéologique et sociologique au problème de l'opéra, on aboutit à un sur-encodage de la représentation. La *ritournelle* du théâtre musical est ambiante. Sa non fixité ne découle pas du musical, mais de la nécessité d'inscrire une fonction musique à un objet qui ne l'est pas.
Mauricio Kagel travestit dans *Acustica* (1972) des gestes itératifs en gestes acoustico-scéniques. Un homme ouvre et ferme une boîte et au hasard un son s'échappe. L'action est aléatoire. Les gestes maniaques engendrent une mémoire en fragment. Comme si, à la faveur de l'opéra, le théâtre musical ne pouvait se maintenir que dans une esthétique du discontinu et de l'incohérence érigés en système. Comment conserver la vitalité du théâtre sans sacrifier à une banalité rétrospective ? Musique au théâtre ou musique sur le théâtre. Aller au devant d'une excitation de l'imagerie musicale. Trouver, comme chez Kagel et chez Marc Monnet, la dérision dans le quotidien et rendre dérisoire l'illusion d'une représentation. Le théâtre musical ne réside ni dans un texte élaboré au préalable, ni dans une musique composée au préalable, ni dans une mise en scène conçue au préalable. Dans quel lieu esthétique s'agite-t-il ?

> Une image mouvante de ce que pourrait être la vie si elle devenait musique [1].

La métaphore de François-Bernard Mâche nous renvoie à un idéal de fusion éthique plus qu'esthétique. L'apparition du théâtre musical dans les années 60 est sous le signe d'un détour vers une inter-disciplinarité qui doit exalter la psyché, l'inconscient, le nerf de l'individu. Tout en refusant le mythe, il préserve les archétypes. La désignation *théâtre musical* engage des modes d'émissions et de réceptions prolixes. Pourquoi défaire d'un côté les rouages de l'opéra traditionnel et de l'autre conserver un dérèglement

1. F.-B. Mâche, « La musique théâtrale », *Aujourd'hui l'opéra*, Paris, Recherches, 1980, p. 179.

métaphorique de son déclin? Le moderne est synonyme d'infraction : de perte de l'aura. Le théâtre musical milite en faveur de la multiplication des infractions. Et le moderne du renouveau lyrique c'est le signe – sans sujet ni objet –, « par quoi le sujet de la modernité, le sujet de l'historicité sont le même »[1]. D'où un projet en attente d'aucune présomption théorique autre que le paradoxe de la désinvolture. Écart historique d'un lieu noté, l'opéra, et d'un lieu esquissé, le théâtre musical.

> Mais justement – précise Eduardo Sanguineti –, nous sommes en train de parler effectivement de deux idées de théâtre »[2].

L'horizon d'attente annoncé par le présent de l'opéra n'est pas menacé. Il est simplement momentanément composite, exempt de ses conditions de possibilité de survie. Il apparaît pourtant légitime de penser non plus la récurrence d'un genre, mais sa redondance afin de pourvoir à l'inanité de ses formes par une réplique hétéroclite. Il y a mille façons d'aborder l'hétéroclite. L'une d'entre elles consiste à supplanter le figuralisme du mythe par un figuralisme d'icônes recouvrant la gestualité du musicien – en tant que présence scénique – et sa relation outrée ou motivée dans la matérialité des objets.

Dans les années 60, Ligeti utilisa une technique de composition appelée micropolyphonie. Bien que cette procédure lui fût inspirée de ses expériences alors récentes au studio électronique de la Westdeutscher Rundfunk à Cologne, il parvint à en déplacer la spécificité d'écriture dans un contexte théâtral. En amalgamant sous forme de strates des lignes mélodiques affectées d'un parcours rythmique différent, Ligeti incarnait le concept de pluralité d'objets sans renverser la prépondérance du musical dans le territoire gestique du théâtre musical. La perception étant enchaînée à un phénomène global – grâce à une polyphonie résultant de la logique des *clusters* superposés – toute émancipation discontinue fut rattrapée par la globalité, de sorte que chaque seuil d'émission comportait son seuil de réception. Une esthétique cognitive capitale pour le devenir de l'opéra, car la micropolyphonie cristallise l'objet. *Lux Æterna* (1966) pour chœur mixte *a cappella* est une étape sophistiquée de la génération des *clusters* polyphoniques sur rythmes décalés. Le texte acquiert une fonction musicale parfaitement incompréhensible dans sa diction. Il est fondu au son par une

1. H. Meschonnic, *Modernité, modernité*, Paris, Verdier, 1988, p. 99.
2. E. Sanguineti, « Théâtre avec musique », *Opéra*, *Contrechamps*, n° 4, avril 1985, p. 146.

théâtralisation excessive et baroque de la notation musicale. Dans les *Aventures* (1962), l'idée d'incompréhension simulée par le matériau sonore revêt des aspects ludiques. Les trois chanteurs et les septs instrumentistes sont affublés d'une action perceptible par la musique et inaudible par la langue. Les mots, asémantiques, ont ici déserté le territoire du langage réel pour investir un langage virtuel, imaginaire, fondé sur une phonétique compositionnelle qui déloge l'idéal du musical au théâtre pour le réinvestir dans une idée du théâtre musical.

> Un tel texte ne devrait fixer aucune relation abstraite, mais traduire directement des émotions et comportements humains [1].

La vocation du théâtre musical serait dans l'imitation d'une narration sans texte, notée d'après une grille phonétique internationale – unique consensus littéraire. La dramaturgie n'est pas l'apanage du sens, mais de l'intention. Articuler des caractères expressifs tels que l'ironie, la mélancolie, le désir relève davantage de ce que Ligeti appelle le mimodrame que du mélodrame. D'où les implications scéniques auxquelles ces caractères sont tenus. Le lieu scénique organise le lieu musical. Lorsque le compositeur indique aux chanteurs, comme un changement de mesure ou de tempo, l'inclinaison de leurs élans – *soupir un peu*, en *désapprouvant*, voire *maniéré*, etc. – il entame un long dialogue ininterrompu entre les ingrédients d'un spectacle total. Utopie comparable à l'opéra. À la différence de Kagel qui *scripte* la partition, composant les sons comme on signale des positions dans l'espace [2], Ligeti élabore une conception de la grammaire musicale susceptible d'accueillir un renouvellement du théâtre lyrique. Le sigle théâtre musical est un pléonasme. Dans les *Aventures et Nouvelles Aventures* (1965), mots, gestes scéniques et acoustiques sont composés simultanément. Désignée anti-opéra, cette œuvre représente le lieu du détour nécessaire au présent de l'opéra. Assembler les pièces constitutives d'un puzzle volontairement disparate et absurde pour aboutir, finalement, à une expressivité motrice dans laquelle le public mobilise des forces de perception, c'est éliminer la parole psychologique trop connotée dans l'opéra traditionnel et permettre à la musique l'effacement du sens immédiat et sa compréhension par la musique et par les gestes. Une extraction du langage articulé dans le syntagme gestuel.

1. G. Ligeti, « Opéra », *Contrechamps*, n° 4, avril 1985, p. 131.
2. D. Cohen-Levinas, *La voix au-delà du chant*, Paris, Michel de Maule, 1987 ; Paris, Vrin, 2006.

> [...] ce n'est pas la musique d'un opéra qui est jouée, mais un opéra qui se joue à l'intérieur de la musique [1].

Une façon de répondre ponctuellement aux difficultés sociologiques de l'opéra. Ligeti admet à son insu le *passage du déclin de l'aura* à sa réapparition fragile et modulaire : *Le Grand Macabre* (1977) actualise le mythe en adaptant la pièce de Michel de Gheldenode, la *Ballade du Grand Macabre* (1934). Le thème central est une métaphore de la situation précaire de l'opéra : la fin d'un monde, ou plus exactement, le monde en attente de sa disparition qui n'a pas véritablement lieu. La mort comme héros de l'opéra n'élabore pas des théories métaphysiques, elle les orchestre. Autodestruction rédemptrice de l'opéra, à commencer par la répétition inchangée du modèle narratif et d'une articulation de récits et de chants, reliée à la tradition de Monteverdi, de Mozart et de Verdi, avec comme idéal structurel, le *réveil* des danses macabres médiévales, le fantastique des rituels où le sacré converge sur le profane, les scansions mimétiques et iconiques de Guignol, le théâtre de foire et des faubourgs. Un lieu de mémoire où l'écriture musicale s'arrange pour concevoir une architectonique du détail, de la succession des tableaux, des états, des mécanismes de la pensée tantôt *détraqués* par l'histoire, tantôt fonctionnels. La tradition du théâtre musical est un sophisme. Négation et rupture sont les deux polarités conceptuelles qui se transforment en atermoiements et recherchent un nouvel ordre, le plus souvent, retour donc à l'opéra. Le dualisme de la tradition et de la rupture se résout en faveur de la tradition comme modernité.

Les œuvres de Georges Aperghis sont l'exemple le plus singulier d'une antinomie en perpétuelle réconciliation. Paradoxe des empiries : elles s'engendrent, comme des abstractions balayeuses d'un élan dont on ne sait plus s'il prétend encore, *a posteriori*, justifier d'un anti-art ou s'il est réduit à des mouvements mécanistes, vidés d'auras et de contenus de vérité. Les événements du théâtre lyrique « semblent se raconter eux-mêmes » [2].

Le danger pour le théâtre musical n'est pas l'opéra. C'est l'inédit – parce qu'il n'existe que par sa capacité à en produire. Aperghis a continuellement géré cette contrainte sans sol ni plafond. Après *Histoire de loups* (1976) et *Je vous dis que je suis mort* (1979), il prit le parti de réglementer l'éphémère, de le soumettre à des *lois* aussi singulières que le *cas* :

1. G. Ligeti, « Opéra », *Contrechamps*, n° 4, avril 1985, p. 132.
2. É. Benveniste, *Problèmes de linguistique générale*, Paris, Gallimard, 1966, p. 241.

> Et il arrive qu'on transgresse nos propres lois, explique Aperghis. Mais par ces règles, l'horizon se précise, il s'opère une sorte de focalisation et l'on arrive à réaliser certaines pièces avec un matériel minimal [1].

Comme l'inédit, le théâtre musical affronte des épreuves irréductibles, il connaît l'enfer de ne plus pouvoir revenir au même. La question est bien plus que celle qui renverrait à la métaphore et à la métonymie du théâtre musical. Elle constitue l'éternité de l'opéra, sa permanence, sa rémanence. Mais le théâtre musical représente une part constitutive du présent de l'opéra. L'époque n'est plus à la critique ou à la dissidence, mais à la réconciliation. Cet état d'indéfinition caractérise le flou esthétique du théâtre musical qui échoue dans la récupération du renouveau du théâtre lyrique. Après ce détour par l'œuvre ouverte, on pourrait s'attendre à ce que des nouvelles pratiques théâtrales viennent au secours des académismes. Curieusement, l'artifice du théâtre musical reste dans le théâtre musical, alors que l'opéra s'ouvre au théâtre, avec ou sans la musicalisation des gestes scéniques et des objets.

L'infini du sujet/objet en musique – comme idée et non comme événement – touche à l'ultime :

> Seules les œuvres qui un jour s'exposèrent ont une chance de survie, pour autant que celle-ci existe encore, mais non pas celles qui, par peur de l'éphémère, se perdent dans le passé [2].

Dans la mesure où le théâtre musical présente une urgence inassouvissable, quel rapport entretient-il avec la permanence du genre lyrique ? Cette apparente contradiction peut s'énoncer très simplement : jusqu'à quel point la pensée musicale est-elle suffisamment autonome pour auto-décréter des formes de productions qui ne font affaire qu'avec elles-mêmes ?

1. G. Aperghis, « Entretien », *Aujourd'hui l'opéra*, Paris, Recherches, 1980, p. 252.

2. T. W. Adorno, *Théorie esthétique*, *op. cit.*, p. 53.

pour une lecture musicale du théâtre de Tadeusz Kantor, mimésis et palimpseste

Pourquoi le territoire sonore du théâtre de Tadeusz Kantor concerne-t-elle le présent de l'opéra au XXe siècle ? À quelle mimesis se réfère-t-elle pour exprimer un palimpseste esthétique relevant autant du lyrique que du théâtre ? Il faut d'emblée établir un réseau de significations objectives ou dissimulées entre les différents paramètres qui composent la scène et dresser une cartographie de la sphère sonore en question. Il s'agit de la localiser, d'une part, dans ses modalités acoustiques et musicales, d'autre part, dans sa fonction dramatique. Il va de soi qu'une telle empirie présuppose une connaissance philologique des éléments musicaux, de natures composites et disparates, constituant l'identité de cette constellation sonore. Mais cet enjeu ne saurait faire l'objet d'une unique analyse clinique, voire d'un relevé méthodique et exhaustif de ses manifestations, tant il apparaît clairement, au regard d'une problématique musicale et en particulier lyrique, que l'argument sonore chez Kantor est un geste fondateur dans l'élaboration de son théâtre, opérant ce que nous appellerons des ramifications multidimensionnelles. Face au labyrinthe à géométrie variable que représente la partie musicale dans le théâtre de Kantor, ma première tentative sera d'élucider ce que Kantor lui-même entend par sphère sonore.

L'expression n'est pas d'un anonyme, elle est prononcée par un artiste pour qui le concept de hiérarchie est à abolir. Á la question : quel est l'élément le plus important de votre théâtre ? Il répond :

> [...] le texte, l'acteur, le spectateur, l'objet ont une signification équivalente [...][1].

Seuls, les mots musique, sons, ou bruits ne sont pas mentionnés, comme s'ils n'entraient pas dans une classification non catégorielle ou non hiérarchique du théâtre. À moins que l'objet acquiert ici une vocation plurielle, qu'il soit simultanément tangible et audible. Nous gardons pour le moment en mémoire l'idée de cette éventualité et postulons pour l'existence de l'élément musical hors système, à savoir, autonome quant à une conception non hiérarchique du théâtre. La sphère sonore serait alors dotée de sa

1. D. Bablet, « Tadeusz Kantor et le Théâtre Cricot 2 », *Les Temps modernes*, vol. 11, Tadeusz Kantor 1, 1983.

propre hiérarchie, de ses propres référents axiologiques, comme, pour reprendre l'expression de Gilles Deleuze :

> … une unité pivotale objective sur laquelle s'organisent des stades successifs; […] tandis que l'unité du produit passe dans une autre dimension, transformationnelle et subjective[1].

Par unité pivotale, il faut entendre un principe de distribution à partir duquel il est possible de cumuler des gestes hétérogènes. Kantor établit des connexions entre sphère théâtrale et sphère sonore. Non pas qu'ici nous opposions ces deux principes, mais il semble bien que le secret de leur complémentarité réside dans leur différence de nature et de fonction. Il faut ajouter à ces deux principes une troisième entité qui n'est jamais explicitée en tant que telle, qui n'existe que dans la mesure où elle occupe une place intermédiaire du musical. Dans notre analyse de la sphère sonore, ce qui n'est pas explicite se situe dans un écart, un intervalle. Mais entre quoi et quoi ? Il s'agit de l'écriture et en particulier de la notation. Au même titre que le texte disparaît derrière le jeu des acteurs, la musique disparaît derrière son support, à savoir tout ce qui est susceptible de déclencher un signal sonore dont la source est manifestement d'origine humaine ou machinique. L'entre, l'écart requiert les principaux aspects de ce que Deleuze appelle le « rhizome » :

> Il connecte un point quelconque avec un autre point quelconque, et chacun de ses traits ne renvoie pas nécessairement à des traits de même nature, il met en jeu des régimes de signes très différents et même des états de non-signes. Le rhizome ne se laisse ramener ni à l'un ni au multiple[2].

Kantor imagine une mise en situation de la sphère sonore qui tend vers une codification systématique à partir d'un composé sémiologique hétérogène langue, gestualité, musique, bruitage. Le rhizome agirait sur la formalisation dramaturgique du circuit de signifiants propres à Kantor. Il agirait également sur les liens objectifs ou occultes entre l'élément textuel, l'élément visuel et l'élément acoustique. Il serait à l'origine d'une lexicalisation novatrice de la représentation théâtrale et musicale qui oblige à restituer la sphère sonore dans un contexte qui doit sa force dramatique à une esthétique du collage surmédiatisée. Si pour mieux localiser ce que Kantor entend par sphère sonore nous empruntons à un philosophe une théorie esthétique

1. G. Deleuze, F. Guattari, *Mille Plateaux*, *op. cit*, p. 19.
2. *Ibid.*, p. 31.

sur la connexion et l'hétérogénéité, c'est précisément pour que la référence rencontre l'objet. Le modèle du rhizome appliqué à Kantor présente un avantage sans lequel toute tentative de définition du musical dans le théâtre de Kantor deviendrait probablement descriptive. Or, si le tissu structurel à la sphère sonore est constitué à partir de bruitages tels que la toux d'un malade, le son de la guillotine ou le frottement d'un balai sur le sol, il convient de ne pas la limiter à une simple illustration de l'action. Elle participe activement, voire prophétiquement et en temps réel, à l'élaboration d'une nouvelle conception de l'espace théâtral. L'interface entre espace théâtral et sphère sonore doit être envisagée sous l'angle d'une progression spéculaire d'une pièce à l'autre. Les notions de passage, de transition ne sont pas fortuites. Pour Kantor, la question de *l'entre* permet une double lecture, valable pour l'analyse d'une seule pièce et l'analyse évolutive de l'ensemble des spectacles. D'emblée, dans cette seconde perspective, la sphère sonore se déplace sensiblement vers une orientation musicale. Comment la définir, tout du moins, comment l'approcher ? Quelle différence de nature, voire de fonction, décèle-t-on entre le linceul de papier blanc qui, dans *Où sont les neiges d'antan ?*, bruitise la présence du mort, et l'utilisation ironique du canon dans *Aujourd'hui c'est mon anniversaire* qui, à l'inverse de l'exemple précédent, musicalise un objet non musical ? Pourquoi le geste/son est-il aussi chargé de dialectique dramaturgique ? Parler de métaphore et de métonymie revient à imaginer une partition sonore parallèle à la partition scénique de Kantor dont la mise en situation ne se prolonge pas nécessairement en action, pas plus qu'elle n'est nécessairement induite par une action. Autrement dit, *l'entre*, cette troisième entité méconnaissable et omnipotente, a pour fonction de saisir le tragique dans son option la plus immédiate : le musical. Non pas un saisissement pathétique que le spectateur serait censé extraire des rapports sensori-moteurs de l'interprète-acteur, mais un saisissement analogue à une pétrification de l'intolérable, de ce qui ne doit plus être prononcé parce que, par définition, la parole ne parvient plus à en restituer le mouvement interne. L'intolérable chez Kantor excède dans le sonore de façon abrupte et définitive. Cela peut être une situation limite telle que le râle d'un mort qui n'en finit pas d'exténuer ; ou encore, une situation prosaïque dont la banalité intensifie la caricature de l'inouï, le non-dicible. On reconnaît ici un théâtre qui ne présente pas seulement une action, une scène et des acteurs, mais qui éprouve le besoin de les entourer d'un monde, d'une sphère, en l'occurrence musicale. Précisons que Kantor n'utilise jamais le mot musique ou musical. La notion de sphère musicale surgit *a posteriori* : c'est l'utilisation à dessein du paramètre son qui engendre, voire déclenche une fonction musicale. Originellement, le son n'est pas musique. Contextuellement, il le devient. C'est pourquoi le théâtre de Kantor n'est pas réductible à une problématique monolithique, pas plus que l'utilisation paradigmatique de la musique n'est réductible à une écriture. « L'art qui se défend à coup de définitions scientifiques »[1] est également banni des modalités sonores. La difficulté réside dans une lecture cohérente de l'hétérogénéité des matériaux comme argument chaotique. Encore une fois, la métaphore et la métonymie accusent le côté miroir de la pensée et de l'action sans pour autant le révéler. On s'appuiera sur l'objet décrit ou exposé pour sortir de l'exposition ou de la description et établir l'équivalent de la « rethéâtralisation du théâtre »[2], à savoir la re-musicalisation de la musique, à condition qu'elle ait lieu sans remède artificiel[3], ce qui pour Kantor reviendrait à vendre son âme aux catégories musicographiques de la pensée compositionnelle et théâtrale.

entre le son et le verbe

« Je suis contre la narration » déclare Tadeusz Kantor[4]. Cette profession de foi invite à poser le principe du modèle et de sa transgression. Qu'est-ce que le modèle chez Kantor ? Question importante pour l'argument musical enchevêtré à l'argument théâtral. Si certains spectacles de Kantor présentent des archétypes – la mort ou les morts dans *La Classe morte* (1978), les soldats dans *Wielopole-Wielopole* (1980), les prisonniers dans *Qu'ils crèvent les artistes !* (1983) – quelles sont les projections sonores modélisables susceptibles de leur appartenir ?

On distinguera quatre grandes catégories d'objet musicaux dont la réunion explicite le concept de rhizome cher à Deleuze et dont la combinaison protéiforme se définit dans un système de ramifications stratifiées ; un système qui impose autant une étude des mécanismes du jeu dramatique que des mécanismes de réception (psychologique et fantasmatique) du spectacle. La sphère sonore est à considérer comme entité mixte, relevant

1. D. Bablet, *Les Voies de la création théâtrale*, Paris, Éditions du C.N.R.S., 1983, vol. 11, Tadeusz Kantor 1, p. 21.

2. *Ibid.*, p. 22.

3. *Ibid.*

4. T. Kantor, « Entretien avec Guy Scarpetta », *La Règle du jeu*, juin 1991, n° 1, p. 153.

des deux polarités : spécifique au spectacle (dramaturgie) ; non spécifique au spectacle (réception).

le bruit

Substrat territorialisé de la scène théâtrale et de la sphère sonore, il occupe un pourcentage égal ou supérieur à la parole et aux gestes qu'il accompagne, prolonge, scande ou casse. Le bruit s'apparente à l'objet qui acquiert ainsi une dimension simultanément optique et acoustique : outils, matériaux, ustensiles divers (chaises, tables, guillotines, fusils, cercueils, canons, etc.) ; modèles naturels (eau, pleurs, etc.). La catégorie bruit opère des transformations progressives apparentées à des successions d'instants organiques discernables en bruit/son – intervention d'une bribe d'élément thématique, mélodique ou rythmique (chanson, ritournelle, marche militaire, tango, valse) à l'intérieur du module bruiteux – et en bruit/musique – intervention complète de l'élément thématique, mélodique ou rythmique à l'intérieur de ce même module, formant ainsi une véritable tranche acoustico-musicale.

le geste

Coextensif de la forme, il affirme son refus de « définir l'individualité

de l'artiste »[1] et, par analogie, il perturbe la linéarité du verbe prononcé ou du son articulé. Le geste est probablement le concept opératique le plus difficile à saisir chez Kantor. C'est le type même du code fourre-tout, non déclinable à l'intérieur d'une structure formelle : une scorie distincte qui permet de reconstituer un objet ou une parole qui n'apparaît jamais dans la forme où il (elle) est représenté(e). Le geste chez Kantor signifie la présence virtuelle d'un objet ou d'une pensée absente scéniquement : la goutte d'eau dans la cuvette dans *Je ne reviendrai jamais.* Il énonce en quelque sorte une action qui réfute l'énonciation explicite ou discursive au profit d'un procédé compressif que je nomme geste. Le geste arrache l'action aux objets formés dans le milieu, il s'auto-transgresse vers des actes et des comportements dérivés, tel un symptôme pulsionnel inaliénable au contexte. Le geste/verbe serait ainsi contigu au *geste/son* ou geste/bruit et au geste de l'acteur.

le *leitmotiv* kantorien ou « ritournelle »[2]

Il participe à la stylisation de la sphère sonore tout en s'identifiant au processus du cadre scénique. À l'excès, à une hypertrophie baroque des

1. T. Kantor, « Entretien avec Skiba-Lickel », *Théâtre/Public*, n° 97, janvier-février 1991, p. 65.
2. Expression de Gilles Deleuze.

événements, il oppose la singularité et l'épure de sa présentation récurrente. Il revêt essentiellement deux formes, deux figures : le motif mélodique, chanté, cantilé, récité ou râlé d'origine folklorique ; le motif rythmique désignant un timbre spécifique, comme le rappel à une mémoire déficiente ou absente. À la question, le *leitmotiv* structure-t-il l'action ? nous opposons une réponse intermédiaire qui écarte toute radicalisation excessive et hâtive. Le *leitmotiv* conduit l'action autant qu'il est conduit par elle. Seule sa combinatoire, sa force spéculative sont significatives de sa réalité individuelle. La danse du porteur d'eau dans *Aujourd'hui c'est mon anniversaire* concentre les qualités de la mélodie chère à Kantor : retour du folklore, mouvement du rituel, présentation récurrente des motifs, uniformisation de la couleur timbrale, rythme par sections. C'est l'exemple type d'une chanson qui n'appartient pas, de fait, au théâtre de Kantor et qui, intégrée à un spectacle, s'approprie les caractéristiques stylistiques de la *sphère sonore*. Le *leitmotiv* kantorien obéit à un processus d'identification.

la voix et l'orchestre

La voix comme manifestation d'une humanité condamnée à regarder la mort en face : le regard exerce la voix, de l'archaïsme le plus corporifié et formalisé (pleurs, cris, râles, agonies, souffles, borborygmes), au signifiant méticuleusement articulé, scandé, phrasé (la douleur, la perte, la mort, le pouvoir, la dérision, la religion, la condition humaine, la vocation de l'art ...). Quant à l'orchestre, invisibilisé ou non, il présentifie la sphère sonore ; il la densifie en jouant sur des effets de masse, de foule. Il permet de mettre en valeur le face à face entre le singulier et le pluriel, l'unité et le multiple ; il accuse les contrastes et constitue un réservoir d'énergie dramatique sur le mode typiquement musical de la tension/détente.

La Classe morte, *Wielopole-Wielopole*, *Qu'ils crèvent les artistes !*, *Où sont les neiges d'antan ?*, *Je ne reviendrai jamais* et *Aujourd'hui c'est mon anniversaire* comme arcs-boutants d'un chassé-croisé d'intrications non chronologiques de textes/musiques, gestes/musiques, actions/musiques, dispositifs scéniques/sphère sonore.

La modélisation musicale de la scène théâtrale chez Kantor participe d'une esthétique du bouleversement et de l'iconoclaste :

> J'ai beaucoup aimé le scandale. Mais en même temps, j'ai peu à peu perçu que ça ne suffisait pas [...]. Le plus important pour moi, c'est que le public

> soit bouleversé intérieurement. Qu'il soit commotionné [...]. Bouleversé, pas seulement au sens esthétique, mais comme au seuil de la mort[1].

Le bouleversement ignore par définition la narration. Il ignore également l'intrigue, le nœud de l'action dans le théâtre traditionnel qui tend à lisser le choc initial, à l'auréoler d'une histoire captive de sa propre trajectoire. L'intérêt qu'ont suscité chez moi ces questions trouve son origine dans le musical et non dans le théâtral, notamment dans les diverses façons dont Kantor figure le sonore. L'expression est paradoxale. Disons que le paradoxe est contenu dans un système de conventions implicites. Le sonore n'explicite du sens qu'à la condition d'être véhiculé par un espace/temps porteur d'un contenu sous-jacent. Le bruit du canon dans *Aujourd'hui c'est mon anniversaire* n'est pas substantiellement ironique. Kantor fabrique l'ironie comme s'il la dessinait. Ses contours sont acoustiques et cependant de nature à figurer un état ou la convulsion d'une émotion. Il faudrait ajouter à cette constatation, définitivement acquise pour un théâtrologue et inédite pour un musicien, la question emblématique du rapport à l'image et en particulier au tableau.

> Je préfère parler de peinture parce que là, il y a toujours plus de précision que dans le théâtre[2].

Ce qui semble empêcher l'éruption du bouleversement au théâtre, c'est la formalisation (et non la modélisation) excessive du principe de narration et, du même coup, l'exactitude du geste, du contour, du figuralisme de l'objet déposé sur la scène seraient codifiés dans un enjeu interprétatif : « moi – déclare Kantor –, je rejette l'idée de l'interprétation »[3].

L'élément musical arbore une dynamique gestuelle similaire au geste pictural. Il est à la fois précis, décisif, nuancé, expressif et, dans sa nature, abstraite, sans connotation interprétative sophistiquée. Il est à ce point dépendant de son attaque qui conserve malgré lui une forme pulsionnelle et informelle. Tout comme l'élément pictural, il peut le cas échéant revêtir des mondes originaires et insolites. Chez Kantor, le geste musical est souvent verbalisé et le verbe souvent musicalisé, car pour renouveler l'émotion du spectateur, il faut faire varier les possibilités du dire, du parler, du bouger et du sentir en les décalquant sur un modèle qui, par définition, ne dit rien,

1. T. Kantor (Tadeusz), « Entretien avec Guy Scarpetta », art. cit., p. 158.
2. T. Kantor (Tadeusz), « Entretien avec Skiba-Lickel », art. cit., p. 65.
3. *Ibid.*, p. 66.

mais apostrophe l'ouïe, oblige à tendre l'oreille, crispe les sensations et gouverne la mémoire. Casser l'homogénéité du théâtre aurait pour corollaire une hyperconcentration acoustique, un bariolage sonore en adéquation avec l'idée du carrefour culturel qui, dans son télescopage scénique, produit inévitablement de la passion, des ruptures. La sphère sonore serait un lieu carrefour, là où le concept d'universaux prend naturellement sa place sans qu'il soit nécessaire de le stipuler ou de le démontrer. La musique ne parle pas une langue, elle les parle toutes, avec une identique syntaxe. Aussi, s'adresse-t-elle *de facto* à l'humanité, gommant les différences et les appréciations sociales que les mots véhiculent. Tout comme la couleur, le son stimule le cœur sans forcément transiter par le mental. On comprendra qu'un tel pouvoir annihile tous les autres et que, pareil à l'art édifié par Kantor, il revêt la pure forme de l'*ethos* grec. Il serait résolument du côté de Dionysos, et nous inviterait à entrer dans les profondeurs abyssales de l'homme, à décoder les affres de son mal existentiel. Il participerait à la célébration de l'invective, de la dérision, du masque d'un Gorgô imaginaire éprouvé par Kantor, traduisant l'extrême altérité, l'impensable, à savoir, la mort que l'œil de l'objet impose à notre regard. Autrement dit, produire de l'émotion pourrait bien signifier qu'il faut rehausser le verbe et le geste à hauteur du son, cet intrus qui dérange, tel Dionysos en effet, qui …

> … apprend ou contraint à devenir autre de ce qu'on est d'ordinaire, à faire, dès cette vie, ici-bas, l'expérience d'une évasion vers une déroutante étrangeté [1].

Qu'il soit question de *La Classe morte*, *Wielopole-Wielopole*, *Qu'ils crèvent les artistes!*, *Où sont les neiges d'antan?*, *Je ne reviendrai jamais*, ou plus récemment d'*Aujourd'hui c'est mon anniversaire*, le statut de la sphère sonore, relativement aux autres paramètres, représente un pourcentage important du théâtre de Kantor. Distinguons toutefois ce qui relève de la singularité d'une unique représentation de l'ensemble des spectacles. Dans le premier cas, le pourcentage relatif à la sphère sonore correspond à une esthétique proche du collage, du bout à bout combinatoire et territorialisé. Dans le second cas, ce même pourcentage, sans renoncer à la combinatoire, argumente en faveur d'une économie du matériau de base et abandonne au fur et à mesure les références signifiantes utilisées précédemment. Que deviennent d'un spectacle à l'autre les composantes de la sphère sonore? Le

1. J.-P. Vernant, *La mort dans les yeux*, Paris, Hachette, 1985, p. 13.

glissement est progressif mais résolument novateur : pour Kantor, la fidélité à un style (sonore) ne transite pas nécessairement par sa reproduction. Entre *La Classe morte* et *Aujourd'hui c'est mon anniversaire*, le pourcentage est inchangé. Il perdure au travers une conception du sonore qui s'arc-boute à ce qui est déconstruit (collage), se dirigeant vers le construit (homogénéisation). L'élément musical l'emporte en fréquence, en intensité, en durée, en hauteur et en timbre sur l'élément parole. Il n'y a aucune ambiguïté sur ce point. Un relevé métronomique de chaque intervention sonore ou bruitée permettrait de jeter des bases scientifiques de ce constat empirique. Cette hypertrophie du son équivaut scéniquement à une hypertrophie du matériau, d'objets a priori inanimés (mannequins), et à une occupation baroque par les acteurs du territoire de la scène. Se pose d'emblée le problème de la hiérarchisation des éléments musicaux. Comment parler de l'objet musique chez Kantor lorsque tout objet devient sonore à un moment donné de son existence ou de son inexistence scénique ? L'objet n'est pas fortuit. Sa présence sur scène est déjà l'indice d'une trace sonore détectable ou non. D'ailleurs, Kantor varie ou entremêle la source de production. Le son n'est pas systématiquement déclenché en temps réel ou en direct. Il

parvient également à nos oreilles par l'entremise d'un système de diffusion. Le direct et le diffusé se disputent l'impact dramatique de la sphère sonore dans un entrelacs qui nécessite une réelle connaissance des moyens mis en œuvre pour sonner à la Kantor. Certains chants furent enregistrés au préalable (ex. : le chant du ghetto dans *Aujourd'hui c'est mon anniversaire*). On devine aisément son appropriation par Kantor. Quelle est la teneur de cette appropriation qui se solde par une modification de l'enregistrement initial ?

Le son surgit d'une situation silencieuse, après installation du public et installation de quelques objets et acteurs sur la scène. Une parade introductive amorce le début des spectacles, à la manière d'un défilé caricatural et stéréotypé. Dans *Je ne reviendrai jamais*, la parade est soumise à un préalable éloquent, contrepoint de silences et de ruptures du silence : une scansion régulière de gouttes d'eau résonnant dans une cuvette de métal. La parade de *La Classe morte* s'identifie à un rythme de valse omnipotent pendant toute la durée du spectacle. Elle scande la venue des Petits Vieux et s'intensifie au fur et à mesure que leur apparition dans l'embrasure de la porte se transforme en foule. Il s'agit d'une parodie du cirque de la mort, ce à quoi la musique répond par la régularité d'un rythme ternaire et surtout, par un genre qui illusionne, tant il promet de ne rien perturber. La valse est un élément sonore parodique dont le spectre est commun à toutes les pièces de Kantor. Seul son traitement varie. Dans *La Classe morte*, elle est une composante du drame. Des Petits Vieux reviennent dans leur classe d'école afin de retrouver le sentiment et le vécu de leur enfance. Entreprise vouée à l'échec, à l'automatisation sénile des gestes, des paroles. La tragédie est comme pulsée par un semblant de valse qui tantôt accentue le tragique des acteurs par un éclairage massif des poupées de cire, tantôt souligne la drôlerie de cette réunion fantomatique et cruelle. On assiste à un glissement familier chez Kantor. La valse est un genre innocent, souple. Elle est peu à peu pervertie par un mouvement obsessionnel de morts et de tortures morales ou physiques : le passé est irrécupérable. Dans *Qu'ils crèvent les artistes!* la valse, peu reconnaissable, ne produit pas un sens aussi conforme à la réalité obsolète des Petits Vieux en quête de leur enfance ou d'un paradis perdu. Elle a plutôt tendance à mimer la souffrance incarnée dans le chiffre trois – (*un, deux, trois ... lui aussi il est mort*) –, à ritualiser le récit fatidique. La mort est dotée d'un visage et d'une pulsation.

C'est pourquoi la valse subit souvent le traitement de l'enchevêtrement avec un autre genre ou en autre style, aussi appuyé et transparent rythmiquement. Ainsi, l'entrée des soldats sur fond de marche militaire dans *Qu'ils crèvent les artistes!* se poursuit-elle en lambeaux de valse. La valse serait un genre simulacre. Reconnaissable ou méconnaissable. Seuls les appuis temporels articulant la pulsation autorisent sa déclinaison dramatique. Le style musical, chez Kantor, hormis les mélodies ou litanies polonaises qui ont bercé son enfance, ne se donne jamais dans une forme intégrale avec début et fin. Il surgit comme une couleur timbrique construite et déconstruite *ad libitum*, ou, pour reprendre l'expression de Denis Bablet, « une matière livrée à elle-même et au hasard de l'action »[1]. L'objet musique est alors « pris en flagrant délit »[2] de dérapages successifs. La valse qui prolongeait la marche militaire dès le début de *Qu'ils crèvent les artistes!* ne renonce pas à sa vocation dynamisante d'instruire le cours des événements. Elle cède le relais à la mélodie initiale, générique de la pièce, s'enchevêtrant à son tour à une fanfare processionnelle d'adultes et d'enfants, le tout sur brouillage de rires et de bruits de pas qui subissent le tumulte alternativement régulier et irrégulier de la sphère sonore. L'enjeu

1. D. Bablet, « Le théâtre de Tadeusz Kantor », *Un film de Denis Bablet*, Paris, C.N.R.S. Audiovisuel / K. Films, collection Théâtre, 1988.
2. *Ibid.*

de ce bout-à-bout se situe dans le *decrescendo* progressif du magma sonore, parallèle à l'éloignement progressif des acteurs sur qui la porte se referme. Or, et le mimétisme n'est pas de nature illustrative, au moment où la porte se referme, la musique se referme aussi dans un *au loin* suggestif.
La valse renouvelle son apparition auditive et physique (entrée d'acteurs). La construction est d'ordre dramatique, car l'agencement hybride de ces strates sonores obéit toujours au même poids d'ordres et de restrictions : une porte s'ouvre = la musique démarre, non pas un bruit ou un son, mais un effectif instrumental ou vocal qui ne masque pas l'identité de la référence (valse, tango, marche, fanfare ...). Au tableau scénique, mimétique, Kantor oppose des séquences musicales comme autant de soulignements à « un espace où naît l'action dramatique »[1]. J'ajoute que la totalité de cette succession n'outrepasse pas en temps réel une minute. Il faut probablement en inférer que l'encombrement des moyens est proportionnel à la compression temporelle : la sphère sonore est avant tout fragment, puis fragment à l'intérieur d'un fragment, en dehors du recours au collage. La logique du fragment, identique à celle du rhizome de Deleuze, possède une mobilité d'adaptation singulière, instantanée, ne constituant déjà plus, dans l'élan du changement, un état achevé, mais la préfiguration d'une figure en cours de transformation, plus exactement, en train de se faire ou de se défaire. Dans *Où sont les neiges d'antan?* la cellule mélodique qui évoque les noces est renversée en rythme de funérailles, alertée par la balayeuse déjà présente dans *La Classe morte* et qui phrase le sol afin d'annoncer la mort. Car la sphère sonore a aussi pour mission de nier les valeurs existentielles, de les brouiller afin que l'action rebondisse sur l'inattendu (un défilé de soldats, une agonie, une procession d'acteurs portant des mannequins ...).

La logique du fragment musical peut atteindre des subtilités programmatiques encore plus raréfiées : toujours dans *Où sont les neiges d'antan?* le *son* de la mort qu'on tire sur une civière est capté dans le son d'un instrument de cuivre, la trompette. Ce son déroule en sourdine le chant du ghetto de Varsovie. Appel ou rappel? Kantor en modifie le timbre. Le chant est étouffé, chancelant, étiolé. Le leitmotiv kantorien procède de ce principe de captation ultime, comme un signal d'alarme ponctuel, dosé. Le linceul blanc d'*Où sont les neiges d'antan?* se met à craquer. Subitement, on prend conscience de sa fragilité matérielle (il est en papier) et existentielle : la

1. *Ibid.*

mort est aussi incertaine que la vie. Le tango traversé par le timbre de la trompette vient parfaire le tableau iconoclaste pour l'image (deux cardinaux en robe rouge dansent le tango) et pour l'oreille, qui n'a pas eu le temps d'intégrer le rapport du son et de la mort. Stratégie de l'entendu, de ce qui est véritablement compris. Avec la sphère sonore, Kantor crée un hiatus entre ce que raconte l'image, conformément à sa nature figurative, et ce que prévoit ou pressent le son. Ce hiatus est à l'origine du saisissement émotionnel, car il stigmatise *l'entre*, à savoir, l'innommable, le non-dit, le non-écrit, le non-référent. Le spectateur est comme happé par une structure en trompe-oreille dont le simple descriptif, décodable à l'œil nu, ne lui suffit pas pour conjurer la stupeur dont il est victime. *Wielopole-Wielopole* représente à ce titre un paroxysme d'équilibre précaire. Dans l'« action blasphématoire et quotidienne »[1], Kantor ritualise la sphère sonore dans un système de division où les objets (en particulier le porte-croix à roues) acquièrent le statut du chaos (le bruit), et la musique, celui de plénitude momentanée. Aussi, le rythme de cette pièce est-il binaire, exploitant des zones limites articulées autour de la mémoire et de la perte de mémoire. L'oubli est radicalisé au regard de ses pièces précédentes, comme si le « constructivisme des émotions »[2] ne pouvait échapper au constructivisme sonore. Carrefour d'identités et de cultures, *Wielopole-Wielopole* est aussi un carrefour musical, creuset d'innombrables velléités compositionnelles. La mémoire acoustique y est sollicitée de façon polyphonique, à la manière d'une écriture qui induit autant l'écoute intérieure que la perception du spectateur. Il est difficile d'entrer dans l'esthétique polyphonique de Kantor tant elle recèle de complexité sémantique au-delà de la scène, du verbe et, en l'occurrence, de la sphère sonore. Comment s'y prend-il pour concentrer dans une même unité de lieu et de temps des références sonores aussi hétérogènes sans perdre la cohérence de l'action et en maintenant une puissance expressive d'inspiration musicale ?

Si par objet Kantor admet le phénomène son alors nous intimons en faveur de cet objet, métaphore d'un musical éthique. L'invention du photographe, objet protéiforme, se transforme en instrument de massacre et de tuerie : le photographe fige l'instant présent, il capte un moment précis de la vie ; il peut le cas échéant la figer, de sorte que la vie s'aliène les pouvoirs de la

1. *Ibid.*

2. T. Kantor, *Les Voies de la création théâtrale* Paris, Éditions du C.N.R.S., 1983, vol. 11, Tadeusz Kantor 1, p. 47.

mort. Pour traduire cette mutation sans opérer de déplacement scénique, Kantor prolonge le déclic du photographe en bruit de mitrailleuse. Le spectateur n'a pas forcément suivi les rouages subtils de la dramaturgie. Toutefois, il lui suffit d'entendre le passage d'un bruit à l'autre pour participer à la qualité de sa manifestation. L'objet acquiert une dimension simultanément visuelle et acoustique par le seul truchement du geste : l'objectif du photographe est objectif de mort.

Le bruit chez Kantor a souvent une connotation sémantique, voire une couleur rituelle. Il a souvent comme corrélatif le silence qui le précède ou/et lui succède. Sa nature et sa fonction sont confondues, bien que dans le premier cas il figure le mouvement des acteurs, et que dans le second il les en libère. L'exemple de la goutte d'eau au début de *Je ne reviendrai jamais* incarne ce rapport tensionnel entre le son et le silence, dans une alternance complice et suspendue à l'attente du public. Le silence tétanise l'action. Il stoppe son élan. Il pétrifie le mouvement des objets, des gestes, des corps, des paroles, des sons et cède la place à une énergie émotionnelle suffisamment dense pour que le public y puise la compréhension instinctive de la tension accumulée. Dans *Wielopole-Wielopole*, l'immobilité des soldats assis

par terre après avoir été mitraillés par le photographe véhicule à la fois le masque de la mort et celui de la libération. La machine déteint sur l'homme. Innocente (photographie) et perverse (mitrailleuse), elle accuse cet étrange mélange qui rend l'individu vulnérable à l'environnement et victime de son passé, de ses traditions, de ses conditions d'existence. À ce moment précis de tension/détente, entrecoupé par les bruissements d'objets ou les râles des mourants, intervient toujours chez Kantor ce que j'intègre dans la catégorie du *leitmotiv* kantorien : les chants rituels folkloriques.
Dans *Wielopole-Wielopole* le *leitmotiv* est ritualisé en différentes musiques souvent identifiables. Interceptant les actions éparses des acteurs, il surgit lors du processus de tétanisation du jeu. Pendant le mariage, il se déploie sous forme de chœur lorsque le curé porte la croix et que le soldat marche près de lui à pas réguliers. La tétanisation se poursuit, s'infiltre dans les différents tableaux et scelle les éléments hétérogènes du puzzle acoustique : arrêt sur le soldat … le prêtre prononce le mariage … le soldat parle mais aucun son ne sort de sa bouche. La parole ne parvient plus jusqu'à nous, ou alors, elle ne veut plus nous toucher. Le son et le silence sont entremêlés pour évoquer le simulacre d'une cérémonie nuptiale – le soldat porte la mariée – sarcastique dans sa formalisation. Une marche scande le cérémonial. Elle rappelle le chant national israélien, la *Tikva*. En réalité, il s'agit

de l'évocation d'un chant de mort qui accompagnait les Juifs avant d'entrer dans les chambres à gaz (figure 8).

Figure 8 : Rythme de mort accompagnant les Juifs avant d'entrer dans les chambres à gaz.

Kantor use de l'élément musical pour manipuler le dérisoire. Le chant est d'origine juive ; la cérémonie tend vers une représentation orthodoxe ; seules la douleur et la mort sont universelles. Cette universalité, aussi prolixe soit-elle, n'est pas, selon les rituels, soumise aux mêmes codes de représentation. L'écart se joue essentiellement entre la religion juive et la religion catholique apostolique. La religion juive glisse sensiblement du côté du musical, à savoir du symbolique, alors que la religion catholique s'incarne dans les objets et les personnages d'une façon arrogante et caricaturale. Pourquoi cette distinction touche-t-elle au religieux et participe-t-elle de la dramaturgie ? Kantor n'ignorait pas l'absence de représentation et l'interdit d'idolâtrie et d'icônes propre au rituel juif. Il n'ignorait pas non plus la magnificence du rituel catholique qui se fortifie par le regard et par une exaltation esthétisée du corps. La confrontation des deux sur scène crée une dissonance à la frontière de l'annulation de l'idée même de sacralisation. Ainsi, l'idée juive participerait du sonore en tant qu'elle ne représente pas un objet défini, et l'idée catholique participerait de l'optique en tant qu'elle rehausse l'objet. L'équilibre de ce face à face désarticule l'identité religieuse au profit d'une reconnaissance culturelle. « *Wielopole-Wielopole* ou une esthétique de la répétition »[1], précise Denis Bablet, comme si la réitération avait valeur de modèle. En effet, musicalement, la cérémonie du mariage est répétée après sa célébration ambiguë : la mariée est jetée de mains en mains (mannequin) ; pour mieux amplifier le tragique à hauteur de l'émotion, un piano désaccordé entame une mélodie clustérisée, malmenée comme la mariée :

1. D. Bablet, « Le théâtre de Tadeusz Kantor », *Un film de Denis Bablet.*

> C'est la contradiction dans l'art. Cette situation donne quelque chose que j'apprécie beaucoup, c'est la tension. Ce n'est pas de l'émotion. On peut pleurer avec la tension[1].

L'identique dérision est amorcée avec la mélodie au rythme ternaire que fait entendre l'orgue de barbarie sur fond de violon sans archet et sans corde (figure 9).

Figure 9 : Mélodie dans *Wielopole-Wielopole*. Référence au premier *Scherzo* de Chopin.

Le problème n'est pas tant la formalisation de la dérision que le sérieux de son support. Du moment que le violon est présent scéniquement, la mélodie se satisfait d'un accompagnement imaginaire que le spectateur reconstituera à sa façon. Le geste est plus fort que le son, car il suggère un timbre ineffable et cependant moteur. L'objet simulacre détruit le secret d'une parole acoustique absente, encore une fois méconnaissable et reconnaissable par les voies d'une mémoire inconsciente.

À quelles mythologies sommes-nous invités à participer? Les objets « comme les aime Kantor »[2] sont accablés de fonctions antinomiques, chargés d'une mémoire atavique qui se manifeste individuellement, dont on découvre très vite qu'elle est le porte-parole, le porte-son de l'inconscient collectif (le chœur). Si la table, le lit tournant, l'armoire branlante expriment « la quotidienneté, le rite et la mort »[3], le chant folklorique à tendance religieuse, de la mélopée chuchotée aux appels de chœur ou effets de masse, exprime le fond d'œcuménisme latent auquel le monde répond encore lorsqu'il est touché par la douleur. La mélodie indiquée ci-dessus correspond aux premières mesures du trio du premier *Scherzo* de Chopin. Référence polonaise? Le thème de ce trio, berceuse infiniment émouvante, est soumis à une perpétuelle récurrence. L'idée de répétition appartient au musical. Le son n'a de sens que contextualisé. Or, le discours en musique, sans narration ni programme sous-jacent, développe dans le temps des matériaux mélodiques ou harmoniques inchangés. Seules leurs variations modifient momentanément leurs profils, voire leurs expressions.

1. *Ibid.*
2. *Ibid.*
3. *Ibid.*

L'adjonction d'une percussion (son de râpe) avec le chœur accentue, dans *Wielopole-Wielopole*, le retour (répétition) à la chanson couplet/refrain contiguë à l'apparition des soldats. Le rythme binaire traduit une répartition de l'espace en osmose avec celui de la marche : le chant est alterné, tantôt chœur, tantôt voix d'homme. Chacun d'entre eux, suivant une technique homophonique, est progressivement registré dans l'aigu (marche harmonique). La mort qui rôde – insidieuse dans la mitraille du photographe, cynique dans le piano désaccordé, angélique dans la citation de Chopin, décadente avec le violon sans corde – est comme annoncée par un son de cloche qui marque un temps d'arrêt non plus de ce qui bouge, mais de ce qui se prépare : la mort, dans son ultime paradoxe, prophétiserait chez Kantor les actions à venir (figure 10).

Figure 10 : Cloche résonante et point d'orgue.

Les gestes quotidiens se posent sur cette texture polyphonique acoustique. Ils deviennent emblématiques d'un paradis perdu que l'on recherche à répétition. Lorsque Kantor ôte de la table de l'*ultima cena* la nappe blanche qu'il replie méthodiquement, le piano désaccordé caricature la simplicité de ses gestes. Le rituel a-t-il pour vocation d'exorciser ou de révéler le démon de la mémoire ?

La présence de Kantor sur scène est, par définition, indispensable, substantielle au spectacle. Kantor est un chef d'orchestre habile, détenant le secret de ses mises en scène. L'argument reste trivial bien que structurellement opérant. Hormis le rapport entre lui, les acteurs, les objets, l'écriture et le public, existe une dynamique d'ordre spécifiquement musical : la pulsation. Kantor ne se contente pas de signaler la circulation des objets entre eux. Il impulse un mouvement comparable au mouvement initial d'un chef d'orchestre qui indique le *tempo* aux musiciens. Les acteurs ne sont plus simplement acteurs, mais interprètes. Nuance capitale qui qualifie le jeu en l'empêchant de se figer dans des attitudes pré-déterminées. La ronde des salutations à la fin de chaque spectacle rend hommage à une sensibilité théâtrale imbibée de musiques et de rituels musicaux. Dans *Wielopole-Wielopole* et dans *Je ne reviendrai jamais*, la ronde terminale correspond à la péroraison des *happening* musicaux ou des pièces de *théâtre musical* des années soixante. Il s'agit d'une cadence conclusive qui réunit la totalité des ingrédients du spectacle en les unissant par l'élément musical conducteur et permanent : chez Kantor, l'élément musical est un chant folklorique d'origine hassidique[1] sur-travaillé afin d'obtenir une voix vacillante et virulente. Or la péroraison est le résultat d'un long processus en gestation que Kantor amorce dès le début du spectacle. Le tableau scénico/acoustique est, à quelques aménagements près, identique : Kantor entre sur scène ... les musiciens entrent dans un second temps ... Kantor s'assied ... il signale le départ ... la musique démarre ... il se lève et se retire de la scène[2]. « Je suis comme toujours celui qui détruit l'illusion »[3] explique Kantor à propos de *Qu'ils crèvent les artistes!*. Le paraphrasant, nous pouvons ajouter : Je suis celui qui orchestre l'illusion et la musicalise.

ce qui reste quand on a tout oublié : le chant Hassid

L'épisode du chant d'origine hassid en vigueur à partir du XVIIe siècle constitue le substrat profond de la sphère sonore, son style, sa raison d'être, sa plénitude et son tragique. Sans doute Kantor a-t-il puisé dans sa mémoire pour les faire revivre grandeur nature. On imagine aisément que le village de son enfance (Wielopole) fut un labyrinthe culturel et religieux qui l'a mis en présence du judaïsme orthodoxe tel qu'il se vivait en Pologne dans la première moitié du XXe siècle, à proximité du quotidien de la religion catholique. En réalité, les chants hassids se sont développés dans les villages juifs – *shtetl* en yiddish. Pour satisfaire au mouvement hassidique, ils avaient une mission sacrée : célébrer Dieu dans la joie et l'expansion collective, métaphore de la communauté. Ils se devaient aussi d'inscrire dans leurs méandres mélodiques le rituel religieux, le sacrifice à dimension humaine de l'individu qui voue sa vie à Dieu. Le mélange de sources profanes et sacrées concentré dans ce répertoire traduit une expression en *tremolo*, légèrement essoufflée, comme si chanter signifiait expurger le sort tout en louant la vie. Kantor a mis l'accent sur cette caractéristique. Les voix qu'il entend dans son imaginaire d'artiste sont identiques à l'ébranlement structurel des voix hassids d'Europe Centrale et en particulier de Pologne. Il va même jusqu'à convoquer les mauvais esprits, ceux que l'on chasse par la Voix et le Verbe. En l'occurrence, la superstition correspond chez Kantor à l'Ange de la mort à visage humain, à savoir, la guerre, les pogroms,

1. Chants que Tadeusz Kantor a probablement entendus dans son enfance.
2. *La Classe morte.*
3. T. Kantor, *Les Voies de la création théâtrale.*

l'antisémitisme, etc. Ayant vécu intimement cette partie de l'histoire, Kantor sait qu'oublier la douleur pour une communauté en minorité, c'est chanter. Pour le mouvement hassidique, on ne chante pas simplement avec sa voix, organe doué d'une fonction mélodique à la portée de tous. Il faut emporter dans son élan vocal et vital les objets quotidiens : les tables, les chaises, les murs, le sol doivent se mettre à vibrer comme si, eux aussi, avaient des poumons. Sans établir une relation de cause à effet trop succincte, il semble probable que Kantor ait intégré comme une seconde nature ce paramètre distinctif; dans tous ses spectacles, les objets sont doués d'une mobilité surprenante et active, parallèle aux corps qui enclenchent leur motricité anatomique, et *a fortiori*, leur âme virtuelle.

L'élément commun au chant vocalisé, au son musicalisé, au bruit sonorisé, c'est le râle, la toux du malade et *la répétition clownesque de l'agonie.* L'essoufflement de l'objet que l'on oblige à parler métaphoriquement – le chariot de Kantor lorsqu'il avait six ans dans *Qu'ils crèvent les artistes!* – vibre comme le râle du malade, rythmé en synchronie : l'*arsis* (antécédent de la phrase ou du son ou de la cellule mélodique) ne retombe pas sur la *thésis* (désinence de la phrase, du son ou de la cellule mélodique). Elle reste suspendue à elle-même, dans l'attente d'un nouveau départ. Le chariot racle le sol sans modification de timbre; la toux du malade n'a pas de résolution, elle tourne aussi sur elle-même. Les gestes sont ritualisés sur ce principe accélération/décélération de la conversation qui se transforme à son tour en râle : « ... un ... deux ... trois ... lui aussi il est mort ». Le halètement humain est halètement d'objets. Les rythmes de marche et de valse sont une conséquence de cet halètement premier et fondateur : « Je me lave les jambes ... je frotte ... je savonne »; « mets-y tout ton cœur ... je m'en fous ... personne ne m'aime ». La répartition du rythme des paroles est ternaire, pareille au trio d'acteurs qui conversent entre eux sans s'écouter mutuellement. Le dialogue est vide de sens, seuls, les mots tombent régulièrement sur le rythme binaire de la marche (figure 9).

La berceuse hassid est ici précédée du son/bruit de la guillotine qui tombe sur le temps musical (figure 11) :

Figure 11 : Berceuse hassidique.

Cette mélodie chantée par un enfant (« on m'a donné un cheval racé et un sabre à porter aux côtés … ») est timidement accompagnée par un accordéon. Elle revient deux fois dans *Qu'ils crèvent les artistes!* précédée et suivie d'un climat sonore différent : lors de la deuxième apparition, elle s'enchaîne à une sorte de fanfare sur des rires (procession des acteurs, adultes et enfants confondus), et prépare l'arrivée de la litanie synagogale, paroxysme de la sphère sonore qui aura cumulé successivement une deuxième répétition clownesque de l'agonie de deux malades (la toux est sonorisée) et des mouvements du corps tressaillant à intervalles réguliers en alternant un arrêt sur la mort et un arrêt sur le réveil, tandis que le raclement du chariot ponctue le récit du malade qui se souvient de son enfance (« … et j'avais des culottes courtes »). Les épisodes s'animent et se multiplient : entrée du cheval tournant dans le sens inverse des aiguilles d'une montre … réitération du son/bruit de la guillotine … chant initial accompagné par un petit orchestre … caractère ininterrompu de la musique populaire interceptée par le couperet … entrée, sur un chant liturgique avec orgue, du visiteur venu de l'au-delà. Veit Stoss … silence … il sort et entre une seconde fois avec plusieurs couperets … quand il ouvre une des fenêtres des boîtes à guillotines, la musique démarre … scène du marteau et de l'acteur attaché … le marteau est un instrument à percussion qui précède le coup de timbale et l'envoi du tango … la putain se mue en Ange de la mort aux fausses ailes de métal … bruissement du métal auquel répond une polyphonie acoustique et un enchevêtrement de genres musicaux (procession, marche, tango par séquences répétées) … la porte se referme sur le mouvement des corps, des objets, du bruit et de la musique … silence … arrivée de la litanie synagogale, climax expressif de la sphère sonore.

La litanie marque une respiration dans le flux continu des événements. Elle amorce le début de la péroraison avec pour observateur attentif, Kantor, debout dans un coin de la scène. C'est l'épisode tragico/burlesque de la danse des artistes condamnés à leur condition d'artiste comme à leurs instruments de torture. Nouvelle succession de polyphonies acoustiques : tango ... fanfare (procession des soldats avec la putain, Ange de la mort victorieux sur le cheval) ... coups de fusil ... écoulement de l'eau ... repère des artistes se transformant en prison ... mitraille sur la porte qui se referme ... télégraphe carcéral ... arrêt du télégraphe quand le gardien entre ... reprise du télégraphe quand le gardien sort ... l'Ange de la mort entre ... le bruit du télégraphe carcéral se confond avec celui du tango ... Veit Stoss transmet au monde un message ... roulement de bois sur une chaise ... les objets lui répondent (la source de production sonore est invisible) ... « la dernière œuvre de Veit Stoss : les barricades » (lits, tables, chaises ...) ... bruit du fouet sonorisé ... hourra des saltimbanques ... musique pour la ronde terminale ... entrée des acteurs. Ainsi, la sphère sonore serait comparable à un amoncellement tactique d'ingrédients répartis selon une grille de trois polarités dramatiques structurelles au rythme du spectacle : polarité des chants folkloriques ou liturgiques; polarité des rythmes de marche, de tango ou de valse; polarité du bruit des objets ou ustensiles.

Dans les deux derniers spectacles de Kantor – *Je ne reviendrai jamais* et *Aujourd'hui c'est mon anniversaire*, ces trois polarités ont tendance à se grouper afin de former une sphère sonore plus homogène. Le thème de la mélodie hassid de *Je ne reviendrai jamais* revêt une fonction prolixe : prétexte à marche, ronde, gesticulation, à entrée et sortie des acteurs ... Elle est une entité qui envenime l'indépendance des autres éléments sonores, d'autant que son balancement couplet/refrain est disséquable en sections binaires (figure 12) :

Figure 12 : Thème-conducteur de *Je ne reviendrai jamais*.

Le thème, incantatoire, lancinant, obsessionnel ornemente le tragique de la pièce, à l'image de sa propre ornementation – notes de passage, broderies, appogiatures : le mélisme est un catalyseur qui assure la transition d'un élément à l'autre. Dans *Aujourd'hui c'est mon anniversaire*, il participe à l'épure de la sphère sonore : l'esthétique du vacarme cède à une esthétique de l'oubli : quand le bruit se tait, la musique remonte, comme une véritable anamnèse, des profondeurs de l'inconscient. Le mot *objet* figure donc le profil de la démonstration : fonction prismatique sans qualification. Il est à l'origine d'une rupture historique radicale dans la musique du XXe siècle dès les années cinquante. Pierre Schaeffer lui a réservé un ouvrage théorique : *Traité des objets musicaux* – manifeste fondateur du courant de la musique concrète. Nous savons aujourd'hui quelle place l'objet musique occupa dans le théâtre musical. Nous savons également le rôle qu'il assuma dans l'élaboration de l'*œuvre ouverte*, ainsi que dans la mixité des musiques de traditions orales et de traditions écrites. Son originalité réside dans son émanation : l'objet acquiert une valeur de modélisation une fois formé dans un milieu sur lequel il agira à son tour. Le théâtre de Kantor, sans doute à son insu, stigmatise ce que la composition musicale contemporaine n'ose pratiquer sous peine de recevoir l'étiquette de post-moderne : il déplace les enjeux formels en un lieu inédit. Sa sphère sonore échappe au rouage citationniste qu'elle emprunte par une transgression permanente de ses propres codes. Son absence d'écriture – au sens que nous lui accordons dans la musique occidentale – s'érige en écriture presque archéologique : le palimpseste, la trace. Ce n'est pas la notation qui exprime la trace, mais bien l'interprétation.

le corps muet, le corps éloquent

Le corps est inscrit d'emblée dans le territoire lyrique, comme le seraient les inflexions d'un phrasé, d'un *legato*, ou le passage d'un *pianissimo* à un *sforzando*. Il est musical autant que sonore. En ce sens, il est dans l'écriture qui le compose et non en deçà. Abstraction faite de sa matérialité, il n'existe objectivement que dans le passage à la représentation, le moment où le musicien arrache au signe sa chair, lui restituant une corporalité oubliée mais présente, insidieusement. Ce passage, cet entre-deux de l'écriture et de l'interprétation avalise toutes les catégories auxquelles pourrait appartenir ce corps sonore, mis en action dès lors qu'il lui faut exprimer une empirie lyrique.

L'histoire du corps musical au XXe siècle n'est pas uniquement histoire de geste, de gesticulation, d'hypertrophie de la matérialité et d'une érotisation du phénomène sonore. Elle est une réévaluation du concept du corps, et avant le concept, de sa définition, que les compositeurs s'acharnent à incarner. Notre corps musical est affaire de demeure, de territoire. La démarche est plutôt simple et séduisante : écrire pour un corps qui parle, qui bouge, qui pleure, qui rit ou qui danse, tel est le projet de la création musicale à partir des années cinquante. Pléonasme ou euphémisme ? Les compositeurs exigent que l'on déshabille la musique : l'écriture n'étant plus aussi éloquente que dans les siècles passés, le corps acquiert une valeur de notation, et devient le lieu privilégié de la représentation acoustique. Avec ce lieu, irréductible à l'être, le compositeur définit les nouvelles modalités de son travail. Lieu à pourvoir, lieu de pouvoir. Mais la présence du corps dans le présent de l'opéra ne se limite pas à son propre réceptacle : le corps qui chante ou qui instrumente. Impossible d'en rester à ce champ clos et narcissique. Le corps a besoin d'une incarnation autre que lui-même, sinon il risque de revenir aux archétypes, et non pas d'en sortir. Le réceptacle du corps est invisible, immatériel et subjectif autant que le corps est visible, matériel et objectif, qualitatif autant que le corps est aussi quantitatif. Il s'agit bien d'un corps dans le corps, avec ses différences et ses simulacres, son masque et sa réalité. Inutile de pousser plus loin le paradoxe. Ce corps avide d'une modernité qui le reconnaîtra enfin est à portée de voix, dans la voix : l'ineffable, le souffle.

La voix constitue un métacorps qui aurait subi une désaliénation progressive de son obédience au corps, afin d'aboutir, avec l'opéra du XIXe siècle, à une mise à distance, un retrait, une putréfaction imaginaire et sublimée du corps proprement dit. Or, que signifie aujourd'hui la prospection exhaustive de ce même corps au sein de la création musicale sinon les retrouvailles, après désertion, avec l'*oralité*[1] des musiciens-poètes du XVIe : esthétique du chant-récit ou du récit-chant, le plus souvent improvisé ou mémorisé, où la voix seule confère au texte son autorité. En admettant que le texte (porteur d'une fonction invisible) ait été noté ou annoté, le musicien-poète ne le lit pas. C'est pourquoi des questions d'ordre philologique surgissent au lieu même où disparaît une quelconque trace de l'écrit. L'oralité présumée de ces chansons-récits – connaissance qui appartiendrait exclusivement à l'ouïe – s'oppose de toute évidence à la rationalité des méthodes en vigueur pour l'interprétation des musiques des XVIIIe et XIXe siècles. L'oralité semble disparaître derrière une tradition qu'elle contribua à fonder. Pour le moment, nous ne faisons que nous enfoncer davantage dans le paradoxe. Toutefois, cette *oralité*, pièce à conviction et de conviction, nous permet d'investir la face cachée d'un texte, puisqu'il s'agit à chaque fois d'en inventer les modalités d'application ou d'interprétation.

Le rapport entre corps et voix, matérialité et immatérialité, serait coextensif

à la mutation de l'oralité, ce fameux *indice* (Paul Zumthor) ou *noise* (Michel Serres) spécifique à l'écrit. Les virtualités d'un texte suscitent une actualisation présumée singulière. Chaque texte demeure incomparable tout en colportant ses *indices* de variabilité, synonymes, en quelque sorte, de probabilité. Dès lors qu'il se retire, le corps est ritualisé, codifié, normalisé. Sa vérité réside dans sa promulgation, de même que la promulgation d'une loi ou d'un édit réside dans sa proclamation. Aussi l'oralité est-elle plus contraignante que le texte : il s'agit bien de manifestation dans un présent qui occulte le support et magnifie le véhicule. C'est pourquoi le texte oralement formalisable perdure en tant qu'entité *désidérale* (P. Zumthor). Étrange fraternité qui lie la vocalité du haut Moyen Âge à celle de notre contemporanéité lyrique. Entre les deux : la fixation (notation), une longue tradition de pensée musicale qui valorise la voix et élague le corps pour mieux porter le langage. Cette distinction renoue avec l'idéal platonicien de la séparation de l'âme et du corps, l'opposition entre forme et matière – résistance à la matière, hypertrophie de la forme, relation « phénoménologique-transcendantale »[2].

1. P. Zumthor, *La Lettre et la voix*, Paris, Le Seuil, 1987.
2. J. Derrida, *La Voix et le phénomène*, Paris, P.U.F., 1967, p. 5.

La voix comme émanation d'un corps que l'on refoule : tel est bien le projet de la musique occidentale du XVIIe jusqu'à l'aube du XXe siècle. L'exercice de la puissance physiologique de la voix, sa capacité à produire la phonie et d'en organiser la substance l'emportent par mimétisme sur la justesse de ton, la justesse de corps, si recherchées par les chanteurs-poètes. Les voix du XVIIIe, XIXe et début du XXe se détournent résolument de leur corps. Elles dissimulent leur organicité sous la fiction du masque. La quête de la voix, hors corps, progresse en direction d'une hors-matérialité sonore où cri et silence sont à considérer comme équivalents. La voix s'ordonne suivant les modalités de la parole, puis du message, puis du chant qui introduit peu à peu une distorsion du signifiant pour aboutir au cri, le geste précisément le plus antagoniste du signifiant; un cri, métaphore « d'une porte qui ouvre sur le silence »[1]. La quête de l'aigu dans l'opéra wagnérien atteste cette dichotomie et aliène l'instrument à ce jeu de métaphores et de métonymies. La synecdoque atteint son paroxysme d'efficacité dans le *Prélude* de *L'Or du Rhin*, qui s'ouvre sur un accord dans le registre grave d'une durée de 116 mesures, dans une continuité absolue. Or, toute forme de *continuum* chez Wagner est empruntée à la voix, le seul modèle capable simultanément de porter et de fusionner des paramètres hétérogènes.

Cette tension permanente vers une brisure acoustique, signifiée dans l'aigu et le suraigu, substitue l'intelligibilité du signifiant au surgissement d'une matérialité silencieuse : la voix qui crie disparaît dans son cri. La matérialité est la condition du surgissement d'une voix corporifiée. La limite absolue que représente le silence rend effectivement hommage au corps, fortifie son action au sein d'une vocalité désormais absente et, dans une certaine mesure, déplace la narration en deçà de la cavité buccale, la diffuse dans l'espace muet de la scène.

Le rôle titre de *La Muette de Portici* – dont on aurait pu penser, selon les stéréotypes de la caractérisation des voix, qu'on l'attribuerait à une voix de soprano – est en définitive affecté à une voix muette, une voix sans voix qui s'adresse à son corps (mimé ou dansé) pour exprimer ses revendications. Auber ne s'y est pas trompé. Il existe un imaginaire vocal perçu par le corps, dont la fonction serait non pas de se substituer à la voix, mais de constituer une topique du phénomène vocal hors chants (le larynx, les résonateurs, le masque, la bouche, le visage), afin d'investir l'espace non homéostatique du

1. M. Poizat, « La voix et l'appel du sujet » in *La Voix*, colloque d'Ivry, Paris, Lysimaque, 1989, p. 31.

corps. Coup d'arrêt aux tentatives réductrices du XIXe siècle : la question de la voix se joue dans celle du corps. À suivre cet axe d'interprétation, il apparaît clairement que le corps est le plus court chemin pour arriver jusqu'à la voix. Voix contiguë au visage devient voix contiguë au corps, posant, à l'initiative de ce mouvement, la séparation d'avec l'objet (la langue), la coupure d'avec la technique (instrumentalité excessive de la voix). Le personnage de Kundry dans le film de Syberberg, *Parsifal*, après un ultime et redoutable cri qui parvient la plupart du temps à défigurer le visage des interprètes, est voué pendant toute la durée du troisième acte à une présence/absence lancinante et silencieuse. S'agit-il pour autant d'un retrait partiel ou total ? Cette perte de la voix de Kundry, alors que son action perdure, nous incite, comme le ferait un symptôme, à reprendre le bien-fondé de la voix comme entité acoustique purement jouissive et à le transformer en des termes où le concept d'objet perdu, tel que Freud et Lacan l'ont développé, installe la nécessité de la quête (à la recherche de l'objet perdu). La question de la matérialité de la voix s'en trouve dès lors dépassée.

Cette nécessité de la quête, notamment dans sa dimension de jouissance, nous oblige aujourd'hui à interroger la nature de la voix dans sa fonction d'émergence du Sujet. Le XIXe siècle l'avait refoulé ou simulé derrière les pouvoirs expressifs du silence. Il avait hypertrophié une zone (le visage), faisant remonter le corps dans une catégorie faciale peu objectivable et totalement inventée, surdéterminée : le masque. L'espace entier de la voix était alors pensé comme une totalité, ouvrant grandes les portes à ce que Julia Kristeva appelle :

> … d'une part, le phéno-chant, paramètre englobant (et engendrant) tous les phénomènes qui, dans l'interprétation, sont au service de la communication, de la représentation, de l'expression et de l'émotion, et d'autre part, le géno-chant, stipulant le volume de la voix, le lieu où elle se signifie « du dedans de la langue et dans sa matérialité même [1].

Kristeva relie ainsi ce qui relève des *alibis idéologiques* [2] d'une époque – subjectivité, expressivité, dramatisme, culte de la personnalité (la diva) – à ce qui n'en relève pas :

1. J. Kristeva, *Le Langage cet inconnu*, Paris, Le Seuil, 1981.
2. R. Barthes, *Le Grain de la voix*, Paris, Le Seuil, 1981.

> … cette pointe (ou ce fond) de la production où la mélodie travaille vraiment la langue – non ce qu'elle dit, mais la volupté de ses sons-signifiants, de ses lettres 7.

Autrement dit, les aspects infra-humains – grâce auxquels la voix rejette la fonction idéaliste qui lui est assignée traditionnellement – remettent à l'honneur des paramètres opérationnels au-delà des divergences idéologiques ou esthétiques. Derrière l'extension de la voix/masque à une voix dé-territorialisée, naît le désir d'exprimer une humanité élargie à des normes qui tiennent lieu de réflexion critique : pourquoi les voix occidentales ont-elles si longtemps masqué le sujet et nié le corps ?
Le texte de Merleau-Ponty[1] répond partiellement à cette interrogation. La voix constitue en effet un outil, non seulement comme simulacre du Sujet, mais comme simulacre du corps, participant dès lors de son avènement phénoménologique dans l'écriture et l'interprétation de la musique vocale à partir des années 1960 jusqu'en 1980 environ :

> Toute technique est technique du corps. Elle figure et amplifie la structure métaphorique de notre chair. Le miroir apparaît parce que je suis voyant-visible, parce qu'il y a une réflexivité du sensible, il la traduit et la redouble. Par lui, mon dehors se complète, tout ce que j'ai de plus secret passe dans ce visage, cet être plat et fermé que déjà me faisait soupçonner mon reflet dans l'eau.

Pour Merleau-Ponty, il est clair que le corps transmue dans la voix, voire dans le visage. Les chanteurs-interprètes du répertoire lyrique sont tributaires de ce principe. Pour oublier l'apesanteur du corps, pour la conjurer, ils doivent maintenir le souffle par une tension du diaphragme, afin de le propulser dans la colonne d'air. Le compositeur contemporain écarte en général cet aspect de la technique vocale, mais ne l'ignore pas. Si pour lui, la voix reste une vibration de l'air émise par le corps humain, il lui faut néanmoins projeter dans l'espace la trace immatérielle mais physique de ses émotions et de ses pensées par l'unique traversée d'un lieu : le corps.
Le corps dans la musique vocale présente sa propre généalogie. Le retour à l'objet perdu s'est effectué sur les bases du manque de l'objet, et c'est autour de ce manque que Luciano Berio, Iannis Xenakis, Mauricio Kagel, Dieter Schnebel, Karlheinz Stockhausen, György Ligeti, Luigi Nono, Georges Aperghis, par exemple, élaborent une écriture mettant en exergue une

1. M. Merleau-Ponty, *L'Œil et l'esprit*, Paris, Gallimard, 1964.

construction imaginaire du corps qui justifie le fantasme du retour ou des retrouvailles, ou encore de la réconciliation du sujet et de l'objet. Le sujet est aussi appelé à advenir dans le présent de l'opéra et non pas à se maintenir éloigné des enjeux de la composition.
Le corps, secrètement simulé sous le visage, est ainsi dévoilé par la qualité vibratoire spécifique modulée par la parole, le chant, le souffle, les cris, les pleurs, les soupirs et autres bruits infra-humains.

six compositeurs en quête d'un auteur[1] : genèse et génétique de l'idée lyrique

De façon générale, on peut dire que l'opéra hante l'imagination des compositeurs, au point que souvent, l'Idée musicale qui préside à l'ensemble d'une œuvre est particulièrement saisie dans le processus de gestation d'une œuvre lyrique, de sorte qu'elle représente l'ensemble des objectifs du compositeur plutôt qu'une étape parmi d'autres. Le principal objet de cette Idée musicale est la dramaturgie, la mise en son d'une action, ce qu'Alban Berg appelait une *péripétie*. Le principal enjeu de cet objet est la mise en forme temporelle et spatiale de cette péripétie. Se mettre *en quête d'un opéra* serait avant tout la manière dont on engage la rencontre entre un texte avec un système musical capable d'en véhiculer tous les ressorts et tout le potentiel dramatique Il faut ajouter à ce préalable l'*Idée* que lorsqu'un projet musical advient dans un opéra ou inversement, il réactive la plupart du temps les antinomies d'un répertoire violemment chahuté dans la seconde moitié du XXe siècle. Pour répondre à l'ambition de suivre la genèse d'un projet d'opéra, je propose de relier à une conception génétique, qui donne au projet une cause, celle du compositeur écrivant, une conception esthétique qui articule l'écriture sur une réflexion critique émanant du projet lui-même. De façon générale, je ne renonce pas à interroger les intermittences d'une quête à propos de laquelle d'aucuns théoriciens penseront qu'il y a peu à dire. Le dévoilement du peu, privé des éléments qui en reconstituent une totalité indifférente à la genèse est précisément le moment liminaire que je considère comme un système de variations

1. Pendant deux ans, entre 1993 et 1995, des compositeurs en quête d'un opéra (François Paris, Gualtiero Dazzi, Marco Stroppa, Fausto Romitelli) ou déjà rompus à la séduction d'une œuvre lyrique ont participé activement au séminaire *Esthétique de l'opéra contemporain*, dont j'étais responsable au CNRS. Ce séminaire a donné naissance à un dialogue ouvert et permanent avec notamment des metteurs en scène, ainsi qu'à des contributions élargies et internationales avec d'autres compositeurs (Jonathan Harvey, Luca Francesconi, Georges Aperghis, Pascal Dusapin, Michaël Levinas, Betsy Jolas), pour qui la question de l'opéra est au centre de leurs actuelles préoccupations. Cet atelier est l'écho de ce dialogue. Il met en scène à dessein le parcours d'une recherche en cours d'élaboration. C'est sur l'Idée naissante et non pas aboutie d'un projet d'opéra que la plupart des compositeurs ont réagi ou ont souhaité s'exprimer ; et c'est l'archéologie quasi génétique de ces mouvements croisés de pensée et d'écriture qui sont ici déroulés, à travers diverses phases d'ébranlements et de tâtonnements esquisses, réflexions jaillissantes et immanentes. C'est dans l'atelier mental des compositeurs, dans leur intériorité intuitive et pragmatique que nous renvoient ces anamorphoses d'idées visuelles et spéculatives.
Que chacun d'eux soit remercié d'avoir autorisé la publication d'alluvions compositionnelles si précieuses et si singulières.

appartenant de plein pied à l'œuvre et non pas à la théorie. Viendrait se glisser, dans la poétique de l'Idée musicale, une poétique de l'informe dont l'implicite est le sens. Car la genèse des opéras présentés oscille entre différents modes de représentations dont aucun n'est de bout en bout réglé. C'est pourquoi, parmi les sept projets lyriques, dont la disjonction entre le genèse de l'Idée et la fabrique compositionnelle constitue en soi une création, j'ai choisi d'évoquer, en prenant pour support et envoi *Un Re in ascolto* de Luciano Berio, l'artifice du déplacement d'une quête spécifique à un compositeur en commençant par son seuil d'aboutissement. *Un Re in ascolto*[1] de Luciano Berio est l'exemple d'un opéra action musicale en deux parties sur un texte d'Italo Calvino d'après *La Tempête* de Shakespeare dont le destin abouti permet de s'aventurer de l'autre côté du miroir, celui de la trace et de l'esquisse, avec un regard non pas rétroactif, mais transmutable. Les quelques tropes originelles de *Un Re in ascolto* jetées sur un bloc à musique se font le messager musical, détournées des multiples empiries auxquelles nous n'avons pas accès, du constat métagénétique de Francis Ponge :

> Voilà donc une page qui vous manifeste immédiatement ce que vous lui confiez [...]. Pour prix de ce service, elle collabore à la facture, à la formulation de l'expression. Elle réagit sur l'expression; l'expression est modifiée par elle [...]. Peut-être est-ce justement le fait qu'elle réagit qui la rend capable de mémoire ?

De ce rapport lapidaire entre l'idée et la genèse surgissent des directions thématiques qui engendrent l'écriture. Une des principales directions concerne ce que j'ai appelé *Figuralisme et rhétorique : les nouveaux affects dramatiques*. Peut-on aujourd'hui augurer, au regard de l'histoire du théâtre lyrique et en particulier de sa naissance, d'une grammaire de l'opéra dont le lexique serait une combinatoire verticale et horizontale (mélodique et harmonique) d'associations sémantiques ? Comment unir texte et musique avec ou sans recours à une rhétorique compositionnelle, qu'elle soit scénique, sonique ou textuelle ?
Luciano Berio[2] :

1. Commande des Salzburger Festpiele, 1984.
2. « Dialogue entre toi et moi », traduit de l'italien par V. Barras, *Contrechamps*, n° 4, Lausanne, L'Âge d'Homme, avril 1985, p. 141.

> Que ce soit un opéra ou une action musicale, les ingrédients sont toujours les mêmes, la scène, le texte et la musique. Puisqu'il n'y a pas un parcours narratif linéaire dans *Un Re in ascolto*, qu'est-ce qui les unit donc ? Il ne me semble pas qu'il faille rafraîchir les unités aristotéliciennes [...]. Ce qui les unit, c'est paradoxalement ce qui les sépare et ce qui les fait devenir songe. J'ai fréquemment traité la scène, le texte et la musique comme trois entités séparées. Leur suprématie est d'une certaine manière permutable. Parfois, c'est la parole qui a le dessus, parfois c'est la musique et parfois la scène. Dans ce travail, le metteur en scène et le scénographe ont un large espace de créativité ; ils sont responsables presque autant que moi d'un plus ou moins grand degré de fusion et d'indifférence entre les trois paramètres en question. L'unité de l'ensemble résulte donc d'une fréquente instabilité de rapport : parfois c'est la scène qui semble être motivée par le texte, parfois c'est le texte qui l'est par la scène, d'autres fois encore c'est la musique qui semble motivée par le texte et la scène, ou alors le texte et la scène par la musique.

On comprend que pour Luciano Berio, qui envisage la création lyrique dans un réseau de relations variables, dynamiques et permutables, le sentiment de la langue musicale ne dépend pas exclusivement d'une philologie préalable. La philologie est plutôt soumise à l'écart incodifiable qui sépare les trois entités respectives que forme la scène, le texte et la musique, traçant simultanément, des voies(x) auxiliaires. L'écart irrigue ce qui ne peut être noté. Entre la formulation d'un code lyrique et son expression, s'établit une relation qui n'est jamais gagnée et jamais perdue.
Luciano Berio[1] :

> Dans la musique comme sur la scène, il existe différents niveaux expressifs qui ont chacun leur développement indépendant. Par exemple, celui de Prospero qui tourne sur lui-même autour de deux notes (*la-si*b), qui vont devenir à la fin son sépulcre musical [...]. Il y a le développement et le retour de structures harmoniques? véritables personnages harmoniques qui engendrent un large éventail de situations musicales, des plus anecdotiques (valses, chœurs d'*opéra* ...) aux plus complexes et polyphoniques [...]. J'imagine que la mise en scène et la scénographie peuvent créer un équivalent visuel de cette diversité de comportements, étant donné qu'il s'agit uniquement d'une scène en répétition, où l'on peut s'interrompre et se *tromper* de manière significative [...]. *La Tempête* m'intéressait seulement comme fragment d'un spectacle en répétition qui tend à contaminer tout le

1. *Ibid.*, p. 142-143.

> reste. Je pense qu'aux racines de ces conflits, il y a le fait qu'il faut imaginer le Prospero de Shakespeare à travers les paroles et les descriptions : il faut réciter plus que jouer. Au contraire, il faut voir, il faut jouer le Prospero de *Un Re in ascolto*. Prospero est le véritable metteur en scène de *La Tempête* shakespearienne. Au contraire, le Prospero de *Un Re in ascolto* ne réussit pas à donner un sens à la représentation, il la subit. Il a donc besoin d'un vrai metteur en scène.

L'archéologie d'un opéra tel que *Un Re in ascolto* serait un examen préalable de ce qui dans l'œuvre de Berio relève d'une déconstruction du *Wort* et *Ton* wagnérien. Parole et musique travailleraient ensemble sans être nécessairement *pré-notées*, alors que la scène, comme indispensable intrusion *connotée* allégoriquement ou symboliquement, prendrait une forme volontairement abortive, option travestie, hybride, fécondant en creux le passage de la prosodie parlée à la prosodie chantée. À ce titre, les mélismes nous rappellent étrangement la façon dont l'écriture musicale, dans la tradition d'opéra, souligne discrètement ou de façon archétypale la trajectoire du texte, lui conférant une direction acoustique, parfois juste une vibration, un timbre. La justesse du son comme la justesse du mot, et plus encore, celle de la phrase et de la mélodie, ne sont pas exclusivement dans le contenu, mais dans le mouvement et la répartition des intervalles. On observera que Luciano Berio n'écrit le texte sous les schèmes horizontaux que partiellement. On devine ainsi qu'ils sont induits de l'écriture et des voix. On observera aussi que le surgissement d'une cellule thématique a pour corollaire une Idée d'orchestration, un contrepoint instrumental qui est déjà le commentaire d'une action implicite dans la musique. L'esquisse est à interpréter dans le sens d'une grille, d'une codicologie des fonctions narratives. Passer de ce qui se raconte en mot à ce qui se raconte en musique est un geste de quasi transcription, un acte de « chirurgie perceptive et intellective », pour reprendre la formule d'un ami de Luciano Berio, Edoardo Sanguineti. Interroger *Un Re in ascolto* à partir des indices formulés sur des esquisses permettrait en effet d'ausculter la nature et la fonction de la métonymie compositionnelle comme le lieu privilégié de la déconstruction narrative si chère au compositeur.

Pascal Dusapin, dans son irrépressible quête d'un opéra qui cesserait de s'auto-contempler dans les codes et conventions de l'histoire du genre, maintient la tension entre Idée musicale et Idée génétique de façon différente, en dérapage avec les spécificités de la notation musicale. Premier grincement de principe : « Je dis souvent que je suis un compositeur qui n'a pas d'idée. Je suis un laborieux pour qui les idées sont dans l'acte de composer de la musique »[1]. Deuxième grincement de nature herméneutique. L'esquisse est un lieu d'intimité non analysable, non décodable et volontairement fermé à qui voudrait son infini déchiffrement. La logique de l'esquisse musicale ne répond pas obligatoirement d'une référence solfégique. La structure de l'œuvre ne s'offre pas dans les accidents d'écriture, les turbulences ou les troubles d'une imprécision architectonique. Si ceux-là existent, ils sont d'emblée soumis à la loi du hors la vue et hors l'ouïe. « Je les jette, déclare Dusapin, je ne veux pas laisser de trace »[2]. Déclaration *ex abrupto*, qui toutefois éclaire un autre aspect de la mise en mouvement d'une Idée musicale chez Pascal Dusapin que j'appellerais volontiers l'espace cartographique. Déjà auteur de deux opéras, *Roméo et Juliette* (1989) sur un livret du poète et écrivain Olivier Cadiot; *Medeamaterial* (1992) sur un texte de Heiner Müller Dusapin souhaitait, avec *To be sung*[3] (1994), d'après le texte de Gertrud Stein, *A Lyrical Opera Made by two*, raviver l'idée qu'inventer une nouvelle forme lyrique oblige à penser la question de l'indissociabilité du visuel et du sonore. Le choix de James Turrell pour créer des atmosphères de lumières, des éclipses virtuelles dans lesquelles la musique semble se couler fut défini par le compositeur comme

> la seule condition pour accéder à un renouvellement de l'opéra dont tout le monde s'accorde pour dire qu'il faut en changer les structures traditionnelles, mais dont personne ne peut donner une définition satisfaisante. Un projet lyrique n'est pas une chose qui vient mais qui doucement, tout doucement s'impose et advient sans qu'on ait le temps de saisir toutes les composantes. Je suis actuellement, chaque jour, chaque heure, chaque minute, chaque seconde, confronté à la question de l'opéra. Pourquoi j'en écris, pourquoi est-ce si fondamental, pourquoi *To be sung* représente dans mon travail un tournant, pourquoi je me suis tourné vers un artiste comme James Turrell et non vers un metteur en scène ? Mais je suis incapable de vous expliquer les Idées qui préludent à ce questionnement. Que voit-on naître avec une idée. Ce n'est pas suffisant. Mallarmé disait que l'on n'écrivait pas avec des idées, mais avec des mots. Quelle idée d'avoir choisi un texte de Gertrud Stein … Quelle idée d'avoir choisi James Turrell. À cet interminable pourquoi, j'ai tendance à répondre par une pirouette : parce

1. Entretien avec Danielle Cohen-Levinas, Rome, Villa Medicis, mai 1993.
2. *Ibid.*
3. Création au Théâtre des Amandiers, Atem, novembre 1994.

> que. En fait, une idée n'est vraiment une idée qu'à partir du moment où le sentiment qu'elle provoque est indiscutable [1].

La genèse de *To be sung* est proportionnellement égale à l'idée originelle : nulle épopée ou sujet historique, nulle narration ou discursivité linéaire, nul rôle identifiable, nulle action répertoriable, mais un ensemble de territoires, musique, chant et poétique de l'espace, innervé dans un tissu lumineux et statique, comme si l'écriture instrumentale avait besoin de l'apesanteur du vide pour tenter une impossible épopée : celle d'un édifice musical tendu vers une représentation abstraite qui ne tiendrait que par la seule force des notes et de leur articulation entre elles. À suivre le plan initial que l'on peut comprendre comme un champ métastable répartissant des énergies transverses. La musique ne parle pas la langue des mots. Elle est par essence polyglotte ou sans voix. Elle peut tout raconter et tout signifier sans pour autant se mettre à raconter ou se mettre à signifier intentionnellement. Le plan initial de *To be sung*, sorte d'algorythme amphigourique où l'on perçoit les torsions et contorsions d'un rhizome acoustique rigoureusement apprivoisé par la loi des extensions, contractions et dilatations des harmonies, des modes et de la micro-intervallité, est une vue aérienne de l'œuvre, dont chaque geste, chaque conduit poursuit un tracé inflexible. La mise en son des mots est inanalysable, impossible à détecter dans le flux et reflux visuels de ces arborescences. Davantage statistique et plastique et non pas génétique, au sens où le compositeur pourrait à tout moment contrôler la véracité de ses gestes occupant autant la référence temporelle que spatiale ; l'abscisse finissant par se confondre avec l'ordonnée. À moins que ce ne soit l'inverse, et que temps et espace fusionnés finissent par abolir la logique du vertical et de l'horizontal. Auquel cas il est inutile de chercher dans *To be sung* un préalable thématique comme un ancrage dramaturgique ouvert sur une lisibilité rationnelle. On comprend dès lors pourquoi lumières et notation musicale sont indissociables dans le projet initial, scellées syntaxiquement et idiolectement à un lieu sans matérialité : un plan dont la lecture multidirectionnelle converge vers un centre inexistant ; une sorte d'Aleph borgien qui est en soi le début et la fin de chaque région formelle convoquée. On entre et on sort dans la partition comme on traverse des pics ascendants et descendants Pascal Dusapin travaille à une œuvre qui serait le strict contrepoint des anacoluthes verbales de Gertrud Stein sans

1. Entretien avec Danielle Cohen-Levinas, Chartreuse de Villeneuve lez Avignon, juillet 1994.

pour autant chercher à les imiter ou à en produire l'équivalent. Il considère le texte comme « le cœur théorique de son projet »[1], répondant ainsi aux préoccupations de Gertrud Stein exprimées dès 1946 :

> Le mouvement est simple et tient en petits mots [...]. J'attends jusqu'à ce que chaque mot m'intime une part de petit maniérisme [...]. J'ai pris des mots séparément et les pensais jusqu'à ce que je saisisse leur poids et volume complets et les mis l'un après l'autre, et en même temps, je compris très vite qu'il n'y avait rien de tel que de les mettre ensemble sans sens [...]. Si bien que le narratif relève d'un concept différent de la poésie et même de l'interprétation, parce que, voyez-vous, le narratif en lui-même n'est pas ce qui habite votre pensée mais ce qui habite celle de quelqu'un d'autre [...]. Les mots détiennent un pouvoir qui ne vous quitte jamais, mais en général, à un moment donné, on peut être préoccupé plus par une chose que par une autre, les parties se fondent dans l'ensemble[2].

Il s'agit non moins d'amalgamer des sémantèmes à des entités figuralistes que d'articuler des régions à partir de structures pivots et spéculaires. L'anathème est jeté, et pour Pascal Dusapin[3], cela signifie que

> les mots comme les sons et les lumières ne sont jamais la chose elle-même. Il faut entrer dans les entrailles du texte sans jamais se prononcer pour ou contre : renoncer au titre générique, *A Lyrical Opera Made By Two*, et ne conserver que le sous-titre, *To be sung* ; élaborer un système d'écriture qui permettrait de joindre la partition lumineuse de Turrell avec la mienne (*figure 2 bis*), dans laquelle le moindre signe et indication scénique sont scrupuleusement notés et identifiés à un espace ; travailler l'oblique (*figures 2 et 2 bis*) et non plus l'axe vertical et horizontal, pour perdre la sensation frontale et garder la cohérence formelle des parcours aperceptifs de Turrell ; regarder le territoire steinien. Dualité non bijective : je regarde Gertrud Stein ; elle ne me regarde pas. Je pervertis son espace textuel par ma musique et en même temps, je l'interprète.
>
> Parler de la genèse de mon opéra revient à parler de mes intentions profondes. Mon projet, ma *quête*, c'est de hisser l'opéra au même niveau que la musique de chambre. On doit parvenir à faire voir la musique du dedans et non du dehors, en renonçant à s'appuyer sur des faux artifices scéniques. Je ne veux pas forcément croiser la lumière et la musique, mais substituer au décor une proposition déviante. L'art de la lumière n'a rien à voir avec la

1. *Ibid.*
2. G. Stein, *Interview Transatlantique*, *op. cit.*, p. 14-16-18.
3. Entretien avec Danielle Cohen-Levinas, Paris, septembre 1994.

musique ou la littérature. Ce ne sont que des métaphores. En revanche, travailler avec Turrell ou prendre comme auteur Gertrud Stein relève d'un désir d'ajuster des formes sur des segments temporels que je considère communs, pour produire une machine abstraite qui ne fonctionnerait plus en tant que signifiant, mais sur un mode de signes ouverts, variables, expansifs et libres. Gertrud Stein est effectivement le cœur théorique de mon projet. Entrer dans sa littérature, c'est passer d'un paysage à l'autre, ce qui pour moi revient à construire des régions sonores qui s'emboîtent selon des principes très précis.

Lorsque j'ai commencé la partition, j'hésitais beaucoup, notamment pour les questions de temps et d'équilibres de tension/détente présentes dans toutes mes œuvres antérieures. Ici, j'étais confronté à un problème inédit. On ne travaille pas un texte de Gertrud Stein ou avec James Turrell impunément. La véritable genèse de ce projet commence avec la cessation de mon activité de compositeur pendant trois mois. Je me suis en quelque sorte vidé de musique. Ce fut une vraie ascèse, car je compose tous les jours, même en voyage. J'ai consacré ces trois mois au dessin. Ce fut un temps neutre, que je remplissais automatiquement, ce qui me permettait de penser à *To be sung*. Je suis parvenu à me détacher de certaines habitudes. J'avais l'impression que chaque fragment de mon imagination était incroyablement dilaté. Mes obsessions musicales s'étaient tues, je les avais mises *de côté*. J'ai conservé cette attitude pendant l'écriture de la partition, en pensant à cette phrase de Glenn Gould : pour jouer du piano, il faut être à côté du piano. En ce qui concerne le traitement du texte par exemple, je ne désirais être ni avec ni contre lui, juste à côté, pour le voir de façon un peu oblique, comme le système de notations qui sous-tend la composition. Dans *To be sung*, le texte respire, disparaît dans l'écriture instrumentale, remonte, lutte contre la musique avant de s'enfouir une nouvelle fois. Trois chanteuses sont ainsi réunies dans cette jonglerie verbale dans un esprit polyphonique où le principe d'individuation est maintenu. Ce qui peut s'apparenter à un jeu de mots ou à un jeu de courbes est endémique à la partition. J'ai ainsi *dessiné* les déplacements et les positions des chanteuses, et j'ai *composé* les espaces que je considérais comme attenant à la composition.

D'où une identité réelle entre la projection de l'œuvre sur un champ métastable et la partition. Cette genèse panoptique a des incidences sur la micro comme la macro perception en tant qu'elle sont l'expression d'une différenciation continue.

La notion de poétique de l'idée et de génétique est, dans le cas de Michaël Levinas, prise dans l'ellipse du phénomène de composition.

> De page blanche en page blanche, les impasses comme les accidents, les ratures et les scories appartiennent à l'idée musicale dont j'ai souvent parlé au sujet des manuscrits des Sonates de Beethoven. Sans la décrire pour ce qui concerne mon opéra, je dirai d'elle qu'elle me fait souvent dévier de ma trajectoire initiale [1].

Mais comment passer de l'impasse, de la scorie ou de la rature, ce que Kafka appelait « les messages involontaires », à l'écriture ? Comment celle-ci enregistre-t-elle les crispations de la page blanche ? Le non spéculatif paraît ici gouverner l'imagination du compositeur qui pour *Go-gol*, opéra en deux actes [2] d'après deux nouvelles de Gogol, *Le Manteau* et *La Perspective Nevski*, ne cède pas à la tentation de théoriser sa *quête*.

> La question de l'opéra est au centre de mon travail. Je me suis beaucoup exprimé sur le sujet, notamment à l'époque de mon premier opéra, *La Conférence des oiseaux* (1985), à mi-chemin entre le théâtre musical et le lyrique. Avec *Go-gol*, je m'interroge sur la façon dont on fait chanter un texte de sorte que l'interprète acteur qui chante ne soit pas à proprement parler le personnage qu'il chante. Cette ambiguïté est fondatrice pour moi de la dramaturgie et des relations entre texte et musique. Le livret a été rédigé par l'écrivain Frederick Tristan qui accepte mon comportement prédateur devant le texte. Les deux nouvelles de Gogol font l'unité de l'opéra, car certains thèmes ou leitmotiv sont communs. Je recherche en eux et par eux une force de suggestion sonore, plastique et spatiale. Je pense par exemple au thème de la fuite dans les grands espaces que l'on trouve dans *Le Manteau*, la fuite d'Akaki dans la neige quand on lui vole son manteau ou, dans *La Perspective Nevski*, la poursuite de la « merveilleuse créature » jusqu'au « bordel ». Par ailleurs, dans ces deux nouvelles que je lis et entends comme des contes, il y a des scènes collectives presque chorégraphiques qui pourront figurer des chœurs, notamment pour la réception en l'honneur d'Akaki dans *Le Manteau*, ou pour le bal étrange dans *La Perspective Nevski*. Troisième élément spécifique à l'écriture gogolienne, la métamorphose ou la déchéance, en l'occurrence celle du personnage principal : dans *Le Manteau*, la transformation d'Akaki en spectre ; dans *La Perspective Nevski*, la démystification ou peut-être la sublimation de la belle inconnue poursuivie. En règle générale, le fantastique de Gogol, avec ses continuels dérapages entre le réel et son au-delà, sont à l'origine de beaucoup de mes

1. Entretien avec Danielle Cohen-Levinas, Paris, mai 1994.
2. Création à l'Opéra de Montpellier en 1996.

> travaux de compositeur. Voilà résumées quelques traces de mon travail, quelques idées que je poursuis comme des obsessions : voilà ma *quête* [1].

Ce qui frappe dans ces quelques bribes d'intentions musicales, c'est que le compositeur semble réfuter un protocole d'écriture trop minutieusement déterministe. C'est par un mouvement inverse que Michaël Levinas parvient à joindre l'Idée génétique et sa réalisation, quand les pistes explorées commencent à se rassembler pour tisser une chaîne cohérente qui partirait de l'interprétation intuitive des personnages et de l'action, à leur réalité effective dans la composition. Rien n'est en effet plus bouleversant que l'effraction d'un texte définitif lorsqu'il s'agit de s'en emparer et de lui affecter une matérialité, en l'occurrence musicale, à laquelle il n'était ni voué, ni préparé.

> M'emparer du livret consiste, d'une part, à réduire le texte du *Manteau* de moitié et, d'autre part, à élaguer les dialogues de *La Perspective Nevski*. J'ai dans *Go-gol*, pour *Le Manteau*, inventé un nouveau personnage, la mère d'Akaki, présentée souvent en symétrie ou en miroir avec la logeuse. J'ai également ajouté une berceuse sur le thème *Dodo-manteau-palto* [2]. Elle jalonne périodiquement le premier acte. Autre exemple d'effraction : le texte de la scène de déposition d'Akaki devant l'administration pour le vol du manteau est traité de façon répétitive [3].

L'idée musicale enveloppe par conséquent le texte de Gogol, l'adaptation de Frédérick Tristan, les intrusions, adjonctions ou soustractions de Michaël Levinas. Il s'agit de mettre en évidence les dimensions topologiques de l'écriture musicale en même temps que les configurations dramatiques que souligne tel ou tel détail verbal ou non verbal. La musique réfracte ou multiplie le texte, elle le déchiffre et le redistribue dans des zones imprévisibles.

> Mes premières esquisses, en dehors de ce que j'ai pu noter, ont été réalisées à l'Ircam à l'aide de la technologie. Le personnage d'Akaki aura une particularité vocale. J'ai échantillonné la voix d'une chanteuse non professionnelle, sans *vibrato* et sans effet de timbre, une voix un peu fébrile et blanche. Je lui ai demandé de répéter, sur des hauteurs différentes, la même phrase, par exemple : *On m'a volé mon manteau*, ou encore, *Excellence*, du grave à l'aigu. En définitive, ce que je considère comme le vrai personnage est

1. Entretien avec Danielle Cohen-Levinas, Paris, 1994.
2. *Palto* en russe signifie manteau.
3. Entretien avec Danielle Cohen-Levinas.

> affecté d'une voix synthétique sortant par les haut-parleurs, pendant que sur scène, un chanteur *chante* son rôle. Effet de masque et de doublure. Toujours cette ambiguïté que je recherche entre le vrai et le faux, la fiction, le fantastique et le réel. J'ai noté des *tempi* et des rythmes différents sur la même phrase. Cette répartition dans l'espace de plusieurs modèles rythmiques et mélodiques est, entre autres, un essai de superpositions entre une voix d'homme et de femme, plus un commentaire attribué à des chanteurs sur la scène. Ceux-là miment l'action. J'ai indiqué sur ce tableau quelques directions de travail pour la scène consacrée à la démarche administrative d'Akaki au moment où il réclame son manteau. Les voix sont en stéréophonie, pour souligner l'absurdité de l'univers carcéral et totalitaire de l'administration gogolienne. Tout est dédoublé, voire démultiplié. Les commentaires affectés aux chanteurs sont commentés, au centre de la scène, par ceux des marteaux de commissaires priseurs, eux-mêmes commentés, au centre de la scène, par ceux auprès de qui Akaki entreprend sa démarche la voix d'Akaki sur scène étant déjà un commentaire doublé de la voix de synthèse [1].

La simple vision du tableau volontairement spatialisé, à la manière de l'écolier, comme un arrêt sur images, servirait de décalque aux dispositions géométriques, stratifiées et argumentées technologiquement, vocalement et orchestralement. Si les couches successives d'un texte sont ramenées à une contingence dramatique, c'est, dans le cas de *Go-gol*, pour enrichir leur nécessaire effacement. Si au départ les ingrédients réunis sont dissociables, texte et musique, à l'arrivée, ils deviennent indissociables par le jeu des disparitions réitérées. Et si une Idée de chronologie objective de l'action est repérable dans le tableau, c'est pour absorber musicalement le trouble provoqué par un ordre temporel trop linéaire dans le récit, auquel il faut apporter une épaisseur inédite. Le tableau est à son tour un lieu de déchiffrement permanent de ce que le texte, ici absent, suggère, nourrissant incessamment l'imagination de Michaël Levinas.

Pour *Inquest of Love* [2], opéra en deux actes sur un livret de Jonathan Harvey et David Rudkin, Jonathan Harvey a dressé un catalogue de caractères à valeur initiatique, dans la mesure où pour lui

> la musique qui en découle devrait nous permettre d'approcher l'étape ultime : le mystère de la mort. Ces caractères, qui sont aussi les

1. *Ibid.*
2. Créé à l'English National Opera en juin 1993.

> protagonistes, ressortent profondément transformés des épreuves qu'ils traversent : la mort violente, la survie des âmes, la contiguïté avec un au-delà. Ces expériences vont naturellement dans la musique, portées par elle, parce que mon intuition, qui est aussi ma *quête* et l'on peut lire le titre de mon opéra comme une double promesse de *Quête* et d'*Enquête* est que la musique conduit vers un autre monde. Elle est déjà un autre monde, une abstraction. La mise en place de ce que vous appelez les *nouveaux affects dramatiques* est liée à la nature d'entités sonores dont ni la forme ni le contenu ne signifient rien de ce monde. Et pourtant, ces entités nous parlent, et c'est avec elles que nous participons et accompagnons les métaphores du lyrique, sans compter que le théâtre est un lieu de métaphore par excellence. C'est pourquoi j'ai placé ce personnage de l'Abbé, investi d'un rôle intermédiaire entre deux mondes. Il est médium. Non seulement il voit, mais il entend. Ce qui pour un compositeur est *parlant*. C'est le seul humain articulant les deux plans [1].

Articuler deux plans, deux mondes, c'est aussi et indirectement faire rejaillir l'idée que la création d'opéra articule deux grands types de composition musicale : l'une traditionnelle héritée de la tradition occidentale, l'autre plus empirique, intimant pour un renouvellement du genre. C'est aussi articuler deux paramètres clés de la grande forme : le temps et l'espace.

> *Inquest of Love*, comme l'ensemble de mon travail de composition, c'est de la musique qui se trouve dans le temps et non pas contre lui, c'est une musique qui peut avancer et qui raconte quelque chose, parce que le déroulement est ordonnancé avec des événements sonores. Mais c'est aussi une couleur, un timbre auquel on ne peut appliquer les notions dont je viens de parler. C'est une musique qui débouche sur le hors-temps. La genèse de mon projet, c'est de raconter l'histoire de la contemplation de ce hors-temps à si peu de distance d'un autre monde. La musique électronique à laquelle je suis attaché, étant dépourvue de source visible, est capable de provoquer cet effet d'infusion de l'espace, de le remplir complètement tout en le laissant vide. Mes idées sont toujours axées sur des problèmes d'articulation. L'opéra est un lieu d'articulation privilégié [2].

L'articulation étant un principe fondateur de la composition, au sens génétique du terme, elle autorise un ordre du temps, et par là même, un

1. Entretien avec Danielle Cohen-Levinas, Paris, juin 1994.
2. *Ibid.*

ordre d'idées qui favorisent les bifurcations catégorielles. Un rythme peut *représenter* un timbre, une fonction harmonique cachée, une cellule mélodique détachée de son contexte. La partition désigne le support homogène et tangible de cet ordre, le sol sur lequel les choses, visibles et invisibles, se déposent et se répartissent. Les nouveaux affects dramatiques poursuivent en quelque sorte la quête d'une langue à double volet : audible et visuelle,

> et les figuralismes sont dans la syntaxe du langage musical. Le discours contrapuntique avec lequel on développe une technique de leitmotiv est là pour organiser les mélodies. La logique figuraliste est donc fondamentale, quasiment première. On ne peut séparer les entités spécifiques au langage musical. Action, texte et musique relèvent d'une source commune : l'Idée [1].

Si on s'arrête sur une page d'esquisse préparatoire à l'opéra *Tristes Tropiques* [2] de Georges Aperghis d'après l'ouvrage de Claude Lévi-Strauss, adapté en livret par Catherine Clément, on s'aperçoit que les hiéroglyphes verticaux ne sont pas l'expression de balbutiements naissants, mais bien celle d'une étude rigoureuse portant sur les lois combinatoires des structures harmoniques. Le manuscrit ne dit rien quant au traitement musical de l'histoire de l'ethnologue. En revanche, il désigne une ossature quasi vectorielle, un travail préparatoire qui outrepasse la notion spectrale d'idée musicale. À moins que l'Idée soit ramenée à une grille didactique d'extensions harmoniques.

> Je procède toujours ainsi. J'accumule mes idées sur des cahiers à musique. Je *bricole* des idées horizontales ou verticales qui sont réversibles et permutables. Je suis le mouvement de chacune de ces idées et je ne le lâche plus, jusqu'à ce que j'en ai épuisé les possibilités. J'ai toujours composé en essayant d'aller jusqu'au bout des possibilités instrumentales ou vocales. C'est pourquoi la présence des interprètes est si fondamentale. J'écris en fonction de leur personnalité et de leurs possibilités. Je fonctionne de la même façon avec l'écriture. L'opéra est un corps à corps avec le texte et la musique. Il ne faut pas hésiter à le mener. Mes cahiers préparatoires sont précieux, car j'y conserve la trace de ce corps à corps. Je m'y replonge systématiquement pour rédiger la partition [3].

1. Extrait d'une réponse au questionnaire accompagnant chaque séance de séminaire d'« Esthétique de l'opéra contemporain », Londres, juillet 1994.
2. Création au Festival *Musica* 1996 à Strasbourg.
3. Entretien avec Danielle Cohen-Levinas, Paris, 1995.

La page manuscrite de l'étude préparatoire à *Schliemann*[1] de Betsy Jolas – opéra en trois actes sur un livret de Bruno Bayen et Betsy Jolas – répond à une typologie plus traditionnelle. Le personnage extravagant que représente Schliemann a conduit le compositeur à traiter le texte dans ses inflexions prosodiques les plus ténues, tout en respectant le parcours narratif à la lettre.

> Le chant est là pour porter des voix qui racontent l'histoire de Schliemann, son arrivée à Troie, sa rencontre avec celle qui deviendra son *Hélène*, ou encore la découverte du trésor. Mais contrairement à *Pelléas et Mélisande* de Debussy, les voix ne décollent jamais complètement du texte et de l'orchestre. *Schliemann*, c'est du temps onirique dans lequel s'entrelacent différents niveaux de récit, de la vérité historique à la fiction. L'écriture de cet opéra représente à elle toute seule une *quête* de plus de dix ans. Sans compter la *quête* du sujet d'opéra proprement dit. Je suis tombée sur *Schliemann* par hasard, en 1982, alors que j'allais, sur les conseils d'Antoine Vitez qui savait que j'étais en quête d'un projet, à la salle Gémier du Théâtre de Chaillot pour voir *Schliemann, Épisodes ignorés*, pièce écrite et mise en scène par Bruno Bayen, avec dans le rôle titre Antoine Vitez. Et si Antoine Vitez n'était pas mort en 1990, c'est lui qui aurait assuré la mise en scène de mon opéra. Cela fait beaucoup de rêves et d'idées superposées. La genèse de *Schliemann* commence avec ces temps et contre temps successifs[2].

Mélismes réguliers issus des polyphonistes de la Renaissance; structures mobiles et fluctuantes, parce que en musique, « une harmonie figée, c'est du temps qui s'arrête, et une harmonie mobile, c'est du temps qui avance »[3]; cellule rythmique provenant de la scansion de deux vers de l'*Iliade*, de divers motifs mélodiques et de textures sonores réalistes (un bateau à vapeur, sonnerie du téléphone); phrases musicales tour à tour déclamées puis mélismatiques. La structure dramatique semble éclatée, comme l'est la structure dramatique de la pièce de Tchekhov, *Trois sœurs*, que Peter Eötvös a choisie pour son premier opéra[4]. Mais à la différence de Betsy Jolas, Peter Eötvös a fait le choix de rompre avec la linéarité de la pièce de Tchekhov divisée en quatre actes. En effet la conception du temps musical et de sa perception ne s'accomode pas du déroulement temporel de

1. Création mondiale à l'Opéra de Lyon le 3 mai 1995.
2. Entretien avec Danielle Cohen-Levinas, Paris, 4 mai 1995.
3. *Ibid.*
4. Créé à l'Opéra de Lyon le 13 mars 1998, Orchestre de l'Opéra de Lyon, direction Kent Nagano et Peter Eötvös (deux orchestres).

la pièce. Peter Eötvös a voulu mettre en musique des personnages qui ne parlent que du temps, de la mémoire et de son effacement, de la dissolution d'un temps à venir dans un présent insoluble, absent de lui-même. Il a souhaité élaborer une forme lyrique qui fait advenir l'irréversibilité du temps de Tchekhov pour lequel le temps de l'éternité trébuche sur l'instant. Du coup, c'est l'espace de la représentation tout entier qui est investi de cette temporalité insoutenable, impalpable, irreprésentable. Symbole de ce temps qui ne passe pas, ou du moins, qui passe sans passer : la pendule systématiquement regardée par le fameux docteur Tcheboutykine, qui se souvient dans son temps intérieur avoir aimé la femme à qui appartenait cette horloge, qui n'est autre que la mère des trois sœurs. Il se souvient de l'avoir aimée, mais se souvient-il d'avoir été aimé par elle ? La musique, plus que tout autre art, traduit sans la décrire cette polyphonie de temps qui fait du sur place, signalé ici dans l'acte III de la pièce de Tchekhov par l'horloge qui se brise. Tout entre en concordance avec la musique : le débit de la langue russe, son phrasé, sa sonorité et son intonation. Dans les *Trois sœurs*, ce qui est chanté et dit dans le texte est moins important que le fait de le dire et la manière dont c'est dit. Or, c'est à la musique que revient la responsabilité exhorbitante de faire entendre les multiples variations spatio-temporelles qui tour à tour s'emparent des personnages, d'Andreï, le frère, d'Olga, qui est sans destin et sans tragédie, d'Irina, qui rêve d'une autre vie, de Macha, qui se partage entre Koulyguine, son mari, et Verchinine, à qui elle finira par chanter un adieu déchirant. C'est donc moins l'accumulation des matériaux que Peter Eötvös redistribue dans la composition que leur simultanéité ; une extrême concentration des moyens que la typologie vocale singularise considérablement. Ce sont des hommes qui chantent les cinq rôles féminins, quatre contre ténors pour les quatre femmes jeunes (mezzo pour Irina et Macha, alto pour Olga et soprano pour Natacha, la femme d'Andreï). On pourrait interpréter ce temps de l'opéra comme une des composantes les plus essentielles de l'art du bavardage qui transite nécessairement par un extrême raffinement vocal ; art du bavardage dans lequel rien ne se dit bien que tout soit nécessaire. Pour Peter Eötvös, la seule parole intelligente de toute l'œuvre est prononcée par le docteur qui conseille à Andreï de quitter une existence sans avenir et de prendre du large. C'est dire jusqu'où il faut beaucoup de dits pour qu'émerge une parole qui soit le secret de la musique.

chapitre 2
dramaturgie de la voix
prosodie du verbe, prosodie du son : l'héritage de *Pelléas et Mélisande* (Debussy)

Aucun doute pour moi : Pelléas et Mélisande
se tient au niveau le plus haut, celui qu'atteint
une culture amenée à reconnaître
sa transfiguration en un miroir privilégié.
Pierre Boulez, *Points de Repère*

À l'esthétisme vocal du XIXe siècle où la mélodie chantée reposait sur une vérité du son dont la spécificité est la recherche d'une identité pure, autonome et métaphorique, enclos entre une aptitude à s'identifier à l'instrumental, voire à l'orchestral, et une aptitude à le transcender par la prise de possession d'une technique absolue, la prosodie de *Pelléas* oppose la pureté de la parole et la mise en forme linguistique.
Le traitement prosodique, fidèle à son sens et à son essence[1], se veut ici prendre en charge le caractère mélodique de la langue, à savoir le choix des accents, leurs couleurs, et *a posteriori*, les oppositions infinitésimales entre deux membres d'une même phrase, de sorte que l'interprétation debussyste de cet opéra ne consiste pas à appuyer ou à souligner, mais à traduire littéra-

1. Prosodie, du grec *Prosôdia*, signifie *accent*, quantité dans la prononciation.

lement. On assiste ainsi à une renaissance de la technique déclamatoire au service d'une nouvelle orientation du drame lyrique, ce que Debussy appelait l'« après Wagner et non pas d'après Wagner »[1]. Pendant dix années consécutives, Debussy travailla à ce drame, tout en ayant conscience que depuis la mort de Rameau, l'influence hégémonique allemande sur la musique française avait aboli une tradition particulièrement audacieuse du rapport texte/musique.

> La musique – dit-il – doit commencer là où la parole est impuissante à exprimer, car la musique est faite pour l'inexprimable; je voudrais qu'elle eût l'air de sortir de l'ombre et que, par instants, elle y rentrât; que toujours elle fût discrète personne. Le poète qui pourra me fournir un poème dramatique sera celui qui, disant les choses à demi, me permettra de greffer mon rêve sur le sien; qui concevra des personnages dont l'histoire et la demeure ne seront d'aucun temps, d'aucun lieu; qui ne m'imposera pas, despotiquement, la *scène à faire*, et me laissera libre, ici ou là, d'avoir plus d'art que lui et de parachever son ouvrage. Mais qu'il n'ait crainte! Je ne suivrai pas les errements du théâtre lyrique, où la musique prédomine insolemment, où la poésie est reléguée au second plan, étouffée par l'habillage musical trop lourd. Au théâtre de musique on chante trop. Il faudrait ne chanter que quand cela en vaut la peine, réserver les accents pathétiques. Il est nécessaire par endroits de peindre en camaïeu et de se contenter d'une grisaille … Je rêve de poèmes qui ne me condamnent pas à perpétrer des actes longs, pesants; qui me fournissent des scènes mobiles, diverses par les lieux et le caractère; où les personnages ne discutent pas, mais subissent la vie et le sort[2].

En fait, la grande originalité de *Pelléas*, en deçà de la partie orchestrale, réside dans le texte poétique pris comme générateur d'événements musicaux. La proposition vocale se veut ici exprimer les qualités du tissu harmonique et mélodique. Mais ce travail n'est possible que parce qu'il se confond avec ce que la Renaissance appelait la *langue*. Pour Debussy, toute l'histoire de la musique, et en particulier de l'opéra depuis Rameau, c'est l'histoire de la mise en forme du couple texte-musique, et de sa déformation presque systématique. L'intimité du verbe et du son ne peut donner naissance aux récupérations sémantiques et sémiologiques, puisqu'elle est en elle-même, et pour elle-même, la manifestation d'une expression

1. C. Debussy, *Monsieur Croche et autres récits*, Paris, Gallimard, 1971, p. 62.
2. *Ibid.*

absolument musicale. « La musique s'annonce le dernier et plénier culte humain » écrit Mallarmé[1], ce qui signifie que plutôt que de servir un quelconque sens littéral, la musique réalise une sorte de choc entre le mot poétique par essence musicale, et le son. L'impact est immédiat. Certes, le drame de Maeterlinck semble totalement abscons, et la trame littéraire un peu niaise. Il n'est sans doute pas nécessaire de revenir sur ce sujet qui a donné naissance à de nombreuses exégèses, mais qui, surtout, a engendré des malentendus quant à la réelle importance de *Pelléas et Mélisande.* La compréhension d'un tel opéra ne se situe pas dans l'intelligibilité du dénouement narratif, dramatique, mais plutôt dans ce qu'il suscite d'imagination onirique, tant pour la perception que pour la mise en musique. La métaphore du verbe et du son joue un rôle de tout premier plan. Comprise, entendue comme le miroir de personnages à mi-chemin entre le symbole, le mythe et une réalité elliptique, elle installe une atmosphère flexible, dans laquelle la voix se fond. L'impressionnante discrétion de l'orchestre, le frémissement des archets divisés, et l'individualisation des bois, tout concourt à sortir du poids écrasant du temps orchestral, pour laisser vivre la voix. Du point de vue théâtral, le jeu dialectique qui s'établit entre les différentes voix – celle de ténor ou de baryton pour Pelléas ; celle de soprano pour Mélisande ; celle de baryton pour Golaud, etc. – conserve sa tessiture de voix parlée étendue au chanter. En ce sens, cet opéra est un miracle d'équilibre, de justesse. Il se joue entre une prose chantée et un chant parlé, déclamé, comme si la précision d'une partition s'accomplissait dans la recherche d'une autonomie de la langue, révélatrice du drame. Parler de cette cristallisation autour de la langue, parler de l'écriture vocale de *Pelléas et Mélisande*, c'est d'emblée accepter que le verbe est porteur d'une sensibilité évocatrice à laquelle la voix se soumet, et qu'il peut – comme c'est le cas ici – devenir le prolongement de tout un orchestre. Pour Claude Debussy compositeur, cette démarche signifie bien plus qu'un simple retour authentique à la beauté de la langue. Derrière les possibles de la voix se cache le spectre du timbre, celui sur lequel repose l'en deçà et l'au-delà de toute élaboration sur un matériau se référant au vocabulaire harmonique, mélodique, polyphonique.

Avec Arnold Schoenberg, Claude Debussy est un des premiers compositeurs au XXe siècle à avoir réhabilité la place de la voix dans la musique, dans une

1. P. Boulez, *Points de repère*, Paris, Christian Bougois, 1981, p. 192.

autre perspective que celle de décrire ou de transcrire des hauteurs et des courbes quasi instrumentales. Si la voix dans *Pelléas* donne le ton, elle est cependant totalement imbriquée dans le tissu polyphonique. Par la diversité de son timbre que Debussy exploite grâce à la prosodie, elle enrichit la texture sonore dans son ensemble, tout en lui imposant une direction particulière. La richesse de sa présence résulte davantage d'une transformation du corps vocal lui-même que d'une conséquence directe avec le langage. L'invention mélodique est issue de cette transformation, comme irréductible à sa couleur plus qu'à son phrasé. Il n'est pas étonnant que cette projection de la voix dans le tissu orchestral cohabite en permanence avec les subtilités harmoniques. L'une se reflète dans l'autre et lui imprime une dimension unificatrice. La voix se fait timbre, l'instrument se fait timbre, l'accord se fait timbre, et à l'intérieur de cette écriture en filigrane, l'espace théâtral se fait mystère et médium. En intériorisant le langage dans la musique, Debussy obtient sa négation. En général, dans la tradition musicale occidentale, dès que le texte entre dans la musique, il est soit déformé, soit méconnaissable. Debussy renverse les rapports entre texte et musique. Puisque la voix est timbre, puisque ce qui compte désormais c'est sa couleur, il est inutile de l'écraser par un chant qui chercherait non seulement à rivaliser avec la virtuosité instrumentale, mais aussi avec la densité acoustique de l'orchestre. La prosodie pâlit à cette hypertrophie de l'expression. Sur le mode du dire, chaque syllabe, chaque accentuation est un timbre, une couleur récupérable par les instruments. Si le texte est obscur, la musique l'éclaircit.

Lorsque Arkel – après que Golaud ait traîné Mélisande par les cheveux – lance à la fin de la scène 2, acte IV : « Si j'étais Dieu j'aurais pitié du cœur des hommes ! », les cordes le contrepointent, à tel point que les résonances des cordes vocales se mélangent à celles du violon et du violoncelle, puis de l'alto et de la contrebasse. C'est en fait la prosodie instrumentale qui capte le sens. La voix le suggère. Mélisande personnifie parfaitement bien cette ambiguïté. Son rôle est de s'incarner dans et par la musique. Sa mort n'est pas synonyme de disparition physique. Elle passe *musicalement* dans une autre lumière.

L'histoire de ce mélodrame serait en fait l'histoire de l'écriture vocale à laquelle s'assujettit l'écriture instrumentale. Certes, Debussy a voulu réagir contre l'influence d'un Wagner dont par ailleurs il admirait le *Parsifal*. Mais il prend des raccourcis saisissants. Pour qu'une action se développe sans longueur, il faut que le corps orchestral, voire symphonique, s'imbrique dans le corps textuel, vocal et scénique. Debussy pousse l'audace jusqu'à mettre en scène le silence que prononce la voix. Plutôt que de la noyer dans une fonction de langage où le signifiant renvoie au signifié, il la tait. En expliquant que « la musique doit commencer là où la parole est impuissante à exprimer … », il assurait à l'opéra une postérité considérable qui reste peut-être encore à trouver, et qui fait écho à ce qu'écrivait Mallarmé à propos de *Pelléas el Mélisande* :

> Silencieusement presque et abstraitement au point que dans cet art, où tout devient musique dans le sens propre, la partie d'un instrument même pensif, violon, nuirait par inutilité [1].

Ne me demande pas mon nom :
il est merveilleux.
Saint François d'Assise, Acte II, 4e tableau.
Olivier Messiaen

Le destin du son et du verbe est lié par un objet commun : l'opéra. Quelles que soient les solutions que l'on adopte quant à la genèse de ses configurations, il existe une relation d'homologie renvoyant dos à dos le matériau littéraire et le matériau musical. Postérité de *Pelléas et Mélisande* qui plie la vibration sonore à la vibration phonique, pour une esthétique en miroir, collision des notations comparable aux phénomènes interartiels. Filiation directe dans *Saint François d'Assise* (1983) d'Olivier Messiaen. Un *lieu* dans l'Italie du XIIIe siècle avec comme successions de *tableaux* des sujets allégoriques em-pruntés aux *Fioretti*, aux *Considérations sur les Stigmates* – livres composés par des franciscains anonymes du XIVe siècle –, et au *Cantique des Créatures* de saint François d'Assise. Comme le texte de Maeterlinck pour *Pelléas et Mélisande*, celui de saint François d'Assise ne comporte aucune singularité poétique. Son rôle, ambitieux, se limite à susciter la musique, à la faire advenir dans les timbres vocaux et instrumentaux. Messiaen travaille à un opéra grandeur nature, où le miracle de la grâce et de la Sainteté déroule une narration conceptuelle sur un effectif de plus de 150 instruments toutes familles confondues et, indépendamment des solistes, un chœur de 150 personnes. Derrière cet arsenal amphigourique l'idée consiste à représenter « une musique haute

1. S. Mallarmé, *Écrits sur le livre*, Paris, Éditions de l'éclat, 1985, p. 31.

en couleurs de timbres, de durées, de complexes sonores »[1]. Or, une orchestration dense, des polyphonies de rythmes qui entraînent des polyphonies d'accords, favorisent l'absorption de la prosodie par la musique, l'identification sonique à un langage paramétrique. Messiaen échappe à la linéarité du discours en balisant l'action par des centaines d'accords différents. Leur profil est double : à la fois complexe de sons et complexe de couleurs, à savoir, de timbres. Ainsi Messiaen ne renonce pas au primat de la hauteur pour installer une dramaturgie mobile, mais il l'innerve dans la multiplication des accords qui s'engendrent eux-mêmes dans un jeu de modes, de renversements, de transpositions, voire ce que le compositeur appelle, d'accords à résonance contractée. Il y aurait un mouvement incessant de l'imagerie sonore et de son double, l'imagerie pulsionnelle, pour un opéra qui « doit donner avant tout chose une audition-vision »[2]. Une *aura* intermédiaire provoquée par l'épaisseur du tissu musical et la raréfaction du texte.

De la manière même dont le matériau est mobilisé dans l'écriture, le présupposé est que la composition du son dans un opéra constitue à elle seule un système de communication étendue à des perceptions visuelles et

spatiales. Une telle extension pose implicitement l'argument de l'hypotypose, d'une musique qui engendre des effets optiques. Le vocable est un véhicule, probablement le plus souple puisqu'il perdure à travers les empiries lyriques, et en particulier celles qui sont dictées par le modèle naturel des chants d'oiseaux. La voix n'existe qu'en tant que reproductrice d'une expression non illustrative mais allégorique. Le dessin mélodique des chants d'oiseaux est *chanté* par les instruments, comme si la parole portait des virtualités plastiques révélées par son environnement. L'opéra pour Messiaen est un art auditif restituant au matériau acoustique une expérience visuelle : une prosodie du regard complète la prosodie du verbe et la prosodie du son. Rapprocher la parole au plus près du son, quasiment à l'intérieur de son enveloppe, suggère l'existence d'un tierce *lieu*, sans équivoque puisqu'il relève du voir.

Duplication de la perception : l'écriture musicale se dédouble et se redouble dans le récit – structure dans laquelle l'opéra trouve son existentielle nécessité de prolongation. L'écoute est l'*energia* de la parole. Le dédouble-

1. O. Messiaen, *Saint-François d'Assise*, programme, Théâtre national de l'Opéra de Paris, décembre 1983.

2. *Ibid.*

ment chez Debussy avait lieu par le silence. Chez Messiaen, il se produit par un étouffement du sens par le son conduisant au même résultat : à force de trop entendre, on finit par bloquer l'écoute. Suspension effective de l'opéra. La perception localise un hors-lieu, une absence de temporalité. L'histoire ne se poursuit pas. Elle est présente au musical et son évolution textuelle, loin de pouvoir parler d'une relation entre l'action et la dramaturgie, entre le mot et la voix, entre la voix et l'instrument, comme relation de deux entités, devient relation à elle-même. L'écriture de la différence suscitant sa propre prescription pour conduire la métonymie aux portes de la tautologie. Dépropriation de la langue dans un cadre compositionnel que Messiaen a voulu parfaitement organique, comme une reconstruction possible d'une fusion des rythmes, des accords, des hauteurs et des intensités, laissant à la prosodie du verbe et à la prosodie du son une tension spéculaire dans le déroulement historique et discontinu de l'opéra.

récit et temporalité musicale dans *Pelléas et Mélisande* (2)

Il me paraît nécessaire de revisiter à travers quelques arguments techniques, les raisons pour lesquelles les musicologues et musiciens s'accordent majoritairement aujourd'hui pour insister sur les bouleversements que Claude Debussy a suscité en son temps dans le domaine de l'harmonie, du rythme et des formes en vigueur à son époque.

Il n'est pas très pertinent d'entériner ce bouleversement, d'y revenir une fois de plus. Cependant, il demeure encore essentiel de revenir sur la forme dont Debussy a littéralement réinventé les relations entre les éléments constitutifs du langage, en créant entre eux de nouvelles hiérarchies. D'où la difficulté et le plus souvent l'impossibilité d'aborder une œuvre comme *Pelléas et Mélisande* avec des instruments d'investigation traditionnelle. Ces derniers sont limités au regard de la perpétuelle mouvance, mobilité avec laquelle Debussy élabore précisément ces nouvelles hiérarchies. L'opéra est un genre, ou une forme, qui depuis son émergence, sa naissance, a toujours cristallisé ce qu'il est convenu d'appeler des mutations compositionnelles, d'aucuns parlent de rupture. Dans le cas de Debussy, il est préférable de parler de mutation, à savoir la façon dont une tradition se transmue, bascule dans de nouvelles perspectives. Autrement dit, l'opéra est à penser comme ce qui a toujours participé au passage d'une esthétique à une autre ; passage d'une fonction d'un langage à une autre affectant profondément deux paramètres fondateurs de l'écriture debussyste et du devenir de la musique au XXe siècle : d'un côté, le temps musical ; et de l'autre, le récit qui, pour Debussy, est dans un total rapport de synonymie avec les structures temporelles et les échelles musicales – ce que j'appelle la narrativité compositionnelle. Narrativité non plus intrinsèque au texte, mais intrinsèque au langage musical lui-même. Dans le cas de Claude Debussy et de ce qui nous préoccupe, ces deux composantes sont essentielles, dans la mesure où le temps musical se veut fédérateur, prétexte à abolir la notion de développement traditionnel. C'est un paradoxe, certes, car quel type de temporalité peut-il exister en dehors d'une logique de développement ? Cette question représente l'essence même de la modernité de Claude Debussy.

Toutefois, je n'irais pas jusqu'à dire, comme le soutient André Boucourechliev, que Claude Debussy échappe à toute filiation. Je suis même en désaccord avec cet argument. En effet, une filiation réelle, sensible, effective a vu le jour en France après Debussy. Cette filiation est incarnée par Olivier Messiaen, l'héritage post-sériel de Pierre Boulez et l'école spectrale. Une filiation qui se reconnaît et qui s'identifie à des questions de composition et de formalisation de langage aussi structurelles que la couleur, le timbre, la production du timbre et ses perpétuels changements qui prennent en charge aussi, mais pas exclusivement, la question du temps musical. Boucourechliev avait déjà relevé la nécessité de réhausser la forme, de la faire remonter à la surface du timbre et des couleurs instrumentales. Cette filiation est non seulement irrécusable, mais c'est elle qui aura également permis de comprendre pourquoi le Debussy de *Pelléas et Mélisande* en particulier, ou de la *Mer*, ou des *Préludes*, était si important. *A contrario*, il me paraît difficile, voire impossible de soutenir l'absence de filiation préalable à l'ensemble des préoccupations sur le temps, la forme et le récit ; comme si cela justifiait le fait que Debussy soit résolument un moderne – ce que diverses investigations musicologiques n'auront pas manqué de légitimer. J'admets cependant, et c'est une orientation musicale essentielle, que l'ambivalence demeure et que des questions telles que la mélodie dramatique, le récitatif ou encore le traitement instrumental et orchestral brouillent la lisibilité de cette tradition non moins agissante en profondeur et sans laquelle Debussy ne serait pas le moderne qu'on reconnaît en lui. Sans doute faut-il opposer aux notions normatives de filiation traditionnelle celle de dynamique de correspondances et de réseaux d'influences convergentes vers précisément une sensibilité radicalement nouvelle. À ce titre, il faut encore rappeler que Debussy a subi deux influences importantes, n'appartenant pas à la tradition française, bien que dans un second temps il s'en soit détourné : Wagner, qu'il découvrit à Vienne où il entendit *Tristan et Isolde*, puis à Bayreuth ; et Moussorgsky. Wagner a bien sûr laissé des traces indélébiles dans le domaine de l'harmonie et de la fonction dramatique du *leitmotiv*, dans la transformation du sens même du *leitmotiv*, exprimé dans le passage d'un timbre à l'autre, hormis les thèmes dont une des principales fonctions est d'organiser les scènes. Moussorgsky quant à lui a exercé une influence pour le récitatif mélodique de *Pelléas*, ou plus exactement, pour son principe, totalement repensé et réarticulé, lié intrinsèquement à la prosodie française. Lorsque j'analyse la partition de *Pelléas*, je ne peux oublier que Debussy avait eu entre les mains la partition de *Boris Godounov*, rapportée de Russie par Saint-Saëns. C'est une œuvre qui exerça sur Debussy une très forte impression, bien que le récitatif mélodique en Russie tienne davantage du véritable chant que du récitatif proprement dit. J'ajoute que c'est la partition originale, publiée du temps de Moussorgsky, que Debussy a connue et étudiée, et non celle qui fut corrigée par Rimsky Korsakov, puis Chostakovitch.

Un détail historique me paraît également significatif. La chanteuse Marie Olénine d'Alheim avait fait découvrir Moussorgsky au public parisien en 1896 dans les conférences concerts organisées par Pierre d'Alheim. Dans *Monsieur Croche*, Debussy fait allusion à un concert de la Société Nationale, le 20 mars 1901, où cette chanteuse était accompagnée par Alfred Cortot; concert dans lequel la *Chambre d'enfants*, une suite de mélodies dont chacune d'elles est une scène enfantine (poème et musique de Moussorgsky), était inscrite au programme comme une première audition. Debussy rédigea une description précise de ce qu'il avait entendu : « Tous ces petits drames sont notés, j'y insiste, avec une simplicité extrême ». Quant à *Pelléas et Mélisande*, dont les esquisses remontent à 1893 et dont les remaniements divers s'étendent sur près de dix ans, il fut créé en 1902, très exactement neuf ans après la création de la pièce de Maeterlinck que Debussy a choisie pour son opéra[1]. C'est véritablement pendant la période de gestation et plus encore de composition de *Pelléas* qu'est intervenue la découverte de *Boris Godounov*. Cependant, il faut rappeler que Debussy songeait à une transposition de l'opéra de Wagner, *Tristan et Isolde* – « drame lyrique » comme Debussy le désigne. La structure dramatique est la même. Elle tourne autour d'une passion amoureuse exclusive, d'un amour interdit qui ne peut s'accomplir que dans la mort.

Revenons au langage musical de Debussy. J'ai choisi la première scène de l'acte IV[2], notamment les dix premières mesures. La scène est intitulée : « dans un appartement dans le château » où sont réunis Pelléas et Mélisande. Debussy va opposer à la fonctionnalité du système harmonique des harmonies non fonctionnelles. Il est intéressant de relever que le premier à avoir parlé d'harmonie non fonctionnelle, c'est Schoenberg, en 1941, dans le fameux texte publié dans *Le Style et l'idée* : « La composition avec douze sons ». Schoenberg reconnaît que le premier à avoir ouvert la voie aux musiques nouvelles, c'est Debussy. Il écrit : « [...] avec les harmonies non fonctionnelles de Debussy, la tonalité se trouvait déjà détrônée en

1. La pièce de Maeterlinck fut créée le 13 mai 1893 au Théâtre des Bouffes-Parisiens; la première de l'opéra de Claude Debussy eut lieu le 30 avril 1902 à l'Opéra-Comique sous la direction d'André Messager.

2. Page 252, édition américaine Dober.

pratique, sinon en théorie ». Comment Debussy parvient-il à neutraliser un système fonctionnel, d'autant plus que cette neutralisation devait affecter prioritairement ce que Debussy détestait le plus au moment où il composait *Pelléas* : le développement.

Je rappelle ici le long texte intitulé « Pourquoi j'ai écrit Pelléas » :

> Depuis longtemps, je cherchais à faire de la musique pour le théâtre, mais la forme dans laquelle je voulais la faire était si peu habituelle qu'après divers essais j'y avais presque renoncé. Des recherches faites précédemment dans la musique pure m'avaient conduit à la haine du développement classique dont la beauté est toute technique et ne peut intéresser que les Mandarins de notre classe. Je voulais à la musique une liberté qu'elle contient peut-être plus que n'importe quel art, n'étant pas bornée à une reproduction plus ou moins exacte de la nature, mais aux correspondances mystérieurses entre la Nature et l'imagination.
>
> Après quelques années de pèlerinages passionnés à Bayreuth, je commençais à douter de la formule wagnérienne, ou plutôt, il me semblait qu'elle ne pouvait servir que le cas particulier du génie de Wagner. Celui-ci fut un grand ramasseur de formules, il les rassemblait dans une formule qui parut personnelle parce que l'on connaît mal la musique. Et sans nier son génie, on peut dire qu'il avait mis le point final à la musique de son temps à peu près comme Victor Hugo engloba toute la poésie antérieure. Il fallait donc chercher *après Wagner* et non pas *d'après Wagner*.
>
> Le drame de *Pelléas* qui malgré son atmosphère de rêves contient beaucoup plus d'humanité que les soi-disant « documents sur la vie » me parut convenir admirablement à ce que je voulais faire. Il y a là une langue évocatrice dont la sensibilité pouvait trouver son prolongement dans la musique et dans le décor orchestral. J'ai essayé aussi d'obéir à une loi de beauté qu'on semble oublier singulièrement lorsqu'il s'agit d'une musique dramatique ; les personnages de ce drame tâchent de chanter comme des personnes naturelles et non pas dans une langue arbitraire faite de traditions surannées. C'est là d'où vient le reproche que l'on a fait à mon soi-disant parti pris de déclamation monotone où jamais rien n'apparaît de mélodique. D'abord cela est faux ; en outre, les sentiments d'un personnage ne peuvent s'exprimer continuellement d'une façon mélodique ; puis la mélodie dramatique doit être tout autre que la mélodie en général ... Les gens qui vont écouter la musique au Théâtre ressemblent en somme à ceux que l'on voit *réunis* autour des chanteurs des rues ! Là, moyennant deux sous, on peut se procurer des émotions mélodiques ... on peut même constater une patience plus grande que chez beaucoup d'abonnés de nos théâtres subventionnés, on pourrait même dire « une volonté de comprendre » totalement absente dans le public ci-dessus nommé.

> Par une ironie singulière, ce public qui demande « du Nouveau » est le même qui s'effare et se moque toutes les fois que l'on essaye de sortir de ses habitudes et du ronron habituel ... Cela peut paraître incompréhensible mais il ne faut pas oublier qu'une œuvre d'art, une tentative de beauté semblent toujours être une offense personnelle pour beaucoup de gens.
> Je ne prétends pas avoir tout découvert dans *Pelléas*, mais j'ai essayé de frayer un chemin que d'autres pourront suivre, l'élargissant de trouvailles personnelles qui débarrasseront peut-etre la musique dramatique de la lourde contrainte dans laquelle elle vit depuis si longtemps.
> Pelléas a été achevé une première fois en 1895. Depuis, je l'ai repris, modifié, etc., cela représente à peu près douze ans de ma vie[1].

On peut décliner quelques constantes du langage de Debussy et, pour simplifier, retenir trois paramètres qui articulent le discours et le dispositif formel de son langage.

1) une harmonie non fonctionnelle mais résonante, tantôt dynamique, immobile, tantôt statique, flottante, vibrante, qui a pour conséquence :
2) l'utilisation du diatonisme
3) et l'utilisation du chromatisme.

En ce qui concerne le diatonisme, il faut signaler l'emploi de la gamme par tons (gamme non attractive par principe), l'utilisation structurelle des échelles modales qui peuvent être polarisées mais qui ne sont jamais polarisantes. Il faut signaler également ce que l'on pourrait appeler une stratification harmonique hétérogène. Par exemple, à une séquence diatonique tonale à la basse vient se superposer un niveau chromatique médian, puis, au niveau supérieur, une suite d'accords parallèles. Debussy a recours aussi à la juxtaposition statique d'accords consonants disposés par mouvement contraire. On remarque le déplacement parallèle, très fréquent, des 7e, 9e de dominantes qui inaugurent avec Debussy ce que Messiaen appelait une « technique de plaques d'accords » – technique comme nous le savons promue à un bel avenir dans la musique du XXe siècle. Cette pratique du diatonisme a pour résultat pertinent et efficace de neutraliser l'énergie fonctionnelle qui caractérise traditionnellement ce même matériau harmonique.

1. Note écrite au début d'avril 1902, sur la demande de Georges Ricou, secrétaire général de l'Opéra-Comique. Elle a été publiée dans *Comoedia* le 17 octobre 1920.

En ce qui concerne le chromatisme, il opère dans la même direction. Il n'est plus exclusivement passage et liaison entre notes mélodiques ou glissement d'une tonalité à l'autre, mais il peut être un brouillard acoustique qui vient auréoler, suspendre, rendre statique une note ou un accord pour leur conférer une résonance particulière, une couleur, un son symbolique. Il peut être aussi un agglutinement de notes auxiliaires sur les notes principales de l'accord afin, là aussi, d'immobiliser le bloc harmonique.

Il faut aussi parler de l'enharmonie qui prend chez Debussy une signification différente de celle qu'elle avait chez Wagner. Le fait qu'elle opère souvent la juxtaposition entre des espaces scalaires différents – l'échelle par tons, l'échelle modale, l'échelle alternée – cela corrobore l'idée qui m'est chère d'une irruption hors du système circonscrit, hors le cycle des quintes, et surtout, encore une fois, cela signale l'arrachement au champ de l'attraction tonale. Il n'y a plus de cadences conclusives, sauf à titre de citation ou de collage, comme lorsque Golaud décline son identité et ses titres à Mélisande. Il n'existe pas à proprement parler de fin de morceau, mais plutôt, selon une formule d'Adorno que j'applique à dessein à Debussy, « la vision d'un tableau dont on se détourne ». La structure globale de Pelléas est donc construite sur la base d'un jeu de duplications variées des échelles, des timbres, des registres, des rythmes, des *tempi* et des transformations mélodiques.

Prenons l'exemple de la première scène de l'acte I, au regard de la question du récit. Je m'en tiendrai au début, structuré en plusieurs sections, à commencer par une ouverture, la levée du rideau. Entre les mesures 1 à 15, nous avons plusieurs échelles qui évoluent, à commencer par le *la*, mode de mi (*la-si*b*-do-ré-mi-fa-sol-la*). On peut considérer cet accord comme étant en Fa Majeur, en passant mesure 7 par une pédale de *si*b allant en direction, ce qui est très important, d'un mode que je qualifie d'acoustique aux mesures 11 à 14 : *si*b*-do#-mi-la-do* – accord de Mélisande sur pédale de *si*b, comme une horizontalisation du spectre harmonique. Il s'agit d'un système d'échelles alternées : le *fa* bécarre devient *fa* dièse au basson. De même, on retrouve à cette mesure 11 des successions de sixtes sensibles avec neuvièmes ajoutées entre les clarinettes et les bassons. Au lieu d'avoir *la-do-ré-fa#*, nous avons *la-fa#-do-mi*. Cela nous amène jusqu'aux mesures 12, 13 et 14, à l'échelle de la gamme acoustique utilisée par Bartók, au 3e temps de la mesure 12 : *si*b*-do-ré-mi-fa-sol-la*b*-si*. Autrement dit, à travers cet exemple circonscrit, nous pouvons comprendre comment tout *Pelléas*

repose sur ce procédé d'échelles alternées et nous pouvons, me semble-t-il, en déduire :
1) que les modes ne sont pas structurés sur la notion de tension/détente de type cadentiel – ce qui de façon normative dans la tradition structure toutes les formes tonales avec l'attraction de la sensible vers la tonique ;
2) qu'il n'y a pas dans *Pelléas* – c'est ce qui confère à la question du temps musical une force, une puissance dramatique hors des sentiers balisés du développement traditionnel, des polarisations vers un quelconque accord de dominante – de logique cadentielle dans le cours du récit. Debussy échappe à cette emprise.

Or, qu'est-ce que Debussy alterne en dehors des échelles ? Certes, il y a l'altération du *la* en *la*b. Il altère plus profondément le déroulement temporel et la perception que l'on en a. Ce n'est plus le temps tonal, dirons-nous. C'est un temps qui procède par alternance des échelles et suspension de la fonction cadentielle. D'où une structure, une forme dramatique, flottante, mobile. Cette structure musicale en forme de récit requiert la prolifération d'instants déterminants mais non fonctionnels, permettant tous les amalgames, les ellipses, les forces motrices et laissant au texte et à la prosodie une liberté déclamatoire et mélodique novatrice.

J'ai cité et indiqué à dessein dans la partition, scène I-IV, l'échelle acoustique. Le rôle de l'échelle acoustique est fondamental pour appréhender la forme temporelle et dramatique de *Pelléas*. Cette forme n'est plus organisée sur une fonction également narrative de tension/détente, mais sur cette apesanteur résonante, résumée, rassemblée dans la gamme acoustique, au motif, je le répète, que cette gamme acoustique est une horizontalisation du spectre harmonique. J'irai jusqu'à affirmer que l'apparente fluctuation formelle de *Pelléas*, et cela dès le Prélude, est organisée autour de cette émancipation de la structure tonale. Ce qui crée ce trouble, cette ambivalence, c'est que le flottement harmonique engendre une autre rigueur, tout aussi efficace que la structure tonale. Debussy prend soin de passer d'une échelle à l'autre de manière directionnelle, en conservant la mémoire de l'ancienne échelle, en prenant conscience du moment où se produit cette altération, sans pour autant réinscrire un retour obligatoire. Par ce procédé, il sort ainsi du développement classique, tout en conservant en effet une ambiguïté que les méthodes d'investigations classiques nous permettent d'appréhender jusqu'à un certain point.

On pourrait croire – et c'est le cas le plus répandu – que le mode acoustique des mesures 13 et 14 n'est qu'une altération d'un triton en *mi*b Majeur. Dans

cette perspective, le *mi* bécarre serait sans aucun doute une altération du *fa*. C'est non seulement réducteur, mais non conforme à la structuration interne du langage de Debussy dans *Pelléas* et dans d'autres partitions. Restons encore sur cet exemple : au chiffre 1 mesure 15 (p. 254), nous aboutissons à une fondamentale de *Mi* Majeur à l'alto. En réalité, l'intervalle qui se situe entre la fondamentale de l'échelle de la mesure 13 et 14, dite échelle de la gamme acoustique, est une quarte augmentée (*si* bémol-*mi* bécarre), et ce triton est en réalité l'intervalle acoustique par excellence que l'on retrouve chez Scriabine, Bartók, Messiaen ou l'école spectrale.
Retour à la question de la filiation qui, comme on le voit, est un enjeu complexe dans le cas de Debussy et non encore élucidé techniquement. La cadence qui, entre la mesure 14 et 15, aurait pu être parfaite, en mi b Majeur, est passée en Mi Majeur. Cette façon de contourner les fonctions harmoniques est pour moi la quintessence même de la temporalité de la narrativité musicale de *Pelléas*. Debussy, en s'émancipant des fonctions cadentielles, recrée une grammaire narrative et temporelle basée sur une loi acoustique telle qu'elle peut être structurée, formalisée dans l'écriture et entendue hors du système et du formalisme tonal.
Par ailleurs, sur le plan dramatique, Debussy a littéralement ausculté la manière dont le principe d'alteration des échelles – principe qui n'est pas la dissonance, qui n'est pas non plus l'unique enharmonie ou chromatisme, ni la série ou la combinatoire – permet d'exprimer des affects. Il découvre ainsi après le système tonal une organisation du temps arrimée à la textualité. N'oublions pas que le traitement du texte au XIXe siècle est organisé autour des hiérarchies tonales, de la relation avec la forme sonate, de la modulation, de la mémoire des grilles tonales et de la relation tension/détente.

Je voudrais enfin évoquer dans cette dialectique de la temporalité et de la narrativité mise en œuvre dans *Pelléas* les conséquences quant à la lisibilité du texte. La langue française, par l'extrême ambivalence de sa prosodie, est chez Debussy le lieu privilégié d'une intention rythmique qui restitue cette ambivalence, qui en exploite le potentiel expressif et émotionnel, tout en évitant le cadre néo-classique de la métrique occidentale du XIXe siècle. C'est pourquoi Debussy se réfère incessamment à la notion de récitatif, et dans ce sens, il réalise peut-être un vieux rêve Berlozien, notamment la rupture de la symétrie des phrases (*Symphonie Fantastique*). La tradition française dont il est l'héritier est bien présente et dynamique. Il résout ici une contradiction majeure : celle de l'aria et du récitatif. En ce sens, il est le dépositaire de cette musique française qu'il connaît parfaitement bien et qu'il admire, celle de Massenet, Gounod, etc. Il aura, au travers sa connaissance exhaustive de la langue française, renouvelé l'invention rythmique liée au texte en prenant soin de soutenir la liberté agogique venant du texte lui-même. Cette émancipation mise en œuvre au cœur de la contrainte formelle libère une forme de narrativité rythmique que l'on retrouve dans *Pelléas*, mais aussi dans la *Mer* et dans les *Préludes*. C'est à la langue que la musique doit le privilège de cette émancipation.

À cet égard, je voudrais citer la correspondance de Romain Rolland avec Richard Strauss. Romain Rolland explique que le moment de la création française de *Salomé* traduit en français fut l'occasion de vérifier combien la langue française portait cette intention rythmique si riche et complexe pour un compositeur. Il faut se rappeler que Romain Rolland soutient cet argument face à Richard Strauss qui se révoltait contre précisément l'instabilité rythmique de la langue française.

Dans ce contexte, on comprend aisément que le développement n'ait plus grand-chose de commun avec les formes temporelles et narratives baroques, classiques ou romantiques. On mesure ainsi la nature de la mutation et non pas la rupture radicale dans le traitement de l'espace, du temps et de la dramaturgie, entraînant la réfutation des fonctions tonales. Cette mutation est aussi décisive et aussi lourde de modernité dont nous sommes redevables que celle accomplie à peu près à la même époque en peinture par Cézanne (1839-1906).

Gesang der Jünglinge, Momente, Stimmung, (Stockhausen), comme une hypotypose du phénomène sonore

Si au XXe siècle la voix est devenue un matériau privilégié de la création musicale, peu nombreux sont les compositeurs qui l'ont intégrée au sein d'une œuvre, comme susceptible de se plier aux nécessités d'une nouvelle topologie vocale dans les perspectives et empiries d'un théâtre lyrique contemporain. Dans les œuvres de Karlheinz Stockhausen, l'expérience de la voix est prétexte à élargir le spectre acoustique et à émanciper l'espace, le lieu de sa projection. Or une des caractéristiques essentielles de Stockhausen compositeur est précisément de récupérer des notions telles que l'espace et la mobilité de cet espace en les incorporant systématiquement aux dimensions nouvelles de la mise en œuvre sonore. *Licht*, son grand cycle opéra, fut précédé de trois événements importants dans lesquels la voix est prétexte à renouvellement du matériau sonore, des formes et de l'écriture : *Gesang der Jünglinge* (1955-56), *Momente* (1962-64) et *Stimmung* (1968).

La voix chez Stockhausen affirme une réalité de type pluridimensionnel. Elle participe à l'invention formelle à qui elle dicte ses lois ; elle restitue à la déclamation du texte le profil mélodico-rythmique des phrases, sans pour autant verser dans les procédés caducs de la polyphonie ; elle stimule chez l'instrument un comportement théâtral proche de la dramaturgie ; et enfin, elle se déculturalise à la faveur d'une très grande souplesse d'adaptation. Autrement dit, elle abolit les hiérarchies. Dans *Gesang der Jünglinge* (*Chant des adolescents*) Stockhausen supprimait déjà le dualisme entre musique vocale et instrumentale en incorporant l'enregistrement de voix de garçons à un matériau purement électronique. Le but à atteindre était de concilier et d'intégrer des possibilités d'articulation les plus différenciées, pouvant, comme c'est le cas ici, donner naissance à un matériau inédit. La confrontation entre voix parlée et voix chantée est traitée dans son aspect le plus complémentaire avec le souci de laisser aux sons sinusoïdaux produits par l'électronique la possibilité d'étendre les paramètres de la voix à l'espace. Ainsi, le timbre, la dynamique, le rythme, voire même la hauteur des sons émis par la voix sont dispersés dans l'espace avec une directionnalité qui doit exercer une action déterminante sur la forme de l'œuvre – ce que le compositeur appelle une *forme statistique*. Nous avons dès lors, réunies dans une seule œuvre, la première en date qui réussisse la synthèse entre musique électronique et musique vocale, les prémisses d'un travail que Stockhausen amplifiera par la suite. La caractéristique de ce travail est d'approfondir les virtualités de la voix en les associant aux virtualités de l'électronique, laquelle renforcera le jeu formel et sémantique qui s'instaurera alors entre voix et bande, procédant à de multiples anamorphoses acoustiques et à des mutations continues du phénomène sonore. La réalité spatiale, voire plastique, qui naît à partir de cette identification de la bande et de la voix a pour corollaire d'innombrables ramifications dans l'espace. Pour Stockhausen, il s'agit de :

> ... médiatiser des ensembles collectifs, organisés selon les lois des grands nombres, avec des groupes et avec des éléments particularisés. Le problème est de concevoir et de faire percevoir les mêmes éléments qui, sous certaines conditions, paraissent en tant qu'ensemble collectif – (c'est-à-dire sous forme de complexe déterminé statistiquement de phénomène de masse) –, donc de percevoir ces mêmes éléments sous d'autres conditions en groupe ou en tant qu'éléments particularisés [1].

Autrement dit, la voix chez Stockhausen se présente comme un vaste kaléidoscope de langages, de genres, d'époques et de cultures. Tout cet arsenal de procédés et d'intentions a pour but d'intégrer dans l'œuvre et par l'œuvre les valeurs d'espace, de lumière et de geste. Il est pourtant difficile de concevoir une *voix* désarticulée de son contexte, à savoir une voix qui pourrait contenir tous les paramètres d'immatérialité et d'abstraction propres à un outil ou à un instrument, sans pour autant se défaire de son identité ontologique. On pourrait même pousser le paradoxe jusqu'à dire que chez Stockhausen, la voix obéit à un processus ontogénique. Pour rejoindre l'être, sa culture, son histoire, le compositeur investit d'abord l'idée musicale, le concept, la pensée. Si présence de la voix il y a, en tant qu'elle n'est pas coupée du souffle vital, c'est dans la façon dont le son sera corporalisé. C'est dans l'incarnation de la matière sonore. Un son qui donne à voir, comme une hypotypose du phénomène acoustique médiatisée par la voix. *Gesang der Jünglinge*, musique électronique faisant usage d'une voix de garçon et s'inspirant du chapitre trois du Livre de Daniel, cantique des jeunes gens dans la fournaise ardente, est un exemple de la saturation d'une voix unique qui s'auto-reproduit afin de provoquer dans l'écriture et dans la perception un contrepoint d'images linéaires, densifié par le recours à

1. K. Stockhausen, Note de pochette de disque.

l'échelle des micro-intervalles. En superposant la voix unique d'un jeune garçon à elle-même, Stockhausen obtient son double, un spectre harmonique que les sons sinusoïdaux vont modeler jusqu'à donner la sensation qu'ils existent en chair et en os. La mise en place de cinq haut-parleurs prévus pour la diffusion qui doivent être disposés tout autour des auditeurs. Une façon de rituel proche de la théâtralisation et du sacré qui répond au souci de répartition spatiale chère au compositeur. En quelques minutes, nous assistons à un spectacle sans représentation. Le timbre, la couleur, la dynamique, s'y confrontent dans un espace auquel ils vont répondre – d'où le concept de *forme statistique* évoqué par Stockhausen. Le phénomène vocal étant déjà en soi un phénomène de représentation, il ne lui reste plus qu'à se projeter dans un appareillage électronique susceptible de métamorphoser n'importe quel signal. C'est la raison pour laquelle les sons chantés s'articulent en un bloc où paroles intelligibles et bruits indéterminés se rencontrent uniformément. Le sens du texte est avalisé par la courbe mélodique, génératrice d'une émotion, d'un choc sonore. Mais sa présence agit comme un substrat, un autre spectre de type intangible qui ordonne la directionnalité vocale ainsi que son aura sinusoïdale. Si avec *Gesang der Jünglinge*, Stockhausen visait une expérience de visibilité dans l'audibilité, dans les *Momente*, œuvre composée sept ans plus tard, en 1962, il conçoit la composition des voix parlées et chantées comme intégrées à une œuvre non déterminée, une œuvre ayant naturellement un début, un développement, une fin, mais dont la nécessité structurelle répond à plusieurs significations simultanées. Écrite pour soprano solo, quatre groupes de chœurs (trois sopranos, trois contraltos, trois ténors, trois basses) et treize instrumentistes (quatre trompettes, quatre trombones, deux orgues électriques et trois percussions), *Momente*, dont la version définitive fut achevée en 1969, est une œuvre que nous pourrions qualifier de versatile, une œuvre dans l'œuvre, qui tire sa cohésion et son unité moins de ressemblances extérieures et formelles que d'une concentration immanente, si possible continue, vers le devenir formel. La voix détient un rôle stratégique qui consiste à ordonner toutes les combinaisons paramétriques. Chaque entité, happée par ce processus d'avalisation, finit par se subordonner acoustiquement. Les perspectives sonores sont alors élargies, étendues à un espace multi-directionnel, provoquant ce que l'on pourrait appeler un continuum de la perception. Le phénomène d'un son qui donne à voir est ici habilement fomenté par la typologie de l'effectif instrumental et vocal. Stockhausen dresse en effet une sorte de cartographie répartie selon un schéma structurel conforme au concept de *Moment.* Il existe trois groupes de Moment : les Moments M, qui travaillent sur des compositions de types mélodiques (monodie, hétérophonie) ; les Moments K sur des compositions de types sonores telles que l'homophonie ; et des Moments D qui contrôlent la durée, ainsi que la répartition verticale et horizontale du matériau (polyphonie). Mais pour neutraliser l'effet de chacun de ces Moments, Stockhausen a prévu ce qu'il appelle des Moments I, des Moments informels ou plutôt indéterminés, qui assureront la cohérence des trois autres. Cette vaste composition conçue en trois grands volets s'articule autour de ces Moments, stimulant ainsi des combinaisons mobiles. Ces différents Moments, dont on a vu qu'ils étaient tous régis par une hiérarchie d'écriture pouvant déboucher le cas échéant sur une hiérarchie de la perception, sont, à des degrés divers, reliés entre eux par des enclaves, des insertions qui font l'effet d'une entaille qui s'attaquerait à l'épaisseur formelle des Moments purs. Ils ne sont en réalité que des bribes d'autres Moments passés ou à venir, qui, dans le ici et maintenant du Moment, aident à métamorphoser la structure de l'œuvre. On en revient toujours à cet inaliénable besoin chez Stockhausen de cumuler des forces à divers endroits de l'œuvre, afin que son déroulement dans le temps et dans l'espace soit une allégorie de la matière sonore proprement dite. Et pour mieux renforcer l'idée d'une œuvre dans l'œuvre, le compositeur a choisi de brouiller les pistes linguistiques. Quatre langues sont prévues pour chacune des exécutions. Stockhausen pousse l'audace jusqu'à intégrer des textes dans la langue originale des interprètes. Parmi ces textes, certains sont issus des strophes du *Cantique des Cantiques* de Salomon, des passages d'une lettre de Mary Bauermeister, de la seconde femme de Stockhausen, des exclamations d'indigènes des îles Trobriand en Nouvelle-Guinée, une citation de William Blake, toutes sortes d'extraits de contes, des noms de personnes, des acclamations, des applaudissements, des appels, des syllabes sans signification, des rires, des vocalises. La liste est longue, voire ininterrompue. Disons que Stockhausen a besoin d'un potentiel vocal qui dépasse de très loin les habitudes compositionnelles en la matière. Même les choristes disposent d'instruments annexes (claves, tubes, tuyaux, ...) avec lesquels ils établissent une complicité acoustique entre sons corporels, vocaux, instrumentaux. Le moindre chuchotement, le moindre cri, participent à la formalisation d'une œuvre qui a pour principe l'éclatement. Aussi le compositeur parvient-il à juguler, à extraire la naturalité du phénomène vocal, à se saisir de son pouvoir dramaturgique, sans pour autant lui concéder une fonction autre que musicale. Pour mieux corrompre la dualité mensongère entre instrumental et vocal, Stockhausen indique, comme il l'avait fait pour la voix du jeune garçon dans *Gesang der Jünglinge*, que la voix de la soliste peut être légèrement renforcée par un micro avec haut-parleur.

> Les trois voix masculines (ténor, basse, baryton) ont été choisies par le chef d'orchestre, d'où leur place, qui pourrait être différente [1].

Ils tiennent un micro à la main dont ils se servent lorsqu'ils chantent en solo. Les innovations formelles de *Momente* deviennent alors plus subtiles et plus différenciées. Grâce à la nature des ondes sonores et à la sensibilité de la membrane avec laquelle vibrent les cordes vocales, l'audition est modulée à travers tout l'espace et tout le corps. On en revient à ce phénomène d'hypotypose – une représentation sans représentation – une allégorie, une métaphore du visible dans l'audible. Ce chemin d'une musique qui donne à voir se poursuit dans *Stimmung.* Mais cette fois-ci, les modalités d'expression sont réduites à leur plus simple expression.

stimmung : complexité de l'épure

Avec *Stimmung*, nous entrons dans un univers vocal qui abolit définitivement les frontières entre sons vocaux proprement dits et sonorisation, comme si l'un était le prolongement de l'autre, son identification la plus absolue. Composée en 1968, *Stimmung* qui signifie *Accord* est prévue pour six chanteurs. Cette pièce contient un certain nombre de poèmes, à la fois phonétiques (écriture linéaire et horizontale) et spiraux (écriture tourbillonnante et cyclique). *Ruseral*, titre de l'un de ces poèmes, est intégralement noté en spirale. Stockhausen entend ainsi métaphoriser les traditions dans lesquelles la voix servait de catalyseur au jeu, à la danse, au rituel en général et sous toutes ses formes. La voix doit masquer, sacraliser ce rapport à la tradition. Aussi, dans *Stimmung*, tourne-t-elle autour de l'objet désiré qui n'est autre qu'elle-même. Stockhausen marque ici son adhésion à un mysticisme ancré dans les mythes et les fantasmes. Il les amalgame sans hiérarchie pour bien stipuler son appartenance au monde et non pas à un monde. Aussi confronte-t-il dans *Stimmung* l'encerclement de Jericho avec l'adoration de la Ka'aba par les musulmans. Il s'agit d'une œuvre initiatique dont le mouvement est celui de la spirale, à l'image du labyrinthe que l'homme est obligé de parcourir s'il veut atteindre les cimes de la conscience

1. *Ibid.*

universelle et cosmique. *Stimmung* peut être considéré à cet égard comme une matérialisation acoustique de ce mouvement. Stockhausen parvient à donner l'illusion d'un spectre harmonique capable de s'auto-alimenter. En utilisant les deuxième, troisième, quatrième, cinquième, septième, et neuvième harmoniques de la fondamentale (la hauteur) tout en étant capable de se réajuster par endroits. Le mot allemand *Stimmung* signifiant à la fois accord, atmosphère, et état d'âme, il s'agit, grâce à un son synthétique transmis par un magnétophone, d'écouter l'intérieur du son, de se placer à l'intérieur du spectre harmonique, à l'intérieur du phénomène vocal. La notion d'un temps linéaire et discursif est alors abolie. Nous sommes dans un temps et un espace saturé par sa propre existence. Le lieu de toutes les métamorphoses acoustiques et spatiales se situe dans l'entre-deux d'une vocalité impalpable et d'un réseau d'ondes synthétiques qui disparaît dans la voix, dans la *Stimmung*.

Ainsi, la voix dans l'œuvre de Stockhausen se présente essentiellement comme le lieu où se joue une ambiguïté conceptuelle. Non seulement elle est investie d'une vocation initiatrice, mais elle l'a subvertie pour des raisons musicales et parvient à généraliser sa fonction à tous les autres matériaux, instrumentaux ou électroniques. Elle est plurielle et elle est unique. Entre *Gesang der Jünglinge* et *Stimmung*, le chassé-croisé des formes, des genres, des cultures, des idées, des écritures a servi à édifier le vagabondage de vocalités aussi singulières qu'exemplaires, et surtout, actualisant la trace palimpseste d'une ontologie du musical transmise par la voix jusqu'au lieu d'une nouvelle empirie lyrique.

les métamorphoses du mythe chez Luciano Berio

Écrire commence avec le regard d'Orphée.
Maurice Blanchot, *L'espace littéraire*

L'opéra est né de la perte et de l'arrachement, et c'est précisément depuis cette perte et arrachement que sont nées les diverses tentatives de Luciano Berio pour ressusciter une vision de l'opéra à l'écart de tout logocentrisme. Berio s'empare de certaines réminiscences baroques comme prétexte à une expérimentation formelle et dramaturgique. Toujours le spectre de Monteverdi semble hanter des dispositifs mis en abîme par une série de paradoxes dont Berio explore les ambiguïtés, les seuils, les intermittences. Sa première œuvre conçue pour la scène en témoigne. *Opera* (1969-1970) rend hommage à Monteverdi, une référence au supposé père fondateur de l'opéra, qui s'avère un palimpseste de signifiants absolument éclaté en plusieurs actions simultanées. Une manière propre à Berio de tordre le cou à la dramaturgie, de la transformer en objet granuleux, indécelable, tout en maintenant la trace de ce qui semble ne jamais pouvoir disparaître totalement.

La quête d'Orphée, si souvent commentée, est une allégorie du compositeur en quête d'un opéra, toujours ramené vers l'origine dont il ne saisit que les ombres. Orphée est une utopie dans laquelle l'art musical se reconnaît. Il est une fantasmagorie qui appelle et annonce les œuvres à venir. Sa voix fait pleurer les étoiles, comme si des constellations s'allumaient pour nous permettre de nous orienter dans un monde en attente d'un réenchantement. Orphée est aussi la représentation de l'amour impossible, ou du moins, acculé à des épreuves initiatiques qui le rendent vulnérable comme le serait un être de finitude. Pour qu'Eurydice vive et pour qu'il continue à aimer, il ne doit pas, sur le chemin du retour, se retourner sur elle. Tant qu'elle n'est pas parvenue à la lumière, il doit maîtriser son désir de la voir, de se retrouver dans son visage. Le sentier est étroit et le brouillard épais, métaphore de toutes les tensions accumulées, métaphore d'un timbre irreconnaissable. Orphée précède Eurydice; « Mais pendant que je chante, qui m'assure hélas qu'elle me suit? Hélas, qui me cache la douce lumière de ces yeux adorés »[1].

1. Monteverdi, *Orfeo*, Acte IV, Entrée 81.

La question est d'emblée soulevée, dès les origines de l'opéra : le chant d'Orphée pourra-t-il, le temps de la représentation, émouvoir l'irréversibilité de la mort, jusqu'à lui faire renoncer à ses desseins tragiques ? La fiction attachée au chant telle qu'il s'éprouve dans l'histoire de l'opéra peut-elle conjurer la fatalité à laquelle le récit de l'aventure humaine est soumis, inexorablement ? Le mythe se plaît à rebondir là où on ne l'attendait pas. Le coup du destin ici comparable à un coup de théâtre pourrait s'apparenter à une conclusion trop prévisible, une manière de *happy end*. Le tragique grec veille. Arrivé juste au bord du monde, là où tout peut commencer, là où le rideau se lève, Orphée désavoue sa promesse. Son impatience le pousse vers des faiblesses humaines, trop humaines. Il se retourne, mu par le seul désir de revoir le visage d'Eurydice. La chute du récit – à l'opéra, nous parlons de dénouement, ou, dans le cas de *Wozzeck* de Berg, de catastrophe – est fatale. L'instant où Orphée se retourne correspond à l'instant de la mort d'Eurydice. Elle se voit comme absorbée par le gouffre sans fin d'où elle était presque sortie. Elle s'étiole, se dilapide, se défait. Il ne reste d'elle que fumée et poussière.

Arrêtons-nous sur cette chute du récit qui contient son strict contrepoint. Eurydice gît dans la poussière, tandis que le corps d'Orphée, déchiqueté par les Bacchantes, fut emporté par les flots de l'Hèbre. L'un comme l'autre forcent l'interprétation des signes et des symboles ; interprétation comme aveu d'une conscience herméneutique accompagnant notre conscience historique. Nous faisons l'hypothèse que le XXe siècle musical consacra la figure d'Orphée au moment précis où il en désacralisa les vertus symboliques et les applications multiples dans le domaine de l'opéra. Désacraliser Orphée, ou encore, se tenir à l'écart de la relation entre *mythos* et *mutos* : cette idée traverse l'expérience lyrique au cœur de son lien indécidable entre écriture dramatique et écriture musicale. L'Europe lyrique, telle que nous la désignons, s'est laissée surprendre par une perte qu'elle appela elle-même de ses vœux. La perte d'une histoire, d'une identité narrative, d'une trajectoire dans laquelle elle reconnaissait un impossible protocole d'accord ou de désaccord entre la musique et le texte (livret). En accusant cette perte, en l'intellectualisant et en augurant des formes textuelles nouvelles, elle a favorisé un savoir archéologique où les mythes furent en effet relégués au royaume des ombres. Nous faisons l'hypothèse qu'Orphée est un mythe fondateur de l'histoire et de l'esthétique de l'opéra dans la civilisation occidentale. Son ombre portée au plus près des métamorphoses du genre est partout présente aujourd'hui. Sa pérennité, profondément clandestine, rythme le temps des opéras qui se sont succédés tout au long de ce XXe siècle, avec le désir tenace, le même qu'Orphée éprouva pour Eurydice : le désir de se retourner sur lui, sur le mythe. Dans cette analogie constante entre le mythe et l'opéra, vient se loger en filigrane le sens que les Anciens attribuaient aux mythes en question. Dans l'Antiquité, ces derniers avaient essentiellement pour vocation de s'incarner dans un spectacle ritualisé, selon des codes tour à tour ou simultanément chantés, mimés, contés, rythmés, figurés. Cette représentation ritualisée du mythe avait pour objet une « suprême référence pour les lois religieuses de la tribu, du clan et de la cité »[1]. L'archéologie du mythe d'Orphée contient la mémoire collective de ces représentations transmises jusqu'à nous par l'écho des voix antérieures, survivant aux ombres elles-mêmes en souscrivant à de nouvelles formes de récit du mythe. La tentation de se retourner sur Orphée n'a pas déserté la conscience lyrique au XXe siècle, et en particulier dans la seconde moitié. Ce qui a changé, au-delà du désir, c'est d'avoir momentanément cessé de le prolonger sans éprouver le besoin de le dévoiler. Quel compositeur n'a pas éprouvé le besoin de se retourner sur l'histoire de l'opéra, d'enfermer le mythe qui l'auréole et la sacralise dans les pièges de la raison historique. Quel compositeur n'a pas rêvé d'entendre la voix d'Orphée plutôt que d'en imaginer l'intonation immortelle. Et voilà que commence l'archéologie du mythe. Son enfermement érudit et critique en un lieu qui en avait préservé le mystère. Orphée n'est pas un théoricien, un philosophe, un écrivain ou même un compositeur réfléchissant un savoir faire historique. Il est à lui tout seul ce savoir faire, ce que les Grecs appellent la poïesis : une création dont on éprouve l'artisanat. Chez les humanistes de la Renaissance, Orphée symbolisait l'idée la plus haute de la culture, le moment où l'idéal de perfection rencontre la modernité d'un langage qui s'émancipe peu à peu des modèles canoniques issus de la polyphonie. Aujourd'hui, Orphée symbolise un savoir archéologique qui retrouve sa vocation inaugurale.

épiphanie d'Orphée

Berio le premier s'empara de la figure d'Orphée comme d'un mythe inaliénable, souverain, résolument spectral. En 1984, lors du 47e Mai Musical Florentin, Luciano Berio eut l'idée de produire trois versions distinctes de l'*Orfeo* de Monteverdi : la version originale, une transposition chorégraphique et sa propre version, censée renouer avec la dimension

1. R. Graves, *Les Mythes grecs*, Paris, Fayard, 1967, p. 18.

théâtrale de plein air. Berio s'inscrit ici dans un héritage dont il reprend et le projet et le nom. *Orfeo 2*[1] semble s'adresser à l'*Orfeo* de Monteverdi comme s'il voyait en son autre les promesses d'une exégèse musicale, entraînant le compositeur dans une errance le conduisant au cœur de formes et d'objets totalement disparates. Au fond, Luciano Berio a conçu *Orfeo 2* comme un geste de renouveau, voire de résurrection païenne de l'*Orfeo* de Monteverdi, au travers le faste et l'exubérance de moyens musicaux contemporains. À l'occasion de la reprise d'*Orfeo 2* à la Biennale de Paris, Berio précise :

> Cet *Orfeo* est la transposition en clé moderne de la synthèse opérée par Monteverdi à son époque. Il y avait là à certains moments un chœur en plein air qui pose de nombreuses difficultés. Étant donné que la plus grande partie de mon *Orfeo* sera amplifiée, les chœurs seront joués avec le 4X de l'Ircam, par Peppino Di Giugno. C'est un défi technique, car ce n'est pas encore possible de synthétiser une voix qui chante un texte précis.

L'opéra, par l'intermédiaire du mythe et sa réactualisation en miroir, fait chanter, non seulement un texte, mais également des supports, des voix synthétiques, des artéfacts d'amplification et des machineries illusionnistes

dont le but est bien de redonner une noblesse au mythe et à son cortège herméneutique moderne. Lors de la création d'*Orfeo 2* à Florence, le scénographe, Pier-Luigi Pizzi, imagina une déambulation spatiale et géographique, un contrepoint mimétique aux déambulations vocales, instrumentales et technologiques de la partition. Il dressa sur la place du Palazzo Pitti toute une série de tréteaux, de manière à ce que le passage de l'un à l'autre représente chacun un chemin initiatique et quasi sacrificiel. Le public, assimilé ici à la foule, était pris dans l'ellipse de cette déambulation spectaculaire, à l'intérieur de laquelle Pier-Luigi Pizzi reconstitue trois lieux, comme autant d'étapes dramaturgiques et mythologiques. Trois lieux géographiques, répondant aux différents espaces qu'Orphée a traversés : l'espace terrestre, les enfers et l'espace céleste. On retrouve le surplus de représentation baroque que Berio aimait chez le Fellini de *Roma, città aperta* (1972) ; la manière dont les motards s'introduisent dans les alentours du Colisée. Ce lieu, chargé d'émotion archéologique, devient à son tour un espace sacré d'où la représentation surgit comme si elle échappait à la temporalité environnante. Or, à la fin d'*Orfeo 2*, le mythe moderne auquel

1. En 1985, *Orfeo 2* fut repris au festival Musical de Strasbourg et à la Biennale de Paris.

s'attelle Berio nous projette frontalement dans une vision saturée du spectacle de la vie moderne. Les Bacchantes, vêtues de cuir noir, portent des casques, et pour mieux stipuler la vocalité d'une féminité crue et abrupte, Berio mélange des bruits de moto avec des sonorités empruntées à la musique rock. Deux paradigmes de la mythologie sont ainsi catapultés sur l'autel de l'*Orfeo* original; comme si Berio nous indiquait que la transmission de l'ancien est un geste de réécriture, d'appropriation, traversé de part en part par une sociologie puissante des sources émettrices et réceptrices. La dramaturgie est conçue ici par Berio comme un geste d'assomption :

> Orfeo doit être habillé comme l'un d'entre nous. Quand il demande à Caronte de le laisser entrer en Enfer, il doit le demander au maréchal des *Carabinieri*. Quand la Messagera révèle qu'Eurydice est morte, elle doit courir sur la place tout habillée de noir, comme une réincarnation d'Anna Magnani dans *Rome, ville ouverte* Et son chant doit être quelque chose de très proche du *Sprechesang*. Tout doit être très, très réel, presque quotidien : le public est sur une place, et non devant une scène. En somme, notre *Orfeo* ne doit pas être une de ces ennuyeuses transcriptions où l'œuvre est exposée mais non restituée. Il doit y avoir un rapport étroit entre dimension visuelle et dimension musicale; comme les gens reconnaîtront les composantes, les stéréotypes, il doit y avoir également dans le spectacle des espaces et des gestes vécus dans le quotidien, visibles d'emblée : la dramaturgie doit sembler surgir du public même [1].

Les propos exprimés par Berio indiquent combien la tension dramaturgique, située entre la parole, l'image et le son, participe prioritairement à la représentation. La musique est un concentré de pouvoir qui porte en elle le geste de sa propre représentation. Chez Berio, cette dimension conjointement dramaturgique et théâtrale a pour substrat l'homme et ses diverses ramifications intellectuelles, artistiques et politiques au sein de la Cité. En ce sens, on peut dire que pour Berio, le mythe d'Orphée est le paradigme d'une agora lyrique vers laquelle le compositeur revient toujours. Au fond, en se retournant vers l'histoire de l'opéra, vers ses origines, les compositeurs au XXe siècle deviennent les contemporains des inventeurs du genre lyrique : le *dramma per musica*. Ils deviennent Orphée, l'instant d'un opéra, car Orphée est non seulement le maître d'œuvre d'un mythe, mais aussi d'une littérature apocryphe qui nous oblige à penser l'utopie du retour, du retournement; qui nous oblige à retrouver Eurydice et à la perdre à

1. *Cf.* Le programme de la Biennale de Paris, 1985.

nouveau. Si l'opéra au XXe siècle emporte dans son cortège cette herméneutique du mythe, c'est pour satisfaire au besoin d'interroger l'idée même de commencement. Il y eut, selon les catégories dévolues à l'histoire, un premier opéra, ou plusieurs premiers *melodrammi*. Chacun d'entre eux annonce le devenir de l'opéra italien au début du XVIIe siècle, en arrimant une approche anthropologique et rhétorique de la notion de drame à l'évolution des techniques musicales. Dans ce contexte, le regard d'Orphée est lui-même regard sur Eurydice. La naissance de l'opéra est un acte d'assomption vers un commencement dont l'origine est définitivement perdue et incessamment retrouvée grâce à la sophistique du spectacle et du drame lyrique. Le passage d'*Euridice* à *Orfeo* ou d'*Euridice* et *Orfeo* est infime. Il constitue la notion même de production lyrique. Giulio Caccini et Jacopo Peri se situent exactement au carrefour de l'ancienne et de la nouvelle pratique. Leurs Euridices respectives sont créées en 1600. Ces deux compositeurs que l'on peut qualifier d'avant-garde se partagent le mythe, la conception, l'année de création, et le livret d'Ottavio Rinuccini, auteur qui écrivit en 1608 pour Monteverdi le poème de l'*Arianna*. Troublante coïncidence, mettant la question du progrès au centre des productions lyriques. Cette

question s'avère aux fondements de la naissance de l'opéra. Et de même qu'elle permit à un art composite d'accéder à la plénitude des différents codes qui en constituent la pertinence, de même elle semble traduire aujourd'hui une inquiétude esthétique aussi essentielle que les pressentiments qui taraudèrent les artistes dès la fin du XVIe siècle. Ce crédit à un art de la complétude permettant de faire entendre des voix multiples et différenciées n'a jamais véritablement déserté la conscience historique des compositeurs. Orphée se situe au cœur de cette conscience. Il représente tout ce que notre modernité musicale lyrique a monnayé : le crédit accordé à la mise en forme du temps, du rite, de la mémoire, de l'intelligibilité musicale, de la sortie des modèles canoniques, d'une archéologie et d'une rencontre avec un texte et une langue.

« j'ai rêvé un théâtre ... »

L'esthétique de l'opéra est entièrement concentrée et rassemblée autour de son histoire. La figure d'Orphée nous fournit un code d'accès, un matériau mutable et voué aux investigations herméneutiques de toutes sortes. L'obscurité dans laquelle est plongée Eurydice nous donne à penser que la passion de l'origine est toujours inscrite dans l'œuvre lyrique; toujours inscrite et toujours voilée, comme vouée à une interminable exégèse à laquelle seule l'écriture donne une forme, un lieu, une époque, un objectif. Le compositeur concrétise son idée du retour au modèle et à sa source, supposée dans l'ombre. C'est à lui que revient le privilège d'en interpréter les modalités et les enjeux. C'est à lui que revient la responsabilité de se retourner sur l'origine de l'opéra, en évitant la répétition du semblable. Comme si l'opéra se tenait « immobile sur le seuil du temps »[1]. Tout présent lyrique résiste aux ruptures, mutations, catastrophes, retournements de l'histoire. Tout présent lyrique se maintient dans une double logique duelle : logique de fuite critique et logique de quête inclassable.

« J'ai rêvé un théâtre [...] », dit Prospero au commencement de l'action musicale, *Un Re in ascolto*[2], de Luciano Berio. Prospero rêve, tandis que tout au long du spectacle, Berio fera coexister deux théâtres. L'un est censé se dérouler sur le devant de la scène, devant nous public; l'autre appartient à un espace qui ne nous est pas accessible. S'agit-il d'une scène parallèle, d'une autre scène, d'un lieu imaginaire, d'un lieu qui, s'il n'est pas réductible au procédé de théâtre dans le théâtre, n'est déjà plus une exacte reproduction du théâtre d'opéra tel que Berio l'appréhende chez les grands Maîtres du passé? Entre ce qui est représenté sur scène, ce qui l'est dans le texte dramatique et l'action qui se déroule dans la musique elle-même, il y a l'idée d'une perception variable et ambivalente. Berio ne s'enferme pas dans un cadre déterminé historiquement. Le mythe ne se referme pas sur *Un Re in ascolto*. Bien au contraire, il le reconstruit, rétablit une distance avec lui, refuse son diktat, interroge ses usages en concordance avec les nouvelles modalités techniques et expressives de la composition. Orphée charrie avec lui un attelage de potentialités qui caractérise l'horizon d'attente du présent de l'opéra. Quant au passé de l'opéra dit, selon Berio, « à l'italienne » :

1. W. Benjamin, « Sur le concept d'histoire », *Poésies et révolution*, trad. fr. M. de Gandillac, thèse XVI, Paris, Denoël, p. 287.

2. *Un Roi à l'écoute*, action musicale en deux parties, livret d'Italo Calvino et Luciano Berio, opéra créé au Royal Opéra-House, Covent Garden, Londres, 1989.

> C'est un environnement que l'on peut bien sûr ignorer, mais on peut aussi essayer de le transformer de l'intérieur, selon les critères d'une construction organique, ce que l'on fait pour de vieux bâtiments, des musées, ou des ateliers. Je suis convaincu que ce seront des considérations d'ordre musical plutôt que théâtral qui détermineront le commencement de la transformation de cet espace « lyrique » [1].

Prospero prolonge à sa façon l'écho des voix antérieures, celles d'Orphée et d'Eurydice, mais celles aussi de tous les mythes qui accompagnent l'histoire de l'opéra. D'où le lieu insécable que Berio noue entre sa musique et le thème de l'écoute comme dramaturgie synonyme de situations se rapportant à une narration. Prospero est un personnage qui procède du mythe et dont la finalité est de donner à l'instant de la narrativité musicale une parole nouvelle. C'est pourquoi il est sujet à de multiples interprétations centrées autour de l'écoute comme paradigme du déchiffrement, d'une herméneutique des codes, d'une interaction à la fois sémiologique et musicale entre le livret, l'espace scénique, les vocalités convoquées et l'univers orchestral. Prospero à l'écoute signifie autant « J'écoute » que Écoute-moi », comme Roland Barthes le souligne dans un texte auquel Berio fait référence [2]. On peut en effet interpréter *Un Re in ascolto* comme l'histoire d'un roi à l'écoute d'un désastre imminent, assistant impuissant à la chute de son royaume. Mais on peut également interpréter la figure de ce roi comme le prototype du directeur de théâtre qui, dans une extrême solitude, assiste à l'élaboration d'une nouvelle production d'un spectacle musical. Qui écoute quoi ? Berio fait de la confusion un principe dramatique, soulignant l'incompréhension qui se creuse entre Prospero et le metteur en scène obsessionnel qui s'est vu confier la réalisation d'un spectacle. Si, comme le précise Berio, « le Roi n'est pas prisonnier d'un livret » [3], on peut légitimement faire l'hypothèse que l'écoute qui ourdit la totalité de l'œuvre est sujette à dédoublement. Elle n'est ni prisonnière du livret, ni prisonnière de la musique, ni prisonnière de la perception. C'est ce qui permet à Prospero, dans un climat de totale confusion, de rêver d'un autre théâtre, de se mettre à l'écoute d'un espace qui n'est plus prisonnier de l'audition. Je reprendrais

1. L. Berio, « Eco Écoute : Umberto Eco, Luciano Berio », entretien, Milan, mars 1986, *in* Programme de l'Opéra de Paris-Bastille *Un Re in ascolto*, 1991, p. 46.
2. R. Barthes, « Écoute ».
3. L. Berio, « Eco, écoute », *op. cit.*, p. 31.

volontiers la formule de Roland Barthes : « Entendre est un phénomène physiologique ; écouter est un acte psychologique »[1].

L'écoute comme le mythe échappe aux entraves du code et de la convention lyrique. Son royaume, à l'image de celui d'Orphée, comme de Prospero, est toujours un lieu provisoire, prompt à la dérobade ; un lieu nomade. C'est ici qu'il faut rappeler que le Prospero de Luciano Berio et Italo Calvino se rapporte au Prospero de *La Tempête* de Shakespeare. Si la perspective du livret est double, c'est pour mieux provoquer des collusions, des tensions entre deux axes dramatiques et deux axes d'écoute ne se situant pas au même niveau de représentation. Berio parvient ainsi à libérer un nouvel ordre narratif qui n'appartient pas à ce qui est dit dans le texte dramatique. Prospero est effectivement en attente d'une idée de théâtre qui non seulement tarde à venir, mais qui ne viendra pas, ou qui viendra trop tard, car dans un ultime délire, il mourra seul sur une scène vide au moment précis où la Protagoniste qu'il appelait de ses vœux fait son apparition. Pour se perpétuer, le mythe emprunte des chemins multiples, jusqu'à revêtir une forme dramatique. Écouter les mythes, écouter leurs bruissements intemporels, c'est faire frissonner nos sens. C'est du moins ce que pensaient les Grecs. En traversant les enfers, en pénétrant dans le royaume des ombres, Orphée sonde une rumeur synonyme de drame, de fatalité. Il la sonde et il l'écoute. De même, Eurydice écoute la voix d'Orphée comme la manifestation de sa venue. Une voix qui vient de loin, d'un espace qui ne replie pas les ombres sur elle. Par analogie avec ce phénomène d'écoute qui inaugure une intimité dramatique faisant miroiter les symboles et les signifiants, on pourrait dire que le rêve de Prospero est déjà la représentation d'une écoute qui ne dit pas son nom, au point que nous pourrions substituer le « J'ai rêvé d'un théâtre ... » à « J'ai écouté un théâtre ... ». C'est au récit et à la dramaturgie musicale de prendre le relais de cet envoi, de se charger progressivement de toutes les modulations qu'implique la mise en musique d'un livret dont le contenu échappe au contenant. C'est alors que se met à résonner ce qu'à l'opéra il est convenu d'appeler un dénouement : « La vie des voix aura été un rêve, elle n'a peut-être duré que quelques secondes, comme font les rêves, tandis qu'au dehors persiste le cauchemar »[2]. Ce que Roland Barthes nomme « la vie des voix » correspond souvent dans l'opéra à la façon dont les mythes s'approprient le sort des personnages d'un récit,

1. R. Barthes, « Écoute ».

2. *Ibid.*

suivant une logique de substitution progressive qui est aussi le cadre d'une progression dramatique. Il est certain que dans *Un Re in ascolto*, les éléments agissent sur le destin de Prospero, au point qu'il devient le nerf dramatique où se focalisent toutes les écoutes. Berio pousse l'analogie jusqu'à structurer la forme de l'opéra autour d'une succession d'« auditions ». L'action musicale en deux parties comporte dix-huit numéros, dont six *Arias*, quatre *Concerti* (ensembles), quatre *Duetti*, une Sérénade, et un *Aria* pour orchestre seul et, précisément, trois *Auditions*. Trois cantatrices sont tour à tour auditionnées. À chacune de ces auditions répond une écoute singulière. Des fragments de récit peuvent alors prendre forme. L'attente de Prospero est suspendue à l'écoute de ces auditions dont la raison dramatique est de trouver le rôle féminin principal en mesure de faire passer en jugement le Directeur qui est aussi un Roi, à savoir Prospero lui-même. Or, lorsque la protagoniste élue, qui aura subi l'épreuve initiatique d'une écoute sélective, à l'occasion d'une audition où elle n'était accompagnée que par un pianiste, fait son entrée, Prospero est pour ainsi dire déjà mort, gisant sur la scène. Au moment précis où celle qui aurait pu le sauver fait son apparition, Prospero appartient déjà au monde du rite et du sacrifice, affectant à

l'œuvre une dimension tragique, sans destination autre que le repliement funèbre sur une mort préfigurée par les trois auditions précédentes. Épiphanie vocale : les dernières paroles de la protagoniste s'adressent à Prospero : « [...] *Il mio canto è pianto per te, Prospero, il tuo canto è in fondo al mare, più in fondo di quanto sia mai sceso lo scandaglio* »[1].

La présence du chœur dans le prolongement de cette troisième et ultime audition ramène l'action à l'essentiel de ce que fut la dramaturgie musicale et de ce qu'elle sera en « rêve », en « fiction », en fantasme de théâtre qui continuera à persister après la mort de Prospero : « *Ascolta, ascolta! Una cosa perduta cerca un nome perduto!* » [...][2]. La référence à Monteverdi, jusque là restée dans les limbes, dans la confusion d'un théâtre qui ne sait pas se faire entendre, me semble ici implicitement révélée.

Dans le manuscrit de la partition d'*Un Re in ascolto*[3], Berio a pris soin de préciser, juste avant que La Protagoniste n'entonne l'Aria 5, dans un encadré placé au-dessus des instruments à cordes : [« *Entra la Protagonista.*

1. « [...] Mon chant est un pleur pour toi, Prospero, ton chant est au fond de la mer, plus profond qu'aucune sonde n'est jamais descendue ». Traduction de D. Cohen Levinas.

2. Écoute, écoute ! Une chose perdue cherche un nom perdu ! [...] ».

3. Universal Edition, 2e acte, octobre 2001.

È una superstite: il suo costume è stracciato, la scena è immobile »][1]. Pourquoi surgit-elle en lambeaux? Elle est une survivante, indique Berio. À quoi aurait-elle survécu, si ce n'est à une mort dont sa voix se fait le porte-parole, le porte-aède, le filtre qui dissout et absorbe la vie de Prospero? La Protagoniste survivante s'adresse à Prospero mourant. L'attente de la voix bien aimée consacre l'attente d'un spectacle qui n'aura pas lieu et dont la seule trace effective réside dans ce phénomène de prolifération et d'inflation des matériaux mélodiques et harmoniques.
Luciano Berio avait déjà eu recours à un procédé dramatique analogue. Dans *Opera*, le mythe d'Orphée, dans une traduction anglaise des vers d'Alessandro Striggio, est esquissé par une voix de soprano accompagnée au piano. De même que les trois auditions des chanteuses dans *Un Re in ascolto* préfigurent l'aria final de la Protagoniste, de même, dans *Opera*, la soprano apprend durant les deux premiers actes un *aria*. Cet *aria*, elle ne le chantera véritablement qu'au début du troisième acte. Le mythe reprend ses droits. Le théâtre dont rêve Prospero est comme empêché par sa propre mort. La mort du héros fait advenir l'opéra vers un authentique dénouement tragique.

On comprend pourquoi Prospero est un nom générique, un dénominateur commun regroupant des fonctions et des registres divers. Il est acteur, auteur, directeur de théâtre. Il cristallise un faisceau de sens irréductible à une interprétation univoque. Dans tous les cas de figure, il demeure Roi. D'où la place prépondérante laissée au rituel, la façon dont l'idée même d'audition et de répétition d'un spectacle se transforme en adieu funèbre, prononcé par tous les personnages du spectacle : « [...] *Addio, amici, addio figli, addio polvere. Ascolta! Addio fatica, addio pozzo del tempo. Ascolta! Addio, specchio del suono, addio, eco dei gesti, pozzo del tempo, addio!* »[2]
Épiphanie ou complexe d'Orphée : c'est également sur le thème de l'écoute que, dans la *Sinfonia* du Ve et dernier acte de l'*Orfeo* de Monteverdi, Orphée se rend à l'appel de son père Apollon avant de monter au ciel en chantant :

1. « Entre La Protagoniste. C'est une survivante : ses vêtements sont déchirés. La scène est immobile ».
2. « [...] Adieu amis, adieu fils (ou enfants?), adieu poussière. Écoute! Adieu fatigue, adieu puits du temps. Écoute! Adieu miroir du son, adieu écho des gestes, puits du temps. Adieu! » *Un Re in ascolto*, fin de la deuxième partie, Concerto IV (la soprano I, la mezzo soprano, le metteur en scène, le baryton, la soprano II, l'épouse, le ténor, la basse, l'infirmière, le médecin, l'avocat, le chœur). Traduction D. Cohen-Levinas.

« [...] *Hor tu m'ascolta e m'honorai lode e vita* »[1]. Si le livret d'*Orfeo* distribue les vers entre les différents personnages, le livret d'*Un Re in ascolto* dissémine les réparties pour mieux dilapider l'immédiateté de sens. De même, le *Coro* (Chœur) imaginé par Berio n'est pas sans rappeler le traitement du *Choro* dans l'*Orfeo*. Il faut l'entendre dans son acception antique, le lieu où sont rassemblés *choreutes* (choristes) et *koruphaios* (coryphée). Ainsi mêlés, ils représentent une entité à part entière, un ensemble de solistes dont la géométrie variable débouche, soit sur des formes d'associations, soit sur des formes de dissociations. Le dispositif et la fonction du chœur sont par conséquent mutables. Si l'auteur du livret stipule qu'un fragment du récit ou une strophe sont attribués au chœur, le compositeur peut en proposer une répartition plus ou moins éclatée. On trouve dans la partition de l'*Orfeo* de nombreux exemples illustrant ce principe de variabilité et de diffraction du sens, notamment lorsque la parole et le chant sont donnés aux solistes (les Bergers 1 à 4, les Esprits 1 à 3 ou une Nymphe), dans les ensembles vocaux (duos, trios et quintettes). Il est probable que Luciano Berio, en collaboration avec Italo Calvino, ait cherché au travers l'élaboration du récit à reconstruire l'équivalent d'une tragédie à l'antique. D'où l'idée d'une archéologie du mythe qui draine aujourd'hui, non pas un modèle poétique, littéraire ou musical stable, mais ce que l'on pourrait appeler un voyage dans le temps, dans la référence, dans les fondements de la civilisation occidentale que nos contemporains explorent. Ce n'est plus une galerie de portraits, de symboles et d'icônes, mais plutôt une constellation d'idées, une pluralité de regards, une polyphonie de sens et d'écoutes. L'archéologie du mythe peut se lire comme le palimpseste sur lequel furent entassés quatre siècles d'opéras. Inscrit dans la durée, le palimpseste qui unit mythe et opéra a pour corollaire la figure du retournement telle que Monteverdi la poétise musicalement dans *Orphée*. Ce retournement du présent sur un socle cristallisant une mémoire à venir s'apparente à ce qu'Yves Hersant appelle une « régression dynamique »[2]. Comme si ce moment névralgique, ou encore, le fait de se retourner fut l'unique condition de possibilité d'un déploiement futur de notre héritage. Comme si ce phénomène de retournement constituait le tissu conjonctif de la plupart des créations d'opéras depuis le XVIIe siècle.

1. « Écoute moi donc et tu retrouveras louange et vie ». Traduction D. Cohen-Levinas.
2. Cf. *Europes. De l'Antiquité au XXe siècle*, Paris, Robert Laffont, 2000.

quand Ulysse fait chanter Orphée

Les compositeurs sont des intercesseurs de mythes. Ils s'infiltrent dans les tissus des œuvres lyriques pour en revendiquer une force d'actualisation. Il y aurait un processus maïeutique selon lequel l'opéra devient le récit de ses propres tracés. Ces tracés convoquent notre imaginaire musical, le somment de se retourner vers le royaume des ombres, à en éprouver les errances et à retracer les aspects disparates que la culture grecque n'a pas manqué de déposer dans ses récits. Des poudres de voix, des narrateurs absents : Ulysse revenant à Itaque.

Un discours de fondation de l'opéra est-il possible au regard de l'oracle qui conserve jalousement le fantasme d'une voix, celle d'Orphée, à jamais perdue et incessamment retrouvée là où la forme lyrique succombe à l'emprise du temps, autrement dit, du récit ? Le fantasme de la voix d'Orphée qui transiterait par Ulysse, par une histoire et une esthétique de l'opéra, ne va pas sans une archéologie du mythe, d'autant que cette *voix* accompagne les mouvements d'écriture qui fixent le cadre historique, les supports transdisciplinaires, les priorités techniques, instrumentales et compositionnelles. Orphée représente ce potentiel d'autonomie de l'écriture et de transformation évolutive du progrès technique. La lyre d'Orphée est aux antipodes de celle d'Hermès. La lyre d'Hermès symbolise en effet l'objet technique par excellence, celui qui recèle une force de construction, une activité architectonique dont la vocation est de mettre en scène l'espace socialisé de la musique au travers les fêtes et les banquets. La lyre d'Hermès est fonctionnelle ; offerte par le dieu à Amphion, c'est une lyre/ architecte, qui permet d'agencer les pierres dans l'élévation de la muraille. L'instrument d'Orphée se déprend de ce potentiel de mobilisation concrète et opérationnelle. Orphée engendre certes une lyre, mais celle-ci possède ce que l'on pourrait appeler un arrière modèle, un *habitus* originel nourri d'un tumulte narratif. Ce modèle antérieur à l'autonomie de la lyre est la voix ; une voix qui ne ressemble à aucune autre, ayant fait surgir non seulement la lyre elle-même, mais l'écriture mettant en concomitance la scène, l'instrumental et le texte. Écriture qui engendrera le jaillissement de la forme opéra. Avec la voix d'Orphée comme substrat symbolique, nous touchons à la pierre d'achoppement de l'archéologie du mythe, et par conséquent, de l'archéologie de l'opéra. La co-présence de la voix et de la lyre place d'emblée les œuvres lyriques sous l'autorité du chant et de son cortège de catégories, tels que les récitatifs, les arias.

Orphée est par conséquent le mythe grâce auquel Berio déconstruit l'écriture d'opéra, l'espace poétique et politique dans lequel celui-ci s'inscrit. Les éclats vocaux sont pour Berio autant d'analogies travaillant le versant moderne d'*Orfeo* que la quête d'une voix absolue qui ne connaît ni la mue, ni les limites temporelles et esthétiques. La voix est par conséquent toujours en avance sur le texte, sur la narration, sur la dramaturgie. Elle est une figure de syncope du texte. Dans l'opéra *Outis* (1996), Berio fait varier cinq moments narratifs qui correspondent aux cinq cycles de l'œuvre. Ces moments s'inscrivent dans une temporalité qui ne répond ni complètement au temps du mythe, ni complètement au temps d'une action. De sorte que le mot *Outis* représente une variation temporelle du mythe, et non plus un vocable suffisamment polysémique pour exprimer cette notion de variation, de transformation, de mutation et de masque. D'où le lien indissociable entre la figure d'Outis et celle d'Ulysse :

> Il y a là un jeu de mots parce que les deux syllabes de *ou-tis* peuvent se remplacer par une autre façon de dire, *mè-tis*. *Ou* et *mè* sont en grec les deux formes de la négation [...]. Bien entendu, quand on parle de *mè-tis*, on pense aussitôt à Ulysse qui est précisément le héros de la *mètis*, de la ruse, de la capacité de trouver des issues à l'inextricable[1].

Dans l'opéra de Berio, de qui *Outis* est-il le double, le masque, le variable, le multiple, le narrateur ? Là encore, le compositeur insiste sur les structures répétitives de la mémoire ; la manière dont les langues, en l'occurrence l'italien, l'allemand et l'anglais, sont les alliées d'une temporalité toujours divergente avec le récit qu'elles traversent, et que le cas échéant, elles rencontrent. L'archétype de l'éternel recommencement est à chaque fois pris dans l'ellipse d'une mort annoncée ; comme si Berio insistait sur la possibilité d'une mémoire antérieure à la narration. Cette antériorité confère au mythe ses profils illimités, l'absence fondamentale de clôture telle qu'Orphée nous en a transmis le fantasme et le modèle.

Épiphanie ou complexe d'Orphée correspondent à cet essor phénoménal de l'opéra, à la manière dont le mythe s'insinue dans l'écriture, faisant surgir, comme c'est le cas dans les opéras de Luciano Berio, des dispositifs synonymes de dérivés ou traces du mythe, dont les œuvres lyriques font l'exégèse à l'infini.

1. *Cf.* J.-P. Vernant, *L'Univers, les Dieux, les Hommes*, Paris, Le Seuil, 1999, p. 122.

le madrigalisme contemporain : l'*un* de Giacinto Scelsi contre le *multiple* de Luciano Berio

L'*entre* est une donnée agissante de la composition musicale. Face au phénomène sonore, elle s'emploie à mobiliser des propriétés invisibles des paramètres hauteur, timbre, durée et intensité. Que nous le voulions ou non, les systèmes de représentations symboliques transitent par ce concept multi-formes, multi-signes dans lequel l'écriture, au départ connotative, glisse progressivement vers un territoire métaphorique. L'opéra est naturellement un lieu de métaphore et un lieu où l'*entre* se répartit les circulations d'idées et de fonctions. *Entre* comme substantif, parce qu'il construit des courbes progressées de codes et de figurations possibles du code. Il est un creuset où la simultanéité de sens converge avec la simultanéité d'objets. Le vertige des alternatives s'y reconnaît. Comment répondre de ce paradigme en creux alors que la question de l'opéra renforce le vertige d'un lieu vocal prismatique ? Que se joue-t-il comme puissance dramatique entre le son et le verbe, entre la voix et l'instrument, entre l'écriture et la scène ?

Le madrigal est une pièce vocale polynomique. Par extension, le madrigalisme contemporain[1] suggérerait une polyphonie de timbres au lieu d'une pratique unique ou attractive : en l'occurrence la voix. Comme dans la *Lettera amorosa* pour voix solo avec basse continue figurant dans le *Septième Livre des Madrigaux* de Monteverdi (1619), les œuvres pour voix solo de Giacinto Scelsi représentent cette forme d'ambiguïté entre le parler et le mélodier, où il s'agit de dire les mots en les chantant de sorte que la distinction entre l'arioso et l'aria s'efface au profit d'une diction de timbres. Ce que Monteverdi appelait, dans le *Huitième Livre des Madrigaux*, le *stile concitato* – à cause des reliefs expressifs provoqués par différentes émissions vocales pour exprimer sans décrire les *affetti* qui animent par exemple l'âme et l'esprit des personnages du *Combattimento di Tancredi e Clorindo* (1624) – devient au XXe siècle une forme de représentation sans représentation : la voix simulant une arrière dramaturgie par le jeu des passages entre plusieurs vocalités réunies dans un seul territoire.

1. D. Cohen-Levinas, *La voix au-delà du chant*.

Giacinto Scelsi et Luciano Berio, deux compositeurs héritiers de la tradition montéverdienne, plient le concept de *voix affetti* à celui de *voix timbre*. L'un, dans l'idée d'une vocalité singulière subsumant la rhétorique du présent de l'*opéra modélisé* sur l'archétype *Nuove musiche*; l'autre, dans l'idée de la voix comme matériau phonique et sonique prenant en charge la totalité du territoire musical et compositionnel, du plus tangible (le corps), au plus abstrait (le souffle), entre une écriture contemporaine et une expression séculaire.

Les œuvres écrites exclusivement pour voix solistes de Giacinto Scelsi présentent toutes la caractéristique d'avoir recours à une mélodie à ambitus restreint, le plus souvent chromatique ou à intervalles dissonants. Il semble bien que le compositeur ait pris le parti du son, que les indications de hauteur prévalent comme un repère d'écriture facilitant la lecture et l'interprétation, et non comme un idiome paramétrique prédominant. Nous dirons que la voix soliste chez Scelsi a pour vocation de construire des timbres inédits sur le mode de l'improvisation, que ces timbres sont agencés selon les lois d'un contrepoint à la fois rigoureux et libéré des principes d'école occidentale. Ils sont l'exacte épure des œuvres pour chœur ou pour

deux ou trois voix, la référence compositionnelle permettant de saisir la démarche de Scelsi pour qui la maîtrise du son « passe par la prise en charge d'un matériau réduit à son strict minimum »[1].

Alors que les *Tre Canti Sacri* pour huit voix mixtes (1958) ouvraient la voie au problème de la formalisation du timbre divisé en plusieurs registres, formalisation conduisant à une conception spectrale de la vocalité, les œuvres pour voix seules *a cappella* inaugurent le retour au modèle madrigaliste particulièrement éloquent dans les *Livres de Madrigaux* de Gesualdo. Nous citons les empiries vocales susceptibles de construire un simulacre de représentation lyrique – *Hô* (1960) cinq mélodies pour soprano seule; *Wo-Ma* (1962) pour basse solo; *Taiagarù* (1962) cinq évocations pour soprano solo; *Three Latin Prayers* (1970) pour voix d'homme ou de femme solo ou chœur à l'unisson; *Il est grand temps/Même si je voyais* (1970) pour ténor solo; *Sauh I et II* (1973) deux liturgies pour deux voix de femme ou une voix avec bande; *Litanie* (1975) pour deux voix de femme à l'unisson ou pour une voix de femme avec bande; *Lilitu* (1962) pour voix de femme seule; *Ogloudoglou*

1. Entretien avec Giacinto Scelsi effectué par Danielle Cohen-Levinas lors de son dernier passage à Paris en Juin 1986 lorsqu'il fut invité par l'ensemble *L'Itinéraire*.

(1969) pour une voix d'homme ou de femme et percussion; *Maknongan* (1976) version pour voix de basse. Elles sont toutes écrites pour voix solo, à l'exception de *Sauh I et II*, *Litanie* et *Ogloudoglou*. Scelsi annexe à la voix un instrument supplémentaire qui peut être soit son double (une autre voix), soit une bande travaillée sur un plan métaphorique à la voix, soit encore la percussion qui, soumise à la mélodie vocale, forme avec elle un archétype primitif très connoté symboliquement. Dans tous les cas de figure, nous sommes en présence d'un corpus d'œuvres qui tracent un trait d'union entre des cultures peu apparentées (Inde, Asie et Afrique) et l'Occident. Autrement dit, nous sommes en présence d'une vocalité aussi ancestrale dans ses modes de jeux, que contemporaine dans sa filiation à une esthétique qui tente de rassembler les différents paramètres du son dans un tout cohérent, fonctionnel et opératique.

le retour au même

L'enveloppe globale d'une œuvre pour voix solo de Giacinto Scelsi correspond au schéma évolutif d'une forme qui s'auto-développe à partir d'une cellule initiale génératrice de l'ensemble de la pièce. *Taiagarù* (1962), cinq évocations pour soprano solo : la première d'entre elles expose dès le départ la note qui servira de pivot mélodique : le *do dièse* précédé d'un *do bécarre* en appogiature à l'octave descendante. Scelsi annonce d'emblée la fonction de cette note. Elle est simultanément percussive et thématique; aussi prolixe qu'un leitmotiv; à même de scander une narration qui se présente comme une succession de phonèmes finissant par constituer en soi une sonorité parallèle à la mélodie.

Cette sonorité s'identifie à un timbre dont la fonction est précisément de conserver la clarté de l'attaque glottique stimulée par la périodicité des consonnes. Du sonorisant on passe au spectralisant par le recours à une incessante ornementation de type broderie ou appogiature (figure 13).

Figure 13 : *Taiagarù*.

La stratégie compositionnelle de Scelsi consiste à poser un son central (ici le *do dièse*) et à élargir ses harmoniques par un environnement mélismatique aussi recherché en énergie pulsatoire qu'en combinatoire intervallique. Alors que le *do dièse* ponctue régulièrement le passage d'un mélisme à l'autre, le rythme varie ostensiblement, délimitant ainsi des zones de périodicité qui animent la référence *do dièse*. Cette logique d'écriture peut paraître très abstraite. Il s'agit néanmoins d'une problématique qui est au cœur même de la pensée créatrice du compositeur. C'est dans la distorsion d'un son initial, dans la distortion de sa temporalité et de son articulation que la voix parvient à couvrir et à transfigurer sa propre vocalité. Pour qu'elle se transfigure en timbre pur, il faut la dévier de sa fonction initiale qui consiste à accorder un sens sur un son. Scelsi prend soin de se défaire d'un sens intelligible. Il le substitue à un sens acoustique. Ce n'est pas un hasard si la question du tempo dans *Taiagarù* est si cruciale. Varié dans ses présentations successives, il permet – lorsque les phonèmes dessinent une articulation reconnaissable – de dévier la trajectoire des sons, de déplacer l'idée *do dièse* lorsque celle-ci se rapproche trop d'une structure fixe. De plus, il ornemente à la fois le mélisme, le contexte collectif dans lequel se mobilise la note *do dièse*, à tel point que la réitération systématique de ce *do dièse* implique un habillage ornemental sans cesse renouvelé. S'ajoute à ce phénomène l'alternance d'une pulsation binaire et ternaire qui assure à son tour le balancement indispensable à cette incessante vocalité qui prend pour modèle la litanie orientale (figure 13).

Répétitif, presque monotone, invariant dans ses modifications subtiles, le retour au même se définit dans cette première mélodie du recueil *Taiagarù* comme une trace timbrale, une ombre sonore à peine lacunaire accrochée à un *do dièse* qui finit par revêtir la forme d'un spectre. En l'occurrence, on ne l'entend plus, on le devine. On ne l'attend plus. Il est omniprésent. La succession des voyelles conditionne cette euphonie non-verbale qui opère une distinction entre le chant et la voix. Ici, les cordes vocales vibrent librement et régulièrement en produisant un son qui vibre également à la même hauteur. L'effet incantatoire, vocal et non chanté, est dû à la récurrence, à la dominante de la contrainte de répétition. Formellement, cette récurrence décloisonne le rapport temps/espace ; elle renonce à toute référence discursive et travaille à un anti-développement, en résonance à l'essence même d'une écriture qui va et qui vient. En même temps, ce laisser-être de la vocalité entre en contradiction avec la singularité de chaque consonne, son angularité glottique qui *angularise* la courbe mélodique. La dominance des consonnes occlusives est très élevée (D-T-G). Cela signifie que des éléments obstrusifs neutralisent les éléments vocaliques, de sorte que le mouvement mélodique subit de brusques attaques qui sont comme la marque, la signature d'un hiéroglyphe vocal. Cette métaphore a pour but de réintégrer la place de l'écriture dans la vocalité de Scelsi. Non porteuse d'un message, la vocation de cette écriture est à chercher dans un rituel gestique véhiculé par la voix. La voix, en tant que mimétique articulatoire (glottale) exprime des durées relatives et des durées phonétiques qui s'inscrivent dans un espace-temps que nous prétendons ignorer alors qu'il est question de la représentation de notre etre. La vocalité de Scelsi serait la récapitulation permanente de la présence de l'être dans le monde, à partir d'une écriture symptomatique, préverbale dirons nous, à savoir qui ne parvient jamais au stade de parole évoluée. Scelsi s'approprie des systèmes sémantiques non répertoriables, s'identifiant les uns aux autres par l'usage d'une source sonore identique. Dans *Taiagarù*, cette source sonore est le *do dièse.* On peut également suivre cette évolution d'un son originel et structurel à l'ensemble d'une pièce dans les œuvres pour deux voix. Il s'agit, le plus souvent, d'un face à face vibratoire que vient troubler la périodicité irrégulière des attaques glottiques sur des phonèmes. *Sauh I* pour deux voix de femmes signifie liturgie. Scelsi pose deux sonorités à tendances fixes : un *si* pour la première voix et un *sol* pour la seconde. Mais alors que le *do dièse* de *Taiagarù* était invariant, dans *Sauh I* il oscille imperceptiblement vers des zones chromatiques ascendantes et descendantes. Le *si* bascule vers le *si dièse*, et le *sol* vers le *sol bémol*, oblitérant ainsi la note centrale (*la*). La superposition des deux voix s'effectue sur les bases d'un contrepoint sophistiqué, multipliant les effets de tuilages et de hoquets sans jamais déstabiliser la permanence des deux notes initiales et génératrices de formules incantatoires. En fin de parcours surgit un timbre inaltérable et indivisible. Ce n'est donc pas la dualité ou la complémentarité des deux voix qui intéresse Scelsi. C'est la densité qu'elles suscitent et l'inexorabilité de leur orientation. Mais il s'agit toujours d'une unique vocalité enrichie par un support presque harmonique. L'intervalle de tierce majeure en incipit du morceau conserve une référence occidentale aliénée peu à peu par des progressions chromatiques, accélérées ou ralenties, aboutissant à une hauteur unique, le *la*, qui est la résultante du *sol* et du *si*, le mi-chemin vers lequel s'oriente la mélodie, le vecteur commun de la première et de la seconde voix. Nous sommes à nouveau au cœur d'une problématique compositionnelle qui tourne autour du même en exploitant ses ressources virtuelles. Mais la mobilité des virtualités n'est jamais véritablement révélée. Si elle l'était, le halo de souffle qui auréole chaque son émis ou prononcé disparaîtrait immédiatement. D'autre part, lorsqu'une voix articule une vocalité restreinte à un ambitus de tierce, l'autre se tait ou se contente de résonner sur un seul son et une seule durée. Résultat : le rythme, l'intonation, la pantomime articulatoire élargissent le timbre initial au spectre, l'individualisme au pluralisme. L'énoncé son passe d'une hauteur à une autre en l'enjambant. Aussi faut-il plutôt parler de doublure et non de seconde voix. Scelsi parvient ainsi à la configuration phonologique qui draine l'idée de trace. Nous étions déjà avec *Taiagarù* dans cette esthétique de la trace. Avec *Sauh*, elle se corporifie. Elle devient une véritable enveloppe acoustique dont la forme est celle de son devenir naturel. On énonce un son, deux sons; on énonce un rythme, deux rythmes; et il advient de ces postulats un rituel liturgique à part entière : « le souffle de dieu déposé sur la voix »[1].

la dialectique du son révélé

Il est un fait que chez Scelsi, la voix concentre l'essentiel de l'expérience musicale et artistique. Si sa fonction est de revenir à l'origine en magnifiant

1. *Ibid.*

et en ritualisant le phénomène acoustique, elle se libère de cette vision cosmologique par la réponse éloquente qu'elle fournit à la modernité musicale. Scelsi réinvente le statut de la voix comme l'ont fait les madrigalistes des XVIe et XVIIe siècles. Il réinvente une écriture dont l'originalité réside dans sa volonté d'épure, de dépouillement systématique de tout ce qui de près ou de loin ne produit pas une expression totalisante, conforme à la synthèse des paramètres du son. Ainsi, hauteur, timbre, dynamique et intensité sont-ils intimement liés sans pour autant s'annuler. Comment varier ce qui est invariable ? Comment timbrer ce qui est linéarisé ? Comment corporifier ce qui est vocal et comment vocaliser ce qui est chanté ? Tel est bien le projet de Giacinto Scelsi qui s'égare dans des mélismes improvisés d'où finit par s'échapper – à l'insu de l'écriture – ce qu'il appelle *le cœur du son.*

Cette dérive vocale est légèrement contenue dès lors qu'elle est cadrée par un accompagnement instrumental. Le cas de *Perdus* (1937), mélodie pour voix de femme ou d'homme sur un texte de Jean Wahl avec accompagnement de piano, caractérise cette prise en charge de la voix par l'instrument. Outre le langage tantôt dodécaphonique, tantôt atonal, outre également la présence d'un texte prosodié, nous perdons une errance fantomatique que seules les voix *a cappella* traduisent, restituant la trace des *affetti.* Cette errance est à l'origine de ce que nous appelons le *Madrigalisme retrouvé.* Syllabes ou voyelles égrenées à l'intérieur d'une courbe mélodique provoquent une identification du phonème au son, similaire à ce que Gesualdo pratiquait dans les *Livres de Madrigaux* lorsqu'il associait l'horizontal et le vertical sans se soucier des rencontres hasardeuses représentées le plus souvent par la transformation inopinée d'un mode majeur en mineur. On est à la frontière d'un nouveau maniérisme qui, à l'inverse de celui des madrigalistes, tente d'asseoir son expression sur un timbre ornementé et non sur une ornementation qui induit du timbre. Mais dans les deux cas, l'expression risque à tout moment *de se casser*, tant elle est victime d'une directionnalité définie par son errance. Errance d'un texte prosodié au travers d'une pluralité de voix pour ce qui est de Gesualdo ; errance d'un syllabisme dépossédé de sa substance verbale pour ce qui est de Giacinto Scelsi. Les voix de Scelsi sont avant tout vocalisantes. Seul, le recueil intitulé *Hô*, cinq vocalises pour voix de femme, affirme nommément cette identité.

Vocaliser ne signifie pas s'exercer à ... cela signifie se perdre dans ... *l'errance du souffle*[1].

Le présent de l'opéra au XXe siècle se définit en rapport avec une vocalité émancipée, devenue un rhizome articulatoire, à la fois signe et symbole, ontologique et instrumental. Berio exploita les ressources phonético-instrumentales de la voix, nouant avec la phonétique des rapports autres que ceux de la simple transposition. Dans *Circles* (1960), les instruments parlent et la voix est instrumentalisée. Un renversement subtil de l'ordre établi. Plus tard, en 1966, avec la *Sequencia III* composée sur un texte de Kutter pour Cathy Berberian, il fera volontairement appel à une variété considérable de possibilités vocales, sous-tendant chacune une théâtralité implicite. Contrairement à *Circles* (pour voix de femme, harpe et deux percussionnistes, sur une poésie de Cummings), où les familles de mots se constituent en familles acoustiques, et où la partie instrumentale est articulée sur ce que Berio appelle un « continuum de sons vocaliques et de modes d'attaque qui s'étendent des voyelles réelles jusqu'aux diverses familles de consonnes »[2], la *Sequencia III* exploite une grammaticalité *universelle*, reléguant au second plan la dimension sémantique du langage. Pour Berio, cette question en

soulève une autre, liée à la réflexion sur la création musicale dans les années cinquante et soixante : la syntaxe compositionnelle.

> L'aspect de la syntaxe qui m'a toujours intéressé est celui de la redondance [...] ne serait-ce que parce qu'une des règles de la syntaxe est [...] de nous faire prévoir et de nous confirmer ce que, formellement, on sait déjà[3].

Or, le mélange rapide de modèles vocaux empruntés à différentes cultures et à différentes catégories de la linguistique contemporaine ouvre un champ organique que l'expérience de la musique électronique révèle radicalement. L'interprétation joue ici un rôle pivot. Cathy Berberian se joue de sa voix parce que son corps est virtuose. Non qu'elle le magnifie démesurément, mais elle semble l'écouter de sorte qu'il n'oppose plus de résistance culturelle identifiable, c'est-à-dire prévisible.

> La virtuosité naît souvent d'un conflit, d'une tension entre l'idée musicale et l'instrument (en l'occurrence la voix), entre le matériau et la matière musicale[1].

1. *Ibid.*
2. L. Berio, *Entretiens avec Rossana Dalmonte*, Paris, Jean-Claude Lattès, 1983, p. 162.
3. *Ibid.*, p. 169.

La *Sequencia III* s'inscrit dans le prolongement de certaines recherches menées avec *Thema* (un hommage à Joyce), en relation avec les travaux de Umberto Eco sur l'onomatopée en poésie. Ces recherches sont toutes liées à la voix de Cathy Berberian, qui représenta pour Berio un studio de phonologie. « En effet, *Sequencia III* est non seulement écrite pour Cathy, mais sur Cathy »[2]. Cet aveu n'implique pas seulement la voix de Cathy Berberian, mais sa personnalité tout entière. Pour arriver à contrôler un aussi vaste ensemble de comportements vocaux, Berio dut fragmenter le texte et le recomposer en unités non pas discursives mais musicales. Cathy Berberian dut inventer un comportement corporel modulaire, où la mobilité du corps entre en synergie avec la mobilité syntaxique et sémantique.

> Je voulais des mots scéniques, en considérant que la scène serait un champ plutôt restreint et non (trop) ambigu d'associations phonétiques et sémantiques, celles-là mêmes qu'aurait pu recueillir et élaborer également un auditeur non spécialiste[3].

Pour satisfaire cette esthétique du morcellement et pour ne pas céder à une interprétation par segments, Cathy Berberian suscita trois niveaux de comportements à partir d'un jeu de segmentation : segmentation du texte, gestes vocaux, expressions corporelles. Ce développement simultané de trois physionomies vocales interfère et module le corps. En fait, dans la *Sequencia III*, la surabondance de connotations trouve sa formalisation dans un certain type de comportement corporel. Plus le corps entre dans sa plénitude, plus le cadre sémantique du texte original s'élargit, « comme si l'élaboration musicale fonctionnait comme détonateur »[4]. Parler de la présence du corps dans la vocalité de Luciano Berio, c'est envisager des structures syntaxiques libératrices. Dès lors qu'elles sont articulées par l'instrument ou la voix, elles obligent l'environnement à adopter ce que Cathy Berberian appelait *un comportement scénique*[5]. La chanteuse considérait le corps non seulement comme l'*outil* qui produit un son, mais comme la mise en espace de ce dernier. Lorsque l'autonomie du chant est en cause, la voix redevient un simple élément d'une activité symbolique globale. Cette dimension n'est pas nouvelle. La pratique archaïque d'un art

1. *Ibid.*, p. 119.
2. *Ibid.*
3. L. Berio, *Entretiens avec Rossana Dalmonte*, *op. cit.*, p. 127.
4. *Ibid.*, p. 129.
5. C. Berberian, *Cours d'interprétation*, Radio-France, studio 119, Paris, Janvier-février 1983.

total comme l'opéra resurgit aujourd'hui. La corporalité vocale n'est pas l'effet, le résultat d'une association de paramètres plus ou moins complexes. C'est plutôt la manifestation d'un état qui vit une profonde mutation liée à la question du présent de l'opéra.

Le madrigalisme vocal dans la seconde moitié du XXe siècle signifiait un repliement sur le corps et sur le souffle, avec, comme interrogation permanente, un narcissisme exacerbé. Le renouveau du théâtre lyrique correspond à une mise en abîme du corps qui chante. Non pas sa défaite ou sa disparition derrière le visage, mais son absorption dans des enjeux artistiques où l'écriture redevient toute-puissante. La notation serait le lieu où le compositeur inscrit l'activité simulacre de la voix, prévoyant sa circulation plurielle dans l'espace de la scène. En ce sens, l'opéra renoue avec une sorte de transfiguration de la voix, puisqu'il s'agit de sortir de ce qui fait figure aujourd'hui d'aliénation archaïque (rapport au corps trop connoté et primaire) pour investir une problématique qui bénéficie désormais d'une situation exemplaire : les compositeurs contemporains auraient vécu l'affirmation de la vocalité comme une libération nécessaire mais provisoire. Entre le retrait de l'opéra et son avancée dans la création musicale.

opéra, opéra que me veux-tu ?

petit essai de généalogie sur l'institution opéra[1]

L'opéra draine des contradictions. Il les draine, les suscite, les stimule. Penser l'opéra dans ses multiples actions transverses revient à s'enfoncer généreusement dans les méandres labyrinthiques de son histoire. C'est à peine si, nanti d'une modeste connaissance factuelle, on parvient à discerner l'entrée principale des entrées secondaires. Quant à la sortie ? On peut toujours se munir d'un guide imaginaire, pourvu qu'il n'en perde pas son latin en cours de route ! Hormis un large répertoire, du XVIIe siècle au XXe siècle, il existe un fil d'Ariane beaucoup plus insidieux et fatal : l'institution opéra. Conjointe à la société occidentale, elle représente une véritable phénoménologie du genre. Elle fournit la clef des comportements, des falsifications, des miasmes politico-économiques et des nécessités compositionnelles. Elle tisse un réseau de symboles dans lequel chaque signe est à interpréter comme un élément de la totalité. Nous dirons – posant ainsi les principes d'une démarche qui se réclame autant de l'esthétique que de la sociologie – qu'à l'ouverture de l'opéra sur le monde, correspond la clôture de l'institution sur elle-même, son immuabilité structurelle, ce qu'Adorno analyse comme étant le « déclin permanent des formes dans la conscience sociale qui conserve ces formes »[2].

Le présent de l'opéra serait dans le présent de l'histoire. En pointant historiquement la première apparition du genre (*Daphné* de Péri, 1594), on pointe également l'apparition de la première théorie d'un art qui se démarque des autres par son aptitude à s'incorporer dans le développement même de la civilisation occidentale. Or, qu'il soit question de création ou d'institution, le présent de l'opéra nous renvoie inéluctablement à sa généalogie, interrogeant en permanence « le cimetière des concepts fossiles dont nous sommes encombrés ». Cette formule d'Henri Meschonnic[3] illustre la problématique dans laquelle se débattent tragiquement les institutions opératiques soucieuses de s'auto-perpétuer.

En littérature, les écrivains désertent progressivement la rigueur systémique du Nouveau Roman ; dans les arts plastiques, les avant-gardes sont nées par effraction, dans une convulsion douloureuse, subtilisant la

1. Texte publié dans la revue *Inharmoniques* n° 6, Musique et institution, Ircam, centre Georges Pompidou, Librairie Séguier, Paris, 1989.

2. T.W. Adorno, « Opéra », art. cit., p. 17.

3. H. Meschonnic, *Modernité, modernité*, *op. cit.*, p. 9.

notion d'œuvre concept comme simulacre de l'œuvre-objet; le théâtre conçoit l'innovation comme un principe d'existence; la musique instrumentale s'inscrit dans un processus d'invention continu; l'opéra, lui, s'octroie le luxe de fabriquer du neuf avec du vieux, d'en rester à un art qui appartient à la datation. Et si l'on peut chiffrer son apparition, on peut aussi partiellement chiffrer sa perte pour certains, sa rupture ou son ralentissement pour d'autres, avec *Turandot* de Puccini, 1924 – et *Wozzeck* de Berg, 1921. Entre ces deux pôles – apparition/disparition –, des événements; après, une certaine forme de redondance. L'opéra tente de se re-créer soi-même, de se « re-produire intérieurement »[1]. On pourrait opposer à ce raisonnement que des compositeurs tels que Schoenberg, Kurt Weill, Bernd Aloïs Zimmermann ont revendiqué – à une époque où « tant sous l'aspect musical qu'esthétique, on ne peut se départir de l'impression que la forme opéra vieillit »[2] – le droit de croire en l'opéra. La déclaration de Kurt Weill parue à Vienne en 1925 se présente d'ailleurs, *a posteriori*, comme le meilleur antidote aux idiosyncrasies des théoriciens et des compositeurs :

> Nous ne pouvons pas considérer l'opéra avec le snobisme d'une résignation indifférente. Nous ne pouvons pas écrire des opéras et en même temps nous plaindre des insuffisances de ce genre. Nous ne pouvons pas voir dans la composition d'opéras l'accomplissement d'une tâche purement extérieure, pendant que nous épuisons nos vrais contenus dans d'autres formes. Nous devons accomplir notre idéal formel sur la scène, nous devons être persuadés que l'œuvre scénique peut reproduire les éléments essentiels de notre musique, nous devons croire sans réserve à l'opéra[3].

Mais là encore, le projet compositionnel est soumis à « l'archéologie lyrique »[4]. À la prolixité des écritures et du langage, correspond la fixité des cadres archétypaux. La modernité de l'opéra serait-elle à chercher dans sa réitération?

En fait de théorie musicologique, c'est plutôt Guignol qui joue avec la terminologie, comme l'historicité joue avec l'historicisme. La modernité parle la langue du passé et ramène systématiquement l'inconnu au connu. L'institution opéra marche à reculons vers son avenir. Elle exalte son modèle avant de l'engloutir en elle-même. Ce paradoxe tient lieu de para-

1. Ph. -J. Salazar, *Idéologies de l'opéra*, Paris, P.U.F., 1980, p. 192.
2. T. W. Adorno, « Opéra », art. cit., p. 6.
3. K. Weill, « Credo en l'opéra », *Contrechamps*, n° 4, avril 1985, p. 18.
4. Ph.-J. Salazar, *Idéologies de l'opéra*, *op. cit.*, p. 191.

digme : l'opéra est un art mimétique réceptif aux fractures de l'idéologie ambiante. Son histoire épouse étroitement la scansion de ces fractures consignées dans les lieux, les espaces de son incarnation. On admettra alors aisément que l'évolution du théâtre lyrique s'articule autour d'un axe invariant : le lieu social.

XVIIe siècle : la nature et l'idée

Au XVIIe siècle, l'opéra est l'art par excellence, se constituant comme la figure d'un monde clos où le mystère de la nature et l'organisation de la vie politique trouvent leur prolongement et leur achèvement. Entre *Daphné* de Peri et les premières œuvres lyriques de Lully[1], l'institution opéra devient la métaphore d'une société renfermée sur elle-même, suscitant, aux côtés d'un État monarchique et d'une nature cartésienne, une esthétique de la perfection et de la transparence du monde, phénomène d'« oblitération rapide de l'origine antique de l'opéra et de sa récupération dans l'utopie d'une époque où le mot était idéalement l'idée »[2]. Au moment précis où l'opéra se dote de son milieu, de son institution et d'un pouvoir social, il se détache, dans un même mouvement, du système palladien, figure trop archétypale du drame grec et romain. Or, le XVIIe siècle détournera la recherche du consensus dramatique grec tel que Hegel la conçoit dans la *Phénoménologie de l'esprit* pour mieux investir le rêve de Descartes où la nature est déchiffrable, réduite à des mécanismes reconstructibles à souhait. On serait tenté d'adopter cette imagerie d'un jardin merveilleux aux machineries d'opéra qui sont, avant tout, affaire de reconstitution d'un monde selon Dieu (le roi), concrétisé dans des espaces héritiers des artificieux parcs italiens. Autrement dit, la nature opératique au XVIIe siècle est synonyme de machinerie de cour. Pour le monarque, le magicien-machiniste est un affabulateur démiurge mettant en scène son État. Un sonnet de Voiture, écrit à l'occasion de *l'Orfeo* de Rossi représenté le 3 mars 1647, célèbre l'obsession des contemporains pour tout ce qui est d'origine mécaniste. Il rend hommage, en passant sous silence le rôle de la musique et du chant, aux talents de Torelli, le machiniste au service de Mazarin et du prince de Parme :

1. *Cadmus et Hermione.*
2. Ph.-J. Salazar, *Idéologies de l'opéra*, *op. cit.*, p. 14.

> Quelle docte Circé, quelle nouvelle Armide, Fait paroistre a nos yeux ces miracles divers, Et depuis quand les corps par le vague des airs, Sçavent-ils s'eslever d'un mouvement rapide ? [...] [1].

Jusqu'à Rameau, l'opéra conserve un système de métaphorisation de la nature concentré autour d'arguments cosmologiques (le final de *Castor et Pollux* de Rameau) et d'arguments mythologiques (la fête navale de *l'Alceste* de Lully) prompts à décrypter l'autarcie, le suprême enfermement de la société monarchique. L'institution est donc un catalyseur d'idées, le prisme dans lequel le *lieu* social s'auto-célèbre. Son principe, serré et finalisé autour du roi, est à l'État ce que le metteur en scène-machiniste est à la représentation. Dans cette philosophie enchevêtrée du pouvoir absolu et de l'absolue représentation du pouvoir, les enjeux se déplacent avec un stupéfiant équilibre dans la répartition des forces : la pensée cartésienne se reflète dans l'espace clos de la scène qui s'inscrit à son tour dans la cité, élément fondateur de la société du XVIIe siècle. Elle est :

> Le second cercle de l'univers d'opéra, le milieu où la géométrie et l'architecture chiffrent l'idéologie du chant dans celle de la cité parfaite [2].

Le décor serait ainsi une *mimesis* de la nature physique, l'institution opéra, plus exactement ses murs, une *mimesis* de la nature civile. Comment échapper au relativisme cartésien qui ramène l'illusion (opéra) au sérieux, la nature physique à la nature civile et la cité à l'État ? Nous sommes en présence d'une institution qui fixe les normes et les fonctions de son théâtre lyrique dans les perspectives utopiques de la Cité Idéale. Un article rédigé le 11 février 1662 dans le journal *La Gazette* nous permet de comprendre le projet architectural du XVIIe siècle, ses repères théoriques délimités, d'un côté, par la construction d'une cité parfaite (Paris), de l'autre, par la perfection d'un lieu, épicentre essentiel de cette utopie (Versailles, Théâtre de Bourbon, salle des Comédies, les Écuries, la Ménagerie, Marly, Trianon) [3].

> Le 7 février, le Ballet royal, aux apprêts duquel on travaillait depuis si longtemps pour en faire un divertissement digne d'une Cour que la Victoire et la Paix ont rendue la plus éclatante et la plus glorieuse de l'Europe, fut dansé par Leurs Majestz et les principaux Seigneurs et Dames, en présence de la Reyne mère et de tous les ambassadeurs et Ministres estrangers, qui ne

1. Voiture, *Œuvres*, Paris, Courbé, 1650, p. 115.
2. Ph.-J. Salazar, *Idéologies de l'opéra*, *op. cit.*, p. 20.
3. Cette salle fut détruite en 1703.

> furent pas moins surpris que les autres spectateurs d'y voir tant de pompe et de magnificence. Ce beau spectacle efface tout ce qu'ont eu de plus rare en ce genre l'ancienne Rome et la Grèce. On ne saurait voir qu'avec un ravissement extraordinaire la salle qui semble un palais enchante par son architecture et sa richesse ; et l'on n'est pas moins surpris de tant de changements soudains et imperceptibles de Palais, de Bois et de Mers d'une estendue immense, sur un théâtre de vingt-cinq toises de profondeur, on ne peut non plus voir sans le dernier estonnement un grand nombre de machines descendre avec tant d'artifice et quelques unes, par où l'on peut juger de leur grandeur, avec non moins d'hommes qu'en contenoit celle du cheval de Troyes[1].

La recherche de formes esthétiquement parfaites devait évoquer la recherche de l'harmonie, de l'équilibre entre les différentes strates qui composent la monarchie. En réalité, tout se passe comme si l'institution opéra, cette structure la moins politique dans ses aspirations, était finalement la mieux placée pour assumer une fonction politique avouée. Sans recourir au concept de crise d'identité, disons que les œuvres lyriques portent les empreintes de cette trilogie mécaniste définie par le monde naturel, le monde civil et le monde politique. L'opéra du XVIIe siècle développe une idéologie de l'*aria* qui signe l'origine du genre entre 1600 et 1650. On abandonne le style déclamatoire continu[2] tel que Monteverdi le pratique au profit d'une forme mélodique strophique. L'*Egisto* de Cavalli en 1643 marquera la naissance de l'*aria*.

Résolument distincte du style récitatif qui deviendra peu à peu un art de remplissage entre les airs, l'aria établit une relation sémantique entre le mot et la note. Les théoriciens admettent que cette relation a pour corollaire l'union du chant et du sens, que le langage lyrique n'est qu'un raffinement du langage poétique incorporant l'acquis polyphonique de la renaissance à un style monodique expressif. L'invention de l'opéra par la *Camerata* de Florence ne doutait pas de la primauté de la parole sur la musique. Le problème de la représentation dramatique est supplanté par celui de la codification de l'*aria*. Les compositeurs et théoriciens du XVIIe siècle « récupèrent la question en délimitant des seuils »[3]. L'ornementation en est un. Elle permet de différencier la déclamation de l'air en inversant les

1. Ph.-J. Salazar, *Idéologies de l'opéra*, *op. cit.*, p. 20.
2. Style mélangeant le parler avec le chanter.
3. Ph.-J. Salazar, *Idéologies de l'opéra*, *op. cit.*, p. 34.

rôles : rendre compréhensible l'action ne relève plus du texte, mais de la musique. En glissant dans l'écriture l'esthétique de l'ornement, l'*aria* véhiculerait en filigrane le refus de codifier le sens du texte. Le chant médian, entre le récitatif et le chant ornementé, relevait du style imitatif et traduisait – comme c'est le cas dans la *Lettera amorosa* de Monteverdi – les accents de la langue parlée. L'ornement soulignait la parole, délimitant des zones modulantes où la mélodie accentue le modèle naturel qu'offre le langage parlé (*ordinario loquella*).

La nécessité de satisfaire au goût du jour impliqua une musique qui procure plus de délectation que celle inspirée par les anciens, d'essence naturelle mais cependant pauvre quant aux mélodies et aux rythmes. Dans son *Trattato della musica scenica*, Giovanni Battista Doni amorce un début de théorie qui désenclave l'assimilation du parler au moduler :

> Il n'est pas d'autre moyen d'éloigner l'ennui du public que la diversité dans les intervalles, la fréquence des ornementations, les changements de tonalité si nécessaires [...] [1].

L'opéra, dans le triomphe de sa facticité, s'est imposé en France avec Lully et Quinault comme une gageure qu'il fallait non seulement remporter mais aussi renouveler. En offrant le spectacle lyrique à son royaume et à sa cité, Louis XIV – à la différence de ses contemporains en Allemagne, en Grande-Bretagne et en Italie – pose un acte politique et déploie, pour son peuple, une vision somptueuse de son règne. Sur le plan esthétique, l'*aria* illustre davantage la théorie de l'imitation de la nature que la tragédie en musique permettant d'inscrire dans les méandres sophistiqués de ses contours l'univers des songes et des illusions. De l'autarcie politique nous passons à l'« autarcie hystérique de la technique » [2]. L'*aria* opère la métamorphose de l'institution sociale en institution textique et compositionnelle. Si le texte-mots s'efface devant le texte-ornementations, c'est bien pour succomber à la tentation de se rapprocher d'un modèle. L'ornement dans l'opéra fonde une perfection imitative qui, comme toute imitation, n'est objectivement qu'une fiction. Les compositeurs théorisent et traitent l'ornementation comme un langage issu de la rhétorique des passions. On suggère ainsi le sens de l'énoncé mélodique en fragmentant les signifiants. Giulio Caccini

1. *Ibid.*, p. 33.
2. *Ibid.*

avait déjà su comment produire du sentiment sans recourir à la psychologie qui fait directement appel au sens :

> Quoi qu'il en soit – analyse-t-il dans *Le Nuove Musiche* – l'on peut avoir une idée d'après le passage *cor mio deh no languire* de la grâce plus ou moins forte d'une mélodie ; de fait sur la première blanche pointée on peut gonfler la voix graduellement en chantant *cor moi* ; la voix peut monter avec plus d'assurance quand la noire descend ; en outre une exclamation doit être plus appuyée sur une note qui descend peu à peu. Mais le mot *deh* doit sonner avec une charge émotive plus grande, en tenant la note ferme. J'ai voulu vous montrer, après observation, non seulement que c'est une exclamation et son processus, mais qu'elle est formée de deux éléments, un plus émotif que l'autre, selon la façon dont on les a décrits et chantés sur un mode et l'autre, comme par imitation de la parole [1].

L'intérêt pour l'*aria* résiderait dans l'accumulation des techniques d'écriture en vigueur à l'époque avec, pour substrat, l'identification totale de l'instrumentation à l'ornementation. En fait, l'analyse généalogique de l'*aria* débouche sur une véritable propédeutique du chant. La voix se pare d'une ornementation idéale, mécaniste et éloignée de toute herméneutique du sens. Doit-on alors admettre la naturalité du langage dévolu à nier un diktat idéologique autre que parodique et machiavélique ? Il n'est pas de choix libre entre le langage politique et le langage d'opéra. Mystifier la langue dite naturelle au nom des canons de la nature revient à la désavouer parce qu'elle est inavouée. Belle leçon de platonisme humaniste : c'est à la nature d'expliquer l'*aria* ornée ; c'est à la nature d'expliquer la variation de longueur des notes, principe de base de l'ornementation ; c'est à la nature de récupérer le mouvement idéologique de l'histoire des formes et son refus à codifier le langage pour mieux rehausser le signe. Le père fondateur de l'opéra, Jacopo Peri, ne se privera pas dès 1600 dans la préface de sa célèbre *Euridice*, de dégager du chant ce qui est naturel de ce qui ne l'est pas.

L'arrivée de Mazarin et des frères Barberini accélérera le processus qui conduit du mécénat à l'étatisation de l'opéra. Ils installent en France la mode italienne consistant à construire un nombre impressionnant de théâtres subventionnés par le privé. La monarchie, après la Fronde, parviendra à étatiser l'opéra. Il deviendra le pôle attractif des divertissements royaux :

1. G. Caccini, *Le Nuove Musiche – Le Origine del melodrama*, Turin, Fratelli Bocca, 1903, p. 64-66.

> Le Roi y a donné ordre, Madame ; on peut être de l'Opéra sans faire tort à sa noblesse[1].

La coalescence entre le texte et le chant, entre les anciens et les modernes, est docilement apprivoisée. De la simple invitation d'une troupe libre à la mise au point d'un système national lié aux Menus Plaisirs du Roi, se dessine le spectre de l'institutionnalisation. Les chanteurs seront même dotés de brevets royaux, et les pages de Sa Majesté forment une réserve confortable de futurs chantres, nourris, logés, blanchis par le surintendant qui veille à l'efficacité de leur enseignement : « Chanter n'est pas déchoir »[2]. Nous y voici. Derrière cette monopolisation de l'air d'opéra par le pouvoir monarchique se dresse une théorie de la mobilité du genre. Opéra, opéra, que me veux-tu ? Il ne reste plus qu'à sortir de l'ombre la dernière pièce du puzzle : le travesti. Le spectacle recommence. À l'espace transparent comme la pensée de Descartes, au langage codifié comme les machineries qui actionnent les décors, à la voix, monocorde, et à son hypostase – l'*aria* –, correspond « le ferment du trans-paraissant, du disparaissant, bref de l'inassimilable »[3].

Le microcosme (institution opéra) s'empare du macrocosme (le pouvoir monarchique) et lui oppose une substance mimétique androgyne. La mort de Louis XIV, la naissance de l'*opéra buffa* dans les premières années du siècle et l'ouverture en 1700 à Bologne de la première école de castrats par Pistocchi contribuent à subvertir le drame lyrique comme représentation synthétique de l'imaginaire classique. L'opéra fut le lieu abymique où paradait le roi. Sa signifiance au monde passait par la toute-puissance de l'*aria*. Cette figure mélodique prend l'allure d'une topique et évacue désormais le corps sexuel, à savoir la séduction du non-codifiable. L'opéra des perfections mondaines aura livré à la postérité l'exemple paradigmatique d'une libération de forces contenues dans le cercle restreint des conventions monarchiques. On assiste à une redéfinition de ses structures. Succède à la nature étatique l'idée que le spectacle lyrique se déploie dans un espace multiple. L'ordonnance compassée du XVIIe siècle devient au XVIIIe siècle synonyme de variation. Cette nouvelle thématique, en partie d'origine philosophique, déporte son attention sur le langage musical qui se désen-

1. Ph.-J. Salazar, *Idéologies de l'opéra*, *op. cit.*, p. 56.
2. *Ibid.*
3. *Ibid.*

chaîne du monopole social pour mieux répondre aux conditions de son propre fonctionnement. L'institution opéra fournit au siècle des Lumières une représentation rousseauiste et ancre le public au centre de ses préoccupations.

XVIIIe siècle : le discours sur la parure

Certes l'opéra n'est pas une création du siècle des Lumières. Né à une période où les arts se réclamaient de l'Antiquité, il avait pour vocation de ressusciter plutôt que d'innover. Après la codification du genre appliquée à la nature, le XVIIIe s'empare du langage. Le vrai s'incarnait dans la question du bien-fondé politique. Il s'incarnera désormais dans celle de la socialisation : le drame lyrique et l'opéra-comique symbolisent cette nouvelle prise de pouvoir par l'institution lyrique. Dans la mesure où la représentation n'est plus considérée comme mimétique de l'État monarchique, le corps social exige de l'opéra un lieu polyvalent, en subversion avec les décors éphémères du XVIIe. Si on examine les ouvrages lyriques composés entre 1740 et 1790, on constate qu'ils se détournent résolument du Grand, du Majestueux et du Sévère, au profit d'une indifférence affichée à l'égard des us et coutumes de la royauté. Louis XV n'est effectivement pas le Roi-Soleil. L'éclat et la magnificence propres à l'environnement de Louis XIV s'atténuent. Plus rien ne subsiste d'allégorique. Les arts, et en particulier l'opéra, se tournent vers le divertissement léger, désaffecté des thèmes tragiques. Sur les vingt-huit titres du catalogue de l'œuvre lyrique de Rameau, ne sont mentionnées que cinq tragédies en musique. Pétri de poésie antique, ce genre était essentiellement pratiqué par les latinistes. Bien que dans la querelle des Anciens contre les Modernes (et réciproquement), la tragédie lyrique – en tant que parfait stéréotype institutionnel à détruire – fût littéralement prise en otage, sa disparition est le résultat logique d'un phénomène de rejet collectif. Il est vrai qu'au XVIIIe siècle, la langue française, promue au rang de langue européenne, relègue définitivement le latin à l'usage de l'Église. Or, sa connaissance, largement répandue auparavant, familiarisait le public et l'artiste aux mythologies antiques. On peut légitimement supposer que les études classiques[1] renforçaient la fascination pour les Anciens. S'étiolera avec elles le monde des dieux, des héros et des archétypes. D'ailleurs, entre 1744 et 1774, Louis XV montera treize tragédies en musique de Lully à l'Académie royale de musique,

1. Surtout le latin. Le grec a toujours été l'apanage d'une élite.

notamment *Thésée*, *Alceste*, *Atys* et *Proserpine*. Le public est si peu conquis qu'après 1750, la production lyrique de Lully s'effondre. On fait fi de l'oublier. Il n'y a guère que la plume d'un Voltaire dans la préface de *Sémiramis* (1748), pour battre en brèche les adversaires du merveilleux. On pense surtout à Grimm et à son *Petit Prophète de Bœmischbroda* dans lequel il invective l'opéra français à des fins rééducatives :

> Et je chasserai de ton théâtre et les démons et les ombres et les fées et les génies, et tous les monstres dont tes poètes l'ont infecté [...]. Car je t'apprendrai à faire parler les Méropes, les Andromaque, les Didon [1].

On pense aussi à Diderot, choisissant la musique comme un de ses sujets *catins*, aux pouvoirs plus aigus que la poésie. Dans *Les Bijoux indiscrets*, il indique que seule la musique restitue « les nuances délicates qui séparent le tendre du voluptueux, le voluptueux du passionné, le passionné du lascif » [2]. La théorie de l'imitation de la nature est à l'origine de cette proposition largement développée dans *Le Neveu de Rameau*. Il est clair que pour Diderot, la musique est primordiale. S'émanciper de la suprématie du mot revient à abandonner la tragédie en musique, à concevoir une forme de théâtre lyrique s'adressant avant tout à l'émotion commune à tout un chacun, autrement dit, au sentiment. La scène de la pantomime du neveu (de Rameau) sur les *Lamentations* de Jommelli exacerbe la pensée de Diderot qui se fait fort de recourir à un personnage reconnaissable pour conduire un dialogue construit comme une composition musicale :

> Il répétait avec une précision, une vérité et une chaleur incroyables les plus beaux endroits de chaque morceau; ce beau récitatif obligé où le prophète peint la désolation de Jérusalem, il l'arrosa d'un torrent de larmes qui en arrachèrent de tous les yeux. Tout y était, et la délicatesse du chant, et la force de l'expression, et la douleur [3].

Voltaire, l'ennemi bien-aimé de Diderot, ne pouvait que bouillir, exprimer son courroux en plaidant pour que la tragédie se nourrisse d'opéras et que l'opéra se nourrisse de tragédies. Imposture, mensonge, supercherie intellectuelle, s'écriera l'institution opéra. Sa réponse est éloquente. Elle qui établit une équivalence plus ou moins satisfaisante entre la société et le monde, entre l'individu et la société; elle qui engloutit les vices et vertus de

1. M. Barthelemi, *Métamorphoses de l'opéra français*, Arles, Actes Sud, 1990, p. 92.
2. *Ibid.*, p. 125.
3. *Ibid.*, p. 126.

son siècle, finira par respirer au XVIIIe siècle le parfum de la Régence dont les effluves se feront sentir jusqu'à la Révolution. Elle devient en quelque sorte sensuelle, exaltant le bonheur, la beauté, miroir d'une société qui, « penchée sur les roses de la vie, en aura humé jusqu'au calice les senteurs les plus rares »[1]. La société du XVIIIe est en effet une société de plein air. Le charme champêtre des bergers et bergères des tableaux de Boucher ont eu raison de *L'Embarquement pour Cythère* de Watteau. Pour l'abbé Batteux, même …

> … la poésie pastorale peut être mise en spectacle ou en récit […]. C'est la simplicité des mœurs, la naïveté, l'esprit naturel, le mouvement doux et paisible des passions. C'est l'amour fidèle et tendre des bergers qui donne des soins et non des inquiétudes, qui exerce assez le cœur et ne le fatigue point. Enfin, c'est le bonheur attaché à la franchise et au repos d'une vie qui ne connaît ni l'ambition, ni le luxe, ni les emportements, ni les remords[2].

Quel programme ! De quoi faire fuir Rameau qui, en bon traditionaliste d'un côté, méprise le texte, et en bon novateur de l'autre, évolue en direction de l'*arioso* et du récitatif dramatique accompagné. Pendant ce temps, on confiait à Rousseau le soin de rédiger les articles sur la musique de l'*Encyclopédie.* Si les théories de Rameau s'inscrivaient dans le digne prolongement de Lully, son modèle et son maître, élaborant par déductions l'harmonie moderne fondée sur l'accord et ses renversements, Rousseau, quant à lui, s'appuyait sur une conception naturaliste et primitive de la musique et formulait ainsi une théorie de la langue musicale : les sons parlent au cœur. Le lien entre l'institution opéra et la philosophie des Lumières est explicite. La création du Concert spirituel en 1725, vécue comme une infraction au monopole de l'Académie, déporte le lieu théâtral autant en direction du public que des chanteurs et des musiciens. Ce nouvel espace opère une fracture irréversible dans le lieu centré et narcissique du XVIIe, et ouvre un espace disséminé. Tout d'abord, la salle qu'occupe la représentation est modifiée dans sa configuration. L'Opéra de Paris par Moreau (1764-1779, détruit en 1781), la Scala de Piermarini (1774), l'Odéon de Peyre et Wailly (1779), le Théâtre de Bordeaux (1782), le Théâtre Feydeau (1788), le Théâtre Français (1787-1790), s'alignent sur la même esthétique, répartissant le public face à la scène afin de tirer au maximum parti de

1. *Ibid.*, p. 76.
2. *Ibid.*

l'acoustique. Les théories de l'architecte Gabriel, fondées sur la clarté et la lisibilité, furent expérimentées lors de la construction du Théâtre royal de Versailles (1753). En résumé, l'ordonnance architecturale de ces salles qui proliférèrent peu à peu dans toute l'Europe, s'appuie sur l'idée qu'à une scène encadrée de colonnes, succède une scène en ellipse. Le projet est ambitieux. Passer d'un théâtre par définition éphémère, puisque fictif, simulé le temps d'une représentation par tout un arsenal machinique, à une salle permanente, tout en préservant, voire en prévoyant, la pluridimensionnalité de l'espace, procède d'une ingéniosité non révolue encore aujourd'hui. Puisque la vocation du théâtre est d'abriter aussi professionnellement le ballet, l'opéra, que le bal mondain, il s'agira d'inscrire dans les murs de l'institution la mobilité d'une société prolixe dans ses goûts, de transférer la réalité compositionnelle dans la topique du bâtiment et, en dernier recours, dans son utilisation. La Loge royale, transposée dans la série des loges, perd sa valeur symbolique. Le roi est un spectateur. Ce n'est plus en tant que représentant exclusif du pouvoir qu'il assiste à une représentation lyrique, mais à titre individuel, neutre, confondu parmi les autres. Les festivités des Lumières ont désagrégé l'opéra miroir de l'État,

afin de concrétiser sa nature *démocratique.* Il n'y a plus foule autour du roi. Il n'y a plus foule autour de personne. D'ailleurs, la naissance de l'opéra-ballet au XVIIIe siècle va littéralement propulser la famille royale hors de la scène. Seuls quelques marginaux nostalgiques, nobles en titres, regrettent le temps jadis où le Roi-Soleil paradait en Apollon dans *Les Noces de Tétis* (1654). Campra et Rameau inscrivent dans le corps du ballet la réalité sociale, et l'art oratoire de la Révolution offre, dans un second temps, un modèle de partage des rôles : le public est synonyme de peuple, la scène, de gouvernement. Un texte de Charles Dufresny rédigé en 1707 préfigure ce renversement de l'institution opéra :

> ... Disons un mot des habitants naturels du païs de l'Opéra; ce sont des peuples un peu bigeares : ils ne parlent qu'en chantant, ne marchent qu'en dansant, et font souvent l'un et l'autre lorsqu'ils en ont le moins d'envie [...]. Le raisonnement est rare parmi ces peuples; comme ils ont la tête pleine de musique, ils ne pensent que des chants, et n'expriment que des sons, cependant ils ont poussé si loin la science des Notes, que si le raisonnement se pouvoit noter, ils raisonneraient tous à livre ouvert[1].

1. Ph.-J. Salazar, *Idéologies de l'opéra*, *op. cit.*, p. 77.

Ce glissement idéologique irréversible est progressivement absorbé dans l'écriture. L'*aria* est désormais déclamée, telle une déclaration publique, décantée de sa substance asexuée. Le castrat appartient à une catégorie du lyrique. Sa tessiture est quantifiable et non plus irréelle. La dichotomie castrat / prima donna affronte le problème de l'expression directe, désublimée. Cette fusion du corps social et de la parure opératique s'avère grâce à la Révolution, la séparation pénalisée du public et des artistes lyriques. Mehul accuse dans ses opéras le côté romanesque, et Gluck le côté dramatique. Ils empruntent aux Barnave, Robespierre, Danton et autres orateurs dont la rhétorique offre une réplique exemplaire aux livrets, leur expressivité gestuelle couplée avec celle de la parole. Un décret du Comité du salut public paru le 24 avril 1794 ...

> ... appelle les artistes de la République à concourir à transformer en arènes couvertes le local qui servait au Théâtre de l'Opéra, entre la rue de Bondy et le boulevard ; ces arènes seront destinées à célébrer les triomphes de la République et les fêtes nationales, pendant l'hiver, par des chants civiques et guerriers [...]. Rien ne prouve mieux la nécessité d'établir sur les théâtres le gouvernement révolutionnaire des arts que le genre et l'esprit des ouvrages dont se composent leurs répertoires [1].

L'institution opéra récupère les obsessions des philosophes : nature, expressivité, liberté, génie. Elle récupère la théâtralité prérévolutionnaire que la peinture de David a définitivement historicisée. L'opéra pouvait alors sortir sa pompe oratoire. Il triomphait dans sa volonté d'émanciper le langage et non plus de le recouvrir. La *Lettre sur la musique française* de Rousseau, publiée en 1753, décrit – bien qu'elle constitue une attaque contre l'œuvre théorique de Rameau – la fixation du XVIIIe sur la langue musicale. La querelle des Bouffons fait rebondir le débat en introduisant l'idée, toujours tenace, que l'italien est la langue mère de l'opéra. De l'idéologie, nous passons allégrement à la génétique. Importer en France un modèle linguistique revient à évacuer la spécificité de l'art lyrique français. Et quelle serait naturellement la spécificité de cet opéra? La réponse est non moins naturellement dans l'*aria* et le récitatif. Son analyse, apparemment architectonique, déjoue le génie de Rameau dans *Dardanus* ou *Castor et Pollux*. Son affirmation socialisée d'un chant naturalisé est à l'opposé de la reconstruction phénoménologique de l'harmonie comme origine de toute musique.

1. *Ibid.*, p. 126.

Qu'on le qualifie de *seria* ou de *buffa*, l'opéra du XVIIIe débouche sur l'aporie de son propre discours. Gluck profitera de cette quadrature du cercle idéologique pour formuler dans la Préface d'*Alceste* sa réforme dramatique, mais quand la bourgeoisie et l'industrialisation pointeront à l'horizon, le bâtiment lyrique se dépouillera de sa *polysémie festive*[1]. Il se rétracte. Il réclame de chaque membre, artiste ou spectateur, qu'il soit un bon citoyen, et que la législation soit fonctionnelle. Adieu parure, adieu nature ! Seul le mythe du castrat, dont Balzac se fera le porte-parole dans *Sarrasine*, continue divinement son chemin à la rencontre du sublime[2]. Le lieu social se substitue au corps. L'amour, la mort, sont des thèmes réactifs qui révèlent un art et, *a fortiori*, une institution déjà en péril.

XIXe siècle : codifier le sublime

L'opéra, au XIXe siècle, traduit, dans son architecture, dans ses structures et dans son expression, la naissance d'un genre nouveau en quête de perfection, d'aboutissement de son propre système. Un opéra-soliloque, unique à soi, où les *Wort und Ton* travaillent ensemble sur un pied d'égalité. L'institution, ce pis-aller fantasmatique, pratiquera à son tour le solipsisme outrancier qu'affiche l'avènement de Bayreuth. Soyons logiques. Il n'y a jamais eu d'opéra sans institution capable de le porter ; il n'y a jamais eu d'institution opéra sans un répertoire habilité à la servir ou à la subvertir dans son dessein esthético-politique. La réciprocité est à ce point dialectique, qu'au XIXe, elle parvient à une sorte de schizophrénie légendaire. Son projet s'inscrit dans le meurtre du corps social pour rejoindre, à coups de codes, un consensus implicite entre les compositeurs et les politiciens. Adorno démontre l'absence de contradiction entre la nature illusionniste de l'opéra et l'esprit du positivisme bourgeois (*Die bürgerlische Oper*). Il est vrai que dans les opéras de Wagner par exemple, l'arsenal machinique déployé pour faire vivre – grandeur nature – texte et situation dramatiques, est un correctif réaliste apporté à l'idéalité de la musique pure. Le bâtiment (Bayreuth), temple conçu sur mesure pour un opéra sur mesure, se présente comme le juste prolongement du spectacle. Ritualiser le jeu afin de sacraliser la représentation, tel est bien le projet des compositeurs au XIXe siècle. Adorno compare à juste titre cette *entreprise* lyrique aux constructions des

1. Ph.-J. Salazar, *Idéologies de l'opéra*, *op. cit.*, p. 77.
2. Velluti chantera une dernière fois le rôle titre du Crociatto de Meyerbeer avant de s'expatrier aux Amériques pour cause de désœuvrement.

cathédrales du Moyen Âge. Dans un cas comme dans l'autre, il s'agit de la mise en forme d'une croyance, de la célébration par le détour d'une transcendance. En France, on ne s'embarrassera même plus de prétextes philosophiques. Lorsque Marcel Proust décrit dans *Du côté de Guermantes* une soirée à l'opéra, il s'en tient de toute évidence au rite purement social. Mme Verdurin est une wagnérienne convaincue. Ironie narrative, c'est elle qui deviendra princesse de Guermantes. Rameau faisait déjà remarquer dans ses *Observations sur notre instinct pour la musique* (1754) que la présence d'un artisan à l'opéra même au parterre, est une exception. Opéra, opéra, qui fréquentes-tu ? Dans l'*Annuaire Hachette* publié en 1897, un journaliste – pour qui l'opéra est *plaisir de millionnaire* – indique le moyen d'obtenir un abonnement et la façon la plus efficace d'en *jouir* :

> Il faut se faire inscrire fort longtemps à l'avance. En effet, quand le titulaire d'une loge vient à mourir, il est d'usage que son abonnement passe à ses héritiers. Certaines personnes attendent depuis vingt ou trente ans sans pouvoir obtenir une loge [...]. Le titulaire d'une loge peut en disposer comme bon lui semble et y envoyer qui il veut ; il ne doit pas la sous-louer mais [...] l'administration ferme les yeux. Dans les loges qui se composent généralement d'un salon et d'une loge proprement dite, le matériel est fourni par l'opéra mais le titulaire peut la meubler et l'orner à son gré [...]. Certains fauteuils, appelés fauteuils des Grands Abonnés, restent toujours dans les mêmes familles.

Spectacle « culinaire », se récriait Bertolt Brecht. Spectacle « narcotique », répondait Kurt Weill. Le XVIIe avait mis en place un code itératif de la machine en relation avec la nature autarcique de l'État. Le XVIIIe obligeait la langue à se plier à la codification d'une nature naturelle. Le XIXe pratique le mirage. Il renouvelle ses livrets, il renouvelle la succession des événements précédemment cadrée sur l'alternance *ariosolaria*, récitatif. Il renouvelle aussi la typologie des voix dont les attributs sont répartis suivant une grille dramatique stéréotype[1] :

– Soprano aigu, ténor léger : le cri = la folie, la liesse
– Soprano dramatique, ténor de force : la sanglot = la tragédie, l'action
– Mezzo-soprano, baryton lyrique = genres hybrides = soprano lyrique, ténor lyrique
– Contralto, baryton grave : la sentence = la morale, l'a-moralité supérieure

1. Ph.-J. Salazar, *Idéologies de l'opéra*, *op. cit.*, p. 135.

L'opéra ancre sa vocation totalisante dans un système de reconnaissance où rien n'est laissé au hasard. La *mimesis* passe par la résolution de tout conflit social et par l'élaboration d'une structure universelle radicalisée jusqu'aux opéras de Berg qui assurent le transition XIXe-XXe. Le peintre dans *Lulu* (1917) est effectivement archétypé en *ténor lyrique*, l'écrivain en *ténor héroïque* et Lulu en *soprano aiguë*. La classification des tessitures n'est pas fortuite. Elle est à l'origine d'une quantité d'ouvrages théoriques sur le problème des registres, des techniques vocales et de déclamations. Des expressions barbares surgissent *ex nihilo*. On se raccroche à une identité biologique : zone d'émission du son, ouvrir la gorge, fermer le voile du palais, passer d'une voix de poitrine à une voix médium ou palatale, voix de couple, etc. Le passage d'une catégorie à une autre s'effectue sur les bases de la graduation et non de la rupture. Le XIXe invente des tessitures intermédiaires : mezzo-soprano et baryton aigu[1]. L'émergence de cette typologie lyrique répond à une nécessité dramaturgique et non vocale. Il est alors aisé d'établir des correspondances entre la socialisation des rôles et la codification des voix. En général, les voix graves portent la certitude de la loi, du pouvoir et de la vérité; les voix aiguës se perdent dans la folie, l'hystérie,

l'inconstance ou la démence. Une nouvelle topique institutionnelle se constitue autour du lieu scénique et du lieu corporel. Elle imagine une vocalité capable de désintégrer l'espace opératique tout en saturant le sens de la dramaturgie.

Les rôles finiront par avoir raison de l'exécution : Rigoletto, le père de la *Forza del destino*, le roi Mark de *Tristan et Isolde* ou encore le Dr Schön de *Lulu* sont des basses, plus rarement des barytons. Ils incarnent une autorité paternelle; la figure de la femme (fille ou amante), le plus souvent désespérée, se connexe sur une tessiture de soprano. *Lucia* et *Norma* de Bellini, *Elizabetta* de Rossini, Elvira dans *Ernani*, Sieglinde de la *Walkyrie*, Brünnhilde du *Crépuscule des Dieux*, la Maréchale du *Chevalier à la rose*, Marie de *Wozzeck* sont saisies par le sort et subissent le vertige d'une fatalité inexorable. Il leur arrive de s'étrangler vocalement à force de surexprimer dans un registre haut-perché, la quintessence de leur douleur. Le prototype du (de la) rival(e) appartient à une tessiture intermédiaire : le baryton et la mezzo-soprano. C'est le cas de Gräfin dans *Lulu*, de la princesse Eboli dans *Don Carlo*, de la reine dans *Maria Stuart*, de Klytemnestra dans *Elektra*, de

1. Équivalents : baryton martin pour la France; baryton verdi pour l'Italie; baryton wagnérien pour l'Allemagne.

Alfonso dans la *Favorite*, de Luna dans *Le Trouvère* ou encore du baron Ochs dans *Le Chevalier à la rose.* Nous pourrions multiplier les exemples et jouer sur la variation des fonctions et des répartitions vocales signalisées selon les principes du code civil. Il faut encore citer, pour compléter notre énumération, les rôles Mères, les fameuses contraltos qui, dans l'ordre universel de la typologie du timbre comme émanation du code, fournissent une balise triangulaire, à mi-chemin entre la Femme, la Fille et la Rivale. Elles se réservent le droit d'élargir leur registre lorsque les situations l'exigent. Si Fidès, dans *Le Prophète*, incarne la rectitude morale par son équilibre dynamique et son ambitus normalisé, Acuzena dans *Le Trouvère* ou Margret dans *Wozzeck* accusent une fébrilité ponctuelle, simulant le masque de l'inassouvissable. Elles fusent aux endroits névralgiques vers des mélismes saturés. Mais à la différence du figuralisme baroque qui identifie les contours mélodiques à la rhétorique des passions, l'expression vocale du XIXe siècle n'illustre plus. Elle implose techniquement. Dans l'impossibilité d'apaiser la contradiction d'une écriture subliminale et d'une réalité sociale obsolète. La voix pour la voix pareille à l'art pour l'art nous renvoie à un symptôme : on s'éloigne de la conscience de l'auditeur potentiel pour mieux investir son inconscient. La consommation de l'opéra se confond dès lors avec sa reconnaissance. On exalte la mémoire par la réitération des mélodies ou, chez Wagner, des *leitmotive*. On aliène le souvenir, cette « force qui lie les hommes à l'opéra » [1]. Codifier le sublime, substituer le code : cette réciprocité intentionnelle répond au bien-fondé des hypothèses nietzschéennes sur le drame moderne. La pratique hégémonique du code, son insaisissable essence, n'entravent pourtant pas l'évolution du genre. Le XIXe développe la dramaturgie d'ensemble (duo, trio, quatuor, quintette). Le solo supplante l'*aria*, accédant dans ses structures à plus de mobilité (monologue, cavatine, cabalette). L'institution, quant à elle, se soumet. En revanche, l'espace lyrique n'est pas affaire d'imagination, mais de logique scientifique. La plastique de la salle est subordonnée au chant. Les obsessions sociétales, urbaines et politiques sont transférées à la voix. Cette rénovation sonore de l'institution opéra a déjà un pied dans le passé. Opéra, opéra, que cherches-tu ?

Le *Don Juan* de Mozart, si ardent, si passionné et si passionnant au Théâtre-Italien, quand l'exécution en est bonne – écrit Berlioz –, est glacial à l'Opéra,

1. T. W. Adorno, « Opéra », art. cit, p. 14.

> tout le monde en convient. *Le Mariage de Figaro* y paraîtrait plus froid encore. A l'Opéra, Mozart a donc tort! ... Les chefs-d'œuvre de la première manière de Rossini, *Le Barbier de Séville*, *La Cenerentola* et tant d'autres, perdent à l'Opéra leur physionomie si piquante et si spirituelle; on en jouit encore, mais froidement, de loin comme d'un jardin qu'on regarde avec un télescope. Ce Rossini-là a donc tort! ... Et le *Freischütz*, voyez comme il se traîne languissant à l'Opéra, ce drame musical si vivace, d'une si sauvage énergie! Weber a donc tort? [...]. Qu'est-ce qu'un théâtre dans lequel Gluck, Mozart, Weber, Beethoven et Rossini ont tort, sinon un théâtre construit dans de mauvaises conditions? [1].

L'institution opéra amorce au XIXe siècle un processus de rénovation du répertoire lyrique en prenant pour vecteur le problème de l'interprétation. L'innovation musicale est déjà en péril si, sur la balance institutionnelle, on ne crée pas les conditions fiables pour un genre qui se dote désormais d'une modernité fidèle à la théorie traditionnelle dont parle Horkheimer. Ressasser les éléments du passé tout en admettant que les opéras contemporains acquièrent une valeur de verdict (le prélude d'*Ariane* de Hofmannsthal), n'empêche pas les architectes, compositeurs, théoriciens, metteurs en scène et administrateurs de penser un espace opératique mixte. Dans le système clos des rôles et des voix, qu'est-ce qu'une institution lyrique? C'est ici tout le champ du génie interprétatif qui est en cause. La place que Diderot n'avait pu cibler concernant l'acteur/chanteur d'opéra, justifie amplement la pléthore de divas. Le culte du suraigu, ou du sur-dynamique, ou du sur-timbré, atteste d'un art en quête d'un interlocuteur. Le choix du soliloque est en effet fatal. *Je me parle donc je suis*, fut la raison d'être du théâtre lyrique au XIXe siècle. Résultat: le compte à rebours a commencé.

La crise de l'opéra, la mort de l'opéra équivaut à l'apparition d'un savoir archéologique. Une culture en cours d'élaboration, une société qui refuse les survivances du passé ne devraient pas subir la fascination de l'opéra tel qu'il se réalise dans l'inventaire des valeurs déchues. Objet de science, il se dote d'une vocation périphérique alors qu'il avait pour principe d'habiter le monde. L'hypothèse serait que l'opéra du XXe siècle admet une création anthropologique qui, dans son essaimage idéologique, postule pour une esthétique omnivalente. Le discours sur l'opéra pose le problème de sa validité. L'institution s'en détache. Elle sur-détermine le répertoire. Son

1. Ph.-J. Salazar, *Idéologies de l'opéra*, *op. cit.*, p. 144.

audience est cumulative. Quel art aujourd'hui pourrait se permettre de jouir d'un statut sédimentaire? Dès lors que sa fonction est de s'objectiver, il vacille du côté de l'ersatz. L'esthétique de la perfection en appelle aux valences catégorielles de l'imperfection. L'opéra n'est plus un art, mais un outil sociologique.

L'institution lyrique au XXe siècle subira cette sociologie. Elle s'incrustera dans celle du XIXe siècle. Une antinomie profonde surgira entre cette institution et la création qui se fixe pour projet un opéra non limité, non déterminé par les règles d'un répertoire figé. Faire voler en éclats les structures internes des lieux aura pour corollaire l'éclatement de l'espace scénique traditionnel. Les compositeurs détourneront les modalités de représentation. Ils détourneront également la terminologie. En s'éloignant sensiblement des canons de l'opéra et du drame musical tels qu'ils furent formalisés au fil du temps, il se rapproche d'un nouveau genre qui réfléchit les conditions de sa propre existence. Un genre critique envers lui-même et envers les structures qui l'accueillent : le théâtre musical.

XXe siècle : récurrence ou innovation

Verdi raconte, dans une lettre adressée à Lanari qui a passé commande au compositeur pour *Macbeth*, son désaccord avec un chanteur pressenti pour interpréter le rôle de Banco à l'acte I. Naturellement, Banco à l'acte II, transformé en spectre, doit l'être par le même interprète. Nous sommes en 1847. Banco dans l'acte II ne chante pas. Il figure. Le chanteur estime que c'est indigne de lui de jouer. Verdi se révolte :

> Je suis désolé d'apprendre que le chanteur qui doit jouer Banco ne veut pas faire le spectre. Et pourquoi pas ? Les chanteurs sont engagés pour chanter et pour jouer. Il est grand temps que ces traditions soient abandonnées.

Que doit-on retenir de cet épisode? L'opéra appartient autant à la sphère musicale que théâtrale. L'anecdote, triviale en soi, soulève un problème esthétique qui se présente aujourd'hui comme une alternative insatisfaisante. L'opéra semble un art mort-vivant. Il a constitué l'essentiel de son répertoire dans les siècles passés et lègue un héritage inépuisable. Or, il se retire sur lui-même. Nihiliste à l'œuvre quand elle relève de la création, il vit l'instance terminale dans le discourir de sa valeur. Nous ne pouvons plus penser l'opéra dans les termes d'une théorie de la nouveauté radicale du genre. En revanche, nous pouvons penser l'ambiguïté que l'institution opéra entretient entre le *Moderne* et le *Même.* Ce lien est à son tour aussi ambigu que le rejet d'une perspective évolutionniste, l'illusion d'un dialogue, ou du moins d'une combinatoire possible entre opéra et anti-opéra. En prenant acte de cette situation, nous abordons la question de l'opéra au XXe siècle comme on aborde un convalescent après une longue maladie. Le ménager revient à l'entretenir dans son inaction; le brusquer revient à lui renvoyer l'image de son nihilisme en acte. C'est donc en termes provisoires qu'il faut lui parler. Accepter que pour le moment, il n'ait rien à offrir ou à opposer.

Entre 1950 et 1975, l'opéra abandonne la narration linéaire au profit d'une prolixité de situations croisées, fragmentaires et simultanées. D'ailleurs, le *lieu* théâtral proprement dit (sous-entendu lyrique) signifie une multiplicité de sens. C'est tout d'abord le bâtiment, dont on aura vu que la configuration architecturale souligne le caractère sociétal dans lequel il s'inscrit. La forme des théâtres grecs, par exemple, en particulier l'amphithéâtre, reflète une société qui pratiquait l'exclusion. Les non citoyens, à savoir le peuple, ne pouvaient y entrer. En revanche, les théâtres à l'italienne prévoient un consensus autour de la citoyenneté qui non seulement admet, mais rend visible toutes les catégories sociales. La présence physique des hiérarchies est à l'origine d'une conception moderne du rapport entre institution et public. À qui une institution lyrique s'adresse-t-elle ? Le lieu théâtral désigne aussi l'espace qui relie la salle à la scène. Dans la typologie des salles à l'italienne, la scène est nettement coupée de la salle par la rampe et par la fosse qui effacent la présence des musiciens et non du chef. En revanche, avec Bayreuth, Wagner actualise la disposition en amphithéâtre. Au-devant de la scène, une fosse, partiellement obturée afin que le public ne soit jamais associé visuellement à la production du son. C'est vers la scène, vers ses décors et ses images corporelles, gestuelles, vocales, que convergent l'ouie et le regard, de façon à conserver intacte la vocation illusoire et fantasmatique de l'opéra. Aujourd'hui, les salles nouvellement construites tentent d'échapper aux solutions unilatérales. Elles tentent d'inscrire les exigences parfois mal définies de la création contemporaine. Le rapport frontal de la salle et de la scène perdure, mais à côté de cette structure classique immodifiable, on imagine des lieux annexes. Le projet de salle modulable de l'Opéra de la Bastille en est un. Il fut polémique, sanglant, meurtrier, mais a toujours lutté pour préserver son identité : « espace modulable signifie d'abord espace contemporain »[1]. Sous l'impulsion de Gérard Mortier, on conçoit une architecture qui divise les espaces, à

1. P. Boulez, *Opéra de la Bastille*, Symposium, 14-15 avril 1984, compte-rendu, p. 8.

l'intérieur de laquelle la technique est au service de la polyvalence. La salle peut changer de forme, mais elle peut aussi changer de dimension, de hauteur et diversifier ainsi la répartition des spectateurs et des interprètes. Bref, elle peut tout, et peut-être même susciter des œuvres lyriques nouvelles qui attendent qu'on daigne mettre à leur service l'outil essentiel dont elles ont besoin : un lieu.

Mais si le lieu théâtral est déterminé par l'architecture du bâtiment et de la salle, il est avant tout, *stricto sensu*, concentré sur la scène en tant qu'elle est l'espace dramaturgique par excellence. C'est un espace physique qui investit l'œuvre, la structure, et lui restitue son identité. Le caractère contraignant du lieu explique, en partie, la désertion progressive de l'opéra par les compositeurs. Elle explique, paradoxalement, la séduction que ce genre exerce sur eux et la façon dont le renouveau du spectacle lyrique est systématiquement intercepté par le passé. La proclamation de la mort de l'opéra en 1967 par Pierre Boulez est éloquente. « Faire sauter les maisons d'opéra » revenait à dire faire sauter l'institution telle qu'elle est emmurée, fossilisée dans les lieux, sinon, l'opéra-création virera comme un aimant à l'opéra-tradition.

Lorsque vers la fin des années vingt, période de crise économique, on évoquait la crise de l'opéra, un des premiers arguments, et non des moindres, fut la divergence, la séparation historique entre compositeur, répertoire, maisons d'opéras et public. Apparaît en filigrane la nécessité d'une redéfinition du concept opéra, non plus seulement dans ses procédures compositionnelles, mais aussi dans ses procédures de réalisation. Définir une politique artistique en relation avec une proposition architecturale adéquate, tel est bien l'enjeu capital que la modernité lyrique institutionnelle a évacué jusqu'à l'arrivée du projet de l'Opéra Bastille. C'est le plus souvent sur des constats d'inadaptation, dans des salles réglementaires, fictives ou transformées, que des œuvres lyriques contemporaines ont vu le jour. Leur réussite sporadique ne saurait suppléer la flexibilité de l'institution, de même que la flexibilité de l'institution ne saurait suppléer l'invention. Enjeu qui se déplace dans cette seconde moitié du siècle, entre les affres de la modernité et les nostalgies décadentes du passé. L'opéra au XXe siècle ne s'est jamais défini par la rupture, principe de toute modernité. Lorsque le théâtre musical prend la parole, c'est pour affirmer son existence anti-opératique. Cette modernité-là est éphémère, indicatrice d'un échec. Ce que T.S. Eliot écrivait en 1919 au sujet de la tradition poétique pourrait s'appliquer à la tradition d'opéra :

> Le sens historique implique une perception non seulement du passé, mais de sa présence ; le sens historique oblige un homme à écrire non seulement avec sa propre génération dans le corps, mais avec le sentiment que l'ensemble de la littérature européenne depuis Homère, et, à l'intérieur de celle-ci, l'ensemble de la littérature de son propre pays, possède une existence simultanée et compose un ordre simultané [1].

L'opéra parle simultanément la langue du théâtre sans musique et avec musique. La partition n'est rien d'autre qu'une procédure de notations idéelles. Le concept de rencontre a brisé le despotisme de la fusion. Il n'y a plus de dépendance au sein de la collaboration opératique. Le sens de cette rencontre est hors cadre, hors atmosphère, hors livret. Le théâtre musical se libère, dans la première moitié du siècle, de l'emprise idéologique qu'exerce l'institution lyrique sur la création lyrique. Il est un « chemin » (Luigi Nono) à suivre et non un dogme. Sa force : l'absence d'ancrage. Sa faiblesse : l'absence de projet.

L'opéra ne décalque plus l'idéologie ambiante. Il appartient à un autre temps, un autre espace. Il lui faut inventer une autonomie contemporaine, individualisée, égoïste. On se trouve face à une situation inédite, car :

> Les propres courbes d'un opéra contiennent nécessairement quelque chose comme le mouvement émotionnel d'une masse d'auditeurs [2].

Or l'opéra est banni, relégué au rang de pièce muséographique, au mieux, de spécialité. La fortune que connut *Wozzeck* est une exception. Pour Adorno, elle est due au choix du texte. Le drame de Büchner converti en drame musical fut ressenti par le public en 1925 comme une agression. Mais la force de composition, la charge historico-philosophique présentée comme un absolu et pas seulement comme un sauvetage eurent raison de l'auditeur récalcitrant. La qualité de l'œuvre, sa concision l'emporte sur sa compréhension immédiate. En définitive, Berg perpétue la tradition allemande en ce qu'elle libère un savoir inconscient, sublimé, subverti sous les idéologies qui traversent la décennie. La condition pour qu'un nouvel opéra, renouvelé dans ses formes et dans ses intentions dramaturgiques, reçoive la bénédiction du public et de l'institution est dans l'accomplissement d'une histoire ordonnée selon les principes de sa décomposition. Maintenir le passé par

1. T.S. Eliot, *The Sacred Wood, Essay on Poetry and Criticism*, Londres, Mathieu, 1960, p. 49.
2. T. W. Adorno, « Opéra », art. cit., p. 7.

l'extraction de ses composantes, à la limite de sa détérioration. C'est exactement ce qu'Adorno comprît de *Wozzeck* lorsqu'il écrivait que :

> La conséquence ultime tirée de la tradition se révèle être qualitativement différente de celle-ci [1].

Si Wagner s'est trouvé confronté à une institution publique « équivoque, la plus discutable », appelant en 1851 à une révolution esthétique ouvertement vécue dans un second temps comme le prolongement de la révolution politique, Berg s'est toujours défendu de créer un opéra révolutionnaire. Wagner pensait enrayer le processus de décadence de l'opéra en renonçant à la séparation des arts. Le fameux *Gesamtkunstwerk*, abritant une musique qui est la limite vers laquelle tend la poésie, avait besoin d'une mélodie continue pour traduire les inflexions d'une déclamation conforme au sens, idéal de l'*arioso* wagnérien. Berg, dans l'extrême rigueur de la composition, imagina une synthèse entre le découpage classique et cette continuité wagnérienne, en élaborant une forme musicale spécifique pour chaque scène. Il fallait donc en finir avec la mélodie continue. Schoenberg préconisa une technique vocale intermédiaire entre le chant et le parlé, avec pour principe d'attaquer précisément la hauteur des sons avant de la quitter aussitôt pour glisser sur toutes les hauteurs intermédiaires, tout en respectant la notation du rythme et de l'intensité. Berg réclama plutôt qu'on ne laisse pas fléchir la hauteur de la note. Pour obtenir l'illusion de la parole, et non pas la parole elle-même, il pratiqua la modulation d'intensité : diminution rapide des sons après les avoir attaqués. Une institution lyrique au service de l'homme et de sa représentativité dans la société occidentale doit s'accomplir non par une fusion des arts qui se rapproche d'un truisme formalisé, mais par une distillation d'images objectives auxquelles la musique s'identifie. L'éclatement du genre et de l'institution opéra a pour origine sa fusion aliénable à une identité nationale. Les compositeurs sépareront progressivement le contenu de sa représentation, la signification du geste. D'où la place primordiale qu'un Mauricio Kagel accorde dans ses œuvres à la musique produite par le corps, le chant, la parole, les bruits, la chorégraphie silencieuse du son et du rythme. Qu'il s'agisse des illusions de l'opéra comme dans *Staatstheater*, des clichés cinématographiques de *MM 51*, ou de la production du son d'*Acustica*, au terme de ces événements a lieu une dissolution de toutes les identités musicales confondues en identités

1. *Ibid.*

éthiques. Ce parti pris d'indifférenciation entre l'explicite et l'implicite est une réponse à toute une tradition opératique qui a constitué ce que René Leibowitz appelle des « entités irréductibles à des parangons absolus »[1]. Dans l'acte de vider de leur substance ces entités irréductibles, emmagasinées depuis trois siècles, Mauricio Kagel opère la synthèse de la réalité, à l'opposé de la synthèse des arts. Ce geste, qui ôte toute assise à la conscience, conduit tout droit au bord du gouffre.

Entre la foi et l'athéisme de *Die Erschöpfung der Welt*, il y a place pour un genre intermédiaire, une institution intermédiaire, qui exaltent l'hybridation. L'*Épuisement du monde* (*Die Erschöpfung der Welt*) au lieu de *La Création du monde* est presque une image d'Épinal de notre contemporanéité opératique. La partition du *Doktor Faustus* (1925) de Ferruccio Busoni restait inachevée :

> O prier, mais où trouver les mots ? Ils dansent dans ma tête comme des formules magiques.

Celle de Schoenberg, *Moïse et Aaron* (1930-32), aussi :

> Ainsi, tout ce que j'ai pensé était folie et ne peut ni ne doit être dit ! O parole qui me manque.

Autant d'aveux en prise directe sur la dramaturgie, mais qui acquièrent une valeur de verdict esthétique. La parole s'étrangle. La pensée s'étrangle. L'opéra s'étrangle. Un sauve-qui-peut-la-vie sera lancé au théâtre, qui lui ne s'étrangle pas. Il peut tout dire. Il peut tout montrer. Et lorsque Bernd Aloïs Zimmermann composa *Die Soldaten* (1958-60), il partit de l'idée que la succession du passé, du présent et du futur n'est qu'une apparence trompeuse qui n'existe pas dans notre réalité spirituelle. Ses procédés d'écriture seront pluriels, comme une juxtaposition de couches sonores différenciées témoignant d'une temporalité polyvalente, à peine perturbée. La régénération du théâtre lyrique passe bel et bien par sa déconstruction, quel que soit le moyen pour y parvenir. Or, le théâtre aussi avère une métaphysique du monde et de l'individu. Il est un fait politique. Sa logique est celle de l'institution. Les théâtres lyriques à l'italienne le sont aussi pour le théâtre. De plus, on s'y rend en habit de ville et non plus en tenue de soirée. Le théâtre musical et/ou instrumental accueillera l'expérimental parce que sa nature profonde est indéfinie, non circonscrite. Au service de tout et de

1. *Opéra*, Paris, Encyclopédie Bordas, 1980, p. 58.

rien. En fait, l'opéra aujourd'hui raconte encore ses mémoires. Cela ne signifie pas pour autant que toute action dramatique soit exclue. *Notre Faust* de Michel Butor et d'Henri Pousseur (1960-67), par exemple, présente l'histoire d'un jeune compositeur, Elenri, qui reçoit d'un directeur de théâtre, incarnation de Méphisto, la proposition d'écrire un opéra. Seule condition : le thème en est Faust. *Notre Faust* en appelle à l'opéra, à ses mythes, à ses formes, à sa langue. Opéra dans l'opéra et sur l'opéra, il associe à cette vaste interrogation irrésolue les chanteurs et acteurs exposant les éléments dramatiques, les douze musiciens de l'orchestre intervenant verbalement de temps à autre, et une bande magnétique multi-référentielle. Mais la parodie – même philosophique – de l'opéra sur l'opéra n'est-elle pas synonyme de détournement et virtualités en attente de l'Ange de la composition ? Auparavant, l'opéra apparaissait comme l'institution musicale prééminente, du fait de son insertion dans le *lieu* social. En cessant d'être un code de reproduction, il hypertrophie le répertoire qui abonde désormais sur les scènes des maisons d'opéra du monde entier. Il est la synchronie de toutes les diachronies et doit oublier les uniques diachronies du théâtre musical, « cette boîte postale de tout ce qui n'est pas classable » [1], développant un hiatus difficile à endiguer : l'institution lyrique rejette aujourd'hui la validité de la création, la création, après une longue période d'errance, voudrait se réconcilier avec son histoire. Les controverses sur l'intervention de la puissance publique en matière de théâtre lyrique se perdent dans la nuit des temps. Les conclusions du rapport de Marie-Joseph Chénier rédigé le 29 avril 1790 sont éloquentes :

> Ce spectacle, comme tous les autres, doit appartenir à des entrepreneurs. L'opéra, dans l'Ancien Régime, était chargé d'un déficit annuel qui cette année, dit-on, se monte à cent mille écus. C'est le roi qui comblait ce déficit : or, comme l'argent du roi, c'est l'argent du peuple, il s'ensuit que le peuple en ce point comme en tous, payait les jouissances de l'aristocratie. Un paysan qui n'avait jamais entendu prononcer le nom de l'Opéra, contribuait de quelque soutien de ce spectacle [2].

L'Opéra Bastille est le quatorzième du genre que Paris a connu depuis le XVIIe siècle. Le dernier Opéra en date, le Palais-Garnier, représentait une réponse architecturale et sociale prestigieuse pour la société de la fin du

1. M.-N. Rio, , M. Rostand, *L'Opéra mort ou vif*, Paris, Éditions Encre, France-Musique et Atelier lyrique du Rhin, 1982, p. 9.
2. B. Brevan, *Le Théâtre lyrique français*, Paris, Honoré Champion, 1987, p. 43.

Second Empire. Construire l'opéra du XXIe siècle, cette décision annoncée le 9 mars 1982 par un communiqué du Conseil des Ministres, reprenait à son compte les conclusions de Jean Vilar et de Pierre Boulez exprimées dès 1968 : la nécessité d'un nouveau lieu pour redonner à la vie lyrique française une dimension vivante, contemporaine et internationale.

Penser l'opéra aujourd'hui, c'est revenir au lieu-dit, consacré et ritualisé de la scène et ses multiples ramifications. C'est revenir à une dimension compositionnelle préalablement définie.

l'esthétique de la scène ou l'oxymore de la tradition, l'appel de l'espace

Point névralgique, ce que l'on a coutume d'appeler la scène, dans le présent de l'opéra, a souvent désigné des catégories différentes d'une culture a l'autre ; et puisque nous parlons de création, disons plus radicalement que d'un compositeur à l'autre, la problématique est réversible, inattendue, mobile. La logique voudrait que l'on s'attache aux symptômes pour mieux en saisir la cause. Mais en matière d'opéra, le rapport de cause à effet représente l'épicentre où se joue la rencontre entre passé, présent, tradition et modernité. La scène dans la problématique du théâtre lyrique aujourd'hui est bien plus qu'un support formel. Elle est un affrontement systématique avec sa propre histoire : une histoire qui dé-dialectise à souhait son réseau idiomatique et référentiel ; une histoire qui pactise ou non avec la scène selon les paradigmes esthétiques du moment ; enfin, une histoire qui concentre dans ce grand autre qu'est la mise en représentation de la partition d'opéra les principes mêmes de l'évolution musicale.

Le surgissement d'un nouvel opéra qui chercherait à réconcilier le public et la scène est peut-être un des garants de notre future mutation. Le parcours à l'intérieur de l'œuvre permet de poser ce principe comme un postulat au-delà duquel toute attitude critique, voire analytique, devient précaire. Que l'on songe au *Saint François d'Assise* d'Olivier Messiaen, au *Grand Macabre* de György Ligeti, au *Prometeo* de Luigi Nono, ou à *Montag aus Licht* [1] de Karlheinz Stockhausen, l'imagerie traditionnelle de l'opéra s'impose en filigrane à notre mémoire comme à notre réflexion, en termes de complicité alchimique entre narration, dramaturgie et scène comme lieu où s'incarne cette dramaturgie. Parler de l'opéra contemporain, c'est d'emblée considérer le lieu de sa représentation comme la projection simultanée de forces contradictoires sans lesquelles l'espace fictif cristallisé sur la partition ne peut être identifié à celui de la scène. La partition comme tableau ou comme cartographie, la scène comme projection de ce tableau ? Comment l'opéra aujourd'hui, qui se définit par rapport à d'innombrables géométries acoustiques, peut-il renouer avec les modalités d'un espace clos, dont le mouvement interne serait celui d'un va-et-vient continuel entre le tableau (la partition), et l'espace (la scène) ? Faut-il comprendre cette dichotomie des moyens de production et des institutions, comme une tentative de

1. *Montag aus Licht* (Lundi de lumière), opéra créé à la Scala de Milan en mai 1988. Version oratorio, Paris, Festival d'Automne 1989.

réconciliation avec l'histoire de la scène, ou comme une subversion expansive des lieux que l'on appelle les maisons d'opéra ?
Le théâtre lyrique aujourd'hui n'a pas renoncé au lieu consacré de la scène. Il n'a pas trouvé dans les scories de l'expérience et de l'expérimentation spécifiques à la seconde moitié du XXe siècle de quoi endiguer l'alliance du visible et de l'audible, du textuel et du sonore, du décor et de la dramaturgie. Sa réalité s'y constitue en binôme : évidence de l'écriture narrative, vocale et orchestrale, voire électronique ; et évidence de sa projection plastique, sensorielle et gestuelle dans l'espace. En définitive, le processus qui consiste à rendre visible le territoire de la partition s'attache à la forme de cette partition comme un écho matérialisé et intelligible. Il est en fait une évidence en face de laquelle le compositeur se trouve immédiatement acculé. Il existe, organiquement parlant, une vérité première : celle de l'œuvre, pensée dans la pluralité de ses moyens comme une tentative de fusion entre différentes disciplines, ce que Wagner a baptisé *Art total.* Mais il existe aussi la nécessité de fixer le mouvement émotionnel de la musique, indiqué dans les replis du livret, conduit jusque dans l'antre de la mise en scène et, en dernière analyse, dans l'œil qui écoute dont parlait Claudel. Autrement dit, pour la musique qui détient les clés du drame, l'espace est indispensable comme véhicule de l'action. C'est pourquoi le problème de l'appel de l'espace est constitutif de l'opéra contemporain qui serait un non-sens si la scène n'était pas investie comme le lieu où se réalise la symbiose du texte, du geste et de la musique. Qu'il s'agisse d'opéra ou de théâtre musical, les ingrédients sont toujours les mêmes : le texte, le geste, la musique, unifiés par la scène. Mais – déclare Luciano Berio :

> Parfois c'est la scène qui semble être motivée par le texte, parfois c'est le texte qui l'est par la scène, d'autres fois encore c'est la musique qui semble motivée par le texte et la scène, ou alors le texte et la scène par la musique [1].

Pour le compositeur soucieux de varier les paramètres constitutifs du genre opéra, il est important de casser la hiérarchie des fonctions, de soumettre les conventions institutionnelles au jeu mimétique du voir, comme reflet de la dualité entre texte et musique. Encore une fois, la combinatoire musicale qui chercherait à confronter diverses formes d'expression, ne peut survivre qu'à la condition de se mouvoir dans un espace privilégié qui n'est autre que la scène, qu'elle soit unidirectionnelle ou éclatée. Énoncé du présent de

1. L. Berio, « Dialogue entre toi et moi », *Contrechamps*, n° 4, avril 1985, p. 141.

l'opéra, ce que Kurt Weill appelle « le rythme de la scène »[1], – la manifestation objective d'images acoustiques. Il ne s'agit pas d'une transposition visuelle de la musique, mais d'un prolongement organique, d'un mouvement dynamique, qui vitalise la partition sans pour autant réduire la partie orchestrale et vocale à une fonction descriptive ou programmatique. Idée que Kurt Weill développait en 1925, alors que ses contemporains se tournaient presque exclusivement vers la musique pure : « Nous devons croire sans réserve à l'opéra »[2]. Un credo pour l'espace, un credo pour la plasticité inhérente à la musique dramatique, un credo pour que ne meurt pas le lieu où se concentrent toutes les formes de musique. Bien que l'opéra fasse appel aujourd'hui à des procédés scénographiques extrêmement sophistiqués, il continue néanmoins à proposer un traitement de l'image, de l'espace et de la lumière susceptibles d'entrer dans l'œuvre sans en trahir la spécificité. Quand György Ligeti déclare que pour son projet d'opéra sur *La Tempête* d'après Shakespeare, il veut une musique « semblable à la lumière »[3], il entend conserver un certain rapport à l'espace et au temps, rapport qui distord la relation entre voix et instrument, sans cesser de penser en termes de musique, et non en termes d'idées, comme ce fut le cas pour le théâtre musical. Partir de la langue musicale, une langue qui donne à voir.

Représentation de l'opéra contemporain, analogie au tableau et à la scène : hégémonie de la scène à l'italienne, qui fonda la grammaire du théâtre lyrique. L'histoire est peuplée de paradoxes. L'un d'eux est constitué par le phénomène de longévité de la scène dans l'opéra. Un chassé-croisé entre passé/présent ou présent/passé qu'il est inutile de considérer sous l'angle de la modernité, puisqu'il revêt, depuis toujours, le visage même de ladite modernité.

> Ce n'est pas l'Angleterre de Shakespeare, ni l'Espagne de Calderon – écrit Hélène Leclerc – ni la France de Corneille et de Molière, mais la nation la plus démunie en littérature dramatique de tout le XVIIe siècle, l'Italie politiquement asservie, et sans liberté d'expression, qui, par un phénomène compensateur imposa pour des siècles au monde occidental sa propre conception du spectacle[4].

1. *Ibid.*, p. 19.
2. *Ibid.*, p. 18.
3. *Ibid.*, p. 123.
4. H. Leclerc, « La scène d'illusion et l'hégémonie du théâtre à l'italienne », *Histoire des spectacles*, Paris, Gallimard, 1965, p. 581.

Que signifie cette dichotomie exemplaire : une littérature en voie d'étiolement et une prolifération du génie plastique par le biais du simulacre du lieu ? La scène d'illusion en perspective, sertie comme un tableau, la salle en étages de loges, tout cet arsenal d'architecture, voué à servir cet art de l'illusion optique qu'est la scénographie, est né des exigences suscitées par le drame lyrique. Pour comprendre ce retrait de l'écriture au profit du spectacle, il faut se rappeler comment la scène baroque servait de repoussoir à toutes les facéties intellectuelles ; comment les artistes de la Renaissance comprenaient la perspective en architecture, notion que Léonard de Vinci pensait fille de la peinture. Esthétique du tableau dans le drame lyrique qui se rattache à la scénographie : à la Renaissance, cela signifiait l'art d'organiser les objets en perspective, en les représentant sur une surface peinte. La scène, comprise comme un jeu de perspectives et de trompe-l'œil, est la projection vivante d'un langage universel (la musique), vouée aux métamorphoses de la scénographie, jetée en pâture à la ductilité du lieu, de l'espace.

Avant que la scène à l'italienne ne sombre dans les conventions du genre, sa vocation était ce que Marcel Paquet appelle l'union du sensible et de l'intelligible dans le sensible[1]. L'espace clos de la scène n'est pas le point focal où converge la représentation, puisque l'union du sensible et de l'intelligible dans le sensible a pour effet de répandre l'œuvre dans l'espace tout entier, quand bien même le regard conserve son unidirectionnalité. Au contraire, plus la scène est circonscrite, plus la dramaturgie se densifie. Arrêter le flux de la narration dans un espace-temps perceptible et audible, tel était le principe de la scène à l'italienne. Autrement dit, plus on restreint les contours du décor, plus on augmente la séduction visuelle, voire fantastique, sans laquelle l'opéra est un genre sans syntaxe, sans grammaire, sans réfèrent. D'autre part, si la répartition de l'espace en rangées de loges superposées et perpendiculaires (telle que l'institution de l'opéra à Venise l'a systématisée) répondait au spectacle passionnel du drame lyrique, ce type d'architecture aux multiples alvéoles concentriques résolvait pour l'essentiel les recherches sur l'acoustique. À la beauté quasi charnelle du spectacle devait correspondre la beauté acoustique. Concilier le son et la perspective, c'est ce à quoi l'opéra aujourd'hui ne peut toujours pas renoncer. Trouver la bonne courbe phonique en adéquation avec un support visuel, signifie atteindre la concentration des moyens et des outils. Même si

1. M. Paquet, *Saturne et Jupiter*, Paris, La Différence, 1977, p. 87.

l'éclairage électrique, la haute machinerie électronique et informatique, parviennent à transformer aujourd'hui la scène d'opéra en détrônant la perspective acoustique et visuelle, la problématique reste entière, informulée. Une fois admis que la musique est par essence totalisatrice, quel sera le véhicule de la narration ?
On comprend ainsi pourquoi Wagner dut inventer le drame musical.

> Quand on parle de représentation – explique Adolphe Appia – on suppose un public. La représentation d'un drame n'a d'autre but que de convaincre ce public de la réalité de la vie qui anime ce drame [1].

Ainsi la scène est-elle comprise chez Appia comme une aire susceptible de corporaliser la musique en offrant à l'acteur un espace où il peut se mouvoir, ce qu'il appelle la « victoire des formes corporelles sur les formes inanimées ». Le pouvoir illusionniste de la scène, de son décor, de ses multiples métamorphoses est alors relégué au rang de scorie, d'affabulation mensongère par rapport au diktat musical. Le drame lyrique a ainsi pour fidèle serviteur le maniérisme pictural du trompe-l'œil, les avatars baroquisants d'une esthétique qui n'en finit pas de s'auto-admirer, comme si désormais c'était la peinture qui façonnait le peintre. En fait, l'écoute ne peut naître que si elle est confrontée à la réalité du drame. Et Wagner de s'élever contre le bariolage pompeux d'opéra et de théâtre :

> L'on me donne des décors conçus comme s'ils devaient être là pour eux-mêmes – écrit-il dans une lettre adressée à Louis XI le 17 mai 1881 – pour être admirés par exemple comme un panorama, alors que je leur demande simplement de former en silence le fond, ou l'ambiance d'une situation dramatique, de la rendre possible, d'y prêter la main.

Le silence. Mot clé du théâtre lyrique contemporain. C'est seulement dans le silence que la musique peut envahir l'espace, afin d'y accomplir le drame, et *a fortiori*, de mettre en branle un processus de dramatisation. L'articulation en sera le corps. L'Italie avait *plasticisé* la musique. Wagner reprend à son compte la leçon et plasticise le silence d'où surgira le drame. Appia y perçoit une succession de formes vivantes, de corps, qui seraient comme une succession de durées musicales. Une œuvre dans l'œuvre. Le phénomène d'hypotypose, d'une musique qui donne à voir, atteint ici son apogée et dresse la cartographie de l'opéra futur, sa typologie.

1. A. Appia, « La mise en scène du drame wagnérien », *Œuvres complètes*, Lausanne, L'Âge d'Homme, 1983, t. 1, p. 265.

> L'espace vivant – conclut Appia – sera donc pour nos yeux, et grâce à l'intermédiaire du corps, la plaque de résonance de la musique. On pourrait même avancer le paradoxe que les formes inanimées de l'espace, pour devenir vivantes, ont à obéir aux lois acoustiques visuelles [1].

Le prolongement du musical serait le corps vivant. Le théâtre musical d'un Kagel ou d'un Dieter Schnebel aura tôt fait d'user et d'abuser du concept, jusqu'à en renverser les paramètres. Le geste l'emporte sur le son et ne devient musique qu'occasionnellement. La scène est alors réduite à un tissu de signes, réseaux dialectiques qui prennent le public en otage. Wagner avait montré, en opérant la fusion des arts, l'impossibilité d'une forme représentative, d'une forme qui se réfléchit elle-même. Les compositeurs contemporains ne peuvent se dérober à cette historicité. Le recours à l'allégorie ne peut résoudre à elle seule l'antinomie de la scène et de la salle, de la musique et du drame. Le vocable opéra a fait place au vocable théâtre qui plante le décor d'une situation plus vécue, plus corporelle, et surtout moins entachée de mythes. Il n'en reste pas moins vrai que l'appel de l'espace persiste comme une donnée invariante, bien que les formes dynamiques du spectacle soient manipulables jusqu'à totale disparition. Edoardo

Sanguineti parle d'un théâtre musical « autant dans le théâtre avec musique que dans le théâtre sans musique ». Ce qu'il défend dans l'opéra, c'est la rotativité des fonctions, le simulacre du sans et de l'avec comme ultime justification à un genre décidément très tenace. Adorno ne nous apprend pourtant plus rien lorsqu'il déclare que « tant sous l'aspect musical qu'esthétique, on ne peut se départir de l'impression que la forme opéra vieillit » [2].

En dépit d'une antinomie farouche entre l'opéra et le public (ce qu'Adorno appelle « le déclin permanent des formes dans la conscience sociale qui conserve ces formes ») les compositeurs répondent à l'appel de l'espace, non plus par convention, mais parce que cet espace anamorphique tient lieu de réflexion critique pour un genre voué à une perpétuelle mobilité. La scène n'est que l'accomplissement provisoire d'une réflexion sans résolution finale. Certes, on peut dire des représentations d'opéra qu'elles sont davantage regardées que pensées. Mais faut-il encore saisir l'essence du tableau. L'opéra est un art de la jouissance, même si, selon Kierkegaard, en perdant le tragique, le XXe siècle a gagné le désespoir. S'il devient problé-

1. *Ibid.*
2. T.W. Adorno, *Contrechamps* Lausanne, L'Âge d'Homme, avril 1985, n° 4, p. 151.

matique, il reste fixé à la partition, incapable de s'objectiver dans un espace, incapable de se chosifier.

C'est la raison pour laquelle notre contemporanéité captive d'elle même ne peut renoncer au modèle. Si subversion du modèle il y a, c'est par glissement progressif et confortable d'un genre vers un autre. Dans sa conception originelle, le rituel qui installa la clôture et la distance entre le public et la scène entendait rompre avec les modalités de sa perception. Il tirait son origine des pratiques liturgiques, ainsi que des premières représentations des *Mystères* et des *Sacre rappresentazioni* du haut Moyen Âge. Les artistes dressaient sur les places publiques des scènes fixes autour desquelles le public se rassemblait. Le centre focal unique, la dislocation sur deux plans de la scène et du public, répondaient à une nécessité qui dépassait de très loin le problème théologique. Ritualiser le spectacle, c'était le rendre accessible à tout le monde. L'art s'adressait aux néophytes comme Dieu s'adresse à ses fidèles. Peu importe la nature des convictions religieuses et esthétiques. Aussi, l'art total de Wagner a-t-il donné à l'opéra une impulsion décisive, par la façon dont il a associé les éléments mythiques tout en cherchant à faire siens les éléments religieux. Le destin des dieux et des héros qu'il nous présente, comparable à celui des dieux antiques, a engendré une conception de la représentation et de la scène qui a donné naissance au *Festspielhaus* de Bayreuth. Un théâtre sur mesure.

La scène dans le présent de l'opéra au XXe siècle ne présente plus des particularismes par culture ou par nationalité, mais par compositeur et par metteur en scène. À chaque partition correspond un lieu inédit à inventer ou à simuler grâce aux techniques nouvelles. Si la réalité de la scène perdure, sa physionomie est assujettie à celle de la partition qui en indique toutes les subtilités. Ce qui faisait fonction de tableau dans l'opéra traditionnel (fixité de la scène, concentration d'éléments pluriels à l'intérieur d'un même lieu) est à mettre désormais en relation avec la partition. Car en faisant éclater l'espace intérieur de l'opéra traditionnel, les compositeurs ont du même coup remis en question son espace scénique et ses modalités de représentation. La partition serait le nouvel épicentre, territoire dont la projection spatio-temporelle désigne la scène, celle-ci étant un espace à l'intérieur duquel la partition s'incarne.

Nono et Stockhausen : entre l'épure et le plein

L'opéra de Luigi Nono, *Prometeo, tragedia dell'ascolto*, s'inscrit dans le mouvement détourné du lieu lyrique. Celui de Stockhausen, *Montag aus Licht*, subvertit l'histoire des formes et des institutions, et reprend le genre opéra là où Wagner l'avait laissé. Tous deux réaniment un débat. Celui de la mort de l'opéra comme de sa récurrence. Celui de la mort du spectacle lyrique et celui de sa pérennité. La fin simulacre de l'opéra, comme la fin de tout processus, comporte deux pulsions : l'acheminement vers une conclusion ponctuelle et la répétition de sa propre mort. Comme dit le fantôme de l'*Intermezzo* de Giraudoux : « Après la mort de la mort … ». Avec Nono et Stockhausen, nous sommes confrontés à deux exemples limites, susceptibles d'apporter à la problématique de la scène une densification sur deux niveaux : celui de l'épure et celui du plein.

L'*épure* consiste pour Nono à gommer le référent visuel, à supprimer le rapport frontal entre source sonore et public. La spatialisation du son remplace la représentation, car le compositeur la travaille non seulement sous l'angle de ses transformations potentielles, en dehors de toute directionnalité temporelle, mais aussi sous l'angle de la communication avec le public dont le son doit innerver le regard et la corporalité tout entière.

Le *plein* consiste pour Stockhausen à renchérir le réfèrent visuel, à l'habiller d'une plasticité baroque, caricaturale, débordante. Le compositeur vise à obtenir la capture du signifiant, à ramener l'image, la scène, à des codes de formalismes et de figuralismes tels, qu'il devient impossible pour le public de ne pas transférer la thématique dans le décor. La scène comme médium, comme catalyseur. Un mode d'emploi suranné pour un public dont on ne forcera pas l'écoute. D'un côté la raréfaction ; de l'autre, la magnificence de l'œuvre de Luigi Nono, d'une durée de cent trente cinq minutes, est écrite pour quatre ensembles instrumentaux. Créé en 1984, lors d'une Biennale à Venise, cet opéra était initialement conçu comme une émanation de Venise elle-même, avec un cinquième élément composite entre l'air et l'eau : un espace de sons. C'est dans une vaste église du XVIIIe siècle, l'église *San Lorenzo*, que Renzo Piano, l'un des architectes de Beaubourg, eut l'idée de faire construire un gigantesque navire suspendu à trois mètres du sol. Le spectateur embarquait dans cet édifice en bois, comme s'il entrait dans la caisse de résonance d'un violon. Sa vision limitrophe était obstruée en partie par ce que le compositeur appelle *archipel sonore* dont les groupes d'interprètes forment des îles. En revanche, son audition était décuplée : la musique naissait de tous côtés, comme à Venise où, explique Nono :

> Les sons des cloches se diffusent dans toutes les directions, transportés par l'eau, transmis par les canaux et mélangés avec les autres signaux de la lagune et de la cité.

Transporté au Palais de Chaillot (1987), *Prometeo* s'est retrouvé dans une salle impersonnelle. Les ensembles instrumentaux, les choristes, les solistes et les deux chefs étaient à des niveaux différents, dans les galeries, surplombant les spectateurs de tous côtés. Le minimalisme sonore s'incarnait alors dans l'immatérialité du lieu, en obligeant ainsi le spectateur devenu auditeur, à s'abstraire de la réalité et à suivre son propre imaginaire. Seules, des sources sonores distribuées en *live-electronic* autour du public, faisaient circuler les sons de manière à les recevoir de toute part. Le projet de *Prometeo* consiste à ouvrir la perception aux détails les plus infimes des résonances, de telle sorte qu'elle devient le centre de la dramaturgie. À noter que *Tragedia dell'ascolto* en italien ne signifie pas *tragédie de l'écoute*, mais son contraire : *l'écoute est tragédie.* Aussi est-ce dans cette dramaturgie de l'écoute, dans cette stupéfaction de l'audition où l'oreille est tendue vers une inaccessible acoustique, que se joue la représentation. Nono renverse les composants. Le public se substitue à la scène traditionnelle. Dans le deuxième interlude pour groupes instrumentaux, la dynamique varie entre le *forte* et le septuple *piano.* À ce niveau de perception, l'auditeur se repère sur la gestique des musiciens qui ne dure parfois que quelques secondes. La notion de fragments corrobore l'idée que toute musique naît dans le silence et s'en retourne au silence avant de mourir; le silence absolu n'existe pas. Et c'est bien là la tragédie. Des pauses provoquent l'attention de l'auditeur vers l'événement sonore le plus ténu, à la limite de la brisure. Comme l'écrit Edmond Jabès :

> Chez Nono la relation au silence est exemplaire. Elle est relation à l'infini, à l'impensable, à l'indépassable, si audacieuse, si risquée est sa recherche [...]. Faire parler le silence par le silence, faire taire, une fois rendu audible, le silence par l'insondable silence où sont enfouies toutes les questions [...]. Et si créer, était, justement, éveiller ? [1]

C'est à l'intérieur de la contrainte que représente le silence, que écoute et espace de l'écoute impriment à la dramaturgie une direction illimitée : « Une constante ouverture des constellations de la Possibilité » [2], déclare Nono en évoquant Webern. Un théâtre d'idées plus que de scène.

1. E. Jabès, « Luigi Nono », Paris, Festival d'Automne/Contrechamps, 1987, p. 11.
2. *Ibid.*, conversation entre Luigi Nono et Massimo Cacciari, p. 142.

Le passage à *Montag aus Licht* de Stockhausen pose d'emblée la question : comment passer du silence au sonore absolu, de la raréfaction a l'allégorie, de l'épure au plein? Opéra en trois actes, *Montag aus Licht* (1989) se présente comme le premier volet d'une œuvre devant en contenir sept. Chacun correspond à un jour de la semaine. Avant *Montag*, Stockhausen avait déjà créé, à la Scala de Milan, *Donnerstag aus Licht* et *Samstag aus Licht.* Il s'agit donc d'un cycle opératique conçu comme une tentative de pousser dans ses retranchements l'histoire du théâtre lyrique. Avec *Montag* et *a fortiori* avec le cycle *Licht* dans sa totalité, le compositeur s'inscrit résolument dans la tradition de l'opéra wagnérien, en ce sens que pour lui, chaque journée correspond à une mise en place spécifique du processus compositionnel qu'il définit comme une multitude extrêmement flexible de scènes sonores. Le recours à l'orchestre moderne est présent au travers de la haute technique électronique et informatique, tels que des synthétiseurs à connexions et prolongements qui permettent les transformations du son en temps réel. Leur utilisation multi-prismatique est conçue pour coexister avec des instruments traditionnels. La rencontre des deux a pour effet l'élargissement du champ et de l'espace scénique, ainsi qu'une extension considérable du monde instrumental et vocal. Pour le reste, Stockhausen a prévu un renouvellement systématique de l'écriture et de la forme, mais la référence à l'histoire, et en particulier à l'histoire de l'opéra romantique allemand, ne fait que confirmer son appartenance à une culture musicale qui a toujours pensé le son et ses ramifications dans l'espace, comme résultat d'une entreprise métaphorique, voire métaphysique.

Montag, spectacle qui embrasse le ciel et la terre, prolonge *Donnerstag aus Licht*, le jour de Michael, et *Samstag aus Licht*, le jour de Lucifer. Il est dédié à Ève, à la femme, à la mère, et à toutes les connotations culturelles et mystiques que cela engendre. Les trois actes débutent par ce que le compositeur appelle le *Salut d'Ève* et se terminent par son *Adieu.* La relation à Wagner se situe au niveau du rituel, de l'appareillage acoustique, et dans une écriture qui n'hésite pas à faire appel au *leitmotiv* pour déclencher chez l'auditeur une mise en condition psychologique, même si Stockhausen a remplacé le mot *leitmotiv* par celui de *super-formule.* Ainsi, se doit-on de considérer *Licht* comme une sorte de gigantesque fresque acoustique qui aurait pour toile de fond et pour narration l'histoire de l'univers, de ses mythes, de ses fantasmes. Il n'y a pas, dans *Montag*, de forme dramatique avec exposition, intensification, développement, effet de point culminant et effet de fin, comme le précise Stockhausen, mais une multitude de moments accentués par l'absence de psychologie, de narration ou d'histoires. La scène est ainsi formulée pour localiser le regard pendant que l'oreille se mobilise en divers lieux de la salle. Ce phénomène de diffraction que le compositeur a toujours exploité dans ses œuvres – le déphasage formel entre le ici et maintenant du son et le ici et maintenant du regard – engendre également des différences infinitésimales entre les espaces ou entre les distances à l'intérieur d'un espace.

> Plus le pouvoir réflecteur de l'espace est fort – explique Stockhausen – plus l'énergie du phénomène acoustique croît et plus elle est ressentie avec force [1].

Or, la trajectoire d'un son, sa destination, son expansion ou, au contraire, sa raréfaction dans l'espace, sont déjà en soi une énergie acoustique capable de servir de modèle à une nouvelle formulation de la scène. Dans les salles de concert traditionnelles, l'orchestre est placé sur une estrade ou dans la fosse. *Montag aus Licht* exige, tout comme *Gruppen* ou *Momente*, que les auditeurs soient placés au centre de plusieurs sources sonores, voire de plusieurs orchestres, quand bien même l'architecture de la salle reste fidèle à la division sur deux plans. Le grand regret de Stockhausen restera néanmoins de n'avoir pu, jusqu'à présent, disposer d'un espace sphérique entièrement couvert de haut-parleurs, afin d'intégrer l'espace tridimensionnel avec l'orientation *haut* et *bas*. Il parviendrait ainsi à obtenir un angle d'écoute suffisamment puissant, actif à notre insu, pour que le concept de scène se voit pulvériser en un ensemble d'images sonores qui se graveraient dans notre mémoire et notre sensation d'une manière d'autant plus forte qu'elles sont constitutives de la structure de l'opéra tout entier.

Qu'est-ce que la scène dans l'opéra aujourd'hui? Une certaine manière d'analyser la sensation que nous procurent le son et son émancipation subversive dans le visuel; la projection du son par le biais d'un support de représentation; une polyscénographie au service d'une polyspatialité. Mais pourquoi faut-il que l'opéra disparaisse aujourd'hui dans une écriture qui suggère un imaginaire visuel plus qu'elle ne le désigne, pour resurgir comme masqué sous de multiples visages (la scène)? L'opéra lui-même et son évolution apportent l'aveu de cette problématique qui prend l'allure d'un pléonasme. Autant, depuis le Moyen Âge, ce genre avait intimement lié dans ses représentations le musical et le visible, autant, à dater de la seconde école de Vienne, après Alban Berg, l'écriture musicale, les lois de la

1. K. Stockhausen, « Musique dans l'espace » *Écrits*, *Contrechamps*, n° 9, juin 1988, p. 91.

dramaturgie, sont soumises au despotisme de la typographie, de la partition. La scène, si intimement liée au destin et au devenir du spectacle lyrique, reste néanmoins un réceptacle et non un genre. Si ce réceptacle a valeur de mutation, c'est que le genre vise tout simplement à reformuler sa raison d'être. Du moment que la fonction de l'opéra perdure, celle de la scène ne peut que composer avec elle. Reste à savoir si l'éclatement de la scène dans le théâtre lyrique contemporain ne s'effectue pas par référence à la scène elle-même, plutôt que par dissidence. C'est la tradition comme effigie, oxymore d'un genre qui a posé le principe de distance et de distanciation entre public et lieu de la représentation, comme un postulat au-delà duquel c'est la survie même de l'opéra qui est en cause. Nous serions, une fois de plus, dans une tradition de la modernité qui opère par transgression du modèle et par retour inopiné à lui.

la critique du lieu : nouvelle manière, nouveau classicisme

La critique du lieu comme métaphore de l'*œuvre-là*. Les architectes et les compositeurs travaillent à un projet commun : la représentation d'un spectacle motivée par les impératifs d'un cadre fixe devant simuler des situations mobiles. Questions de perspectives, de reconstitution quasi archéologique des théâtres antiques, cependant que le lieu lyrique signifie au XXe siècle une pluralité de singularités pour une pluralité d'applications. L'idée vitruvienne d'un édifice appelant le cercle, élaboré à partir d'un schéma circulaire dans lequel la représentation se déroulerait dans un territoire périphérique et non plus central, peut désormais, grâce aux nouvelles technologies, s'entrecroiser dans un même spectacle avec l'idée d'une scène serlienne par exemple, caractérisée par une homogénéisation entre le décor de relief en trompe l'œil et la peinture de la toile de fond. D'ailleurs, un théâtre en bois construit par Serlio en 1539 à Vicence comprenait une scène où se dessinaient des jeux de perspective à deux et trois dimensions. Le relief en trompe l'œil motive le lieu lyrique, et les traités de perspective réservent depuis le début du XVIe siècle, avant la naissance de l'opéra, une place considérable à la scénographie : comment raccorder la perspective en plan du fond de scène avec les volumes en trompe-l'œil ? La scène comme tableau, idée antivitruvienne dans le théâtre du *Cinquecento*. Les compositeurs contemporains, en particulier ceux dont le rapport entre écriture et technologie se définit à partir de la notion d'espace et de spatialisation du son – Karlheinz Stockhausen, Luigi Nono, Luciano Berio, Iannis Xenakis, Michaël Levinas, Philippe Manoury, Emmanuel Nunes – ont une imagination du lieu en contradiction avec le langage et la cohérence architecturale.

La scène en perspective avec son encadrement serlien est aux antipodes des pratiques en vigueur dans le théâtre antique. Pourtant, l'opposition de la scène pour spectateur et la scène pour « archéologues » selon l'expression de Robert Klein – opposition d'une scène comme tableau et d'une scène comme espace dans un environnement architectural abstrait – ne trouble pas l'écriture d'un opéra. Les créations lyriques étant le plus souvent liées à une commande, la production est entre les mains de maisons d'opéra qui ne sont pas encore pourvues d'une malléabilité architecturale suffisante pour spéculer sur des combinaisons et simulations topologiques dans un même lieu. Le modèle de la scène à l'italienne demeure prédominant. Le lieu contemporain, corollaire de la question de l'opéra au XXe siècle, est maniériste. Alors que les bâtiments tendent vers la scène-tableau, marquée dans son histoire par la conquête de la perspective, une des premières causes de renouvellement de l'opéra réside dans la mutation des lieux. La partition suscite ses propres virtualités scéniques.

L'opéra de Luigi Nono, *Prometeo, la tragedia dell'ascolto*, doit simuler ses effets dramaturgiques à l'intérieur d'un lieu totalement reconstitué ; synthèse des conceptions de Palladio qui concevait l'édifice théâtral dans une perspective à deux plans – métaphorique et concrète, panoramique et imaginaire – et de Vitruve chez qui le « centre du cercle » est traversé par des lignes dialogiques convergeant vers des espaces ouverts, volontairement inoccupés. Le rapport entre un « centre du cercle » situé au-dessus d'un orchestre vide et d'une dramaturgie de l'écoute a pour effet de stimuler l'audition, et plus seulement le regard. Le spectateur reçoit d'un côté une idée partielle de la représentation, puisqu'elle est délocalisée, de l'autre, il doit reconstituer une totalité déjà impliquée dans le détail.

> On commence ainsi, écrit Luigi Nono, à transgresser le schéma : « je vois ce que j'écoute ce que je vois », élargissant l'emploi de la dimension visuelle sonore [1].

Schoenberg dans son oratorio inachevé *L'Échelle de Jacob* avait prévu de multiplier les sources sonores de la salle indiquant, dès 1912, que les chœurs et les solistes interviennent en premier. Progressivement, les chœurs et les orchestres s'éloignent jusqu'au moment où le *lieu* se divise. La musique est diffusée de plusieurs sources simultanées. *Fernchöre* et *Fernorchester*, (chœurs éloignés et orchestres éloignés), signifient pour Schoenberg une répartition des ensembles vocaux et instrumentaux écartés du podium, reliés par une série de microphones à un système de diffusion par haut-parleurs disséminés en différents points nodaux de la salle. L'idée de briser un lieu centralisateur s'effectue autant sur la base de procédures techniques et technologiques que sur la base d'une conviction idéologique. L'enjeu est inchangé : mettre en scène le son. Ferruccio Busoni exprimait en 1921, par une toute autre démarche, la nécessité de renouveler le rituel lyrique en indiquant un parcours virtuel à l'intérieur du lieu :

> L'opéra devrait être conçu comme une cérémonie rare et semi-religieuse [...] telle l'église catholique qui rend encore, par quelques voies, hommage à la divinité [1].

1. L. Nono, « Possibilité et nécessité d'un nouveau théâtre musical », *Contrechamps*, n° 4, avril 1985, p. 61.

Son opéra, *Doktor Faustus*, créé en 1925, répond indirectement à cette question. Á quels moments la musique s'avère-t-elle indispensable dans l'œuvre lyrique, à la scène et pour conduire la perception du public ?

> Au moment des danses, des marches, des chansons et au moment de l'apparition du surnaturel dans l'action[2].

Le dernier point que souligne Busoni est capital. Le surnaturel guide le compositeur dans ses transactions de lieux. Il est l'élément irrésistible et non formalisable du spectacle. Aussi, doit-il habiter le lieu du bâtiment, comme le lieu de l'audition, le lieu de la vision et le lieu de la représentation. La question est d'autant plus pertinente qu'elle est posée en 1913 par une génération de compositeurs qui admettent, une fois pour toutes, que la parole chantée en un lieu aussi fini/fermé que le cadre de la scène reste *ad vitam œternam* une convention garde-fou, obstacle non seulement à une figuration réaliste de l'expression dans l'opéra, mais à sa charge surnaturelle. Autre paradoxe. Comment la nécessité d'ancrer le spectacle dans un lieu quotidien et non plus mythique peut-il véhiculer en filigrane du merveilleux, comme une *aura* renversée dont l'existence n'est plus dans l'essence de l'empirie mais dans l'empirie elle-même ?

> Pour sortir convenablement de cette contradiction – explique Busoni – l'action dramatique, dans laquelle des personnages agissent en chantant, devra, dès le départ, être basée sur l'incroyable, le faux, l'improbable ; de sorte qu'une impossibilité soutienne l'autre et qu'ainsi, les deux impossibilités deviennent possibles et acceptables[3].

Tension dialectique de deux systèmes opposés qui engendrent une réconciliation providentielle en un *lieu* mutable. Le surnaturel contre le naturel, ou plus exactement, le surnaturel avec le naturel. L'empirie qui s'ouvre depuis un demi-siècle, en dépit des désillusions philosophiques et politiques, de la crise des institutions, crise du sujet, est à aborder du côté de l'ordonnance du surnaturel ou du mythe, de la réalité et de l'utopie, par la conquête immanente d'un lieu réconciliant les traces symboliques des fonctions qui, prises dans une destination traditionnelle, échouent dans le miasme d'une impossibilité. Il faut deux impossibilités pour voir naître une possibilité. Surenchérir donc la dimension du faux par une accumulation de

1. *Ibid.*, p. 60.
2. F. Busoni, « *L'Avenir de l'opéra* », *Doktor Faustus*, Paris, programme du Théâtre National de l'Opéra de Paris, avril 1989, p. 14.
3. *Ibid.*

procédés fictifs pour gagner une émotion vraie, ou plus exactement, immédiate. « L'opéra devrait ainsi créer un monde illusoire qui reflèterait la vie, soit dans un miroir magique, soit dans un miroir déformant »[1] – un *panoptikon* fabriqué d'éléments maniéristes en vue d'une ordonnance classique du spectacle. Le mot est d'ailleurs prononcé par Busoni : un miroir – la fonction du miroir dans l'opéra contemporain est assumée par le lieu, projections faites de la narration, de la scénographie, du décor, de la musique et de la voix sur un territoire neutre, véritable récipient d'ingrédients hétérogènes.

La parole de Busoni est prophétique :

> … j'entends par nouveau classicisme la maîtrise, la reconnaissance et l'exploitation de tous les acquis d'expériences antérieures : leur transfert dans des formes solides et belles[2].

L'irréductibilité de l'opéra à une dimension non mythique peut être comprise comme la dimension subjective, une puissance souveraine qui ne se laisse pas absorber par les mécanismes de rationalisation mais prétend elle-même exalter une nouvelle lecture du monde. Le surnaturel peut alors être entendu comme l'indice utopique d'un logos alternatif, d'une esthétique réconciliée avec un ordre compositionnel qui réclame des accointances sociales. Le surnaturel serait, non pas l'aura soporifique de la conscience, mais son réveil, opérant sur l'existence une fluidification exclusive à l'intérieur du lieu lyrique, coercitive dans ses modes de communication. Pour le compositeur d'opéras à tendance narrative[3] – et ils le sont désormais pratiquement tous – il s'agir d'instituer ce que l'on pourrait appeler un acte de prédation à l'égard de la littérature, métaphore d'une déconstruction du lieu comparable à ce qui se produisit dans le théâtre musical en matière de décomposition du texte. Le mouvement de renouveau de l'opéra s'effectue dans le sens d'une réconciliation effective avec le lieu intrinsèque de l'œuvre lyrique et son auscultation métonymique dans un lieu architectural, y compris lorsque le compositeur ne détourne pas la directionnalité frontale du public et de la scène sertie à l'italienne.

Acte plurivoque : Luigi Nono postule pour un opéra qui maintient une vocation d'engagement politique – *Intolleranza 1960*, *Al gran sole, carico*

1. *Ibid.*, p. 16.
2. *Ibid.*, p. 27.
3. Claudio Ambrosini, Luciano Berio, John Cage, Denis Cohen, Pascal Dusapin, Philippe Fénelon, Hanz Werner Henze, Betsy Jolas, Michaël Levinas, Philippe Manoury, Martin Matalon, Meredith Monk, Gérard Pesson, Jean Prodromidès, Michèle Reverdy, Wolfgang Rhim …

d'amore, La fabbrica illuminata. La dramaturgie des œuvres lyriques de Nono se détourne des facteurs psychologiques. Le rebondissement s'inscrit dans un Idéal de collaboration :

> … du musicien, de l'écrivain, du peintre, du metteur en scène jusqu'au dernier électricien et ouvrier de la scène, en tant qu'ils opèrent et innovent chacun dans son élément linguistique propre, conscients qu'ils sont des nouvelles possibilités et nécessités techniques dont ils disposent, et responsables encore de choix précis dans la situation humaine, culturelle et politique [1].

Le lieu est le paradigme du renouvellement. Un « théâtre de la conscience » doit être à la hauteur de ses convictions et faire plier l'institution à ses invectives. À commencer par l'éclatement du *lieu* immédiat et tangible : la salle.

Plusieurs paramètres sont à considérer, comme un bout à bout de ce qui appartient aux conventions rituelles de l'opéra traditionnel avec les conditions de dissolubilité de ces conventions :

> – la séparation tranchée et visible sur deux plans entre le public et la scène est à détourner,
> – l'horizon du visible en adéquation avec l'horizon de l'audible et du cognitif est à détourner,
> – l'univocité du chant dans le tissu orchestral est à détourner,
> – la focalisation de l'espace-temps de l'œuvre en un point central est à détourner.

Le matériau sonore se divise et entraîne avec lui l'illusion d'une division du lieu. Nouvelle manière de recréation d'une représentation festive. Nouvelle manière de mettre en scène le son en mettant en scène le lieu.

Initialement, en juillet 1984, *Prometeo* était conçu comme une simple *azione scenica*, à savoir, dans une perspective de non détournement. Deux mois plus tard, Nono défigure la normalité du projet au point de le rendre méconnaissable : détournement du plateau, détournement de la scène et du plateau, détournement du décor et des costumes. Autrement dit, suppression de ces ingrédients traditionnels au profit d'un unique rassemblement dramatique autour d'un lieu virtuel : un espace sonore dans l'église sécularisée de San Lorenzo à Venise – bâtiment construit à la fin du XVIIe siècle, séparé au milieu par un autel d'après le modèle de Palladio. Mais l'espace est

1. L. Nono, « Possibilité et nécessité d'un nouveau théâtre musical », *Contrechamps*, n° 4, avril 1985, p. 58.

déserté, atout pour l'écriture et la diffusion. L'architecte Renzo Piano s'est emparé de la nudité réverbérante du lieu pour construire à quatre mètres du sol une vanne prévue pour loger quatre-cents auditeurs. Le descriptif justifie l'argument conceptuel. Nono invente, en même temps que la notation musicale, une écriture d'un lieu conforme au son raréfié déclenché par une écoute tragique. Ambiguïté dans les termes. Nono s'inscrit dans l'héritage des opéras impossibles : Schoenberg, avec sa recherche d'une parole fuyante et jamais révélée autrement que par l'imposition du silence ; Nono, avec sa recherche d'une écoute limite, seuil de toutes les fractures, au point de soulever la souffrance de l'auditeur. La raréfaction est une forme de torture pour l'ouïe qui échoue inévitablement dans le silence. Nouvelle manière de penser le son. Pour incarner ce drame, des parois de quatorze mètres de haut sont échafaudées, où s'étagent trois galeries circulaires, chacune accueillant cent chanteurs et entre douze et quatorze musiciens. À proximité de l'autel, Nono répartit un appareillage électronique *live* muni d'une quantité considérable de microphones et de haut-parleurs placés tout autour du public – une double circularité, comme pour mieux cerner l'écoute. Le lieu est complice du drame. Un arsenal technologique massif et

sophistiqué pour exprimer l'impossibilité d'écouter, comparable au monumental effectif orchestral et vocal de *Moïse et Aaron* pour exprimer l'impossibilité de parler. Les deux opéras jouent sur l'alternative impossibilité de représenter l'inaudible et la possibilité de le simuler.

À l'arrivée : un opéra sourd et muet.

Massimo Cacciari, concepteur du texte polyglotte de *Prometeo*, a imaginé un *opéra négatif*, allégorie probable de la *dialectique négative.* Un opéra rationalisant ce que le drame qu'il met en *sons* ne rationalise plus. Modélisé à partir d'un collage de textes fragmentés traversant les chronologies d'espace-temps de façon labyrinthique et codée – présences d'Eschyle, de Benjamin, de Goethe, d'Hölderlin, de Nietzsche – *Prometeo* actualise sous forme de traversée « d'une île à une autre île » :

> … l'homme et la loi, l'homme et sa recherche continuelle de l'inconnu, l'homme et la construction des nouvelles lois et leur transgression. Prométhée, c'est l'homme avec son éternelle soif de nouvelles terres et de nouvelles frontières. C'est la révolte contre la restauration qui empêche l'arrivée des temps nouveaux[1].

1. L. Nono, *Luigi Nono*, Paris, Festival d'Automne, Contrechamps, 1987, p. 128.

Pour Cacciari, il s'agit d'un opéra qui ne traduit pas le son en terme de qu'est-ce qu'il signifie? – reprenant la formule de Franz Rosenzweig : « du point du vue de la *Was ist? Frage* », « de l'exigence de déchiffrement qui guide encore la critique »[1]. Cesser en définitive d'expliquer le son par *ce qu'il n'est pas* pour se mettre à l'écoute de *ce qu'il est.* D'où l'anamnèse esthétique que Nono entreprend, qui tente de localiser dans l'histoire du théâtre lyrique la genèse d'effacement subreptice de la dimension idéelle de l'écoute finissant par produire ce que le compositeur appelle une « totale neutralisation de l'espace ». Le son est une des composantes du lieu. Comment le rencontre-t-il? À l'issue de quelles alchimies surgissent les *hétérotopies*, pour reprendre la formule de Foucault? « L'unification de l'écoute spatiale et musicale est le résultat de l'utilisation unidirectionnelle de la géométrie » explique Nono, alors que la musique possède une dimension verticale, à savoir, qu'elle se diffuse à des hauteurs variables. La partition est un palimpseste, le lieu d'un bricolage, au sens que lui accorde Lévi-Strauss : bricoler les géométries du son à l'intérieur des géométries de l'espace. Cette duplicité du lieu acoustique dans le lieu spatial, dans l'ordre des relations textuelles, musicales, architecturales et technologiques, figure la trace palimpseste. Dans un même territoire, la partition, le son se superpose aux mots qui se superposent à des annotations de transformations électroniques, ces dernières se superposant à leur tour à des annotations de répartitions scéniques. D'aucuns ne s'aveuglent ou ne se dissimulent. Il s'agit d'une conjonction de transparences.

Nono appartient à cette école vénitienne de compositeurs chez qui, depuis Gabrieli et Vivaldi, la notation se déplace dans l'écriture selon que l'œuvre est composée pour plusieurs chœurs ou un unique chœur à quatre voix :

> L'unité de l'espace géométrisé se développait dans ces lieux, selon les lignes génératrices de géométries polyvalentes[2].

Mutation fondamentale de l'*ideîn*, les lois de la vision – une saisie du son en tant qu'image, une conversion métaphorique générée par les *lieux.* À Venise, le lieu de l'écriture est originellement un paradigme pour le timbre. Substitution d'un ordre à un autre, substitution d'un paramètre à une fonction. Les

1. « *Prometeo* – conversation entre Luigi Nono et Massimo Cacciari », p. 133.
2. *Ibid.*, p. 134.

lois de la mathématique sont contraintes par les lois de la physique. La musique est entre les deux. Aux XIVe et XVe siècles, les musiciens étudiaient non seulement les traités de composition, mais l'astronomie, la mathématique, la physique, la rhétorique, l'arithmétique. Le temps de l'audition est le résultat d'une multitude de connexions et de connaissances. Pour qu'il se transforme en temps de l'écoute, il faut estimer le lieu de sa restitution :

> … mais cette nécessité du lieu se manifeste à partir de la radicale fêlure anti-idolâtre, que cette tendance à la redéfinition de l'écoute a le devoir de susciter [1].

D'où une écoute qui doit révéler le palimpseste de l'œuvre inscrit dans la mémoire. *Prometeo* est un guide, un mode d'emploi pour se diriger à l'intérieur du palimpseste nourri d'idées et d'espace d'idées. L'écoute est guidée par trois types de transformations électroniques du son :

1. transformation du son,
2. sélection du son,
3. distribution du son.

Du coup, les techniques de réglage électronique sont aussi importantes que l'écriture. La circularité du son est à son tour subdivisée :

– mouvement lent vers la gauche,
– mouvement rapide vers la droite,
– mouvement diagonal punctiforme.

Ce système de déplacement est obtenu par le *halophone* qui intervient sur la maîtrise de la direction/temps du mouvement du son afin que ce dernier advienne dans la composition comme un élément à part entière – halophone (abréviation des noms Haller et Lawo) comme instrument de distribution universelle du son dans l'espace.

> Dans la basilique Saint-Marc, précise Nono, tu avances, tu chemines et découvres des espaces toujours nouveaux, mais tu les *sens*, plutôt que tu ne les lis, tu les *écoutes*, même s'il n'y a pas de musique [...] moi-même je m'efforce *d'écouter* les couleurs comme *j'écoute* les ciels ou les pierres de Venise : comme des rapports d'ondulations, de vibrations, dégagés de tout lieu symbolique [2].

1. *Ibid.*, Massimo Cacciari, p. 139.
2. *Ibid.*, Luigi Nono.

L'école de peinture vénitienne avait précisément recours à la couleur pour détourner la perspective à focalisation immobile. Pour Nono, il faut renouer subliminalement et techniquement avec les espaces protéiformes du son. Redécouvrir, comme Cézanne ou Seurat redécouvriront la peinture vénitienne, les possibles du lieu sériel – produire un son ou une image reproductible dans n'importe quel espace : métonymie de l'écoute et de la couleur par l'interface lieu/espace. Nono initialise l'utopie par la réalité d'un lieu : Venise, comme objet et non plus comme ville.

> Venise est un système complexe, qui offre exactement cette écoute pluridirectionnelle. Les sons de cloches se diffusent dans différentes directions : certains s'additionnent, sont transportés par l'eau, transmis le long des canaux, d'autres s'évanouissent presque totalement [...]. Venise est un *multi*-univers acoustique absolument opposé au système tyrannique de transmission et d'écoute du son auquel nous avons été habitués depuis des siècles[1].

La critique du lieu est déjà, en soi, critique de l'écoute. *Prometeo, la tragedia dell'ascolto* est un drame et non un opéra. L'acte de l'impossible écoute est regardé, non plus sur un plan horizontal qui banalise l'*ideîn* et réduit l'*aura*, mais sur un plan vertical à plusieurs dimensions : *Prometeo* est un *drân* selon l'idée de Cacciari (figure 22). Un *drân* de l'écoute. Tout ce qui a lieu advient dans le son et par le son. « Le *produit-devient* de chaque figuration physique est un miracle » écrit Cacciari. Sans doute à cause d'une mémoire restituée dans une conception du lieu qui assure la critique de l'opéra en même temps qu'il en souligne la responsabilité totale dans la création musicale.
Pour que le son *creuse le ciel* et que l'écoute *creuse le son.*

1. *Ibid.*

Dieu est blanc : *Les Nègres* de Michaël Levinas

Un texte qui dérange, une exubérance littéraire et poétique ; une audace corrosive s'attaquant au racisme et au colonialisme, une action en perpétuelle diversion. C'est du Genet qui tire à bout portant sur des figures emblématiques d'un pouvoir supposé être blanc : la Reine, le Missionnaire, ou le Gouverneur. Mais est-ce de pouvoir qu'il s'agit, et les répliques véhiculent-elles des contenus censés miroiter le vrai ou le vraisemblable ? Genet nous met en garde et nous rappelle que le pouvoir n'est jamais là où on le croit. Il a pris soin de sous-titrer sa pièce *clownerie*. Ce dernier est précédé d'un intertitre, *Pour jouer les Nègres* : nous sommes déjà au bord de la farce, d'un théâtre où la figure de l'hyperbole rebondit sur un cérémonial dont Genet oriente le caractère tragique : « Bien imiter les Tragédiens et surtout les Tragédiennes français »[1], dit-il. Si chacun des personnages s'affuble de frusques, de mirages, s'enivre d'inquiétantes fictions, c'est pour mieux représenter la tragédie parodique du meurtre, de l'enterrement des catégories d'oppresseurs sur les catégories d'opprimés. En effet, le tragique veille, et l'invitation de Genet à imiter les Tragédiens et les Tragédiennes configure un récit dont l'articulation narrative est au plus près de l'expérience humaine et temporelle. L'intelligence narrative de Genet lui permet de faire advenir dans l'action les discordances les plus virulentes, de renouer avec une dimension paradoxale du récit qui oscille entre consonance et dissonance. Un théâtre synonyme de fable.

C'est à cette immense mascarade, cruelle, sordide, radicale, sublime, que fut conviée l'imagination de Michaël Levinas. « Le tragique sera dans la couleur noire ! C'est elle que vous chérirez, rejoindrez, mériterez. C'est elle qu'il faudra gagner », dit un des personnages. Les personnages noirs se battent sur un rythme impitoyable contre des leurres, des apparences, des masques. Où est le pouvoir ? De quoi est-il fait, de quelle substance, quelle identité, quel visage ? Au fond, de quelle couleur est le pouvoir ? « Un soir, raconte Genet, un comédien me demanda d'écrire une pièce qui serait jouée par des Noirs. Mais qu'est-ce que c'est donc un Noir ? Et d'abord, c'est de quelle couleur » ?[2].

1. J. Genet, *Les Nègres*, publié par M. Barbezat, Paris, L'Arbalète, 1958 (nouveau tirage en 1960 puis 1965), Préface, p. 8.
2. *Ibid.*, p. 12.

Comment, lorsqu'on est compositeur, rencontre-t-on un tel texte, à la fois immense, violent, déroutant et sans appel? Comment rencontre-t-on la langue de Genet, la multiplicité des accents et des références? Roger Blin, qui créa *Les Nègres* en 1959 au Lutèce, un petit théâtre de la rive gauche, éprouva une « extraordinaire jubilation » à mettre en scène ce théâtre qui, disait-il, « s'adresse à la négritude entière avec ses différences ». Pour Michaël Levinas, l'écoute d'une langue fut vécue comme la prise en otage de son oreille attentive à des mots qui « sonnaient comme s'ils étaient tambourinés ». Ce fut un pont jeté entre une attraction pour ce texte et sa conception de l'opéra pensée comme une zone infranchissable entre le public et la scène. Deux critères constituent le point de départ du choix du texte. En tout premier lieu, l'effet de langue induit du texte de Genet. Bien que la première lecture des *Nègres* fut empirique, instinctive, à la manière « d'un sourcier »[1], elle éveilla chez le compositeur le sentiment d'une prose poétique à caractère exhibitionniste, dans laquelle ourdissait un phénomène percussif stipulé dans le rythme rebondissant de mots, ou encore dans la succession des adjectifs. D'où l'idée d'une langue qui cogne sur le signifiant, le perturbe, le met en péril, le déshabille, le met à nu jusqu'à n'en conserver qu'un simulacre, peut-être même un espace abymique, le miroir de notre prétention à *être* et à persévérer dans notre *être*.

En 1993, au moment où Michaël Levinas découvrait les *Nègres* dans l'édition historique publiée par Marc Barbezat chez l'Arbalète en 1958, il n'avait pas encore composé son précédent opéra, *Go-gol*[2]. Il se trouvait par conséquent dans une situation d'attente, de prémonition de ce que son propre langage permettrait dans l'avenir de possibles coïncidences avec l'écriture dramatique. La manière dont Genet convoque la langue, ce qu'il fait dire aux mots, l'incidence de la ponctuation sur l'organisation des phrases, les saccades irruptives des répliques, tout cela allait dans le sens de ses préoccupations grandissantes, notamment vers celles qui sont adossées aux questions d'hybridation entre voix et instrument. Entendre comme il le fit la présence d'une percussion virtuelle dans la langue française, c'était déjà engager la genèse d'une nouvelle sensibilité lyrique attentive à ce phénomène d'hybridation. Le second point auquel Michaël Levinas s'attacha est la manière dont Genet envisage le face à face entre la scène et la salle; cette zone que le

1. Michaël Levinas, propos recueillis par Danielle Cohen-Levinas, Paris, décembre 2003.

2. Créé le 21 septembre 1996 à La Filature de Mulhouse dans le cadre du Festival Musica. Mise en scène, Daniel Mesguish; direction musicale, Pascal Rophé; informatique musicale, Tom Mays (Ircam).

compositeur considère comme irréductible, infranchissable, irréconciliable. L'intention de Genet est sans équivoque, voire impérative. C'est même sa première injonction quant à l'interprétation scénique de ce texte : « Cette pièce, je le répète, écrite par un Blanc, est destinée à un public de Blancs. Mais si, par improbable, elle était jouée un soir devant un public de Noirs, il faudrait qu'à chaque représentation un Blanc fut invité – mâle ou femelle »[1]. Le marquage entre la scène et la salle est si fort, si résolument ancré dans une logique d'opposition, dans la volonté de Genet d'informer tout lecteur que la distribution des rôles est noire face à un public de Blancs, qu'il peut en effet susciter une transmutation musicale, une action lyrique, une dramaturgie se situant ailleurs que dans les présupposés esthétiques rattachés à l'histoire et aux dictats de la musique contemporaine. C'est ici, me semble-t-il, que la langue de Genet croise ostensiblement les priorités de Michaël Levinas. Certes, il s'agit d'un opéra. Certes, le compositeur n'est pas étranger à une réflexion sur l'évolution du genre. Mais au-delà des conditions de possibilités de survivance d'un genre habité par des codes et des conventions aussi séculaires, la démarche de « sourcier » revendiquée par Michaël Levinas oppose de vives résistances à un art dont les relais entre écriture dramatique et dramaturgie musicale ont fait l'objet d'investigations les plus audacieuses comme les plus académiques depuis la fin des années soixante-dix. Ce texte qui dérange et qui trompe son lecteur, son public, peut-être même son écrivain, dérange aussi le compositeur qui a jeté son dévolu sur lui pour faire renaître son œuvre à l'utopie de l'opéra.

Il faut rappeler que Genet lui-même rêvait d'un « opéra fabuleux » ; d'une œuvre dont le cérémonial est si prolixe, si construit dans un jeu de miroirs, que le passage au lyrique peut avoir lieu et déclarer ouvert le glissement du « caractère cérémoniel »[2] au spectaculaire. Les personnages eux-mêmes sont happés par ce cérémonial. La mascarade dont parle Genet dans ses lettres adressées à Roger Blin est le corollaire de cette sensibilité théâtrale mixte, appartenant simultanément à la littérature et à l'opéra. Dans une de ses répliques, Félicité répondant à la Reine évoque cette co-appartenance des *Nègres*, cette subtilité quasi herméneutique contenue dans ce que

1. J. Genet, *Les Nègres*, *op. cit.*, p. 13.

2. Expression utilisée par Jean-Paul Sartre pour définir les intentions dramatiques de Genet, conférence donnée à Bonn le 4 décembre 1966 intitulée « Mythe et réalité du théâtre ». Texte publié dans le périodique belge *Le Point* en janvier 1967 et repris dans *Un Théâtre de situations*, textes choisis et présentés par Michel Contat et Michel Rybalka, Idées-Gallimard, n° 295, p. 171.

Michaël Levinas entend comme « musique et musique »[1], les fameux sons tambourinés, faisant de cette pièce une œuvre authentiquement tragique et authentiquement lyrique : « Le lait sera noir, le sucre, le riz, le ciel, les colombes, l'espérance, seront noirs – l'opéra aussi, où nous irons, noires, dans les Rolls noires, saluer des rois noirs, entendre une musique de cuivre sous les lustres de cristal noir ... »[2].

genèse et génétique de l'opéra

C'est dans la langue de Genet qu'il faut chercher le thème du lyrisme moderne ; un lyrisme en vigueur dans le monde occidental, celui d'un désespoir qui se dénonce lui-même, cherchant à échapper à la fatalité en se réfugiant dans l'inauthentique, la clownerie, la comédie, bref, l'opéra-bouffe. Une manière comme une autre de conjurer l'action, de faire en sorte que le cérémonial avance en dérapant, emportant avec lui l'imagerie d'un théâtre dans le théâtre ; préfiguration d'un opéra à venir que Genet appelait de ses vœux. Il n'y a pas de texte dramatique qui puisse accéder à une dimension lyrique sans une permanence dans les obsessions d'un monde dont il s'empare et dont il vampirise les contenus. Et pour Genet, cette concordance du récit, de la mise en intrigue et de l'événement est à chercher, comme il le dit lui-même, « dans le monde occidental, de plus en plus touché par la mort, et tourné vers elle (le théâtre), ne peut que raffiner dans la "réflexion" de comédie de comédie, de reflet de reflet qu'un jeu cérémonieux pourrait rendre exquis et proche de l'invisibilité ». Les références à la mort abondent chez Genet. Elles sont comme le simulacre d'un théâtre rivé à des corps qui souffrent autant qu'ils jouissent. Or, souffrance et jouissance sont des ingrédients types de la scène lyrique ; des paradigmes d'affects. Dans l'histoire de l'opéra, la mort rôde, partout, souvent scellée à des offrandes amoureuses, par essence sacrificielles. Dans l'adaptation que Michaël Levinas a fait de la pièce, nous trouvons dans l'Acte III scène six une réplique essentielle, exprimée par la bouche de La Reine : « Nous sommes des comédiens. Notre massacre sera lyrique. Messieurs, vos masques ». C'est donc en chantant que le crime aura lieu, du moins, en tant que lecteur, nous le supposons. C'est avec un simulacre de chant que le jugement sera rendu, que Village et Vertu se rejoindront pour ne plus se quitter, que le rideau noir qui formait le fond de scène se lèvera et que tous

1. *Musique et musique* est le titre d'une œuvre de Michaël Levinas, composée en 1975.

2. *Ibid.*, p. 155.

les *Nègres* se débarrasseront de leurs masques, debout, autour d'un catafalque drapé de blanc. Et c'est à ce moment précis que se feront entendre les premières mesures du menuet de *Don Juan* de Mozart. Genet ne nous dit pas à quel massacre lyrique il songe, mais il était convaincu que dans nos villes, le seul lieu qui conviendrait encore à la conception et l'édification d'un théâtre serait un cimetière. Et pour exemplifier ses propos, il fait appel à l'opéra, celui qui l'obséda et le fascina toute sa vie durant, allant jusqu'à identifier, me semble-t-il, le personnage de Village à celui de Don Juan, au motif de ses nombreuses conquêtes : « Qu'on songe à ce que serait la sortie de spectateurs après le *Don Juan* de Mozart, s'en allant parmi les morts couchés dans la terre, avant de rentrer dans la vie profane. Les conversations ni le silence ne seraient pas les mêmes qu'à la sortie d'un théâtre parigot »[1].

La pratique de l'écart se resserre. Se resserre aussi la séparation de la scène à l'italienne et du public pourtant si essentielle dans *Les Nègres*. Après le spectacle, le commun des mortels s'en retourne chez lui. Pour faire durer le plaisir, pour que le lyrisme de la langue ne lui échappe pas et pour qu'il puisse s'en imprégner, il prend soin d'effectuer un ultime détour en un lieu censé réunir toutes les composantes du drame et faire taire une fois pour toutes le récit; un lieu de mort d'où se dégage une odeur de mort. De mort humaine et de mort de la narration. Ce détour est comparable à la façon dont les thèmes, les mélodies, les airs d'opéra s'incrustent dans notre inconscient, s'impriment dans nos corps, ne nous laissant de répit qu'au moment précis où nous installons une frontière infranchissable entre l'espace profane de notre vie et l'espace sacré du théâtre. N'importe où dans le spectacle visible que pointe la musique, se creuse cet infranchissable, inscrivant sur la scène lyrique une distance où se maintient l'alliance tacite entre ce que l'on voit, ce que l'on entend. À ce moment là, l'écriture dramatique n'est plus à lire, mais à écouter. Le découpage musical dit les différences. Nous sommes dans un théâtre triface, langue, chant et vision, disposé de telle sorte que le commentaire de l'un est en même temps celui de l'autre. L'infranchissable : c'est exactement le moment où se dessine pour Michaël Levinas une genèse possible de son opéra. Il y aurait dans le théâtre de Genet un geste littéraire tourné vers l'opéra. En dépit de toutes les tentatives d'éradiquer les zones de lisibilité des deux espaces voués à ne jamais

1. *Cf.*, « L'étrange mot de … », in *Œuvres complètes*, t. IV, Paris, 1968.

se rencontrer, la frontière resurgit, irréductible, insécable, irréconciliable. Et c'est bien là que résiderait ce que Pierre Brunel appelle dans un très beau texte consacré aux *Nègres*, « Tentation et refus de l'opéra »[1]. À quelle distance le compositeur se place-t-il pour faire entrer sa musique dans cette danse macabre, dans cet entrelacs de masques dont la langue frôle l'agonie, dans ce théâtre qui se promène avec son double : l'opéra ? Il est vrai qu'une des tendances de la création théâtrale comme de la création lyrique réside dans le déplacement des conventions pour faire apparaître davantage la force primitive du drame. Paradoxe d'une œuvre dont la puissance théâtrale réside dans l'exploration d'une limite que Levinas a d'emblée entendue. Une limite et un excès, une surabondance que la musique accueille avec toute l'hospitalité dont elle a fait preuve dans l'histoire de l'opéra. Une hospitalité à son tour débordante qui peut le cas échéant infléchir le texte dramatique vers une écoute qui l'éloigne de son lieu d'origine, et surtout, qui émancipe la littéralité de la lecture. C'est sur cette démesure de la langue, de l'hypertrophie du signifiant, que s'effectue le transfert à la musique. Pour l'ouverture des *Nègres*, Michaël Levinas est allé jusqu'à composer pour soixante voix réelles auxquelles il a ajouté des voix noires échantillonnées sur ordinateurs qui prononcent des consonnes tambourinées. Cette écriture polyphonique est présentée dans une totale continuité mélodique aux cordes, aux cuivres et orgue de barbarie. Les clarinettes, les percussions, le piano et les flûtes se déplacent en mouvement contraire, reprenant à leur compte les lignes conjointes issues du principe de démultiplication des octaves, en les redistribuant autrement. Michaël Levinas explore ici une écriture polyphonique, une figure de spirale génératrice de l'ensemble des *leitmotiv*, évoquant la danse et la transe. Reprenant l'idée des phénomènes paradoxaux qu'il emprunte à Jean-Claude Risset, il suscite par l'écriture d'autres types de phénomènes, des octaviations et des diagonales contrapuntiques complexes, tant sur le plan de la notation que sur le plan psychoacoustique. Le compositeur fait ainsi aboutir un langage harmonique déjà très présent dans son précédent opéra, *Go-gol*. La polymodalité, la micro-intervallité ainsi que les nappes harmoniques d'origine polyphonique, toutes ces échelles mises en présence dans l'ouverture servent à la narration du simulacre et accompagnent dans le premier acte le thème de la couleur, *Dieu est blanc*, annoncé par Village dès la scène quatre. Les structurations de

1. *Cf.*, titre du texte publié dans *Les Nègres au port de la lune : Genet et les différences*, Paris, La Différence, CDN Bordeaux, 1988, p. 1988.

ces différentes échelles sont également à l'origine des structurations des différentes vitesses affectées au récit. Une réplique musicale directe aux propos tenus par Village, que Michaël Levinas entrecoupe par plusieurs intrusions du chœur : « Mais je reste libre d'aller vite ou lentement dans mon récit et dans mon jeu. Je peux me mouvoir au ralenti... Je peux multiplier ou allonger les soupirs, me reposer au milieu d'une phrase ou d'un mot. D'ailleurs, je suis fatigué ... » (Acte I, scène quatre). Ce passage est orchestré comme une scène d'Offenbach. Peut-être s'agit-il d'une lointaine réminiscence de *La Chauve Souris*. Il débouchera plus tard sur un thème en forme de comptine tiré de *Nous n'irons plus aux bois*; comptine du *Charmant Négrillon.*

On pourrait avancer l'hypothèse que l'excès de langue est pris en charge par la musique, rééquilibrant ainsi un texte qui se caractérise par la démesure. La langue de Genet n'excède-t-elle pas ce qu'elle cherche à conjurer, ou à déverser de façon ostentatoire dans un rythme et un débit que Michaël Levinas qualifie de « tambouriné » ? Cette limite ne représente-t-elle pas le passage à une autre dimension, le glissement d'un théâtre dans le théâtre à un théâtre et son double, fabriqué dans un autre moule, une autre temporalité, un autre langage se déployant sur un même texte ayant subi quelques resserrements dramatiques ? Nous sommes loin d'une conception purement mentale ou symboliste du théâtre lyrique, mais plutôt dans une conception où la musique matérialise la langue sans pourtant la décrire ou la représenter ; une conception agissante de la dramaturgie, dans laquelle les motifs ont une physionomie organique, à tel point que le compositeur a dégagé des structures mélodiques qui ont valeur de thème. Ces thèmes sont élaborés comme des *leitmotiv* afin de scander la trajectoire du récit entrecoupée d'une métaphore de rire orchestré : thèmes de la couleur, de l'amour, de l'odeur, de la trahison. Des thèmes synonymes de torpille qui prennent la couleur de l'action, qui se substituent à elle et la conduisent jusqu'à son dénouement fatal. Un heureux dénouement, exaltant la victoire du duo d'amour entre Village et Vertu.

Arrêtons-nous un instant sur ce rire. Dès les deux premiers mots d'Archibald, « Mesdames, Messieurs ... », le rire envahit la scène, interrompt la tirade d'Archibald et instaure une sonorité incongrue au moment précis où une action est censée se dessiner. Jean Genet prend soin d'indiquer dans le texte, dans une parenthèse qui est un commentaire dont on peut déceler le profil musical : « (La Cour éclate d'un rire très

aigu, mais très bien orchestré. Ce n'est pas un texte en liberté. À ce rire, répond un même rire, mais plus aigu encore, des Nègres qui sont autour d'Archibald. Déconcertée, la Cour se tait) ». Michaël Levinas isole le rire aigu et orchestré ; un équivalent ou un double du texte qui traverse la pièce, devenant un élément unificateur et formel. De même, dès sa première lecture, Michaël Levinas a isolé les visites de Ville de Saint-Nazaire pour des raisons analogues. Ville de Saint-Nazaire est le seul personnage venant régulièrement sur scène, tout en restant en contact avec la révolte noire. C'est lui qui informe Archibald de l'évolution du jugement de Village, jusqu'au point culminant où ce dernier sera exécuté. Musicalement, il sert à relier différents espaces, différentes vitesses de narration et différentes chronologies. Il contribue à faire perdurer le vertige et l'énigme de l'action. Isoler revient à décentrer la trajectoire, à passer de la relation entre les mots qui est celle entre les choses, à la relation du son à la chose. Isoler revient à connecter la musique à l'événement. Levinas isole par trois fois les chants de Dahomey dévolus à Félicité. Les deux premiers encadrent la scène du simulacre, et le dernier revient au troisième acte au moment où Félicité s'affronte à La Reine. Levinas construit ce chant par transformations mélodiques progressives, toujours annoncées par deux quintes successives (*la-mi*, *mi-si*) sur les mots réitérés, « Dahomey, Dahomey ... ». La musique ne
peut en aucun cas paraphraser le texte. Et d'ailleurs, comment le ferait-elle ? Quelle musique pourrait raconter l'histoire de *Nègres* offrant un spectacle à un public blanc, tout en se jouant le spectacle entre eux ? Quelle musique pourrait raconter l'histoire de *Nègres* mettant un masque blanc (la Cour) pour jouer les Blancs ? Ou encore, quelle musique peut nous faire distinguer une hostie blanche d'une hostie noire ? Reste l'idée et la référence ; le masque et l'identité, la transgression et les valeurs infranchissables. Dans tous les cas de figure, une absence totale de compromis, car il nous est clairement déclaré par Le Missionnaire que l'hostie ne sera jamais grise. Scène 3 acte I, le thème de la couleur est préfiguré et par la voix parlée d'Archibald, et par les sons tambourinés, et par le chœur : « Le tragique sera dans la couleur noire. C'est elle que vous chérirez, rejoindrez, mériterez. C'est elle qu'il faudra gagner ».

Le thème de la couleur représente pour Michaël Levinas un élément religieux, une métaphore de la pureté. En effet, la scène 6 de l'acte I intitulée « Dieu est blanc » nous instruit quant à ces procédés de ralentissement ou de gel de l'action chers au compositeur. Pour arriver à embrasser l'ensemble du texte, il lui fallait intégrer ces différentes grilles de permutations rythmiques comme de permutations de certaines phrases ou de certains dialogues. Une référence directe à *Momente* de Karlheinz Stockhausen. Du point de vue formel, certaines structures de dialogues ont été conçues dans une totale autonomie avant d'être agencées en plusieurs strates, rejoignant la polyphonie des chronologies. Certaines phrases ou certains mots ont subi des effets d'interpolations à l'intérieur de chacune de ces strates, ou des déplacements dans un contexte où elles opèrent un effet de surprise à force de réitération. De cette fable féroce transmutée dans un opéra, il faut retenir quelques traits, quelques topiques sur lesquels la perception viendrait se poser pour mieux en sentir l'humus. Tout d'abord, les permutations de vitesses. Statisme, accélération et ralenti sont des principes narratifs en vigueur dans la pièce de Genet. Ces principes interrogent le rapport au langage et à ses dérivés. Michaël Levinas les formalise et les identifie à des thèmes, car en dehors du tissage mélodique fabriqué à partir des motifs, la plupart des personnages possèdent un aria qui leur est propre, restant indépendant ou se transformant en leitmotiv : Airs d'Archibald, de Bobo, de Neige, de Diouf, ou de Félicité. Parfois les airs se répondent : celui de Neige, appelé *Air de la jalousie* est repris trois fois, par Neige, puis par Diouf, puis par Vertu. Village possède plusieurs airs passant de l'état d'aria à l'état de *leitmotiv*. Une manière de *ritournelle* au sens où l'emploie Deleuze. C'est le chant qui remonte à la surface du tragique lorsqu'on est en présence d'une question essentielle. La présence de l'air en tant que moment autonome et inscrit dans les plis formels de l'opéra comme de la syntaxe musicale stipule en creux pour Michaël Levinas la permanence d'une réflexion herméneutique sur l'interprétation du texte dramatique. Qui parle vrai dans *Les Nègres* ? Le ou les crimes ont-ils bien lieu? On connaît les détours et digressions que prend Genet pour camper un décor entièrement faux comme entièrement vrai : Village a violé une Blanche, puis l'a tuée. Dans la première scène, une jeune fille les yeux bandés, désigne, en vue d'un rituel énigmatique, ceux qui joueront les protagonistes noirs et ceux qui joueront les spectateurs blancs de cette parodie à plusieurs tiroirs narratifs, dont les ritournelles se perdent dans la recherche de la vérité. Les blancs représentent les figures de la Cour (La Reine, le Gouverneur, le Valet, le Juge, le Missionnaire). Ils s'accoutrent de frusques, grâce auxquelles ils battent le rappel du masque conformément à l'exigence de leur rôle. Mais l'affublement crée la fonction, crée le mythe et l'opéra. Ainsi vêtus et chaussés de cothurnes, ils s'installent aux corbeilles. Ils sont blancs, assurés de leur couleur, et c'est en tant que « vrais » blancs qu'ils vont s'imposer comme « faux » public, en vis-à-vis d'un « vrai » public. Et à quoi vont-ils assister? À l'enterrement de leur propre histoire; l'enterrement de la domination sur un peuple opprimé et colonisé. En bas, sur la scène, c'est Archibald qui mène le jeu. Levinas dirait qu'il mène la danse et la transe. Près du cercueil de la victime recouvert d'un linceul, les personnages noirs de la pièce déroulent l'archéologie des faits. Fausse ou vraie reconstitution? Chacun joue son propre rôle jusqu'au moment où la narration bascule : viol, crime et faux procès n'étaient que farce et illusion. Le tragique est bien là, mais il se déroule ailleurs, en dehors de la scène et de ses mascarades. Un autre procès a lieu, celui d'un noir qui a trahi les siens et qui sera jugé par les siens. Plusieurs temporalités narratives se dessinent et s'embrouillent. Voici que Ville de Saint-Nazaire courant du plateau aux coulisses nous tient informé du déroulement auquel nous n'assistons pas. À chaque entrée sur scène, il interrompt cependant le vrai/faux simulacre du meurtre de la femme blanche, introduisant ainsi une nouvelle dimension de la représentation. Le rebondissement du rebondissement; l'essence de l'opéra et son double. L'équation théâtrale donne sens à la trajectoire et au dénouement, mais, chemin faisant, en cette équation, c'est un autre théâtre qui surgit, celui dont s'empare Michaël Levinas. C'est du Genet, qui théâtralement est à la recherche de la vérité sur le ton du mensonge : « Si je suis tout seul, je parle peut-être un peu vrai. Si je suis avec quelqu'un, je mens. Je suis à côté »[1]. Le bord, le « à côté » : c'est à force de décentrement et de contraction du texte que Les *Nègres* de Genet sont devenus *Les Nègres* de Levinas.

Par ailleurs, Michaël Levinas a isolé des bribes de répliques qui lui paraissent précisément répondre d'une nécessité dramaturgique récurrente : l'invective des sons tambourinés dans des scènes qu'il considère comme l'expression d'une transe. Aussi, des phrases telles que « Le tragique sera dans la couleur noire ... (Archibald) », ou encore, « Qu'on dresse le tribunal ... (Le Juge) », sonnent-ils comme des idiolectes détachés de leur attribution à un unique rôle, afin d'être redistribués collectivement. Il y aurait chez Genet un martèlement de la langue qui sonne pour Levinas comme des slogans. Dans un cadre lyrique, ils exercent brusquement une fonction chorégraphique assimilable à la transe. Cette déconstruction de la dramaturgie s'articule autour d'un phénomène de diachronie avec le texte.

1. Jean Genet, entretien avec Hubert Fichte, p. 57.

Le découpage de Michaël Levinas relève également d'une logique dramaturgique qui se détourne momentanément de la question du dénouement de la pièce pour s'interroger sur la façon dont on parle, dans les *Nègres* de ce que l'on va jouer, tout en jouant ce que l'on joue. Aussi, l'opéra est-il découpé en trois actes comprenant respectivement six scènes, seize scènes et neuf scènes. À la diachronie du récit et de la musique correspond une succession d'événements ordonnés selon des vitesses différentes, des accélérations, des ralentissements, ou encore des simulacres d'arrêts sur image qui effleurent sensiblement l'action et renforce le côté hyperbolique du texte de Genet. Michaël Levinas perçoit cette figure d'hyperbole comme « une langue née de la tradition française tout en annonçant le rap »[1]. Une langue palimpseste qui en cacherait plusieurs autres. La musique les mettrait en scène en recourant à des voix noires, toutes, sans exception. Il s'agissait pour le compositeur d'entrer dans cette clownerie traversée par des éléments mimétiques, tout en préservant le caractère énigmatique d'une pièce dont la première lecture en 2001 lui donna l'impression qu'on ne pouvait pas la saisir globalement ; qu'on ne pouvait en suivre qu'une partie, « comme une polyphonie dont on ne lirait qu'une seule voix »[2]. Une lecture

métonymique que le compositeur a voulu instinctive et quasi inconsciente, se laissant guider par la phrase de Genet souvent construite sur des rebondissements, avec ou sans « e » muet pour l'accentuation, D'où l'idée d'une prosodie qui préserve l'intelligibilité du texte et qui met en exergue des sonorités induites de la répétition de certains mots, ou des formules d'où se dégagent la vibration de certaines assonances poétiques : le « gr » de « Il faut que les nègres se nègrent » ou de « grise » ; le « pr » de pralines ; le « tr » de trou ou de « Châtré ! Je suis châtré ! ... » (Le Missionnaire) ; la consonne « m » dans « Mes blancs moutons » que Levinas fait chanter par les chœurs à bouche fermée et qui deviendra le motif de « Dieu est blanc » ; ou encore les « m » de « masques », de « Mesdames, Messieurs » ; celui de « blême », de « crime », de « femme » et celui de « Marie » qui se prolonge dans les mots *mes*, *mon*, *ma* : « Ma-a-arie ! Ma-a-arie ! C'est l'heure de *mes* pralines et de *mon* aspirine, *ma* fille ! Et c'est l'heure de la prière » (Félicité). Une écoute concentrique de la langue de Genet, vertigineuse sur le plan de la structuration poétique, qui dévoile ses virtualités acoustiques, au travers un jeu de consonnes tambourinées qui se signifient elles-mêmes,

1. Jean Genet, entretien avec Hubert Fichte, p. 57.
2. Entretien avec Danielle Cohen-Levinas, décembre 2003.

et auxquelles Levinas donne la forme d'idéogrammes mutables et toujours susceptibles d'être transfigurés par un autre jeu : celui des échelles et de la concentration extrême de plusieurs chronologies simultanées. L'opéra porte en lui ce qui le rapporte à une langue dont la caractéristique est d'en déplier les motifs, de les figurer et de les mettre en série (*leitmotiv*). Une présence dramatique qui semble par là même perdre les attributs du lisible et du visible pour se replier toute entière dans l'audible. Utopie d'un opéra sans rebord et sans lieu.

apostropher le récit

Pour Michaël Levinas, la question de la concordance musique/texte, ou pour le dire autrement, écriture dramatique/dramaturgie musicale, ne relève pas d'une interprétation unilatérale ou trop redondante, ou encore détachée d'un contexte narratif. Dans *Les Nègres*, tout comme dans *Les lettres enlacées IV*[1], le compositeur développe la notion d'altération des échelles dans le temps. Cette notion affecte prioritairement la chronologie des événements et de l'action, cependant qu'une chronologie parallèle au récit de Genet incline la musique vers une superposition de chronologies issues du texte. Ce principe de stratification représente ce que l'on pourrait appeler l'utopie dramaturgique de l'opéra de Michaël Levinas. Stratifier le temps de l'action, c'est favoriser un non-lieu, une manière d'apostropher les repères narratifs ; une manière de s'approprier la référence tout en conservant la trajectoire. La hiérarchie des échelles fait advenir la chronologie du texte de Genet dans les chronologies dévolues à l'écriture musicale, renouant ainsi avec une axiologie tension/détente en vigueur dans la rhétorique lyrique. Le langage mélodique élaboré par le compositeur qui suscite l'effet de sens, de fable et de dramaturgie vraisemblable est entièrement pris dans l'ellipse des échelles qui peuvent être soit modales, soit tonales. La musique ne réduit pas le texte au silence, pas plus qu'elle ne lui concède une parole accessoire, ou ténue, ou anecdotique, dont le déchiffrement musical ne retiendrait que les processus de dislocation et de pulvérisation de l'action. La musique célèbre l'action. Elle explicite un théâtre emblématique, complexe sans pour autant répondre d'une logique de co-appartenance et de communicabilité significative. Jean-Paul Sartre entrevoyait dans *Les Nègres* la puissance incantatoire d'une « messe noire », nous préparant à un « acte sacrificiel ». Michaël Levinas, sensible à l'idée d'incan-

1. Quintette à cordes composé en 2000.

tation, privilégie l'expression de la danse et de la transe. Il choisit ainsi un signifiant qui puisse rendre compte de l'équivoque et du trouble de la narration. Comment la musique raconte-t-elle l'histoire des *Nègres*? Et d'ailleurs, doit-elle la raconter? Le passage à l'opéra se présente comme une opération négative qui, sans faire violence à l'écriture dramatique, force la résistance des mots, ne cède rien à l'abstraction formaliste de la combinatoire des sons et des processus, crée un effet de déplacement qui renforce la sauvagerie, la rend encore plus primordiale, peut-être même plus abominable. Un opéra de la cruauté. Nous n'irons pas jusqu'à convoquer les obsessions d'Antonin Artaud. C'est d'opéra qu'il s'agit, avec tout son cortège de références et de figures spectrales que Michaël Levinas n'hésite pas à faire advenir là où, contre toute attente, l'effroi règne, la crainte que la fiction à laquelle nous assistons nous soit adressée intimement, non pas à nous public anonyme venu nous divertir ou nous cultiver, mais à chacun d'entre nous. La première réplique d'Archibald sur laquelle commence *Les Nègres* nous le signifie d'entrée de jeu : « Mesdames, Messieurs ... [...] Nous nous embellissons pour vous plaire. Vous êtes blancs. Et spectateurs. Ce soir, nous jouerons pour vous ». Une phénoménologie de l'effroi, une danse sacrale faisant miroiter la solennité du rituel que représente l'opéra. La mise en perspective de soi-même par un théâtre qui fait éclater les contenus. D'un côté, le masque, de l'autre, la fiction lyrique. Une rencontre impossible, ou du moins, extravagante, à laquelle Michaël Levinas ne s'est pas soustrait. Les références musicales qui parcourent la pièce de Genet représentent pour la première fois dans le parcours de Levinas l'utopie d'un opéra qui croise, non seulement une véritable œuvre théâtrale, mais aussi les ombres lyriques qui l'habitent. Dire le texte, le prononcer, le haleter, le déplier vocalement, le cracher ou le crier ne sont pas des pratiques que l'on peut ranger au registre du chant. Passer du dire au chant fut le résultat d'une longue gestation dont les prémisses remontent à *La Conférence des oiseaux* (1984). L'interpellation, le cri, l'essoufflement répondent dans cette œuvre à mi-chemin entre le théâtre musical et l'opéra à ce que l'on pourrait appeler une infra vocalité qui tourne autour du texte d'Attar tout en évitant de le chanter pleinement. Dans *Go-gol* (1996), d'après la nouvelle de Gogol, *Le Manteau*, Michaël Levinas infléchit son goût très prononcé pour l'opéra et la dramaturgie vers un univers instrumental plus affirmé. Le texte est chanté, mais conserve la trace de cette infra vocalité dont le traitement est lyrique. Il s'agit d'un chant diapré par des vocalités annexes simulées dans l'arsenal technologique élaboré à l'Ircam, des hybridations de timbres instrumentaux et vocaux qui ne retiennent de la narration que des bribes, des lambeaux. Une suggestion vocale du texte plus que le texte lui-même. Une dramaturgie musicale dont l'expression est celle d'un camaïeu. Lorsque le compositeur rencontre le théâtre de Genet, il sait d'ores et déjà que le texte des *Nègres* confèrera à la partition force et autorité. En quatre ans, il s'est frayé un chemin dans l'écriture de Genet comme s'il s'agissait d'une partition à plusieurs voix, les retenant une après l'autre, les effeuillant une à une. Sur chacune de ces voix il compose les mélodies, les airs et les motifs avant de les orchestrer. C'est ainsi que les compositeurs procédaient au XXe siècle, et c'est ainsi que Levinas enclenche l'idée génétique de son opéra. En apostrophant le récit, il en conserve une substance narrative profondément lyrique. Tout l'excès, toute la surenchère de langue et de niveaux de représentation sont comme réduits à quelques tropes. Une construction qui s'extrait de l'écriture dramatique pour mieux la retrouver et la mener vers un destin allégorique que seul l'opéra pouvait lui consacrer.

troisième partie

d'un messianisme lyrique

chapitre premier
permanence et interruption
les métamorphoses du sophiste

Le Roi n'est pas prisonnier du livret.
Luciano Berio, *Dialogue entre Toi et Moi*

Un long et difficile adieu? L'impératif textuel a ceci de signifiant dans la question de l'opéra au XXe siècle qu'il est un chant du cygne ininterrompu. Comme Berio qui a déjà commencé « à dire adieu à l'opéra voilà longtemps », mais qui, en dépit de ses convictions théoriques, continue à penser l'opéra et à en écrire – « c'est un long adieu » –, décliner toute tentation à l'égard d'une narration littéraire s'avère un acte dont la péroraison récurrente est le centre des préoccupations compositionnelles. D'où un déclin stabilisé dont la chute est en position ascendante. Le livret comme paradigme d'une fin à chaque fois rejouée. L'histoire du texte à l'opéra est synonyme de quête d'un récit qui peut « devenir un non récit »[1]. Cette exigence articule l'histoire de l'opéra en tant qu'alternance dialectique du *Dramma per musica* et du *Dramma in musica : prima la musica ... prima la parola ...*
Simple déplacement d'un idiome qui culmine dans les années 60 par une poétique de l'*œuvre ouverte.* La répartition synergique du texte et de la

1. L. Berio, « Entretien avec Umberto Eco », *Un Re in ascolto*, Paris, Opéra de Paris-Bastille, février 1991, p. 46.

musique atterrit dans un territoire aléatoire. L'interprète est un troisième idiome qui assure la synthèse des deux autres. Il devient :

> Le centre actif d'un réseau inépuisable de mutations parmi lesquelles il élabore sa propre forme, sans être déterminé par une nécessité dérivant de l'organisation même de l'œuvre [1].

Or, les inductions d'Eco affligent les artifices pré-compositionnels d'un opéra, en ce sens que la perspective dramaturgique est dictée par l'Idée du drame – narration ou effacement de narration inclus. L'interprétation subjective du texte est supplantée par un principe de création permanente non crypté, qui jouit d'un statut esthétique renouvelé au lieu de sa pratique. Eco n'omet pas de souligner que la notion d'*ouverture* fit l'objet d'un dialogue de Platon : *Le Sophiste* – le détour par la question de l'image explicite le rapport au tableau. Glissement de la pensée philosophique dans la perception esthétique. Les peintres pour le Sophiste ne représentent pas des personnages tels qu'ils sont, mais tels qu'ils sont regardés non pas nécessairement dans leur essence, mais dans l'angle où ils sont situés physiquement. L'œuvre ouverte est aussi un phénomène d'adaptation, d'équilibre dans le passage de l'objet fixé à l'objet projeté – désignation de mutabilité de l'œuvre musicale. Une part de la critique s'attache à considérer l'histoire de l'opéra dans ses imbrications textes/musiques comme une structure symbolique, indéterminée. Le postulat de Paul Valéry, « il n'y a pas de vrai sens d'un texte », est d'autant plus vrai dans l'expérience musicale qu'il réserve un taux de probabilités continuellement ouvertes sur un discours métaphorique, ambigu.

Est-ce pour autant que la figure de James Joyce, exemple seuil d'une conception littéraire comme miroir d'une ontologie contemporaine, entre dans la musique ? *Ulysse* et *Finnegans Wake* constituent une hyper-textualité fatale pour l'étape pré-textuelle révélant au compositeur le choix de son sujet/objet. L'œuvre littéraire résiste à l'œuvre musicale. La polyphonie des « dix-huit livres en dix-huit langues » telle que Joyce la qualifie bute contre une tautologie immanente au musical : la composition est un geste polyglotte qui, dans la question de l'opéra, a plutôt tendance à intégrer un geste univoque, ou du moins, uni-dimensionnel – multi-dimensionalité réalisée par la musique elle-même.

1. U. Eco, *L'œuvre ouverte*, trad. fr. C. Roux de Bézieux avec le concours d'A. Boucourechliev, Paris, Le Seuil, 1965, p. 18.

André Boucourechliev observe dans l'œuvre de Joyce un paradigme d'invention comparable au travail de Berg. La réflexion est tendue entre un écrivain et un compositeur, non entre un écrivain et un écrivain, comme si la langue d'*Ulysse* s'assimilait d'emblée à la langue musicale, en ce sens qu'elle se lit sur plusieurs registres et strates.
Ce réseau sémantique procède par analogies avec l'univers codé des sons et leurs organisations inter-paramétriques. Or, la langue de Joyce s'auto-suffit, à la manière des systèmes compositionnels sériels et spectraux éloignés de l'*écriture de la différence.* L'absence d'écriture de la différence dans la création littéraire comme dans la création musicale, explique en partie le désengagement de certains compositeurs à l'égard de l'opéra.
Pourquoi Pierre Boulez ou Iannis Xenakis ne se sont-ils pas encore attaqués à la grande forme lyrique ? Lorsqu'en 1974, Zoltàn Pesko demande à Pierre Boulez ce qu'il propose comme nouvelles relations entre les différentes singularités qui balisent un opéra, il répond en faisant le bilan d'une situation générale, et ses arguments se soldent par un *non-lieu* :

> Je trouve que la recherche d'un nouveau rapport entre la musique et le théâtre commence par une constatation négative [1].

Ce que Boulez réfute catégoriquement, c'est l'idée d'une intégration anecdotique de la musique à l'intérieur d'un projet d'ensemble …

> … ce qui donne l'impression que parfois dans nos expériences la musique n'est pas le plus important [2].

D'une certaine façon, le raisonnement de Boulez prolonge la critique d'Adorno qui estimait réactionnaire et nocif de ne pas assumer le verdict de l'histoire :

> Il n'est guère possible de formuler à partir de ces aspects négatifs des exigences *positives*, à savoir : comment construire aujourd'hui valablement un opéra ? Naïf, celui qui croit avoir accompli un exploit en tirant d'un roman de Kafka un livret, et en y ajoutant une partition plus ou moins primitive [3].

1. P. Boulez, « Entretien avec Pierre Boulez », *Musique en jeu*, n° 14, mai 1974, p. 96.
2. *Ibidem.*
3. T. W. Adorno, « Problèmes du théâtre lyrique contemporain », art. cit., p. 69.

Bien que la remarque vise plus particulièrement le compositeur Gottfried von Einem, auteur d'un opéra d'après le *Procès* de Kafka, Adorno soulève un point capital : le choix du livret. La référence initiale à James Joyce n'est pas fortuite. Un musicien est réceptif aux variations temporelles et narratives d'un texte. Mais comment parvient-il à réfuter les grands modèles littéraires du XXe siècle trop puissamment contemporains au lieu de leurs propres empiries ? La littérature ne peut pas ignorer aujourd'hui Borges, Kafka, Proust, Joyce, Thomas Mann, par exemple. Comment les compositeurs saisis par les variations de ces langues renoncent-ils à les détourner en vue d'une écriture d'opéra alors qu'elles représentent peut-être le modèle sémantique d'une nouvelle union de la musique et des mots ? D'où l'émergence du concept d'*œuvre ouverte* qui refuse de nommer l'objet texte ou l'objet musique ; d'où une perte de la cohérence textuelle dans le théâtre musical miné par le *geste* et la *gestique*. Ce qui fit dire à Boulez :

> Il n'y a pas en musique de talents ou de génies comme Genet ou Beckett, si l'on considère bien l'histoire des dernières décennies du théâtre musical [1].

Le présent de l'opéra au XXe siècle est l'otage des prédicats contradictoires. Autant l'œuvre de Kafka répond aux critères de l'œuvre ouverte pour l'histoire de la littérature, autant elle demeure un univers mythique et archétypal pour le compositeur, à même de nourrir son imagination. Distorsion de fait. En admettant que l'exégèse kafkaïenne ait recours à des inductions aussi prolixes que la philosophie, la psychanalyse, la sociologie, la théologie ou la textique, les perspectives qu'elles suscitent dans le champ de la composition constituent à travers ce que Julia Kristeva appelle une « morphophonématique » [2], à savoir une fracture sonore dans le système symbolique du langage, un champ *pré-textuel* ; le *pré-textuel* autorise des perturbations nominales, des glissements de la locution verbale à la locution musicale ; organisation transcompositionnelle qui donne lieu à des métamorphoses dans l'interprétation de la langue. Cet acte sophistiqué d'appropriation d'un système complexe par un autre système aussi complexe énonce, non pas un problème d'intégration, mais de distribution.

1. « Entretien avec Pierre Boulez », art. cit., p. 96.
2. J. Kristeva, *La révolution du langage poétique*, Paris, Le Seuil, 1974.

La méthode, singulière et empirique, procède d'une logique anaphorique – *ailleurs* que dans le musical ou le littéraire – et anagogique – au-delà du sens littéral. Que cette pratique soit désertée ne signifie pas qu'elle soit impensée. Philippe Manoury a détourné une nouvelle de Borges dans *Aleph* (1985), pour quatre chanteurs et quatre groupes d'orchestre, non pas dans un territoire narration/livret mais dans celui d'une musique *suggestive* d'un parcours inhérent à un modèle, comme un écho « pluri-angulaire »[1].

> Ce qui m'intéresse ici, c'est aussi l'idée d'une perception changeant avec l'observateur[2].

Un monde des Idées que Platon aurait sûrement soumis aux commentaires du *Sophiste*. La littérature dessine des chemins, non des livrets. Idée conductrice de *grammatologie* sonore. La force de l'écriture musicale réside dans son immanence d'anamnèse – une fonction symbolique et allégorique où les *rhizomes* parcourent des mémoires successives dans un même lieu. Le cas d'*Aleph* est symptomatique. Borges travaille à une idée qui n'est pas racontée : l'univers est contenu dans un point mobile dont le déplacement engendre une mutabilité de l'univers.

> L'œuvre que j'ai écrite à partir de cette idée repose entièrement sur une cellule génératrice unique, sorte d'*aleph* musical dont les éléments, exprimés dans une perspective à chaque fois nouvelle, donnent naissance à des configurations différentes[3].

Chercher l'*aleph* revient à créer l'idiome qui figurera les profils de chaque cellule mélodique, profils d'accords, de rythmes et de timbres pour *narrer* conceptuellement une idée métaphysique.

En 1982, Philippe Manoury s'était déjà confronté à l'œuvre de Borges pour *Zeitlauf* (chœur mixte, treize instruments, bande magnétique et système électroacoustique). La nouvelle *Zeitlauf*, extraite du recueil *Fictions*, est une vision entremêlée du concept de mémoire et perception, autour de l'histoire obsessionnelle d'un paralytique dont la mémoire hypertrophiée devient le creuset de son handicap. La musique de Manoury est du côté de l'anamorphose. L'idée d'un trop plein d'informations à formaliser dans l'écriture est le lieu d'une anamnèse dialectique, entre accumulation

1. Ph. Manoury, « Les points de vue de Borges », *in* A. Galliari, *Six musiciens en quête d'auteurs*, Paris, Pro Musica, 1991.
2. *Ibid.*, p. 64.
3. *Ibid.*, p. 68.

et épure. Soit l'anamnèse explose, soit elle implose; soit encore elle se simplifie, soit elle s'efface.

> J'ai tenté dans *Zeitlauf* de développer certains principes formels qui reprennent à la fois la complémentarité et l'opposition du couple mémoire / oubli [...]. C'est ainsi qu'une idée musicale comportant deux plans sonores pourra être reprise ultérieurement, tronquée de moitié [1].

Sorte de court-circuit de l'idée qui provoque un court-circuit de l'histoire et un court-circuit de l'objet. Les inductions musicales qu'un auteur comme Borges entraîne ne sont pas relatives à la lecture, mais plutôt à la perception. Les caractéristiques textuelles sont perdues dans la musique au profit d'une ingérence pré-textuelle – les *métamorphoses du Sophiste*, parce que ce qui est écrit au départ est gommé à l'arrivée. Demeure le palimpseste. En filigrane de ces observations, une évidence apparaît. La fréquence de la fiction conceptuelle ainsi que le dispositif sémiotique qui tend à se dissoudre dans un territoire musical creusent néanmoins une béance dans la question du livret, le lieu d'une autre alternative : le signifiant. Dans l'histoire de l'opéra au XXe siècle, telle que les catégories philologiques peuvent l'édifier, le texte est considéré soit comme un objet formel, relevant d'une architectonique de la partition; soit comme un objet sémantique dépourvu de sujet, donc de psychologie, permettant à la musique d'interroger une extériorité qui propulsera ses contraintes historiques vers un horizon d'attente intermédiaire, entre le lyrique et le paralyrique; soit comme un pré-texte, une volontaire échappée indéterminée pour sémiotiser l'écriture musicale, pour la rendre plus immédiatement théâtrale; soit comme une langue à part entière, signifiante et intentionnelle, renforçant l'image dialectique de la musique par un refus de clandestinité; soit comme un plus, un prolongement *semiosis* du musical dans le textuel, pour autant que l'objet emprunté soit muni de structures peu vulnérables, pouvant articuler des fonctions, des intercommunications. Histoire d'une langue musicale joignant par l'imposition d'une langue signifiante la diachronie à la synchronie. Le messianisme lyrique s'ouvre à la variation, interceptant la réalité de l'événement comme une production temporelle imprévisible – avec et contre la dialectique. Si le sujet dans l'opéra reste sémiotique, le système qu'il déclenche ne l'est pas forcément, ce qui endigue la trace symbolique du dispositif critique selon lequel je pense ce que je vois, j'historicise ce que j'entends, je dialectise la

1. *Ibid.*, p. 70.

résultante des deux, j'objective la structure de la représentation. Le miroir opéra se fixe pour projet de piéger la conscience du monde par l'unique outil avec lequel elle l'ordonnance : la langue. Nous sommes ici en présence d'un genre qui renvoie à l'organisation sociale, après l'avoir toujours emblématisée, une dialectique à l'œuvre, en effet négative, à l'instar de toutes les mutilations théoriques qu'Adorno déverse sur l'opéra. Les compositeurs italiens sont particulièrement exposés, soumis à la spatialité et à la temporalité du lieu lyrique par un attachement indélébile au passé. Lorsque Luigi Dallapiccola composa *Il Prigioniero* (1944-1948, pour grand orchestre, chœurs, orgue, groupe de cuivres et un carillon en coulisse), sa défiance à l'égard d'un livret comme sujet le pousse vers une pratique néo-*Gesamtkunstwerk* où le compositeur est l'auteur du drame. Le partage de la tradition avec la modernité accuse l'enjeu. D'un côté, Dallapiccola excelle dans une technique expressive proche de Monteverdi ...

> ... auquel on doit la plus complète et parfaite interprétation musicale de la parole qu'on ait jamais eue [1].

De l'autre, il est un des seuls compositeurs italiens dans les années 30 et ultérieures à revendiquer la synthèse de la série dodécaphonique de Schoenberg et de la couleur madrigaliste issue des madrigaux d'Orazio Vecchi, sous-tendue par le concept de Ferrucio Busoni : la polyphonie, principe intemporel.

> Celui qui souhaitait prendre la voie de la musique de douze sons devait compter entièrement sur ses propres capacités [2].

À première vue, la démarche de Dallapiccola semble faire son entrée dans le monde de l'opéra sous le parrainage d'une incongruité esthétique que la question du livret va rendre plus phénoménale. Il oppose à la réductibilité du mythe autour d'un seul modèle l'irréductibilité de la conscience historique à plusieurs identités singulières. De James Joyce, chez qui il transmute « l'amour du mot » en « amour de la note », il s'ouvre à la virtuosité mutable des mots à l'intérieur des lois d'unité de temps – *Journée du 16 juin 1904* – et d'unité de lieu – *Dublin*. Il conserve l'idée d'une fracture permanente des variations, d'une discontinuité de la forme à l'intérieur d'un cadre chronologique. Le fait lyrique organise le chaos des signes, les

1. L. Dallapiccola, « Per una rappresentazione de *Il Ritorno di Ulisse in patria* » in *Il Prigionero*, Paris, Théâtre du Châtelet, programme, avril 1992, p. 24.
2. *Ibid.*, p. 25.

probabilités d'intersections fortuites ou spéculées, l'information baroque d'arguments hétérogènes; en définitive, une dialectique de l'anti-dialectique. Après James Joyce comme effigie conceptuelle, Dallapiccola a recours à l'œuvre de Proust comme épopée de la mémoire dans laquelle il précise, par le jeu des métamorphoses du Sophiste, une « définition rythmique et mélodique » des structures topologiques du lieu lyrique. Polarités de temps sur polarités de sens sur polarités de timbres et distribution des voix : nouveau palimpseste comme carrefour d'objets qui possèdent des propriétés *in situ*. Troisième et dernier modèle : le monde en action, celui des années 30 et 40. Dallapiccola dé-programme la tendance hédoniste du néo-madrigalisme à une sensibilité contemporaine qu'il nominalise par *protest-music* : engagement contre l'oppression, la captivité, la douleur éthique.

> Il ne m'est pas possible, précise-t-il, de parler du *Prigioniero* sans me référer brièvement aux *Canti di prigionia*, dont l'idée me vint sur-le-champ, lorsque, le 1er septembre 1938, j'entendis à la radio la voix de Mussolini déclarer qu'était venu le moment, en Italie aussi, de déclencher la campagne antisémite. J'aurais voulu protester; mais je n'étais pas assez naïf pour ignorer que, dans un régime totalitaire, l'individu isolé est impuissant[1].

L'utopie d'une œuvre totale contemporaine filtrée par la mémoire et l'émancipation de différentes sources musicales. Ne pas se laisser séduire par la *Dichtung* (poésie) au détriment de la *Wahrheit* (vérité), selon les propres termes de Dallapiccola :

> j'ai donc dû exercer ma mémoire pour ramener à la surface des événements très lointains, et repenser à des moments très particuliers de ma formation culturelle, revivre dans un monde qui a désormais cessé d'exister[2].

Le livret est un mirage. Il a cessé d'être un mythe. Un long et difficile adieu qui se solde aujourd'hui par des retrouvailles. La crise de l'opéra dans l'histoire du texte est une érosion supplémentaire, un accident transversal qui parvient à déloger le principe interne de déroulement. La langue se déroule d'elle-même, le long d'un dispositif ami. Le livret, c'est le regard d'un texte à qui l'on propose une migration sonique. On pourrait éluder la question en disant que peu importe le sens, du moment qu'il affleure au dessus d'une figuration de notes, comme en son dedans. La réciprocité n'est pas un phénomène spécifique à l'opéra. Ce que la musique doit au texte, le

1. « Notes sur mon *Prigioniero* », *Ibid.*, p. 27.
2. *Ibid.*

texte ne le doit pas obligatoirement à la musique. La réciprocité est une des caractéristiques immédiates de la tragédie grecque qui maintient l'altérité radicale des « langues visuelles », corporelles, théâtrales et musicales.
L'opéra ne tient que par la prise de possession du texte par la musique, contrairement à la tragédie antique que Xenakis compare au Nô japonais :

> ... séparez, dans le théâtre Nô, la musique de l'action scénique ou l'action scénique de la musique : le résultat sera à chaque fois probant. Cette forme là se prête à tous les tests susceptibles d'examiner sa validité théâtrale. Même isolé, chaque élément du Nô conserve tout son intérêt[1].

Il faudrait pouvoir imaginer un récit sans dépouille, échappant à la banalisation dans le corps des sons, tel le mythe d'Argos, le dieu aux yeux multiples – échappant à la banalité parce que, comme la figure de Dionysos, il est libre d'entrer et de sortir du monde civilisé : la cité. Qu'advient-il de la musique si le texte atteint les limites de sa liberté, comme s'il palpait le son, sans être réduit à l'état de prétexte ? Pour l'*Orestie*, Xenakis a pensé la transmutation musicale « selon le rythme et la phonétique du grec moderne »[2], en évitant de chercher la psychologie de l'histoire. On peut donc circonscrire le champ épistémologique du livret et laisser à la musique le soin d'en établir la taxinomie. De là, les deux directions qu'il prend désormais : narration avec récit ; récit sans narration. « Penser le livret, c'est déjà commencer à penser la musique »[3] – pour Betsy Jolas, la collaboration est un geste initial qui accompagne le choix du livret, l'opéra étant « un moment de musique dans lequel on chante constamment »[4]. Avec le *Cyclope*, Betsy Jolas détourne la narration vers la diction. Les chanteurs sont des comédiens. Noter le récit signifie noter les valeurs du dire pour exprimer l'idée d'un débit mélodique. Dans ce cas précis, distribuer et formaliser ne produisent qu'une seule et même empirie. Le signe perçu par la diction restitue la cohérence de l'action. Exemple d'une langue affranchie du texte, dans l'interstice de procédures d'élocution où elle joue avec elle-même. Quant à sa similitude avec la musique, au lieu qu'elle ait besoin d'une écriture de la différence, elle est le substrat quasi-indifférencié, ce sur quoi les instruments établissent des connexions de timbres avec les voix. Le *Cyclope* est donc une expérience liminaire, « une aventure profonde dans la

1. I. Xenakis, « Eschyle, un théâtre total », *Six musiciens en quête d'auteurs*, Paris, Pro Musica, 1991, p. 33.
2. *Ibid.*, p. 30.
3. B. Jolas, *Réponse à un questionnaire de Danielle Cohen-Levinas*, Paris, décembre 1991.
4. B. Jolas, *Entretien avec Danielle Cohen-Levinas*, Paris, décembre 1987.

nappe des continuités »[1], établissant un nouvel ordre de représentation, flexible, mêlant le symbole à la synecdoque, susceptible de fonder ce que l'on pourrait appeler le dévoilement des métamorphoses : le timbre du texte, et non plus son maquillage. Dans l'échelle des possibles, la réversibilité de la narration-récit et du récit sans narration repose sur l'anatomie de la diction – le signifiant peut être considéré comme un mensonge car l'expression advient dans la musique sans anéantissement du récit. S'il existe pour le texte un temps musical, il n'est pas celui de la narration; il n'est pas dans l'esthétique positive, à savoir, dans la rationalité du sens. Il s'inscrit dans l'esthétique négative : au creux du discours.

La langue de Heiner Müller dans *Die Hamletmaschine* (1983-1986) de Wolfgang Rhim est *touchée* par inductions, affectée d'une écriture musicale comme second langage se substituant à la discursivité du récit. La musique a pour tâche d'accomplir le sophisme dialectique : deux langues – composition et littérature – unies dans le dédoublement d'elles-mêmes s'effacent en accomplissant la métamorphose d'une discursivité positive en discursivité négative.

1. M. Foucault, *Les mots et les choses*, Paris, Gallimard, 1966, p. 229.

le narrateur, c'est moi ! écritures dramatiques et dramaturgies musicales

Un des dialogues imaginaires du compositeur-écrivain allemand E.T.A. Hoffmann réunit le poète Ferdinand et le compositeur Ludwig dans un face à face qui a pour objet d'expliquer pourquoi et comment un opéra digne de ce nom est dépendant de ce que l'auteur appelle « plus qu'une bonne intrigue » D'emblée, le poète, inquiet de la mission qui lui incombe, s'enquiert auprès du compositeur de l'état d'avancement de la partition. À sa grande surprise, Ludwig rétorque qu'il n'avait pas encore rédigé une note de musique, parce qu'aucun « livret n'avait été susceptible de l'inspirer par sa forme ou par son sujet ». « Je ne comprends pas, répliqua le poète, que tu n'aies pas depuis longtemps écrit toi-même un livret, toi qui possèdes suffisamment la langue, et dont la vive imagination ne peut manquer de trouver un sujet ».

enjeux

Nous sommes au début du XIXe siècle et, déjà, la question d'une écriture poétique rivalise avec les ressorts dramatiques contenus dans la plupart des livrets de l'époque, au point de constituer une tension génératrice du présent et du devenir de l'opéra romantique allemand, lequel déléguera à l'Europe entière des modèles littéraires et compositionnels.

En quelques phrases, E.T.A. Hoffmann illustre, par l'intermédiaire de protagonistes imaginaires mais auxquels il s'identifie, la concomitance tenace de deux domaines fondamentaux de la création artistique : musique et poésie. Il s'agit de comprendre la nature des liens qui fondent les relations entre écriture musicale et écriture dramatique? question particulièrement névralgique dans l'histoire de l'opéra dont on pourrait suivre les principales phases et évolutions rien qu'en s'interrogeant sur le rôle et le statut de ce que l'on appelle communément un livret. Sous ce terme générique sont regroupées, toutes catégories confondues, les formes de textualité qui, du poétique au romanesque, en passant par le théâtre, la philosophie, la théologie ou la linguistique par exemple, ont caractérisé l'histoire des relations entre écriture dramatique et écriture musicale. Elles ont également géré les mutations induites de ces relations au sein des prérogatives compositionnelles du théâtre lyrique. Ainsi, le livret apparaît d'une part comme un paradigme qui accomplit le potentiel dénotatif de la musique et, d'autre part, comme l'otage ou la victime des perspectives, symptomatiques ou non, qui ont accompagné l'histoire du théâtre lyrique au XXe siècle. Nous nous proposons ici d'interroger les différents états produits par la mixité entre écriture dramatique et écriture musicale afin d'en saisir les rouages internes, du processus de gestation à l'œuvre finie. Comment la catégorie librettiste s'est-elle constituée au sein d'un art de prolifération, d'exhibition, de dosages multiples, successifs ou alternatifs entre texte et son, ce que les poètes de la Renaissance appelaient de leurs vœux : *prima la musica, dopo le parole*.

Si l'opéra s'est effectivement imposé en Occident comme un lieu totalitaire dont les principes de solidarité sont contigus à ceux de dislocation des formes, son unité signifiante résulte néanmoins d'une rencontre initiale : un texte, une musique, ou/et un auteur, un compositeur. Suivre simultanément ces deux chemins sur un relief aussi accidenté que celui de l'opéra n'est pas sans périls. Personne aujourd'hui ne songerait à condamner la présence d'un auteur à part entière comme préalable de tout engagement musical à l'écriture d'une œuvre lyrique. Mais par ailleurs, tout le monde s'accorde pour affecter à cette évidence historique des mouvements de lecture qui ni ne réfutent l'ordonnance évolutive d'une narration, ni ne la défendent inconditionnellement. L'enchevêtrement de l'écriture musicale et de l'écriture dramatique est affaire de goût personnel, de hasards, de pragmatisme ou d'affinités sélectives, rarement de conception définie une fois pour toutes. Il s'avère totalement vain d'élaborer une proposition théorique ou musicologique sur ce qui distingue un bon d'un mauvais livret d'opéra, tant les référents qui ont servi de modèles pour la mise en forme des textes faisant office de livret sont, depuis la création de *Wozzeck* d'Alban Berg (1925), d'après la pièce de Büchner, délibérément hétérogènes. Les critères de jugement sont dépourvus d'universaux ou de consensus. Les lignes de fracture d'une catégorie à l'autre sont particulièrement éloquentes. La question demeure primordiale en dépit de la pauvreté des études et travaux scientifiques portant sur le sujet. Pour plus de lisibilité dans la démarche, nous partons du constat qu'à travers les divers soubresauts et compromis dont l'opéra est chargé historiquement, une évidence perdure, celle de la coexistence, de la métamorphose, de la mosaïque, de l'allégorie, voire de l'analogie. L'opéra contemporain, comme celui d'hier, n'est ni complètement de la musique, ni complètement de la littérature ou du théâtre. Ses zones pivots, ses frontières, ses seuils s'estompent lorsque le rapport composite entre texte et musique advient dans un cadre formel qui en efface les différences, ou du moins les médiatise, les transcende. Un grand nombre de livrets ne présentent aucun intérêt dramatique. Mais leur peu d'ambition littéraire est précisément le garant de leur efficacité musicale. En revanche, des textes trop élaborés où la langue est l'objet d'une sophistication formelle, stylistique et grammaticale débouchent souvent sur des apories lorsqu'un compositeur envisage leur émancipation en livret. Dans ce cas, la recherche d'un modèle littéraire féconde le discours musical qui tend à investir et à s'approprier des organisations de pensées développées par les écrivains. La rencontre est exclusivement hiérarchique, la mélodie étant prépondérante par rapport aux nécessités discursives. Elle échappe à la distinction entre forme et sens. Le compositeur s'invente une structure qui, tout en refusant de connoter littérairement et littéralement l'écriture musicale, s'octroie les attributs implicites et non reconnaissables de la création poétique. L'écriture dramatique devient nourricière du geste musical, conceptuel et symbolique. La musique se détache de son contenant polyvalent pour articuler un contenu originellement supposé, concrètement éludé. À l'opposé de cette entreprise extrême de disparition textuelle et de maintenance structuraliste, figurent les phases et strates intermédiaires, de la commande de livret à l'écriture dramatique assumée et rédigée par le compositeur lui-même. Le panorama exemplaire et hétéroclite de la production d'écriture dramatique pour les œuvres lyriques contemporaines obéit à la loi du multiple et du singulier. Les compositeurs qui dans les années soixante ont revendiqué la mise à mort ou la dislocation de cette axiologie codée – Luciano Berio, Luigi Nono, Bernd Alois Zimmermann, Mauricio Kagel, György Ligeti, Iannis Xenakis, Pierre Boulez, Karlheinz Stockhausen, Georges Aperghis, André Boucourechliev, Henri Pousseur, Peter Maxwell Davies … –, ne se doutaient pas qu'en jetant l'anathème à la plupart des attributs figuralistes et rhétoriques dont s'était pourvue l'écriture musicale dès la fin du XVIe siècle, ils allaient mettre en place, à dessein ou à leur insu, des artifices de textualités avec ou sans narration qui seraient à l'origine de nouvelles orientations, tantôt virtuelles tantôt effectives, pour la mise en place d'une syntaxe compositionnelle à la fois revendicatrice d'une autonomie de fonctionnement et susceptible de se transfigurer au travers d'actions transverses.

Tour à tour présent, absent, énoncé, disséqué, linéaire ou croisé, le livret d'opéra doit être considéré comme le *pré-texte* sans lequel dramaturgie musicale et écriture dramatique pourraient difficilement se rejoindre, car à partir du moment où les fonctions distinctives ne sont plus garanties, l'adéquation texte-musique aboutit à l'annulation du résultat dramatique. « Ce qui les unit, c'est paradoxalement ce qui les sépare et ce qui les fait devenir songe, écrit Luciano Berio. J'ai fréquemment traité la scène, le texte et la musique comme trois entités séparées. Leur suprématie est d'une certaine manière permutable. [...] L'unité de l'ensemble résulte donc d'une fréquente instabilité de rapport : parfois c'est la scène qui semble être motivée par le texte, parfois c'est le texte qui l'est par la scène, d'autres fois encore c'est la musique qui semble motivée par le texte et la scène, ou alors le texte et la scène par la musique »[1].

du *Dramma « per » musica* au *Dramma « in » musica*

Dans la seconde moitié du XVIe siècle, les compositeurs pratiquaient un art musical essentiellement vocal, où le texte était traité au regard d'une écriture contrapuntique et, par conséquent, happé puis absorbé dans le jeu complexe des superpositions croisées de lignes mélodiques. Don Gesualdo, prince de Venosa, fut l'un des premiers qui, dans ses madrigaux, parvint à détacher de cette conception fusionnelle de la poésie et de la musique une ligne mélodique mise en exergue à la partie supérieure, conférant de fait aux autres voix une fonction structurelle d'accompagnement au sens quasi instrumental du terme. La monodie accompagnée, comme on l'a baptisée, inaugura dès lors les fondements de la forme lyrique occidentale, avec notamment les deux principes moteurs et extrêmes que sont le récitatif et l'aria. Qu'une mélodie principale se détache en toute autonomie impliqua non seulement une éradication progressive des lois du contrepoint au profit d'une verticalité des enchaînements d'accords, mais aussi un traitement plus élargi du chant, plus directement impliqué dans les questions de prosodie, de phrasé et de mise en scène acoustique du mot, ce que Monteverdi appela la *seconda pratica*, ou comment dépeindre musicalement le mouvement interne d'une expression poétique. La notion de livret n'est pas encore explicite, ni même allusive. En revanche, celle de poésie va peu à peu s'inscrire dans le *Dramma per musica*, genre inauguré par Peri, Cavalieri et Monteverdi entre 1600 et 1607, et devenir le centre des préoccupations du

1. L. Berio, « Dialogue entre toi et moi », *Contrechamps*, n° 4, « Opéra », Lausanne, L'Âge d'Homme, avril 1985, p. 141.

passage du *stile antico* au *stile moderno*[1]. C'est à Monteverdi que revient véritablement le mérite d'avoir renversé les occurrences musicales en vigueur à la Renaissance. Là où l'harmonie gouvernait le mot, il va déloger le consensus polyphonique et lui supplanter son strict contraire : le mot gouverne l'harmonie et libère ainsi son potentiel tant expressif que suggestif ou descriptif. Entre son premier opéra, *Orfeo* (1607), et le dernier, *Le Couronnement de Poppée* (1642), il met en place une rhétorique des *affetti* qui transite par des principes déclamatoires entièrement voués à la langue et par des états intermédiaires du chant : récitatifs, variations, ensemble vocal contrapuntique, *aria da capo.*
Ces procédés compositionnels ne renvoient pas nécessairement à un prototype de collaboration, entre un musicien et un poète par exemple. Toutefois, lorsque Monteverdi commanda au poète Busenelle un texte original pour *Le Couronnement de Poppée*, il obéit aux besoins de la musique et alla jusqu'à soustraire ou ajouter des archétypes du genre livret, notamment les procédures d'extensions mélodiques à l'orchestre, aux chœurs, aux interludes instrumentaux ou au duo. Le grand duo final entre Poppée et Néron constitue sans doute le point culminant de l'ouvrage. Il représente, d'une part, le premier ensemble d'opéra tel qu'il se développera au XVIIIe siècle avec Gluck et Mozart et au XIXe siècle avec Wagner et, d'autre part, le moment-clé où la signification d'un texte dramatique à teneur mythologique ou symbolique prend toute sa signification grâce aux conduits mélodiques de nature figuraliste que les voix tissent entre elles, l'unité dramatique étant obtenue par l'emploi de cellules mélodiques répétées, préfiguration des futurs ariosos et *leitmotive.* Cette maîtrise de la rhétorique musicale adaptée aux normes de l'opéra évoluera vers des contraintes linguistiques et, au XXe siècle, deviendra le point de départ des recherches structuralistes et phonologiques de Luciano Berio qui y verra l'impossible compromis entre l'écrit et le dire, le chanter ou le vocaliser. « Le Roi n'est pas prisonnier du livret », se plaisait-il à répéter lorsqu'il travaillait avec Italo Calvino pour *Un Re in ascolto*[2] (*Un Roi à l'écoute*) d'après *La Tempête* de Shakespeare. Écho rétroactif à l'axiome de Monteverdi : « L'orazione sia padrona dell'armonia e non serva »[3]. (Que le texte guide la musique sans

1. D. Cohen-Levinas, *Le Présent de l'opéra au XXe siècle. Chemin vers les nouvelles utopies (Pour une esthétique du palimpseste)*, *op. cit.*, p. 51-89.
2. Action musicale en deux parties, création française à l'Opéra Bastille, Paris, mai 1991.
3. Cité dans K. Honolka, *Kulturgeschichte des Librettos*, Berlin, Wilhelmshaven, 1979, p. 15.

lui être asservi). Le compositeur occupe ici la place du Roi qui parodie la situation d'éternel retour du genre opéra. Figurer une histoire qui en cache une autre fut pour Berio le meilleur moyen de rejoindre la tradition du *Dramma per musica* dans laquelle il s'inscrit sans pour autant souscrire à l'idée que sa démarche répond encore à une détermination historique. D'où la mise en place d'un dispositif livresque qui nie la réalité du sujet (Prospero) pour mieux démonter celle de l'objet (opéra).

> Dans *Un Re in ascolto*, on raconte les faits et les gestes d'un roi qui écoute l'accumulation de malheurs autour de lui et assiste impuissant à l'écroulement graduel de son règne et de son pouvoir. Pour expliquer la transformation du sujet, de Calvino à Shakespeare, à Auden, à Gotter, le roi qui écoute avec ses oreilles ce qui se passe autour de lui s'est transformé et a proliféré dans diverses directions, même si une grande partie du texte reste de Calvino. Il n'y a pas d'antécédent, ni d'intrigue, ni une trame d'événements et d'émotions exprimées par des personnages qui, chantant, se posent des problèmes moraux. C'est l'analyse d'une situation dramatique musicale et la représentation d'un adieu. Le résultat est-il un opéra ? Je préfère penser que *Un Re in ascolto* est une action musicale, même si je suis un peu réfractaire aux définitions synthétiques qui ne se posent pas dans une perspective historique. Elles me donnent l'impression d'une cachette. [...] L'esprit de l'opéra envahit cependant la partition, comme un opéra dans sa virtualité, ou peut-être dans son impossibilité. En fait, *Un Re in ascolto* se termine au moment où il devient un opéra. [...] Avec *La Tempête*, Shakespeare dit adieu à la tragédie. *Un Re in ascolto* est peut-être un adieu à l'opéra [1].

La notion de récit, de livret racontant une histoire n'intéresse pas Luciano Berio. Un de ses opéras, *La Vera Storia (L'Histoire vraie)*, écrit en collaboration avec Italo Calvino, développe cet argument. Si un opéra ne peut se réduire à une histoire alors qu'il en conserve les mécanismes, il faut atteindre le cœur du drame par « le développement et le retour de véritables personnages harmoniques qui engendrent un large éventail de situations musicales » [2], à la manière d'*Orfeo* de Monteverdi ou de *Tristan et Isolde* de Wagner.

En France, Jean-Baptiste Lully valida pour longtemps l'idée que la catégorie *tragédie lyrique* commence avec un bon livret de théâtre, épuré des subtilités poétiques qui alourdissent les mécanismes dramatiques. Né du répertoire

1. *Ibid.*, p. 137, 140, 144.
2. *Ibid.*, p. 143.

italien[1] introduit à Paris par Mazarin, l'opéra français est déjà en gestation dans le théâtre de Pierre Corneille, notamment dans *Andromède*[2] qui fut l'objet d'une commande de Mazarin et Anne d'Autriche dans laquelle devaient figurer *Les Merveilles* de Giuseppe Torelli. Si Corneille s'était bien gardé « [...] de faire rien chanter qui fût nécessaire à l'intelligence de la pièce, parce que communément les paroles qui se chantent étant mal entendues des auditeurs, pour la confusion qu'y apporte la diversité des voix qui les prononcent ensemble, elles auraient fait une grande obscurité dans le corps de l'ouvrage, si elles avaient eu à instruire l'auditeur de quelque chose d'important »[3], il facilita l'accès au théâtre de la musique vocale écrite par Lully sur des paroles italiennes, en raison des goûts du souverain. Paradoxalement, plus le compositeur se rapprochera de la Tragédie en musique – notamment avec *Psyché*[4], dernière œuvre qu'il écrivit en collaboration avec Molière –, plus il accordera d'importance au texte et au drame, alors que la musique elle-même semble marquer un léger recul du point de vue de sa constitution. Il serait néanmoins hâtif d'affirmer que le système de composition qui sous-tend la conception dramatique n'est pas soumis à une recherche de formes. Mais plus les moyens formels sont diversifiés – chœurs, ballets, machineries, arguments –, plus la partition prend en charge la part de sobriété obligatoire qui assure la cohérence interne de cette conjonction d'éléments. Il met ainsi en place les conditions de structuration d'une langue musicale vouée à la prosodie parce que les vers se lisent sur un autre ton que la prose. Autrement dit, la prononciation poétique est chargée d'un chant virtuel révélé par une écriture musicale déclamatoire. L'historien Jean-François Laharpe écrit en 1822 : « L'opéra, tel qu'il a été depuis Quinault jusqu'à nos jours, est donc une espèce particulière de drame, formé de la réunion de la poésie et de la musique, mais de la façon que la première, étant très subordonnée, renonce à plusieurs de ses avantages pour laisser à l'autre tous les siens »[5].

La virtuosité du rhéteur permet de feindre une extrême humilité. En définitive, Laharpe, tout en soulignant l'importance du livret, admet qu'il n'est pas le corrélat inconditionnel du théâtre lyrique à venir.

1. Jean-Baptiste Lully est un Florentin parfaitement intégré à la culture française.
2. La première représentation eut lieu à Paris, dans la salle du Petit Bourbon, en janvier 1650.
3. Ch. Delmas, « *Andromède* » *de Pierre Corneille*, Paris, Nizet, 1974, p. 11-12.
4. *Psyché* fut représentée dans la salle des Machines du Palis des Tuileries en janvier 1671.
5. J.-F. Laharpe, *Lycée*, Paris, 4e éd., 1822, t. VI, p. 125.

> Je suis loin de vouloir médire d'un aussi bel art que la musique, mais enfin il convient de mettre chaque chose à sa place ; et si quelqu'un s'avisait de contester la prééminence incontestable de la poésie, il suffirait de lui rappeler que la musique, quand elle a voulu devenir la souveraine d'un grand spectacle, non seulement a été forcée de traîner à sa suite cet attirail de prestiges dont la poésie n'a nul besoin, mais encore a été contrainte d'avoir recours à celle-ci, sans laquelle elle ne pouvait rien et que, pour prendre la première place, elle a demandé qu'on la lui cédât[1].

La fonction poétique du drame n'est par conséquent jamais confiée à la langue seule, attribut de la *Tragédie classique* que l'on retrouvera au XXe siècle dans les opéras écrits sur des textes français. Si un texte est chanté, c'est pour rehausser l'émission de la voix parlée. D'où la place du récitatif qui n'est pas pensé comme un moment musical, mais comme le dénominateur commun de la poésie dite et de la poésie *mélodisée*. Le modèle littéraire est donc l'intelligibilité du livret. La musique face à lui est occurrentielle. Elle est par définition topique, trouvant sa place et son appui dans des règles de composition définies par la situation poétique. C'est le dispositif théâtral chargé du texte et de la musique qui lui retourne une fonction poétique acquise au prix de se nier elle-même. Lorsque Henri Pousseur écrivit *Votre Faust*, en 1969, il fit appel à Michel Butor. La question d'une langue intelligible mise en abyme par la musique est un contrepoint aux inventions allégoriques du XVIIe siècle qui introduisit le concept de *facture* du livret déterminée par la langue, par le jeu alterné des syllabes et des voyelles. La langue française étant dotée des rimes féminines et masculines, sa déclamation en musique doit être strictement littérale, parce qu'affectée d'une pulsation naturelle. La dislocation du potentiel dénotatif de la langue aboutit dans *Votre Faust* à un espace musical en soi, intelligible en deçà des structures signifiantes.

> Nous sommes donc partis, raconte Henri Pousseur, de l'imagination de toute une gamme, de tout un « champ » de possibilités d'élocution et de degrés de compréhension : dialogue, monologue intérieur enregistré sur bande magnétique à une voix puis en polyphonie, masses, cris et autres bruits de foules. Douze musiciens et quatre chanteurs participent à la constitution de cette texture langagière plus ou moins épaisse, plus ou moins transparente, en y ajoutant des variantes significatives, en prononçant des phonèmes, syllabes, paroles et phrases, parfois isolés, parfois groupés en chaînes,

1. J.-F. Laharpe, *Lycée*, Paris, 4e éd., 1822, t. VI, p. 125.

> grappes ou blocs, et dont une partie au moins établit de véritables ponts vers les matériaux plus traditionnellement musicaux, chantés ou joués [1].

Trouver une correspondance entre la sémantique dérivée du texte ou d'une conjonction de genres et celle de la musique, afin que la puissance symbolique pénètre la structure du drame, c'est précisément ce que Jean-Philippe Rameau rejettera en refusant résolument de faire allégeance au livret. L'inflation de l'écriture dramatique lui paraît trop artificielle, trop détachée de l'architectonique sonore. Il se définit comme un innovateur investi d'un immense pouvoir ne relevant ni d'un roi, ni d'un prince, mais de son unique métier. Rameau, fort de la désuétude et du discrédit dont est frappée la tragédie lulliste, révèle les fonctions allégoriques des rouages internes de la composition. Dans la préface qu'il écrit pour *Les Indes galantes*, Fuzelier, l'auteur du livret, déclare qu'il a tenté de divertir le public « [...] sans le secours des dieux et des enchanteurs » [2], et en 1749, Rameau, dans *Zoroastre*, remplace le prologue par une ouverture dont il propose les clés de lecture et d'écoute dans une note [3] s'avérant une sorte de traduction métaphorique de la partition : « La première partie est un tableau fort et pathétique du pouvoir barbare d'Abramane et des gémissements des peuples qu'il opprime. Un doux calme succède : l'espoir renaît. La seconde partie est une image vive et riante de la puissance bienfaisante de Zoroastre et du bonheur des peuples qu'il a délivrés de l'oppression ».

L'anathème est jeté. La musique est à elle seule son propre argument. Leçon retenue par Debussy pour *Pelléas et Mélisande* (1902) et par Olivier Messiaen pour *Saint François d'Assise* (1984). Ni le livret de Maeterlinck, ni le texte des *Fioretti* ne présument du traitement mélodique et de l'orchestration suggestive du drame. C'est à partir des lois de l'harmonie et de la science des enchaînements d'accords, émancipés des fonctions tonales et enrichis par le recours aux modes, à la rythmique grecque et hindoue, que le texte accède à sa dimension d'écriture dramatique. Sa naïveté ou son sérieux, tout comme ses ressorts poétiques, parodiques, symboliques ou philosophiques sont contraints par le tissu conjonctif de la musique, par sa texture instrumentale, par le choix des timbres et leur répartition dans l'orchestre et les

1. H. Pousseur, « Les mésaventures de *Notre Faust*, lettre ouverte à Luciano Berio », *Contrechamps*, n° 4, p. 141.

2. *L'Avant-Scène Opéra*, n° 46, *Les Indes galantes*, Paris, décembre 1982, p. 33.

3. Cette note figure sur la partition manuscrite de la version de 1756 conservée à la Bibliothèque nationale de Paris.

voix. Dans *Pelléas et Mélisande*, Debussy ambitionne, par le raffinement acoustique, d'exorciser, ou du moins de neutraliser la force du verbe. D'où l'ironique fausse diatribe de Mallarmé contre le compositeur : « aboli bibelot d'inanité sonore »[1]. Quel est le véritable caractère de Golaud et le secret de ses victimes ? La pièce ne dit rien. La musique non plus. Debussy retient davantage une intention, un déclic, une conviction littéraire ou une adhésion idéologique que le pas-à-pas d'une histoire.

Dans l'interrègne de dix ans qui sépare la mort de Rameau (1764) de l'apparition des premières partitions françaises de Gluck (1774), l'intense activité musicale ne laisse percevoir aucune conception nouvelle et novatrice dans le domaine de l'écriture dramatique à l'opéra. Pourtant, Gluck, en dépit d'une hostilité affichée pour l'*opera seria*, mènera le genre à son apogée, en prenant à dessein le contre-pied d'une défense abusive d'un modèle d'écriture dramatique légère. La *Réforme dramatique* de Gluck consiste à formaliser le drame afin qu'il soutienne la comparaison avec la tragédie grecque. Les hasards de sa vie cosmopolite lui font rencontrer une des figures les plus insolites du mouvement intellectuel de son époque : Ranieri Calzabigi, poète, dramaturge, esthéticien, homme de finance et aventurier. De leur collaboration naissent trois opéras italiens : *Orphée*, *Alceste* (1767), *Pâris et Hélène* (1770). ces œuvres radicalisent définitivement les orientations du théâtre lyrique : simplification du texte et de l'action, suppression des petites intrigues amoureuses remplacées par des sentiments nobles et élevés censés jaillir de thèmes mélodiques centraux et conducteurs. Gluck expose pour la première fois ses idées esthétiques et les principes de sa *Réforme dramatique* dans la préface d'*Alceste* en 1767. Premier point qui tisse une alliance tacite entre le livret et la partition : le resserrement de l'action lyrique en trois actes au lieu de cinq et la suppression du prologue. Le poème est porteur d'une grande unité, d'une simplicité de lignes et d'inflexions, d'une action vivante où se confrontent quelques spécificités de caractères. Il s'agit avant tout, écrit Gluck, de choisir

> [...] des passions fortes, de grandes images, et des situations tragiques qui secouent les spectateurs [...]. Il importe de substituer aux descriptions fleuries, aux comparaisons superflues et aux sentencieuses et froides moralités, le langage du cœur et un spectacle toujours varié. Bien versifié, le livret doit offrir d'adroits contrastes, et contenir de ces traits terribles et pathétiques qui fournissent au compositeur le moyen d'exprimer de grandes

1. S. Mallarmé, *Œuvres complètes*, Paris, Gallimard, p. 428.

> passions et de créer une musique énergique et touchante. L'artiste créateur ne fera jamais que de la musique médiocre, si le poète n'excite pas en lui cet enthousiasme, sans lequel les productions de tous les arts sont faibles et languissantes [1].

D'aucuns n'adhérèrent pas à ce projet d'opéra synonyme de synergie entre un poète et un compositeur. Mozart, dans ses opéras bouffes, d'une génération pourtant antérieure à Gluck, multiplia les indices de commodités dramatiques qu'exige une partition lyrique. Il déclare d'emblée, comme une profession de foi que « dans un opéra, la poésie doit être la fille obéissante de la musique » [2]. Son sens aigu et irréductible de la dramaturgie intrinsèque aux fonctions musicales lui fait craindre les qualités littéraires d'un livret, comme en témoignent ses démêlés avec l'abbé Varesco, librettiste d'*Idomenée*. Mozart connaissait d'illustres poètes. Que les vers de Métastase n'aient pas stimulé son imagination lyrique fut d'autant plus significatif que le poète régnait sur l'*opera seria* de façon décisive. Il devait son succès à ce que Mozart réfuta : une qualification et une classification complexes de l'écriture dramatique. C'est pourquoi les grands réformateurs de l'opéra, Gluck et Calzabigi, les historiens, philosophes et encyclopédistes tels que Burney, Voltaire, Diderot ou Rousseau se définirent à un moment donné ou un autre par rapport aux positions théoriques de Métastase. Stendhal souligne que la force de l'auteur réside dans la compréhension musicale qu'il a de la langue italienne :

> Rien n'est plus absurde que toute discussion sur la musique, on la sent ou on ne la sent pas ; puis c'est tout. Cette langue donc pour laquelle il est d'usage d'être passionné est très vague de nature. Elle avait besoin d'un poète qui pût guider notre imagination, et les Pergolèse et les Cimarosa ont eu le bonheur de trouver Métastase [3].

Avec *Cosí fan tutte* et *Don Giovanni*, sur des livrets de Da Ponte, ou *La Flûte enchantée*, *Singspiel* de Schikaneder, Mozart se déprend de toute conception emphatique du texte. Ceux-là, déjà en forme de récitatif, encadrés par les arias, sont légèrement rehaussés en quasi *parlando*, avec toutes les variétés de mouvements, de tempi et de nuances dynamiques et thématiques que les humeurs des personnages et des situations croisées introduisent. D'où l'impossibilité de traduire un livret composé de la sorte. *Cosí* en français ou

1. *Histoire de la musique*, vol. 2, Paris, Gallimard, 1963, p. 13.
2. Cité dans K. Honolka, *Kulturgeschichte des Librettos*, *op. cit.*, p. 15.
3. Stendhal, *Vies de Haydn, Mozart et Métastase*, Paris, Éditions du Divan, 1928, p. 350.

La Flûte en italien sont des apories qui annulent la composante théâtrale de la musique et la pulsation déclamatoire du texte et des dialogues.

L'épanouissement de l'écriture dramatique à l'opéra ultérieur à Mozart se fera sur les bases d'un accord idéal entre le librettiste et le compositeur. À l'exception de Wagner, ardent défenseur de la quintessence poétique de la musique, les collaborations qui donnèrent naissance à des opéras-manifestes ont intégré l'idée d'une autonomie respective de la musique. Verdi, en se rapprochant d'Arrigo Boito, le tenant du romantisme allemand devenu son unique librettiste pour les dernières œuvres lyriques, s'interroge néanmoins sur le statut du texte poétique : en quoi ce dernier, qui au demeurant ne l'intéresse guère, advient dans la musique comme prétexte au jaillissement de la mélodie ? Les envolées lyriques abondent dans les opéras de Verdi. Leur sont liées les pages qui galvanisent la perception et stimulent les affects. De *Nabucco* (1842) à *Falstaff* (1893), en passant par *Rigoletto* (1851), *Le Trouvère* (1853), *La Traviata* (1853), *Le Bal masqué* (1859), *La Force du destin* (1862), *Macbeth* (1865) ou *Don Carlos* (1867), l'appel de la patrie pour l'épopée nationale qui exalte le sacrifice individuel avec immolation du héros est magnifié dans des syntagmes connotatifs.

« Va pensiero » (*Nabucco*) ; « La patria tradita » (*Macbeth*), au point que la rhétorique maniériste mise au point par Monteverdi reprend ici tous ses droits, et surtout toute son efficacité dramaturgique. Identifier la langue parlée à la langue chantée, et la langue chantée à la langue instrumentale et orchestrale, fut pour Verdi le résultat d'une lutte quotidienne. Cette lutte servit d'argument à Arturo Pougin, un des premiers biographes du compositeur, qui écrivit :

> [...] qu'on ignore généralement que Verdi est pratiquement l'auteur de tous les livrets qu'il a mis en musique. Non seulement il choisit les sujets de ses œuvres, mais il conçoit également la trame des livrets. Il en indique toutes les situations, il les construit presque entièrement pour ce qui est du plan général, il présente ses personnages, en développe le caractère, de sorte que son collaborateur ne fait que suivre ses indications et écrire les vers[1].

Faut-il préciser, en dépit du despotisme certain affiché par Verdi à l'égard de ses librettistes et que l'on retrouve, toutes proportions gardées, chez Bellini et Puccini, qu'il ne rédigea ni ne signa aucun de ses livrets ? Par despotisme, il faut comprendre liberté d'adaptation. Verdi ne s'est jamais qualifié de librettiste ou de poète, mais de dramaturge à qui revient la

1. A. Pougin, *Vita aneddotica di Giuseppe Verdi*, Milan, Ricordi, 1881, p. 68.

responsabilité artistique du spectacle, parole, musique et mise en scène. L'intransigeance qu'on lui prête est en définitive la seule attitude à laquelle le compositeur, à la fin du XIXe siècle peut répondre. Prendre en charge la totalité du spectacle revient à dire qu'un musicien est aussi et simultanément un homme de théâtre. Verdi distingue l'appréciation littéraire d'un vers du jugement qu'il émet sur sa valeur théâtrale.
« Qu'il soit dit une fois pour toutes, écrit-il à son librettiste Gislanzoni à l'époque d'*Aida*, que je n'entends en aucun cas me prononcer sur vos vers qui sont toujours bons, mais donner mon opinion sur l'effet scénique »[1]. Avec la *Force du destin*, dont la première version fidèle à la pièce originale du duc de Rivas ne le satisfait pas, il pousse la logique de son raisonnement jusqu'à affirmer dans une lettre à Ghislanzoni qu'il « [...] est parfois nécessaire que poètes et compositeurs aient assez de talent pour ne faire ni poésie ni musique »[2]. Ce n'est donc pas au nom de la musique que Verdi résiste à la langue de ses contemporains, mais presque toujours au nom de la cause dramatique. D'où sa rencontre inattendue avec Boito. Deux musiciens sont réunis : l'un, poète, mit en garde le compositeur contre les dérives mélodramatiques ; l'autre, musicien, modéra la préciosité obsolète et fin de siècle de Boito. Dans tous les cas, Verdi, marqué par une tradition privilégiant la poésie, estimait que celle-ci était le plus sûr chemin vers l'efficacité dramatique, autrement dit, vers la brièveté des moyens : « Le style doit être plus serré. La poésie peut et doit dire tout ce que dit la prose avec moitié moins de mots »[3].

La comparaison avec Wagner, son rival et contemporain, s'impose. Le souci de la justification dramatique est aussi constant chez l'un que chez l'autre. Mais le livret italien est réputé pour son kitsch, se prêtant plus volontiers (comme l'ont relevé Luigi Dallapiccola, Luciano Berio, Bruno Maderna et Luigi Nono) à des effets surréalistes. Rien ne peut être dit, déclamé ou récité littéralement. Les artifices de la rhétorique tiennent lieu de style emphatique. La langue poétique italienne est plus éloignée de la prose que ne le sont les langues poétiques française ou allemande. D'où la codification des syntagmes dont Berio donnera une réalité dé-constructive, grammaticale et structuraliste. La langue italienne est affectée d'un *esperanto* qui oblige les compositeurs à partir de la seconde moitié du XXe siècle à en récuser les

1. *Ibid.*, p. 87.
2. *Ibid.*
3. F. Abbiati, *Giuseppe Verdi*, Milan, Ricordi, 1959, t. 2, p. 647.

phénomènes d'expansion naturelle. « La parole évidente et scénique vaut quelquefois plus que le beau vers »[1], rétorque-t-il un jour à Boito. En respectant ce principe, il parvint un jour à corriger la proposition de l'écrivain Somma. Dans *Le Bal masqué*, au moment où Renato est convaincu de la trahison de sa femme avec Riccardo et lui annonce qu'il va la tuer, le librettiste écrit : « Prépare-toi à la mort, recommande ton âme au seigneur ». Verdi, refusant une parole insistant trop sur le sens et faisant mine d'évaluer l'événement, préféra à cette réplique une simple parole gestuelle, quasi idiomatique, qui assure la continuité entre la présence physique du chanteur et ce qu'il prononce musicalement : « Il faut mourir ». La partition répond à un drame qui n'existe pas en dehors du langage. Le premier contact s'opère à partir d'un support textuel. Après quoi, musique et poésie concourent à incarner les dimensions scéniques et lyriques du drame. Wagner théorisa sur cette question et s'employa à démontrer que la poésie sans musique et inversement sont comme des carcasses vides, abstraites et inachevées. Verdi, quant à lui, plus pragmatique et intuitif en apparence, et surtout moins obsessionnel dans la recherche d'une expression androgyne de la musique soudée à la poésie, se contenta, non sans ambition, de réunir deux arts autonomes qui consentent à sublimer leurs caractéristiques pour se mettre au service d'un art par définition truffé de virtualités dramatiques inépuisables.

XXe siècle : forme, structure, représentation de l'écriture dramatique

Le XXe siècle musical verra dans ce double héritage verdien et wagnérien l'excellence même d'un monde qui lutte contre le durcissement des conventions. Aïda ou Carmen expriment leurs passions musicalement. « Par le son de l'immédiat »[2], le texte accède à la dimension du mythe. Au début du XXe siècle, la collaboration en Autriche entre l'écrivain poète Hugo von Hofmannsthal et Richard Strauss fut encore plus significative. Qu'il soit question de *Salomé* (1905), d'*Elektra* (1908), du *Chevalier à la rose* (1911), d'*Ariane à Naxos* ou de *La Femme sans ombre* (1919), Strauss accentue la désagrégation de l'harmonie traditionnelle en représentant par les sons l'hystérie psychologique contenue dans certaines parties du texte. À partir de ce moment, la notion de livret bascule sensiblement et légitimement vers celle

1. *Ibid.*, t. 4, p. 140.
2. T. W. Adorno, « Opéra », art. cit., p. 14.

d'écriture dramatique. Le texte induit la forme musicale. Il lui fournit non seulement un modèle structurel et générateur, mais les différents degrés d'appréciation du drame : psychologique, réaliste, expressionniste, allégorique, métaphorique, lexicologique, sacré, profane, tragique ou comique. Le *parlando*, si rare dans l'opéra allemand, est employé pour atténuer les tensions extrêmes du récit. Adorno remarque que Strauss se réfère à Hofmannsthal à des fins souvent parodiques et critiques. Les paroles du serviteur dans le Prélude d'*Ariane à Naxos* : « Le langage de la passion est lié à un faux objet », « acquièrent la valeur d'un verdict pour l'opéra qui, par cette œuvre chatoyante, est pour la première fois sujet à ironie »[1]. Strauss, dans la conception dramatique de ses opéras met en musique le nihilisme ambiant de son époque en le scellant à une nécessité compositionnelle : raconter une histoire. C'est pourquoi, d'un opéra à l'autre, des réseaux de significations semblables se transmettent comme un effet de contamination. Dans une lettre datée du 11 mars 1906, il confie ses doutes à Hugo von Hofmannsthal :

> La question à laquelle je n'arrive pas encore à trouver de réponse est de savoir si, immédiatement après *Salomé*, je pourrai avoir la force de m'attaquer en toute fraîcheur à un sujet aussi semblable, ou s'il n'y aurait pas avantage d'aborder *Elektra* seulement dans quelques années, lorsque j'aurai un peu de recul à l'égard du style de *Salomé*[2].

Richard Strauss, tout comme Hofmannsthal, fut conscient que leur collaboration reflétait une contradiction. Après vingt années de compagnonnage artistique et cinq ouvrages dramatiques mis en musique par le compositeur, l'intensité de la demande mettait à nu l'enjeu d'une corrélation texte/musique identifiée à la grande forme lyrique. Strauss avait un peu plus de quarante ans lorsqu'il commença à composer *Elektra*. Les deux artistes proposaient de nouvelles formes de modernité, même si Strauss se méfiait des orientations de l'avant-garde musicale. Toutefois, au lieu de radicaliser leur démarche dans le sens d'une mutation des formes dramaturgiques (ce que Schoenberg fit dans *Pierrot Lunaire* (1912) et Stravinski dans *Le Sacre du printemps* (1913), ils revendiquèrent l'appartenance à une tradition refusant la rupture ou la transgression. Si *Elektra* força l'admiration de Schoenberg et de Varèse à cause des audaces impétueuses

1. *Ibid.*, p. 11.
2. R. Strauss, H. von Hofmannsthal, *Correspondance*, 1900-1929, préface et traduction de B. Banoun, Paris, Fayard, 1992, p. 320.

tissées par le livret et la partition, il n'en demeure pas moins vrai que l'innovation dramatique procède d'une conception classique de la langue prise dans l'ellipse de l'orchestration et de l'instrumentation straussienne. Les dernières étapes de la genèse de *La Femme sans ombre* pesèrent sur Strauss, qui se plaignit de son librettiste devenu trop audacieux et sûr de sa légitimité. Hofmannsthal s'était toujours comporté comme le fidèle et docile serviteur de la musique. Cette résistance de la part de Strauss lui sembla le signe d'une incompréhension réciproque. Pour lui, un livret réussi ne devait être qu'un « fil de fer auquel la musique vient s'accrocher facilement et joliment »[1]. À l'inverse, Strauss adhérait aux principes énoncés par Hofmannsthal qui insistait sur le fait

> [...] qu'une construction qui ne contenterait pas entièrement votre imagination ne pourrait, par la seule versification, devenir apte à vous attirer, à vous enflammer. Il vous faut la richesse relative des motifs sentimentaux, les contrastes, et non pas seulement la structure, laquelle pourrait être comparée à un joli teint, qui n'est charmant que sur une personne bien faite[2].

Dès le début de leur complicité artistique, Strauss imposa à Hofmannsthal, à l'occasion d'*Elektra*, des règles de conduites très précises stipulant le profil de son attente. « Je ne vous demande que ceci : en rédigeant votre livret, ne pensez pas du tout à la musique ; la musique je m'en charge, moi seul. Bâtissez-moi un bon drame, riche d'action et de contrastes, avec peu de scènes de masses, mais deux ou trois pôles bien convaincants »[3]. Une fois de plus, et dans un contexte historique qui préfigure *Le Monde d'hier* de Stefan Zweig, dernier librettiste de Strauss, le livret d'opéra garde sa fonction d'objet fonctionnel, démontable à souhait – un objet transverse sans colonne vertébrale définie une fois pour toutes, juste ce qu'il faut de grâce et de discrétion pour laisser à la musique le soin d'accomplir le reste, à savoir, la transfiguration du texte.

À ce point de non-évolution structurelle du livret, en dépit de l'extrême qualité des collaborations entre les compositeurs et les écrivains, une étape fut franchie d'autant plus décisive qu'elle fit table rase du concept même de texte dramatique. Certains livrets abandonnèrent l'enchaînement causal

1. Cité par R. Pitrou, « Hofmannsthal et Strauss », *Revue Musicale*, Paris, Richard Massé, avril 1930, p. 329.
2. *Ibid.*
3. *Ibid.*

des formes signifiantes de l'écriture dramatique et de l'écriture musicale. Les travaux sur le langage de Troubetzkoï, Lévi-Strauss, Lacan, Barthes, alignés sur ceux de Benveniste, Saussure, Nicolas Ruwet et Yvan Fonagy, par exemple, ouvrirent des perspectives non univoques, mais convergentes, et favorisèrent des dérivations. À partir des années soixante-dix, et surtout entre 1980 et 1990 on assista à un essor de la création lyrique et de l'interprétation du répertoire. La musique vocale de Schumann fut, dans les années soixante-dix, un modèle d'analyse philologique et sémantico-sonique. Sa production de *lieder*, qui faisait abstraction de la signification des paroles, constitua désormais un prototype dont le sens varia fondamentalement, se détachant du premier degré de compréhension pour en engendrer un deuxième, puis un troisième et un quatrième. L'intégration d'un texte dramatique à la musique visait à favoriser l'exégèse linguistique et herméneutique. D'où sa dislocation progressive et la perte d'un réseau de contraintes dicté par les principes de discursivité. À partir du moment où le texte ne reposait plus sur une infrastructure donnée une fois pour toutes par le langage, le dénominateur commun de la musique et de la littérature – en l'occurrence le livret – prenait l'allure d'une pluralité de catégories où la question de la voix et de ses divers traitements acoustiques formait un épicentre essentiel. Au livret emblématique *ad hoc* vient se substituer l'anti-livret, le garde-fou des recherches formelles étendues aux concepts. Les modèles générateurs sont des processus de pensée plutôt que d'action. La musique prend pour objets dramatiques les paramètres perceptifs et cognitifs de la composition : hauteur, durée, rythme, intensité et timbre. Dans *Aus Deutschland (De l'Allemagne)* [1], Mauricio Kagel, après avoir mis en place les conditions d'élaboration d'une parodie compositionnelle historiquement subversive, renoue ici avec la tradition germanique de la forme lyrique et décline les principes de composition du livret en expliquant qu'il ne s'agit pas d'un opéra littéraire mais d'un opéra qui « a la poésie pour seul objet » [2].

> Ces principes sont apparus presque en même temps que le choix des thèmes qui représentent les points essentiels du romantisme. J'ai tout d'abord essayé de séparer les thèmes classiques, amour, nature et mort […]. Les poètes sont appelés à mettre des souffrances en paroles. Si un compositeur se décide à reconvertir de telles paroles en souffrances acoustiques, ce n'est

1. Opéra-Lieder de Mauricio Kagel écrit entre 1977 et 1980.
2. M. Kagel, « Sur *Aus Deutschland* », trad. fr. E. Blum et C. Gutwirth, *Contrechamps*, n° 4, p. 99.

> possible que si certaines particularités du poème sont laissées de côté au profit d'une musique que tous peuvent comprendre comme une expression douloureuse. Par conséquent, la musique est perçue de manière plus intense que le poème. J'ai travaillé avant tout la phrase par syllabes, que j'ai soutenues par la respiration des tempi et par une agogique instable [1].

Kagel maintient la tension d'une absence de conflits entre différents états d'une même action en caractérisant les rôles et les répartitions topologiques des catégories romantiques – la nuit, la solitude, le temps. Les pures figures poétiques et statiques, parce que sans passé, ni avenir, s'arc-boutent à des visions instrumentales et vocales fugitives, potentiellement chargées d'une narrativité conceptuelle comme le sont métaphysiquement les *Lieder* romantiques allemands. En France, la littérature ouvre les portes à une grammatologie de l'écriture musicale. Pierre Boulez, après s'être longuement exprimé sur des auteurs tels que Mallarmé, Char, Joyce ou Proust, s'est tourné vers la langue de Claudel pour *Dialogue à l'ombre double* (1989) – pièce pour clarinette et clarinette enregistrée, sur une scène du *Soulier de satin*.

> Ce que j'ai apprécié de longue date chez Claudel, c'est le langage. Dans la prose poétique française, il a une résonance unique. Par la richesse de son vocabulaire et de son rythme d'abord, mais aussi, et surtout, par le sens de la forme qu'il recèle. Contrairement à Mallarmé qui reste volontairement enserré dans une forme stricte, la forme de Claudel fait preuve d'une grande liberté, pas si fréquente, même chez les grands créateurs. Le verset claudélien, puisqu'on l'appelle ainsi, est en cela un dérivé éclatant de la Bible, dont on sait que Claudel l'a beaucoup pratiquée [...]. Que jamais je n'ai cherché à tirer aucun projet musical d'un texte claudélien tient à une raison très simple. C'est qu'il y a chez Claudel une prolifération du langage qui, d'emblée, va à l'encontre de la prolifération que le travail musical sur un texte suppose. On peut d'ailleurs remarquer que les textes que Claudel a écrits spécialement pour des musiciens – *Jeanne au bûcher* pour Arthur Honegger, *Christophe Colomb* pour Darius Milhaud – sont de dimensions plus réduites que *Le Soulier de Satin*. Claudel, certes n'a pas écrit seulement pour le théâtre. Mais je ne crois pas davantage que son écriture poétique puisse se prêter facilement à une augmentation musicale. Elle me semble refuser une telle opération. Il y a chez Claudel une respiration de la phrase qui, en soi,

1. M. Kagel, « Sur *Aus Deutschland* », *op. cit.*, p. 98.

> est déjà un phénomène musical. On ne pourrait donc créer que des redondances [1].

À la lumière de ces considérations, il convient de repenser les modalités et le statut du livret. En dehors de l'éventuelle redondance de la musique par rapport au texte, il s'agit de savoir si le texte et la musique représentent aujourd'hui les deux faces d'une même réalité dramatique, exprimée par deux langages différents. Le mythe tenace de l'alliance de la poésie et de la musique est à reconsidérer, bien qu'il ait constitué jusqu'à aujourd'hui un des axiomes de l'histoire de l'opéra. Les rapports entre texte et musique ne sont pas univoques et la convergence entre ces deux catégories présente désormais, à chaque nouvelle œuvre lyrique, des degrés de réalisations singulières. La mise en musique d'une écriture dramatique s'avère être une proposition parmi d'autres. On peut se demander si l'affranchissement d'une définition consensuelle du livret, la remise en cause d'une normalité n'aboutit pas à la négation de tout canon. Le texte impose ses propres contraintes, dans la mesure où il repose sur une infrastructure donnée. C'est par l'acceptation ou le refus d'une norme que s'instaure aujourd'hui la rencontre entre un texte et une musique, entre un auteur dramatique et un compositeur. Xenakis, conscient du décalage, prend volontairement ses distances avec l'opéra qu'il oppose à la tragédie antique et au Nô japonais : « Séparez, dans le théâtre Nô, la musique de l'action scénique ou l'action scénique de la musique : le résultat sera à chaque fois probant. Ce qui n'est pas le cas pour l'opéra qui ne tient que par la prise de possession du texte par la musique » [2].

La collaboration entre le compositeur Pascal Dusapin et le poète Olivier Cadiot pour *Roméo et Juliette ou la Révolution en chantant* (1989) est exemplaire d'une démarche qui, tout en problématisant la question de l'opéra, caricature des principes admis comme des dogmes, dont celui du livret. Écrire un livret

> [...] c'est faire jouer les poncifs auxquels on ne croit plus depuis longtemps. C'est avoir l'audace d'écrire « je vous aime et je me meurs sans vous » et que cela paraisse vraisemblable. La véritable poésie est dans la musique ou dans la littérature. C'est pourquoi, pour *Roméo et Juliette*, j'ai joué sur des

1. P. Boulez, « Paul Claudel, intolérant et révolté », in *Six musiciens en quête d'auteur*, Paris, *Pro Musica*, 1991, p. 13, 22, 23.
2. Entretien I. Xenakis / D. Cohen-Levinas, Paris, 1987.

> paramètres grammaticaux qui sont comme l'apprentissage de la langue et qui deviennent pour Dusapin prétexte à l'initiation du chant, donc de l'opéra [1].

Trois références se partagent le sujet : l'objet opéra, l'anamnèse de la Révolution française, le couple légendaire constitué par Roméo et Juliette. Le compositeur réfute l'uniformisation du livret, la cohérence centrale d'une histoire génératrice d'ordre et de nécessité dramatique. Cadiot, dans l'*Art Poetic* [2] avait posé les principes d'une démarche que l'on pourrait qualifier de déductive et reconstructrice (au regard de ses méthodes de découpages systématiques des grammaires françaises) dans le but de retrouver le degré zéro des structures formelles qui fondent la poétique de la langue. Ils prirent ensemble la mesure du mécanisme d'opéra afin d'accentuer le malaise historique entre parole et musique. Le véritable sujet de l'opéra est le dispositif texte/musique. Mais de même que Roméo et Juliette ont du mal à filer le parfait amour, texte et musique ont du mal à trouver un terrain d'entente. D'où les anacoluthes thématiques accolées aux anacoluthes d'expressions verbales, les redondances, l'immobilité de l'action qui se divise explicitement en deux parties : *Que va-t-il se passer?* puis *Que s'est-il passé?* À cet égard, n'importe quel syntagme textuel peut être connecté à n'importe quel syntagme musical. Il s'agit moins de camper un décor mutable, en prenant comme modèle d'écriture le rhizome, que d'organiser un espace temps homogène. L'écriture dramatique est mimétique. Elle est le strict contrepoint de l'écriture musicale, le rhizome à partir duquel le compositeur déploie une imagination arborescente. Après *Roméo et Juliette*, Dusapin a mis en musique le texte de Heiner Müller *Medeamaterial* (1992) et un texte de Gertrude Stein, *To Be Sung* (1994) : deux opéras d'auteurs, deux auteurs qui maintiennent à leur insu le flambeau historique du genre lyrique. Autrement dit, la question du livret est à chaque fois réinventée sur les bases d'un lien organique entre texte et musique ne se mesurant ni à des universaux, ni à une règle, mais à une volonté d'entrer dans les promesses d'un langage qui peut devenir le point de départ d'une nouvelle façon de penser et de faire entendre l'écriture, qu'elle soit dramatique ou musicale. Comment Dusapin traite-t-il la schizophrénie autistique dans laquelle Heiner Müller enferme Médée tout en répondant à la commande qui consistait à écrire pour un orchestre baroque sur le modèle de *Didon et Enée* de Purcell? « J'ai analysé le texte de Heiner Müller pour en déduire la

1. Entretien O. Cadiot / D. Cohen-Levinas, Chartreuse de Villeneuve-lez-Avignon, juillet 1994.
2. O. Cadiot, *Art Poetic*, Paris, POL, 1988.

dramaturgie musicale, en particulier la forme du sens littéraire, le développement du discours de Médée, la rhétorique, la prosodie et la construction des phrases. Il me fallait bâtir un projet harmonique cohérent au regard du tempérament sans déstabiliser les relations au mélodique »[1].

Dusapin fragmente son héroïne en cinq voix et fait intervenir un quatuor de chanteurs qui réagit en contrepoint, comme un spectre discret, à certaines injonctions de Médée. Elle devient une sorte de pieuvre à cinq têtes au discours linéamenteux et lacéré. Heiner Müller, avec lequel Dusapin n'a pas eu de contact personnel, révèle, dans le versant tragique du mythe de l'amour et du pouvoir, les conséquences fatales et contradictoires qu'il engendre. Le compositeur fait se déployer cette dualité déjà contenue dans le titre de Müller, *Materiau-Médée*, sur fond de ruines baroques et d'incantations maniéristes et modales, de sorte que le texte devient un livret sur mesure, réfléchissant les méandres de la partition. L'écriture dramatique est ici une érosion de l'écriture musicale. La quête d'un auteur qui aurait la place de ce que dans le théâtre javanais on appelle le joueur d'ombres, celui qui est tout à la fois acteur, metteur en scène, compositeur et narrateur, est inscrite dans l'expérience lyrique de Pascal Dusapin pour qui la rencontre avec un texte dramatique est toujours accompagnée d'un nouveau pari. L'écriture dramatique se substitue ici à l'ombre même d'Eurydice qu'il faut ramener à la surface du musical.

Avec *To Be Sung*, créé en 1994 sur un texte de Gertrude Stein, Pascal Dusapin tente une percée dans un espace abstrait traversé par des ondes inconnues, des formes d'incantation, que l'effectif instrumental restreint (opéra de chambre) confine au bord du concept. L'idée initiale fut de sortir radicalement de l'écoute et de la perception muséales du théâtre lyrique sans pour autant jeter un discrédit parodique sur sa force de survie. *To Be Sung* se détache de l'entité représentation pour sceller ce que l'on pourrait appeler une émanation d'art total. L'enjeu musical de Pascal Dusapin fut, au moment de la création, de faire passer l'enjeu dramaturgique dans un espace de représentation confié à l'artiste américain James Turrell. Ainsi, parvenait-il à une forme d'art total, spéculaire, où les entrelacs lumineux de l'artiste enchantent la scène, accompagnant les trois voix de soprano comme une présence dramatique intouchable, irreprésentable, comme une réplique possible au paramètre mise en scène traditionnelle.

1. Entretien P. Dusapin / D. Cohen-Levinas, Paris, 1991.

La crise de l'opéra telle qu'on a coutume de l'appeler est concomitante à la disparition du livret comme entité conductrice du drame. Tant que la langue se déroulait sur un dispositif ami, le livret était maintenu en liesse par la musique. Retour aujourd'hui à la question initiale : ce que la musique doit encore au texte, le texte ne le doit toujours pas à la musique.

le narrateur, c'est moi !

Dans cet ordre d'idées, comment lire la *Métamorphose* de Michaël Levinas? Comment l'interpréter, la porter à la scène, au théâtre, à la musique? C'est depuis une ambivalence suspendue à son commentaire que la question s'est posée lors du face à face entre Michaël Levinas et Roman Polanski [1]. Rien de plus éloigné et rien de plus proche que l'entrelacs de leurs échanges, comme une expérience de parole qui ne se laisse en aucune manière réduire à une seule vérité. La vérité de Grégor n'est, pour ainsi dire, entre les mains de personne. Celui qui a un beau matin déserté le monde de la socialité pour se découvrir cancrelat sans qu'il ne comprenne très bien par quelle porte cette transformation de son corps et de son existence est entrée, celui là ne peut-être ni vous, ni moi. Et pourtant! Il se pourrait bien que ce fût le contraire.

Grégor ne peut-être qu'un peu de chacun de nous et cette histoire de métamorphose, d'aucuns entendent du côté de l'extraordinaire et d'autres du côté de la métaphore barbare et inhumaine, pourrait bien être ce reste tragique, ce dépôt de récit qui place l'homme en situation de précarité absolue face à une transcendance qui a quitté le monde des hommes, face à un Dieu mort d'où ne viendra aucun sauvetage, aucune Rédemption. Qui est Grégor? Une figure sacrificielle, une anticipation de l'horreur nazie, l'idiome analytique de la place du « fils » au sein d'une famille bourgeoise où chaque place est assignée par un père abusif et autoritaire? Cette question est au fond ce qui traverse le récit de Kafka et aucune posture tendant à fixer la norme herméneutique ne peut prétendre surseoir au vivant de ce texte inouï, d'une puissance narrative extrême, d'où déborde d'un seul tenant le mythe, des motifs surréalistes et le prosaïque d'une réalité intenable. Les éléments de ce qu'il est convenu d'appeler une dramatique et une dramaturgie lyrique sont ici réunis, à commencer par les protagonistes qui fondent le huit clos familial, à commencer par Grégor lui-même dont la voix est à la fois la sienne en propre et celle d'un narrateur qui ausculte l'intériorité des personnages tournant autour de lui, le harcelant, le

1. Dialogue entre Michaël Levinas et Roman Polanski, Paris, 29 novembre 2010, *cf.* ici, p. 388-395.

tourmentant ou encore – comme dans le cas de la mère – peuvent encore laisser s'échapper pitié, tendresse et compassion.

La lecture de l'entretien entre Michaël Levinas et Roman Polanski se situe très précisément à la frontière où pour penser « qui est Grégor ? », comment jouer ce rôle, comment le faire chanter et comment le représenter, il faut s'emparer d'une des vérités du texte, se l'approprier pour que ce dernier consente à livrer un peu de son secret. Pour Roman Polanski, il faut en rester à la performance physique, au registre de l'endurance quasi olympique, non pas nécessairement pour la surmonter et faire hisser Grégor à hauteur du héros, mais pour en extraire la quintessence ironique telle qu'on la comprenait dans la Pologne communiste, comme une expérience d'acteur irréductible et unique. Mais justement, n'est-ce pas dans les pays totalitaires que le rapport de l'homme avec le pouvoir est le plus raturé, le plus inexistant ? Y a-t-il place pour la subjectivité du sujet dans un système totalitaire ? Évidemment, non, aucune hésitation n'est possible, et les propos de Polanski sont très émouvants parce qu'ils sont pris dans l'ellipse d'un héritage politique dont il fut le témoin. Pour Michaël Levinas, il s'agit au contraire d'un texte entièrement construit sur l'idée d'appel et d'invocation, mais d'une invocation toute singulière, car celui qui appelle, qui crie sa souffrance et sa désespérance sait qu'il ne sera pas entendu, ni par Dieu, ni par sa famille, ni par son entourage. Il sait que la mort l'attend et que le retournement de l'homme en animal est tout à la fois le symptôme de notre humanité nihiliste et la seule manière de faire parler notre finitude. La métamorphose de Grégor est un phénomène de révélation sans croyance et de croyance sans révélation. Une loi sans loi. Réversibilité du tragique, de l'irreprésentation et de l'utopie que Michaël Levinas donne à entendre dans une écriture musicale qui tient lieu de récit et dont la facture madrigalesque impose le trouble, l'émotion et l'espoir d'une transmission que Grégor laisse percer à travers l'amour qu'il ressent pour les siens, amour qui excède son animalité et qui, en l'excédant, déplace la problématique du nihilisme et de la fin de l'humanité vers une théologie négative.

rencontre avec Michaël Levinas et Roman Polanski[1]

Jouer Gregor : liberté ou convention ?

Michaël Levinas : Vous avez accepté de jouer le rôle de Gregor dans *La Métamorphose* de Kafka. Il y avait, sans doute, des raisons liées à vos propres préoccupations quand vous l'avez fait.

Roman Polanski : Kafka est un des auteurs que j'ai découvert très jeune dans notre Pologne communiste où ce genre de littérature était pratiquement défendu. On ne pouvait rien trouver, ni dans des bibliothèques, ni à l'école, ni dans la presse quotidienne. Kafka était comme Bruno Schulz ou Gombrowiez, que j'ai découverts à la même période. Il appartenait à ces auteurs que j'admirais et qu'on lisait dans la clandestinité. J'ai gardé une faiblesse pour Kafka à cause de tout ça.

M.L. : Vous avez une faiblesse pour ce qui est interdit ou une faiblesse pour Kafka ?

R.P. : J'ai des faiblesses pour les premières œuvres interdites que j'ai lues entre 14 et 16 ans.

M.L. : Vous savez que Kafka interdisait que soit représenté Grégor, qui par rapport au travail et à la question de la représentation, est en effet quelque chose de troublant ; un corps humain qui se transforme. S'agit-il d'une transformation animale ou de quelque chose de monstrueux ?

R.P. : Je veux vous dire comment Kafka est vu en Pologne, contrairement à ce que j'ai découvert avec étonnement en France. En Pologne, on voit dans les textes de Kafka beaucoup d'humour ; dans le pays d'origine de Kafka aussi on voit beaucoup d'humour. En France, Kafka est considéré comme un auteur lugubre, dramatique, sombre, tragique. La dimension surréaliste de Kafka, qui chez nous est interprétée du coté de l'humour, ici est prise extrêmement au sérieux.

M.L. : Avez-vous vécu ce rôle comme un rôle paradoxal ?

1. Publié avec l'aimable autorisation de R. Polanski et de M. Levinas.

R.P. : Je ne l'ai pas vécu comme un rôle comique, mais je vois de l'humour dedans, une espèce d'ironie qui est présente dans tout Kafka d'ailleurs. Ce côté ironique est perçu ici comme dramatique.

M.L. : Dans ce cas-là, si c'est si ironique, pourquoi les systèmes totalitaires interdisaient-ils ce texte ?

R.P. : Parce que ce n'était pas du « réalisme socialiste » ! Un type qui se transforme en scarabée c'est incompréhensible dans la réalité de l'ouvrier et du paysan socialiste. Ce genre de littérature n'avait pas sa place dans un régime communiste, tout simplement. Tout ce qui n'était pas du réalisme socialiste – c'est-à-dire, représentant la réalité de la classe ouvrière – était interdit.

M.L. : Permettez que je vous entraine vers la perspective occidentale. Vous savez mieux que personne qu'un texte échappe à ses propres créateurs. Si l'on y voit quelque chose de tragique, c'est que, malgré ou contre Kafka, ou malgré la première lecture du texte, cela signifie que le tragique existe dans le texte tout de même. Considérez-vous, par exemple, *Le nez* de Gogol, qui quitte brusquement le corps d'un homme, comme un texte qui représente une situation susceptible d'une lecture comique, autant pour nous que pour la tradition d'origine ? Quand je dis ça, je pense notamment à la lecture que Nabokov a faite de Kafka. On est dans une interprétation bien éloignée du réalisme socialiste.

R.P. : Je ne connais pas *Le nez* de Gogol, donc je ne peux pas voir le côté symbolique dedans. On lisait Gogol, bien sûr, mais à cette période, en Pologne, plutôt *Le reviseur*. En ce qui concerne Nabokov, je trouve qu'il y a beaucoup d'humour dans sa lecture.

M.L. : Effectivement vous avez raison. Saviez-vous que Kafka riait en lisant lui-même la *Métamorphose* ? Il lisait ce texte en éclatant de rire.

R.P. : Vous voyez, je ne le savais pas ! C'est comme ça que nous on voyait Kafka. C'est comme ça qu'il me semble naturel de lire Kafka. À cette époque, je voyais l'humour dans Kafka. J'étais étonné quand je suis venu en France pour la première fois, et qu'on parlait de Kafka comme d'un auteur extrêmement sombre, dramatique et déprimant. C'est pas du tout ça, pas du tout !

M.L. : Comment avez-vous vécu la représentation de cette monstruosité au théâtre quand vous l'avez jouée ? Comment avez-vous résolu la question de la gravitation par exemple? Ce n'est pas du cinéma, c'est du théâtre, vous êtes sur une scène.

R.P. : C'est le genre de théâtre que j'aime. C'est pourquoi j'ai voulu faire le rôle. Le théâtre que j'aime ce n'est pas un salon ou une salle à manger coupée en deux, c'est plutôt une scène où il n'y a rien ou très peu. Les interprètes arrivent à créer le reste par le verbe et les gestes à l'aide de la lumière. C'est ça le théâtre, sinon cela ne vaut pas la peine et alors je préfère le cinéma. Pourtant j'ai déjà expérimenté le théâtre comme un salon divisé en deux, avec d'un côté le public de l'autre, les acteurs, mais seulement pour voir comme cela fonctionne. Sinon, ce que j'ai fait comme metteur en scène, c'était un espace créé par la disposition de quelques meubles placés à vue. La conception de métamorphose où il y a sur scène juste un échafaudage sur lequel le personnage central évolue en se métamorphosant, en allant vers autre chose qu'un homme. J'ai bien aimé faire cette expérience.

M.L. : Aujourd'hui, à l'égard de votre œuvre – qui n'est pas particulièrement comique – et du fait que vous avez joué ce rôle et que vous évoquez le théâtre et la symbolique de la scène et de l'espace qui n'est pas celle du cinéma, je ne peux pas être insensible à cette révolution du corps qui me préoccupe également. Comme cinéaste, c'est une question qui vous a préoccupé, me semble t-il. Comment avez-vous vécu cette crise de l'identité du personnage ? C'est un personnage dont les liens se coupent ou pas avec les interlocuteurs, qui ne peut plus accéder au dialogue, si toutefois le dialogue a déjà eu lieu. La rupture du lien avec la famille notamment, ce sont des éléments essentiels dans votre travail. Le bouleversement de la situation n'est pas particulièrement drôle, même si le créateur en rit. Et vous, vous l'avez vécu dans votre propre corps, à plusieurs niveaux.

R.P. : Je l'ai vécu quotidiennement ! C'était dur, je vous assure, car en tant qu'acteur, vous ne pouvez vivre que certains degrés dans votre propre performance.

M.L. : Dans le rôle de Gregor la question du contact avec le public en tant qu'acteur est de premier ordre. Comment avez-vous articulé cette question entre le dialogue intérieur de Gregor et le dynamisme de la scène ?

R.P. : Je ne me souviens pas vraiment, ça fait au moins vingt ans que j'ai joué le rôle de Grégor. Effectivement il n'y avait pas de communication avec la famille, aucun dialogue. Or dans ce processus de rupture du dialogue, Grégor ne cesse de s'exprimer sur ce qu'il ressent.

M.L. : Mais comment inscrire tout cela sur scène ? Quelle chorégraphie ?

R.P. : Il y a toujours sa voix, la voix du monologue intérieur. Il ne dialogue pas avec les autres acteurs.

M.L. : Votre voix était naturelle ou traitée ?

R.P. : Tout dépendait du moment. Souvent, elle était traitée.

M.L. : En temps réel, j'imagine. La pièce commence au réveil de Gregor. Les quatre membres de la famille sont présents. Il s'établit un monologue à quatre.

R.P. : C'est Steven Berkoff qui a fait l'adaptation théâtrale de l'œuvre ainsi que la mise en scène (1969). C'était son expérience/savoir-faire comme acteur et metteur en scène qui lui a permis une approche si créative de la nouvelle de Kafka.

M.L. : Le concept du temps dans une structure dramatique théâtrale, et le passage d'un temps à l'autre, n'est pas forcement le même que dans une logique cinématographique. En tant que cinéaste, voyez-vous des différences radicales ou des interférences possibles entre les deux langages – Intérieur/ extérieur – composition extérieure de scènes ? Comment décider de faire ou non ces coupures ?

R.P. : Je suis certes un homme de cinéma, mais j'ai commencé comme acteur au théâtre à l'âge de 14 ans. Mes vrais débuts sont sur une scène, et je connais très bien ce milieu. Le passage de l'avant à l'arrière, de maintenant à demain, par exemple, si vous acceptez l'idée d'une convention libre, n'a rien à voir avec la logique du « réalisme socialiste ». Cette convention, si vous l'établissez au début de la représentation, les spectateurs l'accepteront ensuite. Tout est possible au théâtre, à la condition de rester cohérent avec la convention établie.

M.L. : Est-ce la même chose pour un metteur en scène d'opéra ?

R.P. : Mais la convention est établie par définition. L'opéra est un genre plus rigide, qui ne permet pas d'aller au-delà.

M.L. : La musique joue un rôle indéniable dans les mécanismes de déroulement des scènes. C'est ainsi que je conçois *La Métamorphose*, comme une sorte de *glissando* du temps par la musique.

R.P. : C'est facile à faire. Il faut annoncer la convention dès le début. Dans une mise en scène de Steven Berkoff on peut tout faire, il n'y a pas de limites parce que les règles qui vont régir l'ensemble sont présentées depuis la levée du rideau. Les spectateurs acceptent la logique d'une autre convention sans se poser de questions. Il y a certaines pièces avec des apartés où les personnages se tournent vers le public pour dialoguer avec lui en brisant momentanément l'écran immatériel qui sépare la scène du parterre.

M.L. : On trouve aussi ces conventions dans la *Commedia dell Arte.*

R.P. : Oui, et dans les guignols. Un personnage annonce aux enfants : « Je vais passer par là parce que je suis sûr qu'il n'est pas là ! ». Les enfants, qui évidemment voient que le deuxième personnage est caché, là, prêt à le frapper avec un balai, crient désespérément pour prévenir le vieux : « Mais oui, il est là, il est là !! ». Voici une convention. Les enfants établissent un dialogue réel et passionné avec une marionnette pour la sauver d'un danger imminent. Personnages et public font partie du même univers à la fois magique et nourri de conventions.

M.L. : J'aimerais que vous me parliez de la relation entre Gregor et les autres personnages telle que vous la comprenez d'après votre travail d'acteur, très loin déjà de la problématique/confrontation avec le réalisme soviétique. Y-a-t-il dans les actes de Gregor un moment sacrificiel ?

R.P. : Je n'ai pas pensé à cela.

M.L. : Mais cela existe chez vous, sous la forme du sacrifice de la descendante, par exemple, dans *The Rosemary's baby.*

R.P. : À la fin du film, mais il s'agit plutôt de l'instinct maternel.

M.L. : La force du sentiment maternel envers le monstrueux est aussi présente dans La *Métamorphose*. La mère ne lâche pas Grégor, même si elle est épouvantée la plupart du temps à la vue de son fils. D'ailleurs, l'acte ultime du fils est une révélation d'amour à la famille. Je trouve personnellement ici un fort élément sacrificiel. Au XXe siècle, cet élément est le patron de l'humanité noyée dans l'humiliation totale.

R.P. : J'ai été heureux de mon rôle d'acteur et de ne pas être le metteur en scène. Ces types de questions sont pour le metteur en scène. Elles sont pour celui qui conçoit le spectacle dans son intégralité, non pour l'acteur. Être acteur, c'est un métier, il faut jouer. Les acteurs jouent, tout simplement. Quand on est acteur, il faut être fou pour s'identifier au personnage, ou pour anticiper sur ce qu'il deviendra trois ans plus tard.

M.L. : Êtes-vous sûr ? Moi, comme interprète, je me prends pour Beethoven quand je joue Beethoven. Je ne mémorise que si je me mets à la place du compositeur. Il faut que je puisse décomposer la partition pour ensuite la recomposer et la faire mienne, l'interpréter.

R.P. : Non Michael, vous jouez sur un piano.

M.L. : Je suis le piano.

R.P. : Les pianos ne souffrent pas d'affectations mentales. En tant qu'acteur, vous ne pouvez pas vivre réellement pendant deux heures, quotidiennement, le personnage sur la scène. Ce serait insupportable. Il faut oublier, même s'il y a des moments où la concentration est absolue. L'acteur est le personnage. Or, il y a d'autres accessoires à respecter, sur la scène également. C'est nécessaire pour que la magie s'opère. C'est ce qui contribue à la définition des personnages et à leurs interactions. Ce sont des marques et des repères spatiaux que les acteurs doivent observer.

M.L. : J'ai transformé le rôle de la sœur de Gregor dans *La Métamorphose*. Elle tourne sur elle-même tout le temps.

R.P. : D'accord, c'est l'acteur en mouvement. On ne claque pas les doigts et voilà, on est déjà le personnage.

M.L. : Vous êtes acteur, vous avez une expérience du jeu de la scène et de l'écran, au-delà de votre expérience de jeunesse. Considérez-vous Gregor comme un homme ou plutôt comme une bête quand la relation avec le quotidien disparaît ? Il y a une coupure, certes, mais garde-t-il l'humanité ?

R.P. : Je veux vous parler du côté physique. L'acteur a des problèmes à résoudre sur scène, il y a des repères, des marques qu'il faut respecter pour que la chose fonctionne. C'est la somme des différents moyens qui donnent l'effet cherché par le metteur en scène.

[*A ce moment précis, Roman Polanski se lève, recule de quelques mètres jusqu'à un espace libre de tables et il s'accroupit. Il appuie ses mains par terre et descend son corps très proche du sol en cherchant à l'équilibrer dans une position qui, sans qu'il y ait besoin d'explication, rappelle très fortement celle de Gregor métamorphosé en scarabée. Il se balance légèrement en regardant Michaël*]

Voyez, un acteur dans cette position tenue pendant longtemps n'est pas tout le temps un scarabée. Il pense aussi à ses problèmes à lui. Il doit se synchroniser avec les autres, bien entendu, mais il ne peut pas se laisser aller comme un pianiste dans son interprétation. Un musicien a recours à la mémoire musculaire. Il doit être capable de fonctionner tout seul. Il peut même se lancer dans un rêve.

M.L. : Pas l'auteur ?

[*Roman revient s'asseoir à la table*].

R.P. : Pas non plus le chanteur, d'ailleurs.

M.L. : Une reprise en 2010 de *La Métamorphose* de Kafka permet une réinterprétation de l'archétype dessiné dans le texte : celui de l'humiliation qui, me semble-t-il, supporte toutes les dimensions. L'humiliation identitaire fait tout de même partie de l'histoire du XXe siècle.

R.P. : De ce côté-là, oui, je suis d'accord.

M.L. : Garder la destinée de l'acteur au-delà de tout : le théâtre peut formuler toutes les conventions possibles.

R.P. : Exactement.

M.L. : Pourquoi pensez-vous que l'opéra ne jouit pas de cette même mobilité ?

R.P. : Il s'agit d'une rigidité qui vient d'un snobisme que je ne supporte plus. C'est le désir de se montrer original à tout prix.

M.L. : Qu'est-ce que vous avez mis en scène?

R.P. : *Lulu*, *Rigoletto*, *Les Contes d'Hoffmann*...mais j'ai fini par arrêter. Puis j'ai décidé de faire du music-hall parce qu'on rigole davantage. J'ai fait aussi l'adaptation du *Bal des Vampires* en allemand. Et vous, pourquoi avez-vous choisi *La Métamorphose* ?

M.L. : J'ai choisi *La Métamorphose* pour deux motifs : d'abord parce qu'il y a une rupture, ou si vous préférez, un personnage qui change du jour au lendemain – un bouleversement inopiné. La deuxième raison, c'est le glissement du temps qui agit comme contrepoint de cette rupture. Ceci soulève aussi une question de nature cinématographique qui concerne également l'opéra. Par exemple, chez Alban Berg, il y a une rupture temporelle. Dans le *Pelléas et Mélisande* de Debussy, la musique exprime, hors de toute convention, le *travelling* d'une scène à l'autre. C'est un langage qui rend audible le changement de lieu.

R.P. : Ceci est aussi une convention.

M.L. : C'est presque un *leitmotiv*, une structure fragmentaire : le son transformé en mer, une vague se rompant contre les rochés.

R.P. : Mais quand vous dites « une vague », en réalité, vous parlez du son d'une vague, donc d'une sorte d'allégorie.

M.L. : Oui, c'est vrai, on pourrait parler de l'opéra comme d'une allégorie conventionnelle.

R.P. : En fait, tout dépend de la convention théâtrale. La différence entre le théâtre français et le théâtre anglais, c'est que chez Racine, l'acteur raconte la bagarre, et chez Shakespeare, la bagarre a lieu sur scène.

M.L. : Dans mon opéra, cette bagarre dont vous parlez, on la trouve entre le père et le fils, sous la forme d'une écriture madrigaliste.

Lundi 29 novembre 2010
Version établie par Danielle Cohen-Levinas

de l'esthétique à l'éthique

Que pourrait bien être un opéra éthique? Le « mensonge pernicieux » de Kant, une résistance idéologique et morale « rapportée à un objet »[1]? ou alors un monde comme « totalités des faits » selon la formule de Wittgenstein, un *monde fait*? Le discours esthétique, dans l'excellence de sa critique, aurait pour règle de découvrir l'enjeu, d'en révéler les clauses transcendentales ou nominalistes. D'un régime de représentation à l'autre, l'induction varie. Il s'agit de formuler la variation; d'admettre que le mensonge esthétique recouvre une réalité éthique – le « jugement d'imputabilité » que Kant attribuait à une expérience inconditionnelle. Il n'y a pas de lois éthiques sous-jacentes à la question de l'opéra. Il n'y a que des règles – ni positives, ni négatives, où il serait possible « de lire le degré zéro de la synthèse hégélienne »[2].

À un autre niveau de lecture, le discours esthétique fonctionne comme un représentant de l'imagination, comme son porte-parole – une utopie factuelle dans les termes; l'antinomie textuelle du « jugement d'imputabilité »; ou, pour reprendre l'expression de Louis Marin, « le simulacre de la synthèse »[3]. Strictement déroutant, l'opéra au XXe siècle est à la croisée de tous les chemins de problématisation, au centre des convulsions esthétiques, comme des enchaînements éthiques, parce que l'opéra avance en direction d'une utopie qui n'efface jamais ses traces antérieures, mais qui, pareille au peintre devant le tableau, le couvre d'une nouvelle empirie qui, tantôt entre dans le cadre de la modernité, tantôt le dépasse : un palimpseste à l'œuvre. Le lien entre esthétique et éthique est annoncé dans figuration et pré-figuration. Dans notre recherche d'un point de convergence possible, le recours à une dialectique *sui generis*, entre réalité et utopie, est important. Aucune pré-figuration éthique ne peut d'elle-même se référer à une figuration esthétique. Le paradoxe de l'opéra, c'est qu'il est gouverné par des ponts théoriques invisibles, des passerelles qui favorisent l'avènement d'une œuvre lyrique. Mais comment met-il en scène l'éthique en la dissimulant sous une fiction? Jeu d'espaces et de distances qui n'est ni complètement une métaphore ni complètement une *mimesis*, mais un artifice compositionnel, une figure du discours, voire un ornement – une rhétorique acoustique.

1. E. Kant, *Critique de la raison pure*, Paris, Gallimard, 1980.
2. L. Marin, *Utopiques : jeux d'espaces*, Paris, Minuit, 1973, p. 9.
3. *Ibid.*

Du moins, la fission du lien lyrique aurait cette duplicité : lorsque se joue le mythe, dans l'interface scène/texte/musique, désigne-t-il une qualité d'appel ontogénique ? Le monde est-il tenu par lui ? Autrement dit, en quels termes résister ou répondre à l'appel d'une représentation qui a glissé de l'entendement à la perception vers un objet esthétique ? Ainsi, la préfiguration éthique s'effectue hors-lieu et hors-temps, dans un territoire où la répartition des actes s'ordonne comme une réalité utopique échouée dans une réalité sociale. La cérémonie rituelle de l'opéra accomplit la répétition du hors-lieu et du hors-temps ; et « à tous égards, la répétition, c'est la transgression »[1]. Gilles Deleuze assimile l'idée de répétition de l'acte à celle de singularité contre la loi. Elle en dénoncerait « le caractère nominal ou général, au profit d'une réalité plus profonde et plus artiste »[2]. D'où pour Nietzsche, une *Naissance de la Tragédie* en deçà d'une réflexion sur le théâtre antique, mais sur un acte esthétique qui fonde un théâtre éthique. La rupture de Nietzsche avec Wagner peut d'ores et déjà se lire comme la rupture de l'éthique et de l'esthétique.

> *Zarathoustra* est conçu tout entier dans la philosophie, mais aussi tout entier pour la scène[3].

Il marche et danse. Le rythme qui accompagne et scande le mouvement de son corps est un rythme d'idées. C'est bien ce que Nietzsche ne retrouve plus dans l'idéal lyrique de Wagner : une perte du mouvement vital qui se solde par une perte de la philosophie du théâtre total. Le visage du surhomme pour Nietzsche est dans les traits de *Borgia*. *Parsifal* est un leurre. L'opéra pour être éthique doit se définir dans une mise en mouvement de l'élan vital (tragédie grecque) et pas seulement des contradictions de la société (théâtre lyrique). L'histoire de l'opéra est marquée du sceau de la récurrence du concept d'universaux qu'elle représente. Elle occulte l'immédiat pour fonder une dialectique de la médiation : entre l'esthétique et le sociologique. Elle renonce à restituer au drame les idées qui lui préexistent, au singulier et non en général, ce que Deleuze appelle « représenter des concepts, au lieu de dramatiser des idées »[4]. Selon le premier prédicat, représenter des concepts, les mythes symbolisent l'expression sociale, ses affects, ses affectivités. Un ordre a été introduit là où régnait une

1. G. Deleuze, *Différence et répétition*, *op. cit.*, p. 9.
2. *Ibid.*
3. *Ibid.*, p. 18.
4. *Ibid.*

confusion, et l'ordonnance des instruments de rhétorique dans le champ de la composition s'est révélée opératoire. Monteverdi classe les passions dans une corrélation de relations figurales ; Mozart les dynamise dans le conflit dialectique du schéma tension/détente ; Wagner les atermoie dans une infinie infinité de *leitmotive*. Le principe de morphogenèse restitue à l'Histoire une perception allégorique de ses contradictions désormais synchroniques, parce que formalisées dans un espace/temps logique, au moyen d'une syntaxe codée.

Selon le deuxième prédicat, dramatiser des idées, les mythes symbolisent un temps antérieur à la narration, auquel elle affecte une impulsion, un rythme. Une répétition comme puissance vitale a été introduite dans l'organisation sociale. Elle en révèle les manques, les aliénations et l'impossibilité de suivre la discursivité de la Raison historique comme modèle de représentation. La répétition de la puissance vitale ne s'oppose pas aux spéculations de l'idéologie. Elle y met fin. Conception de l'opéra que les compositeurs approchent sur la pointe des pieds, prisonniers qu'ils sont du fait récursif intronisé par les cadres régissant les institutions lyriques. Il faudrait appliquer à la réflexion sur l'opéra au XXe siècle, à ses distorsions sacrées et profanes, la distinction qu'établit Benjamin entre le *chimiste/commentateur* et *l'alchimiste/critique* : le chimiste travaille le nez collé au « bois » et à la « cendre ». Il est captif du matériau. De ce fait, il ne peut que le décrire ou le paraphraser. L'alchimiste fixe un horizon de permanence au-delà du « bois » et de la « cendre ». Il anticipe la matérialité des formes pour se concentrer sur ses connexions possibles, ses déviations, ses mutations – le lieu même de l'utopie, comme une vision rédemptrice de l'esthétique et de la *praxis* au profit de l'éthique. Il pré-figure plus qu'il ne figure. L'idéologie du progrès est battue en brèche par une interrogation plus vive au regard de la création musicale. Ce serait souscrire à la nécessaire philosophie de l'histoire que de ne pas rappeler la dimension d'épopée originelle de l'opéra, incluse dans la tragédie grecque : partir en quête, à la conquête de … Le principe de pré-figuration ne désigne pas un lieu historique, mais sa fragilité. En ce sens, il est éthique. Alors que le principe de figuration circonscrit le lieu contemporain de l'œuvre pour le propulser dans un lieu historique et justifier de sa légitimité et de son droit. En ce sens, il est esthétique. À moins que la positivité du discours ne soit interceptée par la répétition de la scène originelle ou une dialectique négative :

> S'agit-il de sauter, comme le croit Kierkegaard, ou bien s'agit-il de danser, comme pense Nietzsche ?[1]

A priori, il s'agit d'un évitement. Éviter Hegel.
On peut toujours se demander si dans le présent de l'opéra les métaphores de la *danse* ou du *saut* ne sont pas des images dialectiques tenues en bride par une absence de consensus. Si le singulier s'oppose au général, c'est que la règle s'oppose à la loi. Or, l'opéra s'est maintenu dans une logique de loi induite par des systèmes de composition et par des fonctions musicales. Le renouveau du théâtre lyrique s'effectue, ici et maintenant, dans une succession de singularités avec, pour horizon de permanence, l'intuition d'un nouveau solfège, en virtualité dans le timbre – indice d'une nouvelle loi. La répétition n'est pas un acte de classification, alors que le consensus contraint le lieu lyrique. Pour nous, répétition et consensus ne sont pas antinomiques. C'est à travers la contrainte que Berg a gagné *Wozzeck*, à savoir, une liberté esthétique et éthique. La contrainte de l'empirie est synonyme de tradition comme innovation, ce qu'Aristote appelle la « reconnaissance » : tradition et innovation se déroulant l'un dans l'autre, la critique esthétique étant reconnue éthique dans la mesure où la singularité a interrogé la loi avant d'amorcer un geste de répétition.
Depuis dix ans, le caractère essentiellement retrouvé de l'opéra s'attache à représenter ce par quoi il a été fondé :

> Le passé pur retombe ainsi dans l'état d'un ancien présent[2].

Présence du palimpseste qui lie l'effet à la cause. L'impact de la transformation sociale sur les formes lyriques, l'équilibre négatif qu'Adorno augurait est quelque peu érodé. Le nouvel élan – *essor de l'aura* – sacrifie à un certain subjectivisme et récupère les clichés là où la *Gegängelte Musik*, la musique embrigadée par les complaisances du capitalisme moderne, les avait déchus de leurs prérogatives. Paradoxalement, le temps de « l'œuvre d'art à l'époque de sa reproductibilité technique » dont parlait Benjamin en 1936 a suivi un développement exponentiel qui, loin de « s'imposer elles-mêmes comme des formes originales d'art »[3] n'a fait que renforcer le goût pour la répétition, voire la mélancolie – idée qu'un paradis perdu ne peut-être supplanté par le reproductible. D'où l'immanence d'un

1. *Ibid.*, p. 19.
2. *Ibid.*, p. 145.
3. W. Benjamin, dans P.-L. Assoun, *L'École de Francfort*, Paris, P.U.F., 1987, p. 111.

rituel pour endiguer la perte d'une essence. La différence préside à la répétition ; la pré-figuration préside à la figuration. Entre le rituel et le politique, entre le renouveau de l'opéra que nous assimilons à l'essor de l'aura et son déclin, la frontière est disparate. Seul, le retour du présent par un temps qui se surpasse lui-même – plus impératif que les polarités passé/futur – permet à l'identité opéra de ne pas se dissoudre dans le simulacre d'une mémoire exclusivement transcendantale. On préférera à l'étude historique une interprétation plus systématique des œuvres. Et tout d'abord, il n'y a plus lieu d'opposer opéra et création. Il n'y a pas d'un côté une procédure compositionnelle utilitaire et vraie, et de l'autre une résurgence archaïque fausse de la culture de masse. Il n'y en a plus dès lors qu'on aborde la création musicale en termes d'engagements singuliers, et l'opéra en termes de nécessité compositionnelle. Ces deux topiques sont métissées, dévoilant les figures d'un élan présent et d'un horizon de permanence généralisé. La pratique utopique de l'opéra dénonce indirectement une situation de crise esthétique et de crise musicale dans laquelle l'éthique intervient comme un arbitre pour pallier ce mouvement névralgique de l'histoire où les signes ne peuvent être compris que dans un système allégorique. L'utopie se manifeste dans le hiatus d'une extension d'un genre qui creuse l'économie et l'institution, la laissant essoufflée – affirmation d'une œuvre-là différenciée de la production.

Les compositeurs d'opéras sont les bâtisseurs d'une utopie occupant, dans la création musicale la place du Roi.

chapitre 2
la promesse désœuvrée
trace et anamnèse : pour une lecture de Benjamin

On ne pourra en aucun cas estimer réussie la présentation d'une idée aussi longtemps qu'on n'aura pas parcouru virtuellement le cercle des extrêmes qu'elle peut contenir.
Walter Benjamin, *Origine du drame baroque allemand*.

Le concept de *déclin de l'aura* a révélé un tournant décisif pour la modernité de la théorie esthétique. Tout d'abord, par son caractère prophétique, il prévoit, suite à l'émancipation des arts dans la seconde moitié du XIXe siècle, la critique de l'idéologie en même temps que son advenir dans l'œuvre. Ainsi, pour Benjamin, l'idée de la modernité ourdit dans l'idée d'une perte synonyme de gain. L'œuvre d'art contemporaine revendique le droit de penser, voire, de formuler une réalité dont elle se dissocie pour gagner une singularité historique. Ressentie comme un plus, la *perte de l'aura* permet à l'œuvre de réclamer son autonomie. Si elle nous interpelle au cœur d'une pratique esthétique, c'est parce qu'elle détient le secret de l'idée. Une voix critique de l'esthétique s'ouvrirait dans le penser de l'œuvre qui animerait nos convictions. Benjamin admet inconditionnellement la parenté de la philosophie avec l'art. Il admet également leur complicité implicite détournée dans ce qu'il appelle « l'idéal du problème ». De sorte que chercher une vérité parmi la somme des empiries revient à dissoudre l'unité de l'œuvre comme l'unité de la philosophie. L'expérience philosophique qui s'abreuve à l'essence de l'œuvre d'art peut le cas échéant démasquer une forme de mensonge colportée par l'idéal de beauté et de vérité. C'est la constellation critique qui arrache aux concepts sa force de présent sur fond de passé scrutateur. Au concept de *perte de l'aura*, Benjamin ajoute celui de *réveil*. Point de présent qui attende d'être dérangé par le passé. Et réciproquement. Comme si le ici et maintenant regardait en arrière, à l'image de la citation de Maxime Du Camp que Benjamin a inscrit en exergue de l'introduction du *Livre des passages* [1] :

> L'histoire est comme Janus, elle a deux visages : qu'elle regarde le passé ou le présent, elle voit les mêmes choses.

L'opéra au XXe siècle revêt les deux visages de Janus. L'illusion d'une modernité ébranlée par une utopie souveraine et hors cadre ; le *réveil* de cette utopie convertie en action historique et en pensée dialectique. La création musicale contemporaine rêve en amont d'un temps de la composition exempt de sommeil. Il s'agit, sinon de glisser les théories de Benjamin dans un contexte musical en attente de son Ange, de faire en sorte que le cheminement herméneutique de ses idées lézarde les présomptions sur l'opéra création au *lieu* même de ses détours. La mutation du concept d'opéra interprétée sous l'angle d'une lecture benjaminienne, parce que ses indices de réalité nous engagent à décrypter les traces de ses apparitions clandestines au carrefour de la grande tradition musicale occidentale. L'opéra comme *outsider* de la modernité oblige le présent à interroger son héritage.

Dans l'Allemagne des années 20, Benjamin part en quête d'une nouvelle définition de l'Histoire : épicentre de l'empirie – le lieu de toutes les causalités. Ce que nous énonçons par empirie correspond dans le langage de Benjamin au « présent de la connaissance », ce moment névralgique où l'idée transite dans un objet et où l'objet génère l'idée. C'est pourquoi le concept de passage est fondamental. Outre le fait que la pertinence du renouveau de l'opéra ne s'offre pas sous forme de continuité entre un passé blessé, détérioré par les idéologies de l'art post-auratique, et un futur qui assure la synchronie des différentes dimensions de la perception temporelle, il parvient à interrompre le déroulement de la Raison historique. Tout à coup, la mutation du concept apparaît comme cessation

1. W. Benjamin, *Paris, capitale du XIXe siècle, le livre des passages*, trad. fr. J. Lacoste, Paris, Éditions du Cerf, 1989.

de l'axe passé/futur, force contraignante qui plie les interrogations à un *lieu* défini par le non-lieu, paradoxe singulier au cœur du système théorique. Peut-être Benjamin a-t-il senti l'impossibilité, pour une pensée rompue à deux guerres mondiales, de perpétuer l'accréditation d'un modèle historique avec, à la clé, un sens accordé au temps et à l'expérience. Chaque événement s'accompagne de sa propre mort. La vitalité de l'opéra – en tant que phénomène soumis à une loi de résurrection – est une providence nécessaire accoutumée à s'éteindre quand le spectre de la théodicitée historique affirme sa toute-puissance. L'expérience de Benjamin est elle-même chargée de ce non-sens en vertu de quoi l'homogénéité formelle, grâce à laquelle les empiries se constituent, porte la trace d'une falsification effective. La mort de Benjamin, à Port-Bou le 26 septembre 1940, après que Hitler et Staline signaient d'un commun accord le pacte qui devait conduire l'humanité au désastre et à l'irréversible désespoir, ne peut pas rester extérieure à sa philosophie de l'art conçue comme éthique à l'intérieur de la pratique esthétique. Le suicide de Benjamin, c'est le suicide de l'Ange rédempteur dont la conscience historique est une conscience au présent. L'Europe démantelée par le choc des nationalismes rend le travail de l'Idée à l'œuvre et de l'œuvre à l'écriture d'une absolue exigence : gagner la souveraineté pour casser les chaînes de l'aliénation. Le discours de Benjamin, teinté d'un messianisme nihiliste, ne peut être saisi que dans les croisements de deux pôles d'attraction antagonistes : marxisme et mystique juive. L'un scindant l'autre pour mieux lui restituer sa dimension fragmentaire. Il n'est pas sûr que Benjamin ait assuré le lien philosophique de ces deux dynamiques de l'altérité. Mais la schizophrénie théorique qui en résulte est le lieu de l'interrogation esthétique – une façon de renvoyer à l'œuvre une responsabilité éthique en guerre contre les hypostases de la dialectique qu'il voudrait moins bourgeoise et plus résistante aux assauts de la Raison historique…

> … là où cette sphère de défaillance du langage éclate avec la puissance qu'aucun mot ne peut dire, là seulement peut jaillir entre le mot et l'acte dynamique l'étincelle magique, qui est l'unité de l'un et de l'autre, l'un et l'autre également effectifs [1].

1. W. Benjamin, « Lettre à Martin Buber, Munich, juin 1916 », *Correspondance 1910-1928*, trad. fr G. Petitdemange, Paris, Aubier, 1979, vol. 1, p. 118.

Tel est bien le projet de Benjamin. Le problème essentiel du langage réside dans sa magie et non dans sa signification. Expérience adventice de la mystique juive qui confère à la chose nommée le pouvoir de se signifier elle-même. Quant à l'étincelle, elle habite précisément ce lieu utopique et uchronique : entre le mot et l'acte dynamique. Tandis que la pensée herméneutique facilite la connexion des deux mondes reliés par une fissure symbolique de l'esthétique et de l'éthique : la nécessité. D'où une prégnance du présent plus attentive à la transition que le primat du passé sur un futur trop directionnel pour accorder à l'éphémère une fonction quasiment démoniaque au sens où Benjamin entend briser la corrélation du contexte et du destin. Fantastique ambiguïté sans solution finale : le concept de *daimon* arrimé au destin entraîne le matérialisme dialectique vers un *ethos* où l'image de l'histoire s'identifie à ce *daimon* qu'aucune empirie ne saurait neutraliser. C'est pourquoi le modèle de la tragédie grecque reste prédominant pour comprendre quelles vicissitudes fatidiques le théâtre lyrique doit aujourd'hui surmonter pour retrouver un consensus originel à hauteur d'une liberté compositionnelle. Et parce qu'elle faisait, selon l'expression de Schelling, « combattre le héros contre la force supérieure du destin » [1] ;

et parce que chaque *dissoi* comporte un réseau de significations plurielles anéantissant la légitimité du vrai et du sens, la tragédie est le lieu du mélange, d'une confusion rendant caduque la question de la représentation des symboles – un « nœud dans le filet » comme le précise Benjamin.

L'opéra rejoue ces concepts subsumant la réalité au-delà de la logique objective. Á quoi peut-il encore servir? Une alarme esthétique pour que le principe de réalité, lourd en matière d'opéra, n'ait pas raison du principe de plaisir. Pour que l'utopie batte en brèche le matérialisme historique et nous accompagne dans la connaissance empirique et critique du présent. L'élément perturbateur pour Benjamin fait irruption dans la mécanique du progrès et renverse l'ordre des classifications. Ce qui faisait figure d'exception devient la règle, et inversement. L'opéra, exception consensuelle de *Wozzeck* et de *Moïse et Aaron*, implique une redéfinition paradoxale de la règle aujourd'hui alignée sur les concepts fondamentaux d'interface musique/science/informatique. Il est clair que la surprise historique n'est pas un leurre, mais une bénédiction. « Que les choses continuent comme avant » : tel est le véritable échec. Or, éviter une récupération annexée par

1. Cité par M. Cacciari, *L'ange nécessaire*, trad. fr. M. Raiola, Paris, Christian Bourgois, 1988, p. 72.

les maisons d'opéras, c'est se *déloger* volontairement de la continuité. C'est habiter modestement les creux, les interférences du temps, « là où quelque chose de véritablement nouveau se fait sentir pour la première fois avec la sobriété de l'aube »[1]. Métaphore de la pensée de Benjamin : la figure de l'Ange dans le tableau de Paul Klee intitulé *Angelus novus.* L'Ange est une illusion nécessaire; son essence s'évanouit dans les lieux trop définis, exactement comme dans le tableau de Klee, où ailes déjà déployées, il s'éloigne d'un lieu d'origine dont on imagine qu'il est le présent. L'Ange comme passeur d'un message dont l'élan – ou le visage – est orienté vers l'avant et l'après.

L'opéra aurait cette vocation ultime d'annonciation d'une dissolution du progrès en cours. Il interrompt la continuité par un double mouvement opposé : celui qui désigne le passé; celui qui évite le présent, passant par dessus son épaule pour visionner l'avenir. La nécessité de l'opéra se fait sentir, non dans l'institution élaborée pour accueillir le répertoire et pour repousser au loin la création, mais dans la prise de conscience de l'écartèlement temporel. À la mécanique du réel, l'opéra oppose un virtuel capable de réveiller la vigilance. Il offre une nouvelle prise dialectique aux compositeurs qui veulent apprivoiser les aspérités.

> La méthode dialectique se caractérise donc par le fait qu'en conduisant à de nouveaux objets elle développe de nouvelles méthodes. Exactement comme la forme, en art, se caractérise par le fait qu'elle développe de nouvelles formes en conduisant à de nouveaux contenus[2].

Au regard de l'histoire, l'opéra n'a qu'une seule forme et des applications singulières. Au regard du présent, il cumule la forme de l'histoire, la forme arrachée à l'histoire, la forme virtuelle. Résultat : il désintègre la continuité historique :

> [...] désintégration qui permet seule à l'objet historique de se constituer[3].

En ce sens, l'opéra est bien une représentation de l'Idée. Là encore, Benjamin véhicule une relation de cause à effet entre la représentation comme méthode philosophique et l'Idée comme représentation de la méthode. L'opéra, empirie déjà donnée à l'Histoire et à la conscience, se renouvelle dans l'Idée d'une mutation de ses codes et de ses conventions

1. W. Benjamin, *Paris, capitale du* XIXe *siècle, op. cit.*, p. 492.
2. *Ibid.*
3. *Ibid.*, p. 493.

– Idée soumise à la représentation des « constellations éternelles », à savoir, non déterminées par une théorie réduite à un réseau d'intentions.
La question de l'opéra soulève le problème de la dissolution de la vérité. Représentation d'Idée et représentation d'objet débouchent sur une conception du vrai, du beau et de l'irréfutable. Or, les empiries lyriques se distinguent des empiries d'idées lyriques en ce qu'elles portent la trace d'une perturbation qui vise à arracher l'objet de la pensée, comme une césure à partir de quoi surgira l'image dialectique : la représentation du présent, identifiée à l'objet désormais advenu dans l'Histoire après en avoir assuré l'explosion. L'opéra dissout la quotidienneté du flux continu de la composition pour mieux rehausser son instabilité à hauteur de son effraction. Alors que le compositeur s'efforce d'aller vers le vrai, l'opéra s'efforce d'aller vers le présent. D'où son impossibilité à abandonner le passé. Ange de la composition, parce que l'*Ange de l'histoire* veille. Les intuitions messianiques de Benjamin sont rigoureusement historiques. L'*aura* oblige le regard ; l'objet auratique agit sur notre individualité. Il a le pouvoir, précise Benjamin, de *faire lever les yeux.* En direction de quoi ? Expérience d'un lointain essentiel, peut-être bien d'une utopie transversale, de passage lorsque l'Ange frappe ; à l'arrêt quand le *continuum* de l'histoire reprend son cours. L'aura est immanente à l'œuvre. Contradiction fondamentale que Benjamin ne parvient pas à résoudre et qui constitue un point de désaccord radical avec Adorno. Le thème de la modernité est contigu à celui de *perte de l'aura.* Perte au lieu de sa coalescence entre l'objet et l'Idée, entre la réalité et l'utopie, entre le présent et l'événement, entre l'Ange et l'Histoire. Cependant que la perte engendre une positivité en ce qu'elle actualise l'intériorité de l'œuvre d'art, donnant à son extériorité un impact idéologique et culturel décisif. Il y aurait dans la notion de perte la promesse d'un dépassement de l'œuvre. Benjamin ne renonce pas à une forme sécularisée de l'aura. Il procède par oscillations critiques. L'idée idéelle de l'aura est d'ordre sacré. Le sacré se retire et l'aura demeure. Autrement dit, on peut interpréter la pensée de Benjamin en inversant les modules : le *déclin du sacré* contre *la persistance de l'aura* et son avènement dans un lieu profane, comme une transposition d'un enjeu théologique dans un enjeu esthétique. D'où le présent du passé dans les actes de dissolution des empiries. D'où le visage schizophrène de l'objet qui regarde et qui est regardé. D'où aussi les multiples passages qui sont comme autant de couloirs pour la mémoire que de jalons pour l'oubli.

> Le présent détermine dans l'objet du passé l'endroit où divergent son histoire antérieure et son histoire ultérieure, de façon à circonscrire son noyau [1].

L'esthétique de Benjamin est une esthétique de l'appel. L'objet fait appel à l'Idée, qui fait appel à la représentation, qui fait appel au passé. On mesure la dimension tragique inavouée de la *perte de l'aura* pour le philosophe dont le regard figurait le au loin de l'action. Ce n'est pas tant l'argumentation de Benjamin à bien des égards insatisfaisante que son intuition puissante sur l'agir de l'œuvre d'art comme incarnation culturelle d'une société que nous retenons. Benjamin ne s'est d'ailleurs pas exprimé sur l'œuvre musicale, et encore moins sur l'opéra.

Qu'aurait-il dit de son aura? Tellement plus immanente que les arts invoqués. Peinture, cinéma, théâtre, littérature fournissent la clé des distorsions dans lesquelles l'*aura* est précipitée puis abandonnée. L'alternative est simple : d'un côté les arts de masse, démocratiques et populaires comme le cinéma; de l'autre, les arts de contemplation comme la peinture. Un même public pratiquera la raison progressiste pour les films de Chaplin, et la raison rétrograde pour les tableaux de Picasso. Un ou bien ... ou bien ... qui s'achève sur une pointe d'utopie banalisée. L'horizon de permanence si impératif dans la pensée de Benjamin échoue dans les servitudes de la consommation et de l'industrie. Un *Angelus novus* alerté par le présent. Au lieu d'être poussé vers le passé/avenir, il se retranche dans les zones où les promesses de bonheur à échelle collective comme le souhaitait Benjamin sont vouées à s'auto-reproduire et s'auto-représenter.

Notre lecture du présent de l'opéra au XXe siècle est du côté de l'ambiguïté auratique. Il ne s'agit pas de l'élever au-dessus de la modernité, mais de saisir le caractère immanent de son *en-soi*, se donnant à la création musicale comme *œuvre-là*, représentation de l'Idée qui échappe à la vérité historique. C'est la naissance de l'esthétique comme accident – la trace cessant d'être semblable à sa réification. De même que Benjamin tente d'arracher le drame baroque allemand des servitudes du romanesque et de l'héroïsme, nous essayons d'arracher l'opéra à ses servitudes idéologiques – échec esthétique pour Adorno. Benjamin présente la nature transfigurée du drame baroque allemand – allégorie de sa forme, empirie non symbolique. Georges

1. *Ibid.*, p. 494.

Lukàcs[1] réfute l'argument. Conclusion logique de ses catégories : l'échec du drame baroque allemand est total.

Le théâtre lyrique est travaillé de l'intérieur par une force allégorique, seule puissance qui parvient à le ressusciter envers et contre ses mystifications sociales. La tâche de l'esthétique est double : percevoir le mouvement; percevoir l'arrêt comme indice du mouvement. Mais surtout, la question de l'opéra au XXe siècle centre ses préoccupations aux mêmes creusets d'interrogations que la naissance du roman « moderne » de Cervantes ou du drame baroque allemand : composer avec la perspective d'une subjectivité infernale « vide en Dieu » disait Benjamin, en définitive, exempte de l'idée de totalité. L'allégorie préserve de la sédimentation. Son principe est celui de l'adaptation au monde, qu'il soit métaphysique ou matérialiste. De même que le roman en son inachèvement moderne « saisit le dieu absent dans la docte ignorance de sa figuration artistique »[2], l'opéra, en sa récurrence empirique, saisit l'Histoire moins dans ses manifestations *ex machina* que dans ses virtualités rédemptrices.

Le retour à … est intégré à la perception du tout. L'utopie compositionnelle d'une expérience irréductible exprimerait la promesse d'une réconciliation

ajournée de l'artiste avec lui-même, de la société avec l'homme.

La critique de la civilisation moderne présente chez Benjamin depuis ses écrits de jeunesse place la question de l'art au cœur d'une sensibilité historique tragique et désespérée, entre dimension apocalyptique héritée du judaïsme et promesse utopique, révolutionnaire, héritée du marxisme. La dimension messianique à l'œuvre dans l'histoire de l'opéra nous semble répondre à l'idée benjaminienne du « temps de l'aujourd'hui », là où la crise de la civilisation européenne devient le symptôme d'une modernité qui ne peut échapper aux schémas répétitifs, tout en ayant pour dessein de s'éloigner du lieu où elle se tient.

1. G. Lukàcs, *L'âme et les formes*, trad. fr. G. Haarscher, Paris, Gallimard, 1974.

2. R. Rochlitz, « De la philosophie comme critique littéraire », *Revue d'esthétique*, hors-série, novembre 1990, p. 50.

la réfutation de l'interdit : pour une lecture d'Adorno

Entre la société actuelle, y compris ceux qu'elle
délègue comme public d'opéra,
et l'opéra lui-même, il s'est creusé
quelque chose comme un fossé.
Theodor W. Adorno, *Opéra*.

Opéra : mensonge social à échelle idéologique. Condamnation sans appel d'Adorno pour une forme d'art qui allie les rouages de la consommation avec les perversions de l'émancipation bourgeoise. L'opéra, paradigme de la « femme entretenue » est à proscrire de la Cité musicale, de la Cité artistique, de la Cité intellectuelle, de la Cité politique, de la Cité économique, de la Cité industrielle. Bref, du paysage collectif et de la vie individuelle.

Adorno, à la différence de Benjamin, n'a aucune tendresse pour l'ambiguïté critique, le paradoxe esthétique, ou le paradoxe *de* l'esthétique. On objectera d'emblée à cet argument que les préoccupations de Benjamin n'étaient pas centrées sur la musique et encore moins sur la composition. Celles d'Adorno le sont. Priorité à la création musicale qu'il s'applique à suivre en temps réel, accomplissant une tâche émérite d'élaboration d'une pensée de la musique corollaire à une philosophie de l'histoire. Mais surtout, il argumente les processus de création, de production et de diffusion autour d'un axe fondateur de ses inductions esthétiques : la modernité comme tradition. Autrement dit, le temps réel de la création musicale ne se mesure, ne se comprend et ne se reçoit qu'au regard du temps différé de sa généalogie proche ou lointaine. La modernité de l'œuvre est dans son héritage – transgressions, sublimations, identifications ou subversions comprises. Et l'esthétique à l'œuvre – compte tenu de sa nécessaire créativité littéraire et philosophique, de ses actes de résistances à l'égard de l'académisme ambiant, de sa vigilance retord en attente d'un attentat théorique qui surgirait pour colmater et si possible briser ce que Marc Jimenez appelle « le discours externe du système lié à la domination » [1] – doit décrier les astuces de la raison, amener ses mécanismes jusqu'aux portes de leur réfutation, construire les conditions de possibilités de son autonomie, ne

1. M. Jimenez, *Adorno et la modernité. Vers une esthétique négative*, Paris, Klincksieck, 1986, p. 24.

pas se laisser surprendre par les séductions de l'immanence. La positivité de l'esthétique que Kant concevait comme une entité médiate entre l'entendement et les sens admet en effet une intervention logique de l'œuvre dans le cours du discours. Science du Beau, elle définit ses modalités d'application en fonction d'un *dasein* décelable dans l'œuvre, dont la finalité sans fin s'auto-reproduit dans un système circulaire. L'investigation esthétique serait de nature exclusivement philosophique. Elle est ici redevable à la philosophie de lui prêter ses concepts. D'où ses figurations plurielles d'une sensibilité rationnelle, « partie intégrante d'une constitution politique tracée d'après les idées »[1] disait Schelling. L'esthétique issue de l'*Aufklärung* défend un processus d'idées en action et cherche à mettre en place un dispositif critique de la *Bildung*. Saisir l'empirie artistique comme émanation de l'activité humaine : l'*Aufklärung* se détermine à partir d'un réseau de catégories pré-orientées ou pré-affranchies. Émanciper l'individu grâce à une structure totalisante. Déjà, le projet de Friedrich Richter Jean-Paul sème quelques éclairs de réfutation sur les pratiques esthétiques de la *Kunstwissenschaft* – science de l'art.

Comment sortir des cadres héritiers de l'*Aufklärung*? Comment pratiquer conceptuellement l'œuvre sans nécessairement la relier à des références érigées en système ; comment valoriser le pli de l'œuvre, les zones inhabitées de ses formes, sans répondre aux prédicats d'une pensée réservant une place privilégiée, dans la grille des catégories, à la faille, à l'imprévu, bref, au *Witz*? Peut-on élaborer un discours qui ne prévoit pas, qui n'anticipe pas, qui intègre l'accident au moment où celui-ci intervient? Autrement dit, peut-on concevoir une esthétique du temps réel de l'œuvre dans sa mouvance historique, distincte d'un ...

> ... discours sur l'œuvre, discours sur les genres aussi, qui reste attaché aux catégories et aux formes, à la Forme, non pas par opposition au contenu, mais forme comme enveloppe conceptuelle, montrant que l'esthétique, plus descriptive qu'interprétative, demeure sous l'emprise de la philosophie, du concept[2].

C'est ici qu'il faut se méfier d'une conscience rétrospective d'un Idéal de communion du sujet et de l'objet, d'une empirie qui alimente la mélancolie

1. M. Jimenez, *Adorno et la modernité. Vers une esthétique négative*, *op. cit.*, p. 90.
2. *Ibid.*, p. 85.

récurrente d'un romantisme latent. Et l'imaginaire musical contemporain oscille entre deux tendances : une orthodoxie épistémologique incarnée par l'Idéal des nouvelles technologies, face à une réfutation de l'orthodoxie incarnée par des singularités.

Le discours de Benjamin opère une fracture dans le champ conceptuel de l'esthétique. Mais il défend la fonction progressiste de l'œuvre, de sa forme politique et de ses nouveaux enjeux dans l'intervention de la technique et de l'industrie. Au point qu'Adorno et Horkheimer pour qui, selon la formule de Marc Jimenez, « l'industrie de la culture et la production des biens culturels constituent une sphère de réification totale »[1], tenteront d'élaborer un appareillage critique non systématique. Il s'agira, pour Adorno en particulier, de montrer où, pourquoi et comment l'histoire fabrique ce que l'on pourrait appeler le tissu dialectique de la *mimesis* et de l'entendement grâce auquel les tensions antagonistes propulsent le discours au seuil d'une réfutation. On aurait d'un côté l'image d'une raison dominatrice, instrumentale et instrumentalisée, de l'autre, l'image d'une œuvre non instrumentale, non instrumentalisée, comme projection négative d'un ici et maintenant du monde moderne : en fait, Adorno détourne l'objet du sujet afin d'ériger la toute puissance de la dialectique. La hantise d'une mort de l'humanité entre les mains d'un discours qui déploie des résistances modélisées selon l'idéal d'une pensée mimétique et rationalisée – la promesse d'une réconciliation qu'Adorno pressent mais ne révèle pas. Cette articulation du négatif contre le positif devient l'être même de la dialectique négative dont l'orientation explicite se démarque du projet hégélien d'une « animation de l'Idée dans les sujets ». C'est le discours, sans aucune essence, réponse à une raison inapte à endiguer une irrationalité autodestructrice, qui se considère en tant que principe autonome et altérité. L'esthétique de la négativité, si elle répond à la volonté de résister pour en quelque sorte préserver la dissonance permettant à l'œuvre d'art de ne pas servir le monde mais de le réfuter, ne répond pas de l'écart inhérent à la réalité de l'histoire et à l'utopie de la création. Le phénomène de distanciation obligé entre l'œuvre et l'Idée, l'empirie et l'événement, n'est pas réductible à une « sensation négative »[2]. Ce n'est pas l'arrivée de la

1. *Ibid.*, p. 87.

2. R. Rochlitz, « Introduction », *Théories esthétiques après Adorno*, textes édités et présentés par R. Rochlitz, trad. fr. par R. Rochlitz et Chr. Bouchindhomme, Arles, Actes Sud, 1990, p. 12.

dialectique comme telle, « l'avoir lieu »[1] de ses spéculations qui parvient à assumer une des spécificités, non la moindre, du fait esthétique et de sa généalogie : le plaisir et la fonction de plaisir en relation avec ce que Jauss appelle une « fonction de communication »[2]. Une des valences catégorielles du présent de l'opéra réside dans cette fonction qu'Adorno détourne au nom d'une réfutation stricte du sujet comme récepteur d'un genre qui fait l'apologie de l'industrie culturelle bourgeoise. Si la théorie esthétique anticipe la réflexion, elle doit aussi, au même titre que l'œuvre, interdire toute théorie n'émanant pas d'une philosophie de l'histoire, à savoir d'un projet, qui réprime très profondément les pulsions de jouissance immédiate. Or, le lieu de l'opéra est déterminé par l'adéquation de plaisir entre l'émetteur et le récepteur. La question de Jauss est claire :

> Comment combler l'abîme entre la réalité actuelle de l'art et l'art comme promesse de bonheur, et comment faire passer, grâce à l'art redevenu expérience de communication, la conscience réceptive de sa contemplation solitaire à une nouvelle solidarité dans l'action ?[3]

Or, le discours d'Adorno sur l'opéra création n'est pas de nature philosophique, mais sociologique. La dialectique négative, à travers le modèle lyrique, a pour profil une théorie des hypothèses, en particulier celle selon laquelle les formes musicales configurent des modes de réception qui tantôt sont en harmonie avec leur fonction sociale, tantôt disjoncte d'elle. Et c'est la fameuse rupture, dialectique. Corrélat de cette induction : la qualité d'une œuvre musicale ne se mesure pas à « l'ampleur de sa réception »[4]. Interdiction de gloser sur une éventuelle fonction sociale de la musique. Á partir de ces invectives axiomatiques, Adorno se choisit une forme musicale comme paradigme de la distorsion entre l'empirie et sa destination sociale. Son discours sur l'opéra devient quasiment la métaphore de ses présupposés initiaux : à « l'opéra est un des bouche-trous dans le monde de la culture ressuscitée » semble répondre une démonstration sociologique appauvrie d'une compréhension de la composition – exceptions confirmant la règle de *Wozzeck* et de *Lulu*. D'ailleurs, les détracteurs de ces deux opéras ne les critiquent pas. Ils sont des universaux esthétiques. On accepte volontiers de les hisser en modèle de la modernité lyrique. Tous

1. J.-L. Nancy, *La communauté désœuvrée*, Paris, Christian Bourgois, 1990.
2. H. R. Jauss, *Pour une esthétique de la réception*, trad. fr. C. Maillard, Paris, Gallimard, 1978.
3. *Ibid.*, p. 138.
4. T. W. Adorno, « Opéra », art. cit., p. 6.

les deux identifiés à une rupture de la réception fantasmatique au profit d'une réception de l'*emblée*, de l'immédiat, de l'instant. L'argument d'Adorno est boiteux. D'un côté, il réfute les velléités socialisantes de l'esthétique, de l'autre, il suspend le principe d'une transmission symbolique à un jeu de contraintes et de crises permanentes de l'opéra, se révélant, dit-il, comme « la crise de la représentabilité des opéras »[1]. Pas de salut pour le passionné d'opéras, caricature de l'affreux bourgeois docile et trivial.

Première lecture d'Adorno : l'objet opéra est un outil qui travaille contre la dialectique négative, parce qu'en tant qu'allégorie « d'un déclin permanent des formes dans la conscience qui conserve ces formes »[2], en tant qu'événement de consommation économique, lieu de consommation fantasmatique, il renchérit plus que toutes autres formes les phénomènes de fossilisation historique due à une dynamique à l'arrêt, à savoir, sous le contrôle de la société. *Wozzeck* a la particularité pour Adorno d'être sous le contrôle d'une constellation singulière entre livret et musique. D'où son autorité immédiate, en dépit d'un public récalcitrant dès la création en 1925. La partition jugée excessive fut tolérée grâce à la présence du drame de Büchner. Suivant la logique irréfutable du ceci expliquant cela, Adorno justifie l'effet magnétique du livret par une information, dirait-on aujourd'hui, révélatrice.

> Le choix du texte coïncida exactement avec le moment où le manuscrit redécouvert par Franzos commençait à s'élever, grâce à des représentations de valeur, au-dessus de tout le rebus de la dramaturgie allemande établie du XIXe siècle[3].

En ce sens, Adorno historicise la modernité du *Woyzeck* de Büchner pour expliciter la modernité du *Wozzeck* de Berg. Conscience d'une transmutation du sujet en objet sans retour possible au sujet. Adorno pousse le paradoxe jusqu'à démontrer le « sauvetage historico-philosophique »[4] de *Wozzeck* opéra. Comme si l'élan compositionnel de Berg devait correspondre à des postulats sans lesquels l'autre versant de la pensée d'Adorno sur l'opéra garderait un profil versatile. *Wozzeck* comme otage d'une anti-esthétique de

1. *Ibid.*, p. 11.
2. *Ibid.*, p. 17.
3. *Ibid.*, p. 9.
4. *Ibid.*

l'opéra. Pourquoi l'espace littéraire de Büchner qui « attend la musique », doit-il servir de repoussoir à Wagner, Strauss, Stravinski ? Le premier met en scène le symbole de la puissance déterministe d'une société libérale s'auto-célébrant dans un opéra tel que les *Maîtres-chanteurs.* Le second impulse le premier, la perte de l'aura de ses œuvres lyriques; et précise Adorno :

> En vérité, le déclin de Strauss commence avec *Le Chevalier à la rose* déjà. Les écarts notoires dans la manière dont le compositeur traite le texte ne font que manifester ouvertement le désastre au sein de la musique. Il a à peine compris le texte de Hofmannsthal et l'a démesurément alourdi, malgré tous les mérites d'une conduite de l'action scéniquement efficace.

Et Adorno de conclure, outré :

> Mais qu'est-ce donc comme chef-d'œuvre de la scène que celui qui est composé à côté de son sujet[1].

Quant au troisième, Adorno lui découvre des circonstances atténuantes :

> Son rapport avec le public ne se modéra que parce qu'il réussit à se rattacher à la tradition russe du ballet[2].

Certes, Stravinski s'essaya, « lui-aussi », à la forme lyrique. Mais alors que dans l'*Histoire du soldat* il parvint à renouveler la forme en échappant à l'identification de la partie musicale et théâtrale – « le narrateur de l'action se sépare de la représentation mimique de celle-ci » –, que dans *Renard*, il développe une expression schizophrénique du spectacle finissant par se dégager de sa propre vocalité, dans *The Rake's Progress*, il régresse. Autant Stravinski sut musicalement anticiper les théories de Brecht, autant dans cette œuvre il s'abandonne à une nostalgie malsaine – de l'opéra. Mais Adorno est impitoyable. *The Rake's Progress* :

> … ne l'a guère rendu à l'opéra. C'est un pastiche, une imitation qui démonte les conventions auxquelles on ne croit pas, aussi éloigné de celles-ci que ses ballets les plus avancés, et sans effet sur les naïfs[3].

La promesse désœuvrée pour une communauté de compositeurs à qui on ne pardonne pas de céder à des velléités plus naïvement inconscientes

1. T. W. Adorno, « Opéra », art. cit., p. 7.
2. *Ibid.*, p. 8.
3. *Ibid.*

qu'historiquement assumées. La mélancolie du révolu agit à vif pour saisir le présent de l'opéra, et la vocation moderniste de ce dernier est une affabulation. De nombreuses présomptions esthétiques se disputent la vérité d'un salutaire enterrement de l'opéra. Adorno n'a pas localisé les symptômes de la dialectique négative en prise avec le présent faussement discontinu de l'opéra. Il n'a pas cautionné intellectuellement l'idée d'une modernité dont la fixation formelle à des codes et conventions est la condition du mouvement et de l'invention. C'est pourquoi l'opéra n'est saisi par un discours à dominante sociologique que partiellement. Le sens inaugural de l'œuvre lyrique est perçu par Adorno dans l'aliénation, comme représentation d'une conformité tacite entre l'événement et son interlocuteur – un horizon de destinée sur lequel se pose une réductibilité de la musique à l'existence. C'est la nonfiguration d'une utopie négative qui conduit Adorno à la réfutation généralisée de la forme opéra telle qu'en sa démesure sociale, institutionnelle et économique, elle se manifeste. Négation du matériau ; négation de la dynamique sociale.

L'accès à la musique par les théories d'Adorno est défini par le concept de matériau. Réception et distribution étant considérées comme des épiphénomènes, il s'agit d'ausculter la musique jusqu'au point où elle se révèle « en elle-même sociale », une « constitution objective » dans laquelle l'idéologie se sédimente. Le musical se charge de cette sédimentation qu'il répartit en catégories. Il y aurait un renversement du déchiffrement de la musique vers le social. Mouvement qui implique une connaissance du matériau comme médiation entre l'empirie et la société. Habermas dans la *Théorie de l'agir communicationnel* interprète le concept adornien de *mimesis* en termes de communication. Ce qui « se soustrait à la conceptualité de relation sujet-objet »[1] conduit au déchiffrement de l'œuvre dans toutes ses dimensions, du singulier au pluriel, de l'intime au diffus. La musique serait ainsi dotée d'une immanence esthétique rebondissant sur la subjectivité du monde contemporain, l'explicitant au moyen du matériau de l'œuvre comme indice de réalité. La théorie sociale de la musique chez Adorno demeure une structure d'analyse philologique telle qu'elle se fixe dans la partition. Idée d'une « connaissance mimétique » exaltée dans la *Philosophie de la nouvelle musique* où le dernier chapitre consacré à Schoenberg

1. J. Habermas, *Théorie de l'agir communicationnel*, trad. fr. J.-M. Ferry, Paris, Fayard, 1987, p. 393.

exprime le hiatus de l'art moderne et de l'art authentique en tant que continuité historique. La musique articule abstraitement la négation :

> Elle a pris sur elle toutes les ténèbres et toute la culpabilité du monde. Elle trouve tout son bonheur à reconnaître le malheur; toute sa beauté à s'interdire l'apparence du beau [1].

Le matériau pour Adorno ordonne la pensée. Il transmet au compositeur des informations implicitement esthétiques, sans se soucier d'une absolutisation du sujet. Les œuvres d'art et en particulier la musique sont dépourvues de concept. Adorno accorde à la musique moderne une fonction de fracture identifiable à sa qualité de matériau – dialectique à l'œuvre dans les partitions qui, dès la fin du XIXe siècle ont levé l'image passéiste d'une évolution du langage soumise à la logique du *continuum*. L'émancipation du schéma exposition, développement, réexposition, spécifique à la dialectique hégélienne est un processus qu'Adorno réfute catégoriquement. En admettant que le geste d'émancipation inauguré par Schoenberg, disparate chez Malher, s'inscrive à son tour dans la logique de l'antithèse, elle déclare néanmoins caducs les systèmes idéalistes fondés sur la clôture. Beethoven n'échappe pas à la critique.

> Il partageait en cela la faute des grands systèmes idéalistes [...]. Pareille à la société dans laquelle elle se trouve et qui se trouve en elle, la musique, en tant que rituel de la liberté bourgeoise restait dans la réexposition prisonnière de la servitude mythique [2].

La rhétorique du théâtre lyrique – au-delà des servitudes institutionnelles – est incompatible avec un concept de l'œuvre considérée comme le développement et l'émancipation du matériau. Il représente une effigie de l'*Aufklärung* incapable de gérer la notion de dynamique. L'universalisation de ses inductions pourrait figurer le triomphe de l'esprit absolu; retour de « l'esprit auprès-de-soi » [3] déployé dans un territoire qui accumule le faux. La crise de l'humanisme corollaire du déploiement de la technique, l'opéra est menacé par un ensemble de mécanismes mis en mouvement par la musique elle-même. Or, l'opéra perdure sur un horizon humaniste, sur une

1. T. W. Adorno, *Philosophie de la nouvelle musique*, trad. fr. H. Hildebrand, A. Lindenberg, Paris, Gallimard, 1965, p. 142.
2. T. W. Adorno, in M. Jimenez, *Adorno et la modernité, vers une esthétique négative*, Paris, Klincksieck, 1986, p. 335.
3. G. Vattimo, *La fin de la modernité*, trad. fr. Ch. Alunni, Paris, Le Seuil, 1987, p. 55.

domination de la conscience du sujet selon une phénoménologie éloquente chez Hegel. Pour celui qui déclarait la « fin de l'organisation totale », l'opéra comme forme et comme genre se rattache à une poussée restauratrice de l'humanisme. Son déclin n'est pas ressenti comme une perte, mais comme la manifestation d'un arrêt nécessaire. D'autres formes – monodrame, mélodrame, théâtre musical – assurent la fonction de *cri* qui doit faire résonner l'arrachement de la modernité. Cri d'une *vie mutilée* qu'Adorno commente dans les *Minima Moralia*, parce qu'il déclenche l'effondrement des formes régies par le mouvement discursif et non par la dynamique. Le projet esthétique de l'opéra est trop positif pour augurer l'alliance du matériau et de l'informel. Paradoxe de la théorie d'Adorno : renverser l'utopie lyrique par une utopie négative. L'écart à combler entre le social et le musical s'identifie à la négation comme promesse de rédemption.

Dans le paradigme du présent de l'opéra, persiste la trace palimpseste d'une intersubjectivité qui n'est pas en mesure d'expliciter une ouverture sans fenêtre – *fensterlos* – sur le social. Instrument de l'idéologie, il ne peut pas non plus représenter un comportement extérieur à l'élaboration conceptuelle, ce qu'Adorno appelle la *mimesis*. La manière dont pourrait s'effectuer l'apprentissage de la négation dans l'opéra n'est pas envisagée. Impossibilité pour lui de dénouer le rapport de l'élan compositionnel du jeu pervers de la représentation symbolique. Impossibilité aussi d'anticiper la mutation de l'opéra, de transmuter l'expérience formelle en empirie conceptuelle – ce serait reconnaître pour Adorno que l'événement communique une vérité avec laquelle il entretient des velléités de réconciliation. La teneur de vérité de l'opéra est une extension des problématisations sociales et non son potentiel. À ce titre, Adorno fige l'opéra en une dialectique que lui-même sur-balise dans un discours qui échoue progressivement à côté de l'œuvre – séparation de la réalité et de l'utopie, esthétisation de l'idéologie par le spectacle. Objections, obstructions conduisant désormais les forces vives du présent de l'opéra – transfiguration de l'esthétique de la dialectique négative en esthétique du palimpseste.

Telle est la mutation. En se faisant l'écho du déclin de l'aura, l'élaboration critique d'Adorno fournit à l'opéra les ressorts dynamiques de son propre renouvellement.

devant la loi : pour une lecture de Kafka

[...] la porte de la loi était ouverte comme toujours ; or, si elle est ouverte "toujours", c'est-à-dire indépendamment de la durée de la vie de l'homme auquel elle est destinée, la sentinelle elle-même ne pourra la fermer.
Franz Kafka, *Le Procès*

« On dit qu'il ne connaît pas l'intérieur de la Loi, mais seulement le chemin qu'il fait devant la porte »[1] : tel qu'il se présente à nous, le texte de Kafka traverse de bout en bout notre réflexion sur le présent de l'opéra. Le thème de la Loi y est, soit explicitement développé, soit implicitement, comme sur le buvard une tache d'encre dont on ne prévoit pas les limites de propagation. À l'origine de cette lecture de Kafka, une série d'associations métaphoriques. Des fils épars ont commencé à se nouer. Dans le face à face compositeurs/opéra, resurgit la question des universaux. Qu'y a-t-il de commun dans un territoire hétéroclite dont les éléments continuent de s'attirer les uns les autres tels des particules aimantées ? On peut noter que les écarts sont parfois invisibles et inaudibles, parce qu'il existe un accord tacite, un contrat, aux termes desquels la représentation lyrique est indissociable des idiomes qui la génèrent. Des rapports nécessaires unissent les différents membres d'une même communauté opéra. Tout ceci est vrai. Le concept qui nous intéresse, celui de Loi, se situe dans cet écart virtuel où le singulier se défend du général. Le combat de la règle contre la loi. Nous réservons le terme Loi pour désigner ce que l'on pourrait appeler une plate-forme d'écriture, à savoir, une grammaire inhérente à un système musical appliqué aux exigences de la composition.

Même les propositions eschatologiques les plus singulières doivent être, en vertu de cette *Loi*, compatibles avec son mode de fonctionnement et ses critères dialectiques ou non de dissolutions. La Loi diffère de la règle en ce qu'un consensus préalable à l'*œuvre-là* se lie à l'objet. Elle est la possibilité d'unir en un lieu précis de l'opéra des connaissances étrangères l'une à l'autre ou confondues, impures. En ce sens, elle dissocie radicalement, dans la composition, l'idée d'utopie de la notion d'un progrès dialectique. Elle est la matérialité d'une transcendance au-dessus de l'histoire. En définitive,

1. F. Kafka, *Le Procès*, trad. fr. A. Vialatte, Paris, Gallimard, 1933, p. 13.

elle permet à l'utopie de surgir, dédaignant ainsi la causalité. La monodie accompagnée est une Loi; la forme sonate et le système tonal aussi. Jusqu'à la fin du XIXe siècle, les œuvres lyriques élaborées à partir de lois sont des utopies positives propres à servir de véhicule à la société. Le fantasme imaginaire du spectacle d'opéra[1] joignait l'utile à l'agréable. La Loi au plaisir. Au XXe siècle, le mouvement d'idées qu'accompagne le déclin de l'aura favorise la dé-institutionnalisation de l'opéra. La Loi commandait jusqu'alors les procédures lyriques. Berg la surprend au lieu de ses impératifs. Elle devient une figure de la *Tradition*, une image désidérale à qui désormais on oppose la modernité, à savoir, le hors-la-loi. Une autre façon de se rapporter à la loi. À quels moments déclare-t-on que le hors-la-loi est une loi quand déjà on discute sur ses règles ? L'opéra au XXe siècle a épuisé les lois dont il était redevable depuis sa naissance. En revanche, il s'est couvert de règles et de singularités. Ce qui nous amène à une autre induction : la règle est-elle indépendante de la loi ?

Il y aurait une forme de *Procès* de la composition colmatée par une série de prédicats : musique et institution, musique et ordinateur, musique et sciences, musique et perception. L'idiome supplante la loi. Il est un vecteur historique important, mais peu agissant en matière d'opéra, car souvent il signale une empirie caduque au moment où elle est éminente dans le corps de l'œuvre, supplantée à son tour par un nouvel idiome, plus performant, plus habile à masquer l'absence de Loi. Quel simulacre de sentinelle veille sur la promesse désœuvrée que représente aujourd'hui l'idée de Loi dans le présent de l'opéra ? Est-elle une promesse rédemptrice, constellation spécifique à la mutation du concept ? Le temps historique et le temps artistique sont-ils réconciliés ou désengagés ?

« Tu ne respectes pas assez l'Écriture, tu changes l'histoire »[2] dit l'abbé dans le *Procès* de Kafka. Le portier est naïf mais averti :

> D'autres disent bien qu'il faut qu'il soit déjà entré, puisqu'il a été pris au service de la Loi et que l'engagement n'a pu se passer qu'à l'intérieur[3].

On peut donc décomposer la présence de la Loi en deux moments : la connaître de l'intérieur ou la maintenir à distance et laisser à ses Écritures le souci de ne pas se révéler dans l'absolu, mais de s'égrener ici et

1. *Le sérialisme ou la parole manquante.*
2. F. Kafka, *Le Procès*, *op. cit.*, p. 310.
3. *Ibid.*, p. 313.

maintenant, toujours empiriques, aux singularités d'un événement. Connaître la loi, c'est vivre à sa périphérie pour restituer son horizon de permanence, imaginer ses secrets et non pas les percer. Kafka, fidèle à la tradition talmudique, jette un simulacre de haie autour de la connaissance : devant la loi.

> Mais il était dit au début que la porte de la Loi était ouverte comme toujours, or si elle est ouverte "toujours", c'est-à-dire indépendamment de la durée de la vie de l'homme auquel elle est destinée, la sentinelle elle-même ne pourra pas la fermer[1].

C'est ce même paradoxe que le compositeur doit commenter. La porte de l'opéra est grande ouverte et comme toujours sur la composition, c'est-à-dire indépendamment de la durée des systèmes et des règles auxquels on la soumet : le *déclin de l'aura* lui-même ne pourra la fermer. Prédominance des arcanes de l'utopie sur les arcanes de la Raison historique. Le thème de la Loi dans le roman de Kafka est une allégorie de la transcendance, du sacré, de l'irréductible. Pour nous, il est une métaphore de l'idée d'une histoire musicale contemporaine métissée d'arbitraires et qui tente de retrouver la puissance d'un rituel tel que l'opéra. La loi pré-existe au palimpseste en tant qu'il la dissimule sous des couches de mémoires généalogiques, métaphore du « croisement d'archéologie des problématisations »[2] de Michel Foucault.

La loi, comme image paradigmatique d'une représentation du présent hanté par la désertion d'une immanence. La réflexion de Gershom Scholem[3] relève de cette préoccupation. Les personnages du *Procès* sont identifiés à un *sens* – esprit d'un temps qui ne sait pas où et comment retrouver le divin, perdu dans une surréalité qui efface l'utopie. Cependant qu'un vigile transformé en sentinelle protège une certaine idée de la rédemption : une loi ambiguë parce qu'inapprochable ; nécessaire parce que transmissible ; inconfortable parce qu'irrévocable ; ambivalente parce que ni complètement perceptible dans son intériorité, ni complètement offerte dans son extériorité – une interprétation moderne du mythe de la Caverne. Or, les serviteurs de la Loi sont hors-histoire :

1. *Ibid.*, p. 315.
2. M. Foucault, *Histoire de la sexualité*, Paris, Gallimard, vol. 2, 1984.
3. G. Scholem, *Walter Benjamin, histoire d'une amitié*, trad. fr. P. Kessler, Paris, Calmann-Levy, 1981.

> Certains commentateurs déclarent en effet que l'histoire ne donne à personne le droit de juger le portier. Quel qu'il nous apparaisse, il n'en reste pas moins un serviteur de la Loi ; il appartient donc à la Loi ; il échappe donc au jugement humain [...]. Car le seul fait d'être lié par son service à une entrée – fût-ce une seule – de la Loi, le place incomparablement plus haut que l'homme qui vit dans le monde, si librement que ce soit[1].

Est-il plus difficile de s'affranchir de la Loi, de la sublimer ou de la servir ? Kafka présente un faux assujettissement. Plus la contrainte imposée par la seule idée de la Loi est immanente, plus elle décuple la liberté. Paradoxe de l'*œuvre-là.* Se confronter à l'opéra, c'est réitérer un geste de soumission à des conventions qu'il s'agit de détourner. Il y aurait comme une exégèse sous-jacente à la réapparition du genre lyrique avec à la base une interrogation : doit-on entrer dans la convention ? Doit-on la servir ou la subvertir ? Doit-on se contenter de la garder, en l'occurrence, d'introniser le répertoire et de fossiliser la possibilité d'un renouveau ? Autant de questions qui contribuent à fragiliser l'élan. S'arrêter devant la loi, ce n'est pas renoncer à ses promesses. Au contraire. C'est capter les conditions de possibilité de son apparition. La contrainte passe d'abord par une négation. Introvertir l'histoire de l'opéra, c'est, à un moment donné, la répéter. Le présent de l'opéra est à la recherche d'une ré-affirmation de la Loi qu'il voudrait gagner par le refus d'une soumission à des codes. Maurice Blanchot écrit à propos de Kafka :

> ... qu'à force de creuser le négatif, il lui donne une chance de devenir positif [...]. Tout y est obstacle, mais tout aussi peut y devenir degré[2].

Telle une mutabilité de l'obstacle. Un fond de transparence dans l'empirie opéra se mesure à l'histoire, tandis qu'une protection opaque interdit son total dévoilement. La forme opéra est la règle que chaque compositeur se fixe pour faire aboutir un projet ; le fond, c'est la loi que la modernité d'aujourd'hui semble tolérer. Trop de désertions ont favorisé sa vision. Le Dieu mort de la composition, du fait qu'il a nié la validité de la représentation lyrique, se retrouve momentanément neutralisé. Question de justice artistique.

> La justice ne veut rien de toi. Elle te prend quand tu viens et te laisse quand tu t'en vas[1].

1. F. Kafka, *Le Procès*, *op. cit.*, p. 316.
2. M. Blanchot, *De Kafka à Kafka*, Paris, Gallimard, 1981, p. 69.

La parole de l'abbé conclut le chapitre IX du *Procès*. La Raison historique ne s'attend pas aux réticences de la Loi :

> Une sentinelle se tient postée devant la Loi, un homme vient un jour la trouver et lui demande la permission de pénétrer. Mais la sentinelle lui dit qu'elle ne peut pas le laisser entrer en ce moment[2].

L'histoire se fait éconduire par une force qui l'attire et qu'elle souhaite visiter par désir de possession, de domination. Dominer la loi, c'est déclarer vacant la perte de l'*aura* :

> L'homme ne s'était pas attendu à de telle difficultés, il avait pensé que la Loi devait être accessible à tout le monde et en tout temps [...][3].

C'est qu'en près d'un siècle, la composition musicale a changé de maquillage, mais pas de visage. L'événement fondateur qui permet de reculer les limites d'une Loi, c'est l'interface musique/informatique – un territoire qui signe l'acte de naissance d'une grammaire comparée : entre écriture traditionnelle et écriture virtuelle. Ambivalence que Kafka signale : L'homme qui veut entrer dans la Loi n'a d'autre choix possible que celui de s'asseoir sur un escabeau prêté par la sentinelle :

> Il reste là de longues années. Il multiplie les tentatives [...][4].

La réponse n'est pas dans la spéculation, mais dans la question. Le fait de répondre à un appel plus impérieux que les justifications théoriques renforce le symbole. La Loi n'a pas d'autre contenu que de chasser les idoles – signe de son identité. D'où la fascination de Kafka pour une interrogation toujours présente et toujours rejouée.

> Celui qui lit Kafka est donc forcément transformé en menteur, et pas tout à fait en menteur[5].

Blanchot invite au détournement. Nous mentons lorsque nous pressentons que l'Idée de la Loi dans l'œuvre de Kafka – Idée portant sur le lieu et le sens – est une métaphore du présent de l'opéra. Nous mentons et nous ne mentons pas. La Loi n'a pas d'autre contenu que son interprétation,

1. F. Kafka, *Le Procès*, *op. cit.*, p. 318.
2. *Ibid.*, p. 308.
3. *Ibid.*
4. *Ibid.*
5. M. Blanchot, *De Kafka à Kafka*, *op. cit.*, p. 66.

et l'interprétation n'est pas entre les mains de la Loi. En revanche, elle en est le prolongement herméneutique. L'opéra est un commentaire de plus, luttant contre l'aporie de règles érigées en solutions. Il est une constellation de signes, un croisement de symboles, trop complexe pour réduire une Loi en symptôme de crise. Il ne s'agit pas non plus d'une catégorie morale.

> En réalité, il s'agit ici de l'idée selon laquelle Dieu s'absente sans laisser de traces[1].

Et c'est la Raison historique qui prendrait le relais. Les récits de Kafka sont tragiques parce qu'entièrement dévolus à la parole utopique. Ils parviennent ainsi à torturer l'idée d'un *telos* inaccessible. Ils sont, ici et maintenant, la tentative de présentifier l'absolu. Joseph K., le héros du *Procès*, meurt à l'issue d'une longue parodie sur le thème de la justice.

> Mais ce n'est pas assez qu'il meure *comme un chien*, il doit encore avoir sa part de survie[2].

La Loi rend justice. Elle ne craint pas de se débarrasser de l'histoire, forme symbolique du tribunal.

> Où était le juge qu'il n'avait jamais vu? Où était la haute cour à laquelle il n'était jamais parvenu?[3]

Pour Kafka, la Loi se déchiffre à l'infini. De même pour le compositeur, l'opéra se déchiffre à l'infini. Il noue une alliance tacite avec la création musicale, à contre-courant du sens de l'histoire, contre les mécanismes du progrès. Ouverte à l'exégèse qui, pour Benjamin et Scholem, est aussi un acte de déchiffrement, la Loi musicale singularise la fonction de l'objet à qui elle attribue une valeur de présent exclusif. Induction troublante ; méditation sur les limites possibles de la dialectique à l'œuvre. Questions d'herméneutique que *le Procès* se refuse à transformer en *Verdict*.

L'imaginaire apocalyptique aura toujours associé catastrophe et Rédemption. L'aspiration du compositeur à une idée lyrique tient lieu d'obligation à l'égard des générations précédentes. La question de la Loi telle qu'elle se pose chez Kafka repose sur une parenté fragile comme allégorie du destin : l'inaccomplissement et l'inachèvement.

1. S. Moses, *L'Ange de l'histoire*, Paris, Le Seuil, 1992, p. 217.
2. M. Blanchot, *De Kafka à Kafka*, *op. cit.*, p. 74.
3. F. Kafka, *Le Procès*, *op. cit.*, p. 325.

l'Ange de la composition : vers une esthétique du palimpseste

La Kabbale raconte qu'à chaque instant Dieu crée une multitude de nouveaux anges qui ne sont destinés, avant de se dissoudre dans le néant, qu'à chanter un instant ses louanges devant son trône.
Walter Benjamin, *Écrits autobiographiques.*

[…] je suis venu au monde sous le signe de Saturne – l'astre à la révolution la plus lente, la planète des détours et des retards […].
Walter Benjamin, *Écrits autobiographiques.*

Le détour a pour principe l'attente. Qu'il soit question de détour pour atteindre le but … détour pour éviter le but … détour pour arriver avant … ou détour pour arriver après … : l'attente représente un moment névralgique présentement à la compulsion du présent de l'événement – autrement dit, du passage à l'acte. Le discours esthétique se rend, à dessein, à cet impossible rendez-vous de l'œuvre qui, peut-être en effet l'attend pour revêtir une forme accomplie historiquement. Mais peut-être ne l'attend-elle pas ? Les catégories de l'esthétique ne sont pas dans l'esthétique, mais dans l'œuvre. Le tragique est dans Beckett, le destin dans Racine, le mal dans Shakespeare, le sublime dans la musique, par exemple. Paradoxe et puissance de l'œuvre, plus on s'approche d'elle, plus le tragique c'est *Clov et Hamm*, le destin c'est *Phèdre*, le mal c'est *Macbeth*. Quant au sublime ? C'est *Tristan et Isolde* de Wagner, le *XIV*[e] *Quatuor à cordes op. 131* de Beethoven, *Metastasis* de Xenakis, les *Madrigaux* de Gesualdo, *Momente* de Stockhausen, *Moïse et Aaron* de Schoenberg, *Lontano* de Ligeti. Ou bien … ou bien … Nous avons l'embarras du choix. Que reste-t-il à l'esthétique si véritablement elle est substantiellement dépourvue d'une identité propre dans laquelle l'œuvre se reconnaît ? L'attente. Il lui reste l'attente et les multiples détours qu'elle occasionne. Et voici que son pragmatisme à l'œuvre s'achemine en un lieu muet, circonscrit à lui-même, qui ni ne réclame, ni n'exige, ni n'intime. L'œuvre, présent à l'appel de l'esthétique, envers et contre tous les rendez-vous détournés. Plutôt qu'une théorie esthétique dans laquelle l'œuvre trouve un « achèvement », voire un apaisement, nous postulons en faveur d'une empirie esthétique qui ouvre grandes les fenêtres de l'œuvre sur un horizon de permanence, la connectant sur les détours de l'élaboration critique et théorique. L'empirie opéra que nous auscultons est à elle seule un détour. Dans le territoire de la Raison historique contemporaine, elle occupe la place de l'allumeur de réverbère. Récurrente et réfractaire, voire insolente, elle atténue, en un temps et lieu donnés, les risques de pénombre dont est cycliquement menacée la création musicale. Elle éclaire en quelque sorte l'utopie qu'aucune modernité ne pourrait deviner sans l'état de veille qui la caractérise. Notre attente est anticipatrice. Elle n'est pas réductible à la reconnaissance de l'historicité, mais du présent de l'opéra. D'où sa faculté de mesurer l'écart virtuel entre la réalité et l'utopie. Finalement, l'opéra objet ou l'opéra concept est aujourd'hui dans une situation comparable à l'attente esthétique. Il détourne la logique historique jusqu'à son point de rupture, admettant une situation inconfortable à l'égard des idéologies – entre l'accomplissement et le non accomplissement.

Nous voici proches de la dialectique à l'œuvre. L'attente esthétique, comme l'attente de l'œuvre, abrite une contradiction lui assurant une tension mobilisatrice des énergies environnantes. Si nous acceptons l'idée que la résolution de l'attente est synonyme de détente, alors nous rentrons dans l'image dialectique telle qu'elle opère dans le discours de la Raison historique. L'ajournement illimité de l'utopie conduit à l'ajournement illimité de l'événement et par conséquent, à l'ajournement illimité de l'attente. Scénario hégélien auquel le présent de l'opéra répond par une succession d'élans. Un rebondissement plutôt qu'un ajournement. Il nous aura fallu tant et tant de détours pour finalement arriver, trop tôt ou trop tard, jusqu'à la question de l'opéra au XXe siècle, laquelle attendait peut-être d'être sollicitée. Une des œuvres majeures de Schoenberg s'appelle *Erwartung* (1909), en français : attente. Elle est sous-titrée *monodrame.* À l'époque, Schoenberg n'avait pas encore mis au point la série dodécaphonique. Le *Sprechgesang* en vigueur trois ans plus tard dans *Pierrot Lunaire* est esquissé – et non thématisé. Et Schoenberg est plus proche, esthétiquement et chronologiquement, de la tradition musicale germano-autrichienne de Johannes Brahms, Gustav Mahler, Richard Strauss ou Richard Wagner. Une réflexion monodramatique sur l'attente fut d'une singulière prémonition. Schoenberg, prudent à l'égard de la grande forme de l'opéra, satisfait son élan lyrique dans un territoire transverse, paradoxe d'un détour qui porte le nom *Erwartung* – en attente de *Moïse et Aaron*. *Erwartung* qui va à la rencontre de *Moïse et Aaron* en même temps qu'à son encontre. L'attente esthétique que nous pressentons dans le messianisme à l'œuvre dans l'opéra est double. Elle annonce les indices de réalité. La parole critique est peut-être réduite aux fins de son présent, mais le seul fait de l'énoncer constitue un détour dans l'accomplissement de l'événement. Le renouveau de l'opéra comme récurrence et innovation serait le lieu de ce détour; un lieu pour le détour. En tant qu'impulsion essentielle de la création musicale, le principe de retour engendre un déséquilibre dans la répartition des énergies compositionnelles. L'éternel retour n'est pas ajournement de l'attente mais répétition, voire variation à l'intérieur d'une même idée. Le présent de l'opéra suspend le principe de réalité à une utopie qui arrache momentanément à l'histoire une puissance d'incarnation.

Il est donc soumis au principe de l'attente, force contraignante qui parvient à le faire venir jusqu'au cœur des certitudes ou suspicions de la création musicale. La question n'est pas tant de savoir si nos inductions esthétiques signifient la fin de l'attente ou son retrait prochain – chaque époque s'invente des idées et des outils pour la réduire, pour comprendre la cohérence de ses détours et son entrée dans le présent de l'opéra. C'est pourquoi la notion d'attente est si épicentrale. C'est pourquoi aussi elle n'apparaît nommément dans le parcours de nos empiries esthétiques qu'à la fin, ou du moins, à l'issue de la « fiction bonne pour la démonstration ». L'esthétique du palimpseste est atteinte par le langage, alors que pour l'empirie proprement dite, on peut s'interroger sur la nature des singularités. Le voile que l'objet jette sur la pensée lui confère un timbre médium qui n'est pas la prise en charge théorique du présent de l'opéra mais sa puissance d'événement dans le discours critique. Le détour esthétique préfigure l'avènement de l'événement. Le théâtre lyrique n'est saisi par l'attente qu'au moment où l'empirie se déclare. D'où la nécessité de répondre à l'attente car l'événement n'existe que dans la tension de son accomplissement. Nouveau détour par la pensée de Wittgenstein, par ses *Investigations philosophiques* qui sont comme autant d'idées-seuils du langage que d'écarts entre l'attente et l'événement – l'une étant l'accomplissement dans le langage de l'autre. L'événement n'est pas « derrière la porte de la réalité », prêt à l'emploi. Il n'est pas un *en soi*. La perception esthétique que nous en avons répond à l'attente. Nous savons ainsi qu'il existe. Rencontre réciproque, ou dialectique.

Le présent de l'opéra est bien au rendez-vous de l'esthétique du palimpseste qui en porte les écarts et les détours. La représentation de ce présent prolonge notre attente de sorte que sa réalité, contiguë à son utopie, est soumise à deux contraintes : perdurer et en finir. Le présent de l'opéra a pour vocation l'attente. Son inachèvement signifie la métamorphose de sa récurrence et la métamorphose de l'attente. Pourquoi distinguerait-on la réalité de l'utopie ? L'attente et le palimpseste ? Par réalité, on entend détour esthétique qui possède un élan formatif; par utopie, détour esthétique qui possède des élans singuliers. La métaphore de Saturne, planète des détours et des retards que Benjamin utilise pour préciser les conditions de sa venue au monde, résonne dans le présent de l'opéra au XXe siècle. Chaque événement est affublé d'un ange – image de l'immanence en action. La vocation de l'ange est de faire signe à l'attente. C'est une force individuelle dans le cours de l'Histoire. L'idée de l'ange dans l'empirie esthétique signifie le moment où l'événement devient suffisamment présent pour :

> ... louer l'instant [...]. L'Ange est la figure de la force de l'instant caduc, de la force qui fait *demeurer* l'instant dans sa singularité unique, qui le libère du *continuum* de la succession des moments [1].

D'où un « aujourd'hui » irrévocable du renouveau de l'opéra. Ses nécessités s'expriment dans la récurrence, et sa parole *mezza voce* n'est perceptible par la Raison historique qu'une fois l'effet désiré, à savoir, la réalisation de l'attente. Si l'idée de l'opéra est propriété de la dialectique, sa représentation, en tant qu'*œuvre là*, traverse les couches de la conscience historique. La figure de l'ange rive le discours esthétique à une attente complice de son objet.

L'opéra coïncide avec le temps de l'*anamnesis*; temps d'une mutation où création et représentation sont à nouveau scellées comme fonctions symboliques du musical. En termes nietzschéens, nous dirions que c'est l'éternel retour du genre lyrique qui délivre l'instant de son autorité, cependant que le compositeur, tout comme Zarathoustra, résiste à la tentation de cet éternel retour auquel il oppose le « *müssen* », verbe qui traduit l'irréductibilité d'une nécessité inscrite dans la nature des choses.

L'ange de la composition est invoqué.

1. M. Cacciari, *L'Ange nécessaire*, *op. cit.*, p. 51.

index nominem

index des textes cités

index des œuvres musicales et théâtrales citées

table des matières

Imprimé sur les presses de Jouve - Mayenne
2099151H - dépôt légal : mai 2013 - date d'impression : Mai 2013